臺灣客家研究論文選輯 9

客家話的源起與通變

羅肇錦、陳秀琪——主編

張維安——總主編

編者及作者介紹

主編

羅肇錦

國立臺灣師範大學國文研究所博士，曾任國立彰化師範大學國文系專任教授、國立新竹師範學院臺灣語言與語文教育研究所教授兼所長、中央大學客家語文研究所所長、中央大學客家學院院長等職，現任國立中央大學客家語文暨社會科學學系榮譽教授。學術專長為上古漢語、漢語音韻、客語音韻、客語詞彙音韻特徵、客畲關係、客家文化。重要研究成果有《客語語法》、〈客家話「嘸」（ma）的語法化過程〉、〈客語演進的共時與歷時〉、〈畲客關係與客語源流〉、〈客語源起南方的語言論證〉、〈客語曉匣合口變脣齒音（hu → fv）的推斷〉。

陳秀琪

臺灣苗栗人，臺灣彰化師範大學中國文學研究所博士，現任國立中央大學客家語文暨社會科學學系副教授兼系主任。師承羅肇錦教授，主要研究領域為客語音韻、漢語方言學、漢語音韻學。主要的著作有《閩南客家話的音韻研究》（1996）、《臺灣住民志：語言篇》（2007），以及從類型學的研究觀點著述《客家話的比較研究》，較重要的研究成果包括：1. 客家話聲母進行 *tɕ → tʃ → tʂ → ts 的前化運動，此聲母前化現象遍及中古知、莊、章、見、曉、影組聲母，造成客家話三、四等字細音的消失。2. 綜觀南北片客家話聲調的歸併，屬於平←上←去←入 之鏈移現象。3. 客家話莊系字在止三、流三、深三、臻三、曾三的 -e 元音，保存了「前切韻」時代的音韻層次。當漢語歷史上產生 e→i 的變化時，莊組字的 -e 元音仍屹立不搖。4. 客家話 -i-、-u- 介音消失的聲母順序是 p- p'-m- > t- t'- n- l- > ts- ts'- s- > k- k'-ŋ- h-。

作者群

羅肇錦　國立臺灣師範大學國文研究所博士，曾任國立彰化師範大學國文系專任教授、國立新竹師範學院臺灣語言與語文教育研究所教授兼所長、中央大學客家語文研究所所長、中央大學客家學院院長等職，現任國立中央大學客家語文暨社會科學學系榮譽教授。學術專長為上古漢語、漢語音韻、客語音韻、客語詞彙音韻特徵、客畬關係、客家文化。

陳秀琪　國立彰化師範大學中國文學研究所博士，曾任國立中央大學客家語文研究所助理教授、國立中央大學客家語文研究所副教授兼所長，現任國立中央大學客家語文暨社會科學學系副教授兼系主任。學術專長為客語音韻、漢語方言學、聲韻學。

鄭錦全　國立臺灣大學中文系學士、碩士，美國伊利諾大學語言學博士，中央研究院院士。伊利諾大學榮休教授。現任國立臺灣師範大學講座教授、國立中央大學國鼎講座，中央研究院人文社會科學研究中心通信研究員。學術專長包括詞彙屬性、語言地理資訊、電腦輔助語言學習等。

呂嵩雁　國立臺灣師範大學國文研究所博士，曾任私立東吳大學中文系兼任講師、國立花蓮師範學院語教系助理教授、國立花蓮教育大學中文系副教授、國立東華大學臺灣語文學系教授，國立東華大學臺灣文化學系教授退休。學術專長為聲韻學、客家語言學、語文科教學研究、國音學。

鍾榮富　美國伊利諾大學語言學博士，曾任國立高雄師範大學英語系主任、臺灣語言暨教學研究所所長、客家文化研究所創所所長，現任南臺科技大學應用英語系講座教授。學術專長為音韻理論、英語發音教學及臺灣閩南語、客家語之研究。

黃菊芳　國立政治大學中國文學系學士、碩士、博士。曾任中央研究院語言學研究所博士後研究；國立中央大學客家語文研究所兼任助理教授、專案助理教授；國立中央大學客家語文暨社會科學學系專案助理教授、專任助理教授。現任該系副教授。學術專長為客家文學、語言空間分布、客家話共時變異。

江敏華　國立臺灣大學中國文學博士，現任中央研究院語言學研究所研究員與中央大學客家語文暨社會科學系合聘教授、《臺灣語文研究》編輯委員、臺灣客家語文學會理事及中華民國聲韻學學會理事。研究專長為漢語音韻學、歷史語言學、漢語方言學及客語語法。

徐貴榮　國立新竹教育大學臺灣語言與語文教育研究所博士。現任國立中央大學客家語文與社會科學系兼任助理教授、桃園市新楊平社區大學教師兼客家學程召集人、教育部客家語常用詞辭典饒平腔總編輯、桃園市客家文化教育發展協會理事長。學術專長為客語音韻學、客家文學、語言與文化。專著有臺灣饒平客語、客家語言論輯、饒平客家調查與語言論輯、戀戀十六份等書。

江俊龍　國立中正大學中國文學研究所博士，曾任教育部國語會委員，國立屏東大學、臺中教育大學、中正大學專任助理教授、副教授，現為國立中央大學客家語文暨社會科學學系專任副教授。學術專長為聲韻學、詞彙學、語法學、客語研究、漢語方言調查及客語語料庫建置。

吳中杰　國立清華大學語言學博士，曾任國立高雄師範大學臺灣文化及語言研究所助理教授、客家文化研究所所長等職，現任客家文化研究所副教授。學術專長為漢語方言學、田野調查、客家次方言、平埔研究。代表作有《客語次方言與客語教學》（1995）、《臺灣客家地圖》（邱彥貴合著2001）、《海陸話的起源與形成》（2012）等。

學術研究與客家發展：
《臺灣客家研究論文選輯》主題叢書序

張維安

　　客家族群的發展，打從其浮現初期就和客家族群的論述有密切的關係。特別是從「自在的客家」發展到「自為的客家」過程中，客家族群意識的凝聚與確定，顯示出客家族群相關論述扮演了重要的角色，尤其是立足於客家研究而來的客家族群論述所帶來的影響。有客語語言家族的「客觀」存在（自在的客家），還不能說客家族群已經誕生，也就是說客家族群還未主觀的、有意識的存在（自為的客家）。兩者之間的差異與轉換，主要是族群意識與族群論述。

　　族群意識的誕生，可能來自客語語言家族經過與他族的接觸經驗、人群界線的劃分，以及漫長的族群形塑過程。不過人群分類的「科學」根據和「歷史」解釋，卻需要綿密的客家族群論述為基礎。從客家族群形成的過程來看，客家研究扮演了非常關鍵的角色，甚至可以說「沒有客家研究就沒有客家族群」。

　　歷史上，羅香林的《客家源流考》（1950）、《客家研究導論》（1933）和《客家史料彙編》（1965）為客家選定作為中原漢族的身分，提供了安身立命的論述基礎。更早的時期，徐旭曾的〈豐湖雜記〉（1808）、林達泉的〈客說〉（1866）、賴際熙的《[民國]赤溪縣志》（1867）、溫仲和所纂的《廣東省嘉應州志》（1868），以及黃釗的《石窟一徵》（1870）等，提供了羅香林論述的基礎觀察。當然還有一些外國傳教士之論述也發揮很大的作用，例如

Ernest John Eitel（1873）的 *An Outline History of the Hakkas*。關於西方傳教士的客家論述與華南客家族群的浮現方面，施添福與林正慧等已有精彩的研究。客家研究奠定了客家族群存在的樣貌。

客家研究與客家族群的浮現與發展關係，是多層次的。從民間學者到學院教授，從族譜記載到生物基因，從文化圖騰到語言發音，豐富了客家族群文化的內涵，增進了客家族群的意識與認同。其中語言學家對南方漢語中客語分類的認定與命名，使得客語人群的身影逐漸清晰。近年來臺灣客家研究的興起對臺灣、東南亞或中國客家文化的發展與認同都有清楚的影響。

基於客家相關的學術研究對客家發展的重要性，客家委員會從設立以來便相當重視客家知識體系的發展，設立客家學術發展委員會指導推動客家學術研究與發展之業務，厚植客家研究的基礎。客家研究如果要成為一門學問，不只是要有研究計畫，必需有課程規劃、教科書、專業期刊、客家研究學會、學術研討會、嚴格審查的專書、有主題的叢書與論文集彙編。《臺灣客家研究論文選輯》主題叢書的出版計畫，具有此一脈絡的意義。

《臺灣客家研究論文選輯》主題叢書的出版構想，源於客家委員會的客家學術發展委員會，目標是將分散於各學術期刊的優質論文，依主題性質加以挑選、整理、編輯，重新編印出版，嘉惠對客家議題有興趣的讀者，深化客家議題的討論，增益客家社會建構的能量。論文來源以學術期刊論文為主，作者無限制，中英文皆可，主要是論文議題要與「臺灣客家」相關，跨區域比較也可。以主題或次領域為臺灣客家研究系列叢書編輯的原則，能讓國內外客家研究學者乃至一般讀者，迅速掌握過去學術界對該主題的研究累積，通過認識臺灣「客家研究」的各種面向，理解臺灣客家社會文化的諸多特質，作為國家與客家族群發展知識基礎。叢書，除了彙整臺灣客家研究的各主題（特色），也望能促進學、政雙方，乃至臺灣民間社會共同省思臺灣客家的未來。

　　由於各篇論文原來所刊登的期刊，各有其所要求的格式。為了尊重原期刊的特性，本叢書各輯的論文仍保留原有的格式性質，例如註解的方式各篇並未一致，又因版面重新編輯，原有的頁數已經有所改變，這是需要跟讀者特別說明的。

　　《臺灣客家研究論文選輯》主題叢書之問世，特別要感謝客家委員會李永得主任委員的支持，客家學術發展委員會召集人蕭新煌教授的指導，各分冊主編的教授師長，一次又一次的來交通大學開會，從書本的命名到封面的討論，看見大家的投入和付出，非常感激。交通大學國際客家研究中心博士後研究員劉瑞超博士、交通大學出版社程惠芳小姐和專任助理陳韻婷協助規劃與執行，克服重重困難，誠摯表示感謝。

張維安

于國立交通學客家文化學院人文社會學系

2018-6-7

目錄

《客家話的源起與通變》導論：
臺灣近三十年的客家話研究

羅肇錦、陳秀琪

　　1988 年臺灣客家各界，因客家話無法發聲又失落嚴重，所以由客家風雲雜誌社結合民間關心客家語言文化的力量，舉行了轟動一時的「還我母語大遊行」。藉遊遊行的訴求和呼籲，漸漸喚醒客家，開始重視客家文化，而客家文化的載體客家話，更是重中之重，也因此客家話的研究推廣，如雨後春筍，蓬勃發展開來。臺灣客家話研究，用現代語言學方法，做系統的描寫分析的出版書籍，最早的是周法高的《桃園方言志》，其次是楊時逢的《桃園客家方言》（1957）《美濃客家話研究》（1971），以及丁邦新先生的《臺灣語言源流》（1969），接下來就是羅肇錦的《瑞金方言研究》（1977）《四縣客語語法研究》（1984），是還我母語運動前最早的兩本碩博士論文。

　　母語運動迄今三十年，客語相關的研究所，最早成立的是新竹教育學院的「臺灣語言及語文教學研究所」（分閩南語、客語、原住民語三組），其次中央大學客家學院設置「客家語文研究所」，這兩研究所陸續舉辦了無數次客語相關的學術研討會，產出了許多頗有見地的論文。除此之外中央研究院語言研究所舉辦了漢語方言小型研討會客語為主題（2004），並出版了《語言暨語言學》客家專號，中央大學、交通大學也陸續出版了《客家研究》期刊、《全球客家研究》，以及臺灣客家語文學會每兩年出版的《客家語文研究輯》，臺灣

語文學會每半年出版的《臺灣語文研究》,中華民國聲韻學學會每年出版的《聲韻論叢》,各大學校院出版的學術期刊,上述文獻陸陸續續刊出有關客家話研究的論文。最持久豐富的是每兩年舉辦一次的國際客方言學術研討會,從創刊到現在連續出版了十二冊的客家話研討會論文集。

客委會成立以來,特別重視客家研究,除了協助成立三個客家學院(中央、交通、聯合)以外,特別在還我母語三十週年之際(2018),資助出版三十年來客家研究相關的論文。有關客家話研究方面的論文,我們就以上面所列舉的研究單位學者的研究成果為主,再以四縣話、海陸話、大埔話、饒平話、詔安話都有論文的考量,去加以蒐羅,選取較有創發性又與臺灣客家話研究有指標性影響的論文,共十四篇集結成冊,以供後人研究參考。這十四篇論文,分屬不同領域的客語研究,分為通論客家話與臺灣客家話兩部分,所選的論文有通論客家話三篇、臺灣客家話十一篇,臺灣客家話研究又分通論三篇、語音四篇、詞彙語法四篇。論文依以上分類照作者、篇名、出版年、論文出處,臚列如下,並依篇章次序說明論文內容大要:

通論客家話

(一)羅肇錦 〈客語源起南方的語言論證〉 2006 《語言暨語言學・客語專號》第 7 卷第 2 期 頁 545-568

(二)羅肇錦 〈客語曉匣合口變唇齒音(hu → fv)的推斷〉 2007 《客家研究》第 2 卷第 2 期 頁 83-102

(三)陳秀琪 〈客家話聲母的前化運動〉 2012 《客家話的比較研究》頁 13-37

臺灣客家話

(一)通論

鄭錦全 〈臺灣客家與閩南族群雜居環境的語言互動空間〉 2006《山高水

　　長：丁邦新先生七秩壽慶論文集》《語言暨語言學》專刊外編之六
　　LANGUAGE AND LINGUISTICS MONOGRAPH SERIES NUMBER
　　W-6　頁 251-260

羅肇錦 〈臺灣「漳州客」的失落與「四海話」的重構〉 2000《宗教、語
　　言與音樂》頁 267-284

呂嵩雁 〈臺灣客家話的語言接觸〉 2004 《花蓮師院學報》18 期 頁 1-23

（二）語音

鍾榮富 〈臺灣東勢客家話的捲舌音〉 2010 《語言暨語言學》第 11 卷第 2
　　期 頁 219-248

黃菊芳、江敏華、鄭錦全 〈後龍海陸客家話的語音變異〉 2012 《臺灣語
　　文研究》第 7 卷第 1 期 頁 129-150

陳秀琪 〈語言接觸下的方言變遷：以臺灣的詔安客家話為例〉 2006《語
　　言暨語言學‧客語專號》第 7 卷第 2 期 頁 417-434

徐貴榮 〈變遷中的方言研究：以臺灣饒平客家話為觀察對象〉 2013 《新
　　生學報》第 11 期 頁 15-36

（三）詞彙語法

江俊龍 〈臺灣東勢客家話的派聲詞研究〉 2001 《臺灣源流》21 期 頁
　　124-139

吳中杰 〈宜蘭壯圍詔安客家話的音韻及詞彙特點試析〉 2009 《臺灣語文
　　研究》3 期 頁 215-237

江敏華 〈臺灣客家話動趨結構中與體貌有關的成分〉 2013 《語言暨語言
　　學》第 14 卷第 5 期 頁 837-873

江敏華 〈臺灣海陸客家話處所介詞「TU5」的用法及來源：兼論持續體
　　標記「TEN3」的來源〉 2016 《中國語言學集刊》Bulletin of Chinese
　　Linguistics 第 9 期 頁 95-120

一、通論客家話

〈客語源起南方的語言論證〉

羅肇錦先生一系列論證客家話是本地畬話（大潮州語言）受官話及周邊語言影響所形成的論著，與羅香林的中原南來說大相逕庭。本文為了證明客家話不是中原南下漢人的語言，而是本來就住在閩粵贛山區的民族語言（苗瑤畬客）唐以來受歷代統治者語言影響，加上周邊的粵語閩語影響，慢慢形成今天的客家話，所以客家話有山區彝苗瑤畬語的底層，又有中古官話及南邊粵語東邊閩語的特質，近代更大量借入現代漢語，形成今天與官話很相似的東南漢語方言。

全文從客家是山的民族出發，「客」的本義是山，歷史上的和蠻、禾泥、哈尼、活聶、山哈、畬客、山客、客家，都是山上民族的不同稱呼，意思都是「山人」。全文論證依循文字起源、出土文物、風俗習性，證明漢語語源來自南方。再從客家話的七個特色，證明客語源自南方。（一）南方特殊聲調：包括次濁部分上聲唸陰平、全濁上聲少部分口語唸陰平（如在、坐、舊、動、近、被、下、斷、淡）文讀唸去聲（如在、坐、舊、動、近、被、下、斷、淡），次濁入聲陰陽混雜、「ngai」「ng」「ki」聲調與我你他不同，都是南方畬語點，與北方話大異其趣。（二）聲母的特點：捲舌音是阿爾泰語特徵。（三）韻尾特點：客家話是瑤畬漢化所形成的語言，所以今天粵北、閩西、贛南的客家話韻尾與瑤、畬語非常相近（只有 -n –ng 輔音韻尾）。（四）畬地名現象。（五）特殊成語現象。（六）特殊詞彙結構現象。（七）特殊語法現象。證明客語底層屬南方苗瑤語言。

最後結語認為，從前面論證，客語的特殊口語詞大都與南方彝畬瑤苗一致，對一個不曾讀書識字的人來說，他所說的話就是他祖先傳留給他們的口

語。從這些口語出發，去比對彝畬瑤苗壯語，竟然客家話日常口語使用的基本詞，與這些南方語言頗多吻合。相反的，讀書識字以後所學的客語語詞（文讀音），卻大都與北方官話一致，這與今天在臺灣的小孩一樣，先會說國語再回頭學客家話，他的客家話極可能有 90% 跟國語一樣，只剩下 10% 才是具有客家特色的語詞，於是未來臺灣的客家話就變得與國與非常相似。以此立場反思，客家話本來是畬語，學習北方音的書面語以後，北方音就大量的進入畬語，慢慢形成了後期的南方漢語（客語），它的名稱就用他們生活的環境都是山區而定出的「客話」（意指山話），講這種山話的人就被稱為客家人。

　　再從史料證據看，上古時期北方商、周甲骨文、金文時代，南方荊湘巴蜀就有很高文化的彝族遠祖在這裡生活，生活在南方的彝族，也一直保有他們的語言文字，可惜彝文停留在象形、表義階段，沒有像北方走向假借形聲的表音形式，所以文字不普遍不受重視。只有語言以口傳方式長遠的保留下來。直到今天有記音符號以後，再把南方保留下來的語詞與北方上古典籍比對，才發現北方上古典籍的許多語詞，在南方彝、畬、瑤、壯語中保存下來，而客家也保存了許多彝畬壯瑤語詞，所以用客家話讀上古典籍可以解釋許多北方話無法理解的詞語。例如上古「晝」表示白天，今天客語有「食晝」「當晝」等詞；上古「凶」表示饑荒，今天客語有「當凶」「凶鬼」表示饑餓貪吃的樣子；上古「走」表示快跑，今天客語有「走相逐」「走忒」等詞；上古「必」表示裂開，今天客語有「必開」「必目」等詞；上古「鬥」表裝合，今天客語有「鬥門」「鬥股」等詞。可見流傳在南方的客語保留很古的詞義，與上古北方漢語典籍的詞義相符，充分顯示南方彝畬瑤苗語與北方漢語上古是相近的語言，反而是中古以後北方阿爾泰語入北方漢語，產生很大變化，才使南北漢語漸行漸遠。

　　全文舉證繁多，其實只要完整的證明全濁上聲文白兩讀，文讀唸去聲與北方官話走向一致，而白讀唸陰平與畬族一樣，而且各地客家都有此現象。單此

現象就足以說明客家話是以南方彝畬語為基礎，全面學北方書面語以後，才使
自己的語言變成與北方漢語較接近，與畬語彝語差異較大，但很基礎很口語的
如身體部位名稱、數字、山上動植物名稱，則與彝畬語非常接近。這樣的舉證
說明，可以大略看出，客家語言的底層不是北方中原語而是南方彝畬瑤苗語，
我們談各類語音演變時，應跳出北方漢語為中心的框架，建立以南方為中心的
立場來解釋客家話，才能得到真實的答案。

〈客語曉匣合口變脣齒音（hu → fv）的推斷〉

這篇文章是羅肇錦先生從熟稔客語的人立場出發，認為客家人說話口語
中，舉凡遇到 [hu] 的音，很自然的都會唸成 [f]，如說國語「花」hua → fa，
說閩南話「輝」hui → fi。這種現象，在學術上的討論，就把他當作客家話的
特色之一，叫做「曉匣合口唸成脣齒擦音 f-」。

然而這樣一個 hu → f 的語音事實，大家只認為是「想當然爾」的事，從
來沒有人這樣思考：說國語的人唸 hu 就是 hu，說閩南語的人說 hu 也是 hu，
為什麼客家人就不一樣，硬要把「hu」說成「f」。

前人的研究，大都集中在韻頭 u- → v- 的討論，或 [v] 是不是音位
（phoneme）的問題（鍾榮富），卻沒有人清楚解釋過，為什麼客家人口中的
hu- 會變成 f-，本文企圖對這個懸疑很久的問題，提出一個合理的答案。答案
的癥結在客話有完整的齒化元音 /v/，當主要元音（vowel）或韻頭（medial），
所以喉擦音 h- 與韻頭 v- 結合後，自然就脣化成 f- 了。因此客家話曉匣合口的
變化是：hu- → hv → f-，學術界也都認定漢語中有這種變化的就是客家話，從
袁家驊、詹伯慧、侯精一、羅美珍、鄧小華、劉綸鑫、李如龍、黃雪貞、羅肇
錦、鍾榮富——幾乎都認定「曉匣合口唸成脣齒擦音 f-」是客家話的特色。

當然，問題的最核心是客家話怎麼會有齒化元音 -v，或韻頭 v-。本文試
著從與客家有一定程度淵源關係的緬藏語族彝語支（如彝語、哈尼語、納西語、

傈傈語、拉祜語、基諾語、白語……等），大都保有豐富的 -v 元音出發，歸納出這些存留 -v 元音的語系，都屬緬彞語系統。因此嘗試提出客家話保有這種特殊的齒化元音 -v 的同時，有可能也間接提出客家話與保有這種齒化元音 -v 的緬彞語系統（緬藏語族彞語支），有某些程度上的祖源關係。

文章結尾認為客家話的研究，已經有許多成果，尤其擴大調查以後，在四川、廣西、閩西、贛南、粵北都新發現許多不為人知的客家話，使客家話的人口增加很多，也使歷來認定客家話的特色，也因此需加以修正，例如認定有 -p –t –k 三個完整塞音韻尾當作客家話特色之一，已經不能成立，因為閩西、贛南客家話大都沒有 -p –t –k。又如「次濁上部分唸陰平」，也不能客家獨有，因為贛語也是如此。

而這篇文章提出新的看法「客家話有齒化元音 /v/」，正好可以解釋漢語方言研究的學者都認為「客家話曉匣合口唸成唇齒擦音 f-」，是因為客家的 -u 應該是 -v 的錯記。所以「客語曉匣合口變唇齒音（hu → fv）」完全是 -v 影響聲母 h，使 hv → fv。這種現象，或許也可以替漢語「合口三等重唇音變輕唇音」做出更深入明確的解讀。這裡以客語元音 -u 實際發音不是 /u/ 而是 /v/ 出發，再提出與客語有許多語音、詞彙關係的彞語支語（彞語、哈尼語、納西語、白語、拉祜語、傈傈語），也都有豐富的齒化元音 /v/ 做證明，或許客家話的祖源與彞緬語有某種程度的關係。

這些論證雖有一些周邊問題尚待解決，但真理愈辯愈明，從彞語支的語言特殊現象與客語有某種程度的相通性，確是學術界值得研究的問題，期待以後會有陸續的研究，接續證實這個看法。

〈客家話聲母的前化運動〉

前人對漢語音韻史的研究，儘管知莊章聲母有各種歸併的模式，但最後都往捲舌音 tʂ- tʂ'- ʂ- 發展，再進而向 ts- ts'- s- 靠攏。這個語音發展過程為何？

支持這一連串語音演變的動力是什麼？歷來都還沒有清楚的答案，這篇客語聲母前化運動的文章，試著藉由方言間的比較來找尋答案。尤其梅縣客家話今音沒有捲舌聲母，但從許多跡象來看，歷史上曾經歷過捲舌聲母的階段。梅縣客家話和北京話的知莊章組字都沒有 -i- 介音，不同的是，客家話念舌尖音 ts-ts'-s-，北京話念捲舌音 tʂ-tʂ'- ʂ-。相對言之，閩南語這些字（尤其是知三與章組）都有 -i- 介音，可知梅縣客家話和北京話原來應該有 -i- 介音。聲母的演變一般是有條件的，如果條件已經消失（loss of conditioning factor），往往難以從方言內部確定其來由，但從梅縣話和北京話三等韻字的平行現象加以觀察，不難看出梅縣話原先應有捲舌聲母。

　　這種現象所顯示變化，如果不假設梅縣話曾經有過捲舌音聲母，使介音消失的現象將難以解釋。再往前推溯，潮州與漳州一帶的客家話知三章組字念舌葉音 tʃ- tʃ' ʃ-，這是梅縣客家話捲舌聲母的前一個階段。客家話的舌葉音在方言之間有洪有細，不足以作為共同的起點，因此假設更早一個階段的形式是舌面音 *tɕ。這些滋絲音重建的過程是：*tɕ → tʃ → tʂ → ts。總結而言，知莊章聲母經過各階段的的演變，最終與精組聲母合流。這一連串的變化都是一種聲母的前化運動所造成的。全文透過梅縣客家話與五華、大埔、詔安客家話、北京話、閩南話的比較，藉由對梅縣話 -i- 介音消失及 -i 元音演變的探討，分析知莊章聲母捲舌音的演變歷程。

二、臺灣客家話

（一）通論

〈臺灣客家與閩南族群雜居環境的語言互動空間〉

本篇文章運用 GIS（地理資訊系統）畫出詳細的語言分布圖，從而釐清客家聚落以閩南語「厝」為地名的問題。以新竹新豐鄉少數小村莊是純閩南或純客家的聚落，在航照圖上新豐鄉後湖村的客家聚落，地圖上卻標為「余厝」，讓人誤會那裏是閩南村莊。為何如此，文章指出因為「屋」在閩南話只能文讀不能口說，就把客家人自稱「余屋」改說成「余厝」，在鄉公所或地方行政單位報地名的時候，如果主導的是閩南人，那就報「余厝」，這種現象，臺灣客家地區到處可見。再從新豐鄉閩南與客家族群雜居，語言互動也是必然，所以歷史上閩客之爭造成互相敵視與輕蔑的語言，如新豐鄉客家人稱閩南婦女為「學老媽」，閩南人稱客家女人為「客婆子」。這樣的閩客雜居環境所產生的語言互動，可以表現出當地特殊的族群關係。

〈臺灣「漳州客」的失落與「四海話」的重構〉

這篇文章論及臺灣漳州來的客家人幾乎變福佬客，而四縣與海陸客家人之間也因混居或通婚而產生新的克里奧語，羅肇錦把它定名為「四海話」。如果我們從 1926 年日本總督府曾對臺灣人的祖籍分布所做調查看，其調查結果為福建人占 83.1%，廣東人占 15.6%，日本人調查時，把福建人都當作福佬人登記為福，廣東人稱為客家人，登記為廣或客，其實這種統計方法是錯誤的，因為福建人中汀州府的人也是講客家話，而漳州府的南靖、平和、詔安、雲霄也是客家人的強勢縣分，所以在調查中，漳州府移民占全臺灣人口 35.2%，估計超過一半以上的是講客家話的漳州府人，也就是把福建籍講客家話的人與廣東籍客家人加在一起，在臺灣講客家話的人口起碼占三分之一以上，如

果再以族譜做統計，加上漳州其他縣分（南靖、平和、詔安、雲霄除外）祖先有閩西客家血緣的臺灣人（如漳浦、龍溪、長泰、漳平等縣），則比數遠遠超過三分之一。

從這樣的資料顯示，在臺灣客家話早期的消失，以漳州客家話最為嚴重，占全臺灣 13% 以上的客家話，幾乎通通變成福佬客，如今無論從南靖、平和、詔安、雲霄遷徙來臺的客家話區，都變成只說閩南話的地區了，唯一剩下的是雲林二崙、崙背兩鄉中年以上的人還會說詔安官陂、秀篆一帶的漳州客家話而已。可見漳州客家話的消失，是消失在四周閩南話的強勢語言環境。

〈臺灣客家話的語言接觸現象〉

本篇論文從客閩關係分析臺灣閩客語言歷史，又從漢番關係談客番之間的互動與消長。最重點是從微觀入手看客家語言接觸及演變方式，論證了客語閩南語的接觸和混淆、客語與日語接觸後的殘留、客語與國語的接觸和演變，整理出許多語音詞彙的例證，如客語國語接觸，產生發音部位語發音方法的改變、入聲的有無、入聲變喉塞音、國語同音客語不同音字的混淆、全濁清化後送氣成分消失，而詞彙方面也產生許多用詞不當的現象。至於客家話與客家話的接觸及演變，也提及「四海話」的定義、四海話的結合方式等。

結論綜合出客家話的語言接觸，反映出「國語式客家話」「閩南語式客家話」及四縣、海陸接觸產生的「四海話」。

臺灣客家話語音研究部分，收錄了〈臺灣東勢客家話的捲舌音〉（鍾榮富 2010）、〈後龍海陸客家話的語音變異〉（黃菊芳江敏華鄭錦全 2012）、〈變遷中的方言研究：以臺灣饒平客家話為觀察對象〉（徐貴榮 2013）三篇，分別對東勢客家話捲舌音、後龍海陸客家話語音、饒平客家話語音，三個地區的臺灣客語次方言，做深入的分析比對。

（二）語音

〈臺灣東勢客家話的捲舌音〉

　　本篇文章是從發音聲學入手，用發音聲學測試數據圖來分析東勢客家話的捲舌音情況，結論是：東勢客家話摩擦音【ʃ】與【ʒ】的發音方式，以前文獻上用「舌葉音」「舌尖後音」或「舌尖面音」來描述，固然足以讓讀者區分【ʃ】與【ʒ】與國語的【ʂ】與【ʐ】，然而方言中沒有【ʃ】與【ʒ】者，總難以掌握這兩個摩擦音的實際發音過程。而東勢客家話摩擦音【ʃ】與【ʒ】的發音過程，把整個舌面提升，與齒齦後方形成狹小通道，讓氣流產生摩擦，並沒有明顯的舌尖後捲，也沒有強烈的顎化現象。簡言之，是個捲舌大於顎化的摩擦音。至於濁音【ʒ】在發音部位上，與其清音配對【ʃ】完全一樣，不同的只在於聲帶的震動與聲門的閉合。而且，【ʒ】指出現在前元音【i】開始的零聲母音節的位置上，因此應該不是音位性的語音，緊緊只是音韻規律帶來的語音變化。

〈後龍海陸客家話的語音變異〉

　　本篇文章探討語言的演變並找出演變的規律，是語言學者關注焦點之一，這篇論文是經由家戶語言的調查，並從微觀的角度出發，探討目前大家都很關注的客家話的地域變體接觸演變的現象。結論是：就語音而言，聲調系統相對穩定，而親屬語言之間的影響大於非親屬語言。而後龍海陸客家話的聲母及韻母表現，與苗栗四縣客家話相同，聲調則與新竹海陸客家話相同。與新竹海陸客家話比較，後龍海陸客家話在聲母部分，沒有【tʃ tʃ' ʃ ʒ】，韻母部分與唇音結合的【ui】韻轉變成【i】韻，與喉音結合的【ai】變成【e】，與齒音結合的【iau】變成【eu】，名詞後綴異於新竹的【　】而讀【e】。整個差異最明顯的就是後龍海陸客家話齒音字，【a、u、o】前接的聲母從舌葉音【tʃ tʃ' ʃ】轉為舌尖前音【ts ts' s】。事實上，這就是海四話的特質。

〈語言接觸下的方言變遷：以臺灣的詔安客家話爲例〉

　　隨著洋涇濱（pidgin）和克里歐（creole）語言研究的深入，因接觸而產生的語言變化已經成為歷史語言學重要的研究議題。「語言接觸」是語言演變的重要機制，透過語言接觸，迫使弱勢語言的語音、詞彙、語法都會受到強勢語言的滲透，出現來自強勢語言的各類語言借用現象，臺灣詔安客家話的發展正是如此。崙背的詔安客家話是一種高度「閩南化」的客家話，當地詔安客家人多數以閩南語做為生活語言，較年長者及堅持傳承詔安客家話者則是客、閩雙語人；南興的詔安客家話與四縣客家話接觸頻繁，音韻特徵漸趨向四縣客家話，在上述語言環境下，臺灣的詔安客家話正處於劇烈的語言變遷中，為「語言接觸」的研究提供了豐富的素材。本篇文章分成語音與詞彙融合兩方面，探討崙背和南興詔安客家話在不同的語言接觸下所產生的語言變遷現象，語音的變遷主要表現在特殊音位的吸收、原有音位的減少、原有音位的合併等三方面，尤具代表性的是崙背客家話的雙唇濁塞音聲母 b-、遇攝知章組字讀 -i 韻母、止攝字讀 -u 韻母、效攝三等讀 -io 韻母，這些都來自閩南語的語言習慣，例如多數客家話讀 v- 聲母的字，崙背詔安客家話都讀 b- 聲母，如「屋、碗、文、胃、萬」都讀 b- 聲母，b- 完全取代了 v-，足見「閩南化」之深。詞彙的融合包括合璧詞、完全移借詞，崙背詔安客家話最具特色的合璧詞是「薟辣 hiam^1 lat^8」（辣）、「下下 e^1 ha^1」（下面），部分移借詞如「食暗頓」（吃晚餐）、「鬥相共 teu^3 sioŋ^1 k'uŋ^6」（幫忙）、「共款 k'uŋ^6 k'uan^3」（一樣）、「足熱 tsiu^7 ŋiet^8」（很熱）「傷細 sioŋ^1 se^3」（太小）。南興詔安客家話較具代表性的四縣客家話借詞是仔尾詞「e31」，以及程度複詞「當」。從崙背詔安客家話的完全移借詞，可看出其已高度的「閩南化」，例如「臭彈、番麥、少年（年輕人）、風吹、佮（和）、物件（東西）、园（放置）」。

　　本篇文章從詞彙的借用情況，來觀察崙背和詔安客家話與周邊閩南語、四

縣客家話的語言接觸現象，文中將借詞類型只分成合璧詞和完全移借詞，此分類不夠精細，因為文中所列合璧詞有許多歸類為部分移借詞較為妥當，故可增列部分移借詞較符合現有的借詞形式，例如崙背詔安客家話的「足多、食暗頓、食毋會落、豬槽、壞去」，南興詔安客家話的「寒倒、當多、盡多、桌仔、共樣、鼻公、聽毋識」。

〈變遷中的方言研究：以臺灣饒平客家話為觀察對象〉

本篇文章是臺灣饒平客家話音韻研究最有系統最有見地的論文，饒平客家話在臺灣，由於受住地語言接觸的影響，至今還能維持說饒平話的，只剩桃竹苗等縣市的客家庄及臺中東勢地區還有老一輩能說饒平客家話。而這些能說饒平話的人也大多能「雙語或多語」現象，更有大部分人已「語言轉移」，在桃園苗栗地區成為「四縣客」，在新竹地區成為「海陸客」，在臺北臺中及中部平原則變成「福佬客」。論文結尾把臺灣饒平客話的個別類型分成（1）類原型（與上饒音韻相同），（2）類詔安型，（3）類四縣型，（4）類海陸型，（5）類大埔型。文末還討論大陸上饒地區客話的變遷。

臺灣客家話詞彙語法研究部分，選錄了〈宜蘭壯圍詔安客家話的音韻及詞彙特點試析〉（吳中杰 2009）、〈臺灣東勢客家話的派聲詞研究〉（江俊龍 2001）〈臺灣海陸客家話處所介詞「TU5」的用法及來源：兼論持續體標記「TEN3」的來源〉（江敏華 2016）三篇。

（三）詞彙語法

〈臺灣東勢客家話的派生詞研究〉

東勢客家話最大特色除了去聲念高降調以外，一般名詞詞尾沒有「仔尾詞」，是初接觸東勢客話的人都必須了解的。然而，除了仔尾詞之外東勢客話還有哪些特殊詞彙，應該讓初學者清楚，以江俊龍先生本身說東勢客話，又盡心盡力從事大埔客話研究。他所撰述的東勢客家話派生詞研究，應該是他所認

為最具特色的大埔客語詞法。這篇論文其實也可說是東勢客家話的詞綴研究，文分派生詞的鑑別、東勢客話派生詞的類型與分析、東勢派生詞與古漢與聯係、東勢派生詞與現代漢與共同語的比較。

〈宜蘭壯圍詔安客家話的音韻及詞彙特點試析〉

詔安客家話一直以來都認為雲林二崙崙背才有人會說，後來又發現桃園大溪八德等地也有詔安客，本論文是吳中杰先生調查的宜蘭壯圍詔安客家話，全文分壯圍詔安客語音系統、壯圍詔安客話和相關方言比較（秀篆、大溪、崙背）、壯圍和四縣比較、壯圍和秀篆詔安客語比較、壯圍和桃園（大溪、八德）詔安客話比較、壯圍和崙背詔安客語比較。詞彙方面有壯圍的閩客合璧詞、壯圍的特殊詞彙、壯圍的特殊構詞。文莫特別提示壯圍客家話的重要性及詔安客話在宜蘭的存滅。想當年吳沙率領閩客人兩千多開墾宜蘭，其中有多少是詔安客已不得而知，但壯圍詔安客話的披露，會是很有價值的文獻。

〈臺灣客家話動趨結構中與體貌有關的成分〉

本篇是作者對臺灣四縣海陸大埔等客家話的驅動結構，做深入的描述與分析。最可貴的是歸納出客家話「動（V）－趨（D）格式」，這些格式依體貌成分的不同可以分成三類；（一）表動作持續或進行的持續體標誌，如四縣、海陸的「等（ten3）」，東勢的「緊（kin3）」；（二）表動作實現或完成的動向補語標記「倒（to3）」；（三）語法性質介於動向補語標記與體標記之間的「忒（tet7）／□（phet7）」；（四）與嘗試或短時有關的緊密先前貌「啊（a57）」。

全文中最核心的討論是客家話動詞與趨向詞的句法關係，由其中插成分的語法、語意性質，最後討論幾個相關結構的語法化演變途徑。是一篇豐富細膩的客語語法格式定型嘗試的好文章。

文章中引用語料非常豐富，有臺中東勢民間文學的語料、有桃園、龍潭、

楊梅、新屋的民間文學客語故事中的詞句，有客家口語經典劇李文古故事的用詞、海陸客語短篇故事選集、劉得福《錢有角》短篇小說。結論時提出了幾個本文的貢獻。例如臺灣客家話「動（V）－趨（D）格式」中與體貌有關的成分的「動+X+趨」的結構是臺灣閩南話與國語都沒有的結構。而幾個語法成分中，四縣、海陸的「等（ten3）」，東勢的「緊（kin3）」，比較以後發現用法是有差異的，東勢的「緊（kin3）」在動詞後做持續體標記，而在四縣、海陸中「緊（kin3）」只能在動詞前表示「一直」之義。至於「等（ten3）」與「核（het8）」的選擇是各人習慣差異或方言差異而已，並非語法結構或意涵有所差別。這個結論在四縣讀者的看法可能會認定東勢的「緊（kin3）」就是四縣、海陸的「等（ten3）」。而四縣、海陸的「緊（kin3）」只是動詞前的修飾成分，意思表示「一直」之義，與東勢的「緊」表體貌放在一起比較，倒是產生令人深思的新議題。

〈臺灣海陸客家話處所介詞「TU5」的用法及來源：兼論持續體標記「TEN3」的來源〉

　　本篇是討論海陸客家話引處所介詞「TU5」，分析它作為存在動詞與作為引介處所的介詞時的句法行為與語法功能。全文是從方言比較和歷史語法觀點去做探討，認為海陸客家話的「TU5」就是來源於魏晉南北朝大量用於「V＋（O）＋著L」格式中的《著》字，讀為魚韻去聲「陟慮切」。用「著」字做為處所介詞在北方方言、吳語、閩語中都可以見到。客家話的形式較為分歧，但也有許多其他地方客家話與海陸客家話用法相符。除海陸客話的「TU5」以外，也從漢語方言宏觀性的類型比較，提出以梅縣為中心的客家話持續體「TEN3」來源於處所語詞，與來源於處所指代詞，後演變為方位詞，或方位後綴的「TEN1」。漢語方言的持續體標記，可以從語法化程度、語法化來源及與其他標記之間的關係。

　　客語持續體各地虛化程度不一，來源也較為分歧，包括由穩緊義形容詞演變而來的結果補語，以及吳、閩類型的處所語詞類，顯示出較接近南方方言的特色。在與其他體標記的關係，共通語與北方方言常用虛化程度較高的標記體「著」表示持續。但完成體和持續體則不同型。吳語、湘語、贛語等方言則常見動詞後持續體標記，不論是「TEN3」或其他常見的「緊」「穩」等，共同的特色是兼表靜態持續語伺傣進行，但不表完成，在類型上有自己的特色。

　　本書限於篇幅與研究材料、主題的考量，僅對十四篇文章做精簡的述要，然而，近三十年來臺灣客家話的研究成果遠不僅此，尚有許多著作標誌著臺灣客家話研究的里程碑，可供學界築起繼往與開來的橋樑，本書謹恭列於書末之參考文獻中。

參考文獻

丁邦新，1978，〈臺灣的方言源流〉。《講義彙編》67 卷（夏）：（1）1-（1）34。

古國順，1999，〈客語狀聲詞探析〉。《應用語文學報》1：97-121。

江俊龍，2001，〈臺灣東勢客家話的派生詞研究〉。《臺灣源流》21：124-139。

江敏華，1998，〈臺中東勢客家話 35 調的性質與來源〉。《中國文學研究》12：123-146。

_____，2002，〈東勢客家話的重疊結構與變調〉。《語言暨語言學》3（3）：543-567。

_____，2006，〈東勢客家話「同」與「分」的語法特徵及二者之間的關係〉。《語言暨語言學》7（2）：339-364。

_____，2013a，〈客家話的短時貌標記「下」：從動量詞到狀態／程度補語標記〉　《臺大中文學報》43：177-179、181-210。

_____，2013b，〈臺灣客家話動趨結構中與體貌有關的成分〉。《語言暨語言學》14（5）：837-873。

_____，2016，〈臺灣海陸客家話處所介詞「TU5」的用法及來源：兼論持續體標記「TEN3」的來源〉。Bulletin of Chinese Linguistics 9: 95-120.

吳中杰，1999a，〈從比較的觀點看臺灣閩客語的互動：以聲母層次為例〉。《臺灣源流》13：114-121。

_____，1999b，〈從歷史跟比較的觀點來看客語韻母的動向：以臺灣為例〉。《聲韻論叢》8：479-498。

_____，2009a，〈宜蘭壯圍詔安客家話的音韻及詞彙特點試析〉。《臺灣語文研究》3：215-237。

呂嵩雁，1996，〈詔安客家方言的語音特點〉。《明倫學報》1：11-39。

_____，2004，〈臺灣客家話的語言接觸現象〉。《花蓮師院學報》（綜合類卷）18：1-23。

李存智，1994，〈四縣客家話通霄方言的濁聲母「g」〉。《中國文學研究》8：23-38。

邱湘雲，2005，〈海陸客家話詞彙、句法特色舉隅〉。《臺灣語言與語文教育》
　　6：128-146。

　　　　，2006，〈海陸客家話帶「嫲」詞語析論〉。《客家研究》1：147-
　　181。

　　　　，2013，〈海陸客家詞彙的趨同趨異表現〉。《臺灣語文研究》8（2）：
　　61-98。

徐貴榮，2002，〈桃園中壢、平鎮、八德地區的饒平客家話語言特點〉。《臺
　　灣語言與語文教育》4：103-116。

　　　　，2005，〈臺灣饒平客家話調查及其語言接觸現象〉。《臺灣語言與語
　　文教育》6：64-80。

徐瑞珠，2006，〈苗栗卓蘭客家話研究〉。《苗栗文獻》21（總號35）：5-25。

張光宇，2008，〈梅縣音系的性質〉。《語言學論叢》37：70-84。北京。

張民光，2003，〈The Status Quo and Future Trends for the Hakka Dialect in
　　Taiwan〉。《聯合學報》23：71-86。

張屏生，2001，〈臺北縣石門鄉的武平腔客家話的語音變化〉。《聲韻論叢》
　　11：217-241。

　　　　，2003，〈雲林縣崙背鄉詔安腔客家話的語音和詞彙變化〉。《臺灣語
　　文研究》1（1）：69-89。

曹逢甫、葉瑞娟，2006，〈詔安客家話 -k 尾的消失及其所引起的音韻變化〉。
　　《語言暨語言學》7（2）：435-454。

陳秀琪，2006，〈語言接觸下的方言變遷：以臺灣的詔安客家話為例〉。《語
　　言暨語言學》7（2）：417-434。

　　　　，2012，〈客家話莊系字的歷史層次〉，《客家話的比較研究》。

　　　　，2012，〈客家話聲母的前化運動〉，《客家話的比較研究》。

彭盛星，2001，〈臺灣的五華客話〉。《苗栗文獻》2（總號16）：6-13。

黃美鴻、鄭縈，2010b，〈臺灣海陸客家語「來／去」做趨向語的相關研究〉。
　　《北市大語文學報》5：25-53。

黃菊芳、江敏華、鄭錦全，2012，〈後龍海陸客家話的語音變異〉。《臺灣語
　　文研究》7（1）：129-150。

黃菊芳、陳秀琪、江敏華、鄭錦全，2013，〈臺灣南庄海陸客家話舌葉音的變異與消失〉。《客家研究》6（2）：29-66。

葉瑞娟，2012a，〈客家話「出」的多重功能：構式和詞彙語意的互動〉。《客家研究》5（1）：73-106。

鄭錦全，2010，〈詔安話與閩南話的詞彙關係〉，《客語千秋：第八屆國際客方言學術研討會論文集》，頁 187-195。

鄭明中，2012，〈An Acoustic Analysis of the Vowel Pattern in Taiwan Sixian Hakka〉。《客家研究》5（2）：1-36。

———，2014c，〈從實驗語音學觀點探討卓蘭鎮饒平客家話的聲調〉。《臺北教育大學語文集刊》25：103-161。

———，2010，〈客家話舌尖母音的世代變異及其音韻學解釋〉。《臺灣語文研究》5（2）：103-119。

鄭　縈，2012，〈從客家話小稱詞看方言內部的接觸與變化〉。《客家研究》5（1）：107-148。

賴惠玲，2001，"On Hakka BUN: A Case of Polygrammaticalization"。《語言暨語言學》2（2）：137-153。

賴惠玲、強舒媺，2003，"Intrapsychological Force-Dynamic Interaction: Verbs of Refraining in Hakka". Taiwan Journal of Linguistics 1(2): 35-64.

鍾榮富，1991，〈論客家話的 [V] 聲母〉。《聲韻論叢》3：435-455。

———，1990，〈論客家話介音的歸屬〉。《臺灣風物》40（4）：198-189。

———，1990，〈客家話韻母的結構〉。《漢學研究》8（2）：57-78。

———，2010，〈臺灣東勢客家話的捲舌音〉。《語言暨語言學》11（2）：219-248。

羅肇錦，1998，〈客話本字線索與非本字思索〉。《國文學誌》2：383-416。

———，1999，〈臺灣「客家話」失落的現象〉。《臺灣源流》14：124-130。

———，2000，〈臺灣「漳州客」的失落與「四海話」的重構〉，《宗教、語言與音樂》，頁 267-284。

———，2006，〈客語源起南方的語言論證〉（Origin of the Hakka Language）。《語言暨語言學‧客語專號》2：545-568。

______，2007，〈客語曉匣合口變脣齒音（hu → fv）的推斷〉。《客家研究》2（2）：83-102。

______，2010，〈客家話「嫲」（ma）的語法化過程〉，《客語千秋：國際客方言學術研討會論文集》，頁 415。

______，2016，〈原客（客的前身是畲瑤）〉，《客家方言調查與研究：第十一屆客家方言國際學術研討會論文集》，頁 27-50。

客語源起南方的語言論證 [*]

羅肇錦

一、前言

　　臺灣近來常爭論誰是漢人？誰不是漢人？其實，更不好處理的應該是什麼是漢人？什麼是漢語？相同的問題，我們想知道誰是客家人？什麼是客家話？

　　從空間來看「漢人」，傳統的說法，認為南方漢人是北方來的，北方漢人則一直住在北方，意味著住在北方或從北方搬來南方的才是漢人。而一直都住在南方的少數民族，則是非我族類，當然不是漢人。但是，如果可以證明南方的漢人本來就住在南方，不是從北方遷徙而來，那就變成南方是才是漢人，而北方是混入許多東北亞南下的胡人（阿爾太語系）成分，形成很混雜的胡漢系統，結果北方反而更沒資格稱漢人。於是，南方不是漢人，北方也不是漢人，漢人成了一個「虛的概念」。

　　從時間來看「漢語」，傳統的說法，認為上古中原語是漢語，中古長江流域以北是漢語，今天除了西南少數民族以外，都是漢語。然而上古漢語、中古漢語、現代漢語內涵差別很大，如果孔子、司馬遷、歐陽修、曹雪芹一起出現，用他自己的語言對話，一定是不通聞問的。因此「漢語」的定義是什麼？仍然

---

[*] 本文原刊登於《語言暨語言學‧客語專號》，2006，2 期，頁 545-568。因收錄於本專書，略做增刪，謹此說明。作者羅肇錦現任國立中央大學客家語文暨社會科學學系榮譽教授。

無法界定。也就是說「漢族」、「漢人」、「漢語」都是很模糊的概念，要界定「漢族」、「漢人」、「漢語」，必須借助漢字來區隔，才能有較清楚的定義。那就是，「使用漢字紀錄文化的族群就是漢族」、「使用漢字來溝通思想情感的人就是漢人」、「可以用漢字轉換概念的語言就是漢語」，總而言之，「漢」指的是漢字。

然而客家呢？什麼是客家人？什麼是客家話？也必須找出可以釐清的關鍵點。

（一）山的迷思（myth）

閩粵贛一帶流行一句話：「逢山必有客，逢客必住山。」如果你細細的考察，在閩、粵、贛地區，客家的住地都是山林，所以閩西、粵東、贛南，以前的住民稱「山哈」「活聶」，[1]意即「住在山上的人」，後來從這一帶往外遷徙的客家人，也都住在山區為多，如龍岩州客家人住在永定、上杭、長汀、連城、清流、明溪、武平、寧化山區，州政府所在地龍岩反而不說客話，漳州客家人住南靖、平和、詔安、雲霄是山區，漳州市、漳平等都市不說客話，饒平縣客家人住地饒洋、三饒是山區，縣城黃岡非客區，海豐陸豐近海及平地是潮州人聚居，山區才是客家人住地。臺灣客家人住桃、竹、苗丘陵地，山區才是客家聚居處，靠海的地區都是閩南住地。早期漳州客也住嘉義、臺中、彰化的山區，近海地區都是閩南人。總之有閩客混居的都是山區客家、平地閩南，如漳州、汀州（今龍岩州）、韶州、惠州、潮州，如屬純客家縣地區，也都是

---

1 參見吳永章（2002：177）。畬族人使用兩種語言：一種是廣東惠陽、海豐、增城、博羅地區的畬族，使用畬語，接近瑤族布努語，屬苗瑤語族苗語支，兼通客家話，他們自稱「活聶」，是山人的意思；一種是其他地區，包括福建、浙江、江西、安徽以及廣東潮安、豐順的畬族，使用接近漢族使用的客方言，今天增城、博羅地區的畬族人仍有「山瑤」之稱。

全面山區，所謂地無三里平，舉目盡山巔，如梅州的大埔、豐順、興寧、五華、平遠、蕉嶺等地，都是高山頂崍山林石壁為多。因此以住地而論客家人是「住在山上的人」，一點都沒錯。

也因為住山區，秋冬之際無法取得外來食物補給，一切都要靠自己自取自足，所以山區住民必須春夏之際就先準備好冬天的食物，最方便的方式就是把可以吃的食物，加以曬乾或醃漬方便貯藏，所以客家區以曬乾的山產特別有名，尤其醃漬曬乾或醃漬的菜餚類特別豐富，閩西的八乾，[2]臺灣客家區的覆菜、高麗菜乾、豆乾、蘿蔔乾、筍乾特別多，都是最好的證明。相對的海產類的名稱，客家話中非常貧乏，如「螃蟹」一詞，客家話不分淡水、海水，也不分種差，一律叫「毛蟹」，而閩南地區有毛蟹，有紅蟳，有花柿各類稱法，其他海產魚類客家話也都付之闕如，可見客家人是山的民族，是長久以來都住在閩、粵、贛山區的「山民」。由於常住山區，久而久之客家人養成了山的性格，保守寧靜與世無爭，成了樂山的「仁者」，如果做生意，一定比不上潮州、泉州、漳州的閩南人，更無法與住在平地的廣府人爭衡。

除此之外，客家山歌有名，與彝族瑤族畬族歌謠都屬山歌一致，婚姻形式以女性為主的家務全包形式，就是後來客家婦女被推崇勤勞刻苦獨當一面的緣由（彝族阿詩瑪結婚後包攬全家粗細工作，阿黑哥婚前三年做苦工，婚後免做家事的傳統與客家婦女家中粗細工作總攬己身頗為相似）。營生方式，早期火耕，後來都是開闢梯田儲水灌溉（今天彝族區或贛南閩西粵東客家區到處半山坡梯田林立的情形如出一轍）。信仰以山神及祖先為主（如潮州客族拜三山國王，閩族拜媽祖）。至於族性保守善良、堅忍硬頸，根本是「不動如山」特質，

2「閩西八大乾」包括武平豬膽乾、連城地瓜乾、永定菜乾、上杭蘿蔔乾、長汀豆腐乾、寧化辣椒乾、寧化老鼠乾、明溪肉脯乾（參見王增能 1995：92-97）。

與泉、漳、潮的閩人冒險犯難，足智多謀，變動不居的特質完全不同。這些特質都可以看出客家與山脫不開關係的明證。

（二）彝、畬、客的鎖鏈

前面大略證明客家差不多都住在山區，是住在山上的山民，很巧的是從雲南四川的彝族、湘粵贛一帶的瑤族、粵東浙西閩西的畬族也都是住在山區的山民，不管語言、信仰、服飾、營生方式、飲食習慣，都有其相通性。如彝族（ha³¹ho⁵⁵）又稱羅羅族、哈尼族。「羅羅」（lo⁵⁵ lo⁵⁵）在彝語是「虎」的意思，表示住地處山區多虎，故以虎為其圖騰為其族名。哈尼族是彝族的一支，而「哈尼」（ha³¹ ngi³¹）在哈尼語是「山人」的意思，[3] 他們過的是梯田文化的山林生活。[4] 更巧的是「哈尼」的「哈」是山的意思，與早期閩西粵東畬族稱為「山哈」的「哈」也是山的意思。

再與「客家」的「客」字作對比，古溪母字（如溪坑康起去……），閩西客家話大都唸 kh-，所以「客」唸 [kha]（音卡），[5] 廣東系統的客家話古溪母字，都唸成 h-，所以「客」唸「ha」（音哈），與閩粵一帶畬族早期稱「山哈」原義「山人」的意思聲音都相符（依據游文良《畬族語言》三〇八頁比對，「客」

---

3 馬學良先生（1951）記音時寫成「撒尼語研究」。李澤然（2001）提到：哈尼族的村寨大都建在半山腰上，唐開元 22 年（公元 734 年）唐宰相張九齡《勅安南首領爨仁哲書》中，有「和蠻（哈尼）大鬼主孟谷娛」。那時哈尼族之所以被稱為「和蠻」，依據《蠻書》卷五「谷謂之浪，山謂之和，山頂謂之蔥路。」是「和蠻」意為居住在山坡上的民族。「和」意為半山坡，「蠻」是當時漢族統治階級對少數民族的歧視稱呼，依其本族自稱則為「和尼」，「尼」是「人」的意思，大民族統治階級將其易之為「蠻」，因而稱之為「和蠻」。

4 見王清華（1999）。

5 今天在福安、福鼎、羅源、三明、順昌、華安、貴溪、蒼南、景寧、麗水、龍游、潮州、豐順的畬語「客」都說haʔ（音哈）（參見游文良 2002：308）。從梅縣一帶出土的銘文，「畬（畲）」字卻寫成古代茅寮房的樣子，完全是象形造字，廣東漢人創一個「輋」字，是以居住的形式稱呼，與「畬」字以刀耕火種的農耕技術命名大異其趣。參見范建華（2001：100-114）。

字在福安、福鼎、羅源、三明、順昌、華安、貴溪、蒼南、景寧、麗水、龍游、潮州、豐順的畬語都唸成 haʔ，音近哈），如此一來「活聶」＝「哈尼」＝「山哈」＝「客人」（客家人），都是住在半山上生活的人，都沿續遠祖以來的謀生傳統。

而畬族的「畬」字，與彝族又稱「爨族」的「爨」有不可分的關係。「畬」字，《廣韻》：「畬，式車切，燒榛種田也。」即刀耕火種的意思，畬人都住山區，山區土地貧瘠，需放火燒榛莽，把火灰埋泥土下，當作肥料，以利種植，這是用「畬」字以刀耕火種的農耕技術命名。與「爨」（彝族的另名）字也是火燒煮食物的意思。[6] 廣東惠陽、海豐、增城、博羅地區的畬族使用的畬語，接近瑤族的布努語，屬苗瑤語族苗語支，兼通客家話，他們自稱「活聶」（與彝族「哈尼」音近義同），是「山人」的意思，今天增城、博羅地區的畬族人仍有「山瑤」之稱。[7]

從上面的證據，大致可以了解「哈尼」、「活聶」、「山哈」、「客人」都是山人之意，分別代表彝族、哈尼族、畬族與客家族。至於彝族、哈尼族、畬族、客族的語言，雖與今天有很大的差異，但從基本詞（或稱中心詞）來看，還是有同源的影子。根據戴慶廈、陳英等人的比較彝語支系（包括彝語、傈僳語、哈尼語、拉祜語、納西語五種）聲韻調的特點，彝語與漢語在音義上相同或相近的詞數，名詞（眉唸 mu^{33} 書唸 su^{33}）、代詞（誰唸 $s\eta^{21}$ 此唸 $ts'i^{21}$）數詞（二唸 ηi^{55} 五唸 ηw^{33}）占 46%，動詞（掃唸 su^{33} 砍唸 $k'i^{33}$）占 38%，形容詞（美唸 $m\partial^{33}$ 青唸 $t\wp i^{55}$）、副詞（偏唸 $p'i^{55}$ 第唸 ti^{33}）、連詞、語氣詞占 16%，如果依聲韻全同、聲母相同、同一發音部位（彝語濁音變漢語清音）三類合在一起

---

6 參見范建華（2001：100-114）。
7 參見吳永章（2002：176-186）。

計算，彝語與漢語相近的語詞音多達 84%。[8] 下面舉丁椿壽（1993）《彝語通論》、陳康巫達（1998）《彝語語法》、李澤然（2001）《哈尼語研究》、游文良（2002）《畬族語言》書中幾個例子與四縣客語加以比對：

	彝語	哈尼	畬語	客語
一	$tshi^{21}$	$tɕi^{31}$	it^5	it^2
二	$ȵi^{31}$	$ȵi^{31}$	$ȵi^{21}$	$ȵi^{55}$
三	so^{33}	$sɔ_{31}$	$sɔ^{44}$	sam^{24}
四	$ɬi^{33}$	$ø^{31}$	$ɬi^{44}$	$ɕi^{55}$
五	$ŋɯ^{33}$	$ŋa^{31}$	$ŋ^{35}$	$ŋ^{11}$
六	fu_{55}	ku^{31}	$lyʔ^2$	$liuk^2$
七	$ʂi^{21}$	$sɿ^{31}$	$tɕhit^5$	$tɕhit^2$
八	hi^{55}	$ɕe^{31}$	pat^5	pat^2
九	gu^{33}	$ɣø^{31}$	kiu^{35}	kiu^{31}
十	$tshɿ^{33}$	$tshe^{55}$	$tɕhip^2$	$siip^5$
手	lo^{55}	la^{31}	$ʃiu^{35}$	su^{31}
母	$a^{55}mo^{33}$	$a^{31}ma^{33}$	$a^{21}ne^{44}$	me^{24}
子	zv^{33}	za^{31}	$tsoi^{35}$	zii^{31}
馬	mu^{55}	mo^{31}	$mɔ^{44}$	ma^{24}
豬	va^{13}	$a^{31}ɣa^{31}$	$tʃy^{44}$	tsu^{24}
狗	khv^{33}	$a^{31}khv^{33}$	kou^{35}	$kieu^{31}$
虎	la^{55}	$xa^{31}la^{31}$	$lou^{55}hu^{35}$	$lo^{55}fu^{31}$
老	li^{33}	lo^{33}	lou^{35}	li^{31}
黑	na^{33}	na^{33}	u^{44}	vu^{24}
我	$ŋo^{21}$	$ŋo^{33}$	$ŋuai^{44}$	$ŋai^{11}$

8 文見陳英（1993）。

	彝語	哈尼	畬語	客語
你	na^{21}	na^{33}	n̠i^{44}	n̠i^{11}
他	thi^{21}	ʃi^{33}	ky^{44}	ki^{11}

（三）北漢源自南漢

　　既然南方少數民族，留有那麼多客家的影像，客家應該是起源南方才對。但是整個客家話與北方雷同的地方多達百分之八、九十之多，難道客家是盡棄所有，完全北化，才會變成與北方話差不太多。這個關鍵點在於，學術界一般認為南方苗瑤彝畬語言與北方毫無關係，有相關聯的地方都是北方帶下來的，或者說從北方南來以後吸收南方詞彙所形成的。這種說法讓人最無法接受的是如果客家從北方南來，為何客家話今天保留與北方不同的地方，都是口語很白話很土的核心詞，這些核心詞彙應該在北方就已經說得很完備，來到南方後，沒有理由放棄自己北方的核心語，去借南方的口語當自己的口語（例如「有人在嗎？」、「自由自在」兩詞，前面的「在」唸 tshoi^{24} 是陰平調，後面的「在」唸 tshai^{55} 是去聲。而「在」於《廣韻》：「昨宰切，從母之韻上聲」，「自由自在」的「在」tshai^{55}，正好是與北方官話全濁上歸去聲一樣，是後期從北方官話借來的文讀音，而「有人在嗎？」的「在」tshoi^{24}，是全濁上唸陰平調，這些字正好與畬語唸陰平一致。[9]

　　因此，客家話與北方雷同的地方很多，完全是因為自古以來，南北並無多大差，他們本來是同一起源，基本的語言是相同的，只是後來北方的那支漢語，受差別很大的阿爾泰語影響，變得和南方不同罷了。不過不同歸不同，基本還是有許多可以通的語詞，南北都同時保留下來，因此，百分之八九十的客家

---

9 參見游文良（2002：80-83）。

話與北方話相同，其中應該有百分之四五十是南北都各自保留下來沒有改變的
古漢語，客家話其實吸收中古後的北方話只有百分之四五十而已。[10] 尤其南方
文字傳統與北方不一樣，只要語言不能互相溝通就會以為是完全無關的族群，
但自從懂得用音標記音比較以後，才慢慢發覺南北根本同源，相似的地方非常
多。所以南北漢語應該這樣的關係圖才更合理：

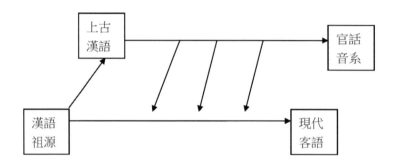

漢祖語：

北漢語：加入阿爾泰語成分（東胡、通古斯、匈奴、鮮卑、突厥、
遼、金、元、韃旦、蒙古、滿清……）→官話。

南漢語：保留緬藏苗瑤侗傣（百越、荊楚、氐羌、西夏、景頗、
儸儸（彝族）、哈尼、納西、拉祜、土家、瑤、畬、布努、
藏族、壯、水、毛南、黎、布依、侗、傣……）加入北
方漢語→粵客贛閩語。

---

10 例如客家話中「天旱」唸 thien^{24}hon^{24}、「旱水」（動詞把水放盡）唸 hon^{24}sui31、而
「旱災」唸 hon^{55}tsai^{55}，「天旱」、「旱水」是口語音所以唸陰平與畬語相同，「旱
災」是北方借來詞彙所以全濁上唸去聲。可見「旱」這個詞，南北都一樣指乾旱現像，
而且南北都保留在日常口語中，只是南方保留的多了一個當動詞用的旱水。這些語
詞非常多，在不重視南方語言語北方同源的時代，因音韻調有別互相聽不懂，就以
為全無關係，事實上從客家話許多兩讀的現象常常文讀語北方系統相符白讀卻與畬
語相類。參見游文良（2002：519-577）。

二、客語源起的歷來爭論

（一）北來說

1. 開山祖師一言九鼎：羅香林《客家研究導論》依據族譜記載，推出客家人是中原貴冑，且詳述東晉以降的五大遷徙，訂定客家歷史基本架構，從此客家研究就以此觀點為標的，經多年而不衰微。

2. 歷史研究踵事增華：後來學者就以中原南來的觀點，去為古人作解，踵事增華，愈寫愈豐富，論證也越來越多樣，但都離不了中原南來的舊巢。這一類的研究非常多，在此不一一點數。

3. 語言學者論證歷歷：語言學者對客家話的研究，也都秉持羅香林的中原南來說，去找語言的證據，替羅氏做註解，加上漢語的研究一直都認為南方的吳、粵、閩、湘、贛、客方言，都是早期從中原向外播遷，所以保有較早期中原漢語音韻，反而住在北方的受阿爾泰語影響，慢慢變成今天與南方不同的語言，也就是說南方語言是古代的北方話，而普通話是現代的北方話。持這種說法的學者專家非常多，這裡也不逐人點數。

但客家研究中除了族譜之外，語言現象是最有力的證據，因此，中古全濁聲母清化後，塞音、塞擦音不論平仄一律變送氣清音，是斷定贛客方言的第一指標。在這個指標之下無巧不巧的是中原地帶（如山西、臨汾、稷山、大同、洪洞、聞喜……等地），[11] 也找出許多地方「濁音清化平仄皆送氣」的方言，[12] 這些「全濁聲母清化後，塞音、塞擦音不論平仄一律變送氣清音」的情形。正

---

11 見陳慶延（1989）。

12 見張琨先生（1992）一文中，包括山西南部：洪洞、萬榮、運城、垣曲、隰縣、永和、大寧。河南：靈寶、陝縣、三門峽。陝西北部：延安、甘泉、延長、延川、清澗、子長。安徽省區：望江、宿松、太胡、懷寧、潛山、岳西、東至、貴池、修寧、黟縣、績溪、嶺北。浙江：淳安、遂安、建德、壽昌。江蘇：南通、如泉、泰州、鹽城。

好得到了客語來自中原的語言鐵證。

因此鐵證如山，撼動不易，加上魯國堯先生提出「通泰贛客方言同源論」[13]及〈客贛通泰方言源於南朝通語說〉，[14] 顧黔（2001），更詳細證明：「通泰方言有客家話特質是北人南遷渡過長江，直至贛粵閩山區，有人暫留此處，北方漢語成分越來越多，勢力越來越強，江吳語逼至江南，由於僻處一隅，閉塞落後，變化較慢，保留了較多古代北方方言特徵，與贛客方言形成有許多相似之處，似可認為通泰方言與贛客方言同出一源，是 4 世紀北方漢語的後裔，因此今通泰方言、贛方言、客家話及古屬并州的山西方言，在地理上相距遙遠，卻有諸多神合之處。」[15]

這個結論固然替南通話有全濁聲母清化後，塞音、塞擦音不論平仄一律變送氣清音，做了很好的辨正。但依然是替北來說做進一步解釋而已。其他如李如龍、[16] 張光宇、[17] 羅美珍、鄧曉華 [18] 都是找出語言證據替「北來說」建構更堅實基礎。

（二）南源說

1. 徐松石：漢源起南方。[19]用歷史地理學的辦法證明「華」、「夏」、「漢」：

---

13 見魯國堯（1988：149-223、2003：4-114）。

14 見魯國堯（1994：66-80、2003：123-125）。

15 見顧黔（2001：510）。

16 見李如龍、辛世彪（1999：202）。考察晉南關中方言和通泰方言、贛方言的全濁送氣，是否有某種內在關聯認為他們都是從古代的秦晉方言承傳下來的。

17 張光宇（1999：33-38）認為「作為吳楚江淮連續體的一環，通泰方言原屬吳語，由於北方方言的衝擊才改變了通泰方言的形貌」，另在張光宇（1996）提到：「客家話是來自中原西部豫州及兗州」。

18 見羅美珍、鄧曉華（1995）。客家人從北方南來後與畬族混居，所以羼入不少畬語，畬族人因元朝統治對畬人壓迫，才遷往閩東、浙南。

19 參見徐松石（1938）。

「華」指四川（西夷）、山東（東夷）；「夏」指夏禹，帝王世紀說「禹長於西羌西夷人也」；「漢」起於荊襄巴蜀，今湖北有東漢水，四川有西漢水，大渡河支流也有一條漢川水，荊襄巴蜀顯然與漢字有特殊關係。這些地方古時是侗僚盤據之地，但侗僚人向來稱呼自己為漢人、漢子，侗話叫男人為勒漢，「勒」指兒子，或稱「俫兒」，又稱「漢兒」，南方有細漢、細俫的稱呼一致。可見華族、夏族、漢族都是南方部族，並非與蠻夷血統對立。總而言之，萬勿以為漢人就是中原人，今日嶺南苗瑤侗人和他們的祖先，都與漢人沒有血緣關係。事實正好相反，中原文化大部分脫胎於蜀山文化，只是後來中原文化的生存和感化力量，卻遠出蜀山文化之上，而吳楚越則承繼蜀山文化之餘緒更發揚光大。

　　2. 邵靖宇：北漢源自南方。[20] 先從龍的起源來論，一般以為中國人自稱「龍的傳人」，是源於北方的龍圖騰所產生，但是在河姆渡文化和磁山文化等早期新石器文化遺址尚未發現對龍的崇拜。表明龍的崇拜大概始於仰韶文化和紅山文化。龍其實並不存在，是先民想像的神物，但是想像必有所本。首先，龍與水關係密切，如龍潭、龍淵、龍池、龍江等地名，龍王、龍女、龍鬚、龍宮、龍山、龍涎、龍骨、龍穴等變成傳說中不可少的稱號，以及潛龍勿用、見龍在田、龍躍於淵、飛龍在天等帶有哲理的易乾卦爻辭成語，也與水脫離不了關係。許慎《說文解字》釋龍字：「鱗蟲之長，能幽能明，能細能巨，能短能長，春分而登天，秋分而潛淵，從肉（月）飛之形」，也是說明龍生活在水裡騰躍飛天上，一般記載上有「鼉龍」、「小龍」、「土龍」指的是鱷魚、蛇、蜥蜴之類的大型動物，這些動物都可以水陸兩棲，都產於南方。而龍是雨神可以呼風喚雨，颱風來時狂風暴雨類似龍王發怒，而颱風也都南方氣候所致，不像北方

---

20 參見邵靖宇（2001）。從出土文物、古今地名、文字起源……證明漢族起源於雲南四川一帶，中原漢族是西南北邊所發展而成。

飛砂走石。可見龍的想像環境應該以南方較合適，也就是說龍的傳人是發源於南方，再從「龍」地名的統計，滇、桂、湘、贛、浙五省共有帶龍字地名92個，而陝、晉、豫、冀、魯五省只有帶龍字地名30個，[21] 可見對龍的重視南方多出北方非常多，依此類推龍的傳說應該產生在南方。

再從漢字起源來論，「它」與「為」是南方才可能產生。「它」字是古文「蛇」的本字，漢許慎《說文解字》的解釋是：「它，虫也，從虫而長像冤曲垂尾形，上古草居患它，故相問無它乎？凡它之屬皆從它（托何切）」。「它」的篆體是眼鏡蛇，在雲南貴州一帶有眼鏡蛇王，劇毒，凡人被咬必不可活，故當地人每見面必互問「無它乎？」，久之，「它」變成第三人稱代詞，遂加「虫」另造「蛇」字以代之。眼鏡蛇只產於南方，北方無此長蟲，因此「它」這個漢字不是北方產生，應該是南方的生態環境所造成。

另有「為」字，漢許慎《說文解字》解為母猴，因北方不產象，許慎不曾見過象，誤以為母猴，甲骨文出土後，完全推翻許說，才更正「為」字是象的象形字，象脾氣溫和體大力大，可替代人做事，故「為」字引申為動詞有「做為」之義，「為」字借成作為之「為」，遂再造「象」字還其本義。羅振玉《殷墟書契與考釋》指出「為」字在古今文和石鼓文中所見均為上面有「爪」而下面是「象」，甲骨文卜辭所見也都作手牽象之形。且藏緬語中「象」的讀音是mgwi，與現代漢語音 wei 音頗相近，兩者可能有淵源。而象是熱帶動物，中國北方沒有象（今天象產地都在雲南、泰國、越南、緬甸、印度為多），「象」這個字不可能在沒有象的北方所創造出來，而是先從南方造出本字，北遷中原以後，繼續南字北用，發展出豐富的中原文化。因此，漢字起源極可能南方才

---

21 滇、桂、湘、贛、浙五省共104平方公里，人口1.95億（1983），有帶龍字地名92個，而陝、晉、豫、冀、魯五省6.7平方公里，人口2.56億帶龍字地名只有30個，南北比例差三倍之多。

是祖源地，尤其產「蛇」及「象」的雲南四川一帶。

　　3. 房學嘉：客主體在南方。房學嘉[22] 以客家地區對秦以前的文化軌跡，舉出在武平、興寧、長樂、梅縣、定南、安遠都有許多古窩窯遺址、墓葬、編鐘等古物出土，而這些地區也出土了大量的斧、簇、戈、矛、甕、罐、壺、缽、碗等石器、陶器，足見客家地區在五千年以前就有文明在此開展。其次廣東東部、北部、贛南、閩西也出土許多青銅器，可見中原文化入主客地之前，閩粵贛客地早已有一個百越文化存在，[23] 不是中原漢人南來以後才有的文化。而民間信仰，客家地區所拜的神明有石頭神、樹神、水神、拜王公（包括風雨雷電諸神及管五穀豐登的五穀大帝，及管生育的花公花母）、拜土地等等。尤其主宰文教的文昌帝君是由古代對玄武星宿、文昌星宿的星辰信仰加上道教附會神化而來。而潮州的三山國王（明山、巾山、獨山）更是歷隋、唐、宋、元、明、清而不衰的山神崇拜。這是本來就以當地生活環境所衍生出來的崇拜，並非中原漢人帶來的北方信仰。崇拜祖先與北方漢族殷周時代的慎終追遠、尚鬼敬神相同，如七月十五打醮普渡孤鬼（俗稱好兄弟），每家有家祠以祀拜祖先，這是把魂鬼神合為一體的信仰。這種信仰民間流傳已久，非戰亂從中原南遷所帶來。

　　4. 羅肇錦：客語祖源在南方。筆者從客家話入手，[24] 提出七個特色去論定：

　　（1）南方特殊聲調：包括次濁部分上聲唸陰平、全濁上聲少部分口語唸
　　　　　陰平(如在、坐、舊、動、近、被、下、斷、淡)、文讀唸去聲(如在、
　　　　　坐、舊、動、近、被、下、斷、淡)、次濁入聲陰陽混雜、「ngai」「ng」
　　　　　「ki」聲調與我你他不同，都是南方畬語點，與北方話大異其趣。

---

22 見房學嘉（1994：7-36）。

23 見房學嘉（1994：48-57）

24 見羅肇錦（2003）。

（2）聲母的特點：捲舌音是阿爾泰語特徵。

（3）韻尾特點：客家話是瑤畬漢化所形成的語言，所以今天粵北、閩西、
　　　贛南的客家話韻尾與瑤、畬語非常相近（只有 -n -ng 輔音韻尾）。

（4）畬地名現象。

（5）特殊成語現象。

（6）特殊詞彙結構現象。

（7）特殊語法現象。證明客語底層屬南方苗瑤語言。

　　依聲調、聲母捲舌音、韻尾現象，可以發現客家話基本詞彙「𠊎你佢」三個字都唸陽平調，與北方漢語不同調，卻與廣東話、景頗話、土家語及許多的緬藏語系相同，可見客家話是南方系統為主體發展出來的；聲母的捲舌音客家話全然沒有，也屬於南方系統及上古音系統，而北方漢語的捲舌音完全是阿爾泰語影響所產生的。至於客家話的韻尾，閩西、贛南、粵北一帶，與畬、瑤語一樣，都沒有 -m 及 -p -t -k，可見閩西一帶的客家話保有很豐富的畬語成分，而梅縣客話 -m-n-ng-p-t-k 完整，是遷往粵東以後，與粵語往來頻繁，慢慢融入許多粵語成分，變成後期的梅縣話。如果上古漢語與祖地雲貴一帶，甚至與瑤畬語（或閩西贛南客語）一致，都是沒有入聲尾的結構，那麼上古入聲配陰聲的問題，就可迎刃而解，答案是：上古陰聲與入聲一樣都沒有韻尾，所以可以通押。

　　至於客家話中的特殊詞彙、特殊成語、AAe 結構、N+A 詞序、可以更進一層證明客家話與北方漢語不同的地方非常多，這些不同反而與彝畬苗瑤語系統接近，與北方中原發展出來的漢語有基本的差異，因此，下面再提出幾個特徵詞證明客語是以南方為主軸所發展出來的後期彝畬瑤苗語，與南來的漢混合所形成的，就是今天的客家。

三、客語特徵詞源自南方證據

（一）客語 N+A 語序與彝瑤畬相通

　　南方漢語部分詞序與北方漢語相反，從橋本萬太郎《地理類型學》以降，有許多學者討論過此問題，有認為 N＋A 形式是北方上古保存，有認為是南來以後屬入南方特色，吳中杰《畬族語言研究》[25] 也認為北方南方都有「雞＋公」的詞序，所以把「雞＋公」看作畬話中少數民族語言殘留現象的直接證據，恐非恰當。

　　丁邦新先生更認為是「N＋A」的 A 已經名詞化，所以南方反詞序現象，其實仍是 A＋N 與北方一樣並不是詞序相反。[26] 但是站在客家人本身，很難想像「狗麻」「雞公」的「麻」和「公」不是代表性別的的形容詞，尤其立論特別指出「麻」和「公」常常用在不代表性別的詞綴，如刀麻、杓麻、笠麻、耳公、鼻公、碗公的「麻」和「公」，就沒有性別之分。然而這些沒有性別之分的形容詞「麻」和「公」，在彝語哈尼語保留得非常完整，[27] 他們的性別分通性、陰性、陽性、騙性（如通性用 -a^{31}、陰性用 -ma^{33}、陽性用 -pha^{31}、騙性用 -a^{31}ha^{31}），甚至分生育過與未生育（如 xa^{33}so^{55} 指未下過蛋的母雞、xa^{33}ma^{33} 指下過蛋的母雞），分大、中、小（如 o^{31}ma^{33} 指大鴨、o^{31}so^{55} 指中鴨、o^{31}za^{31} 指小鴨），分非常有精神、有精神、無精神（如 mo^{31}u^{55} 指非常有精神的馬、mo^{31}by^{55} 指有精神的馬、mo^{31}mu^{31} 指無精神的馬）……這些後綴清清楚楚的都是修飾性的，都是放在名詞後面的成分，更巧的是這些現象客家話在陰性、陽性（雞公、雞麻），生育、未生育（雞麻、雞縺）及大、小（雞屯、雞坨）

---

25 見吳中杰（2004：114-117）。

26 見丁邦新（2000：194-197）。

27 見李澤然（2001：167-198）。

上，大都保留了形容性的詞綴，放在後綴位置，所以客家話中部分詞序顛變成 N＋A 的形式，完全是南方彝、畲語的詞序保留下來。

（二）客語你我他的領格與彝畲都採聲調交替方式

我們比對藏緬系（羌語、景頗語、彝語、緬語）語言以後，可以發現客家話有 ngai^{11}（我）→ en^{24}teu^{24}（我們）的人稱代詞用法，在景頗語（與彝語同支系）中也有 ngai^{33}（我）→ an^{55}the^{33}（我們）。[28] 而客家話中人稱指代詞，主格變領格時，韻母變成〔-a〕：ngai^{11}（我）→ nga^{24}（我的），ng^{11}（你）→ ngia^{24}（你的），ki^{11}（他）→ kia^{24}（他的），這些領格變化方式，正好與彝語的許多地方相類，極可能客家話保有西南彝語的方音，與北方漢語接軌後，仍留用部分彝語構詞及語音，例如彝語中有所謂「引述人稱代詞」，只用語音變化和數的區別等詞形變化，來表達人稱代詞在短語和句子中，跟其他詞發生種種關係的一種語法形式〔如：i^{23}（他）→ i^{55}（他的）→ o^{21}（他們）〕，[29] 以下面舉雲南景頗語的代詞就與客語非常相似：[30]

	我	你	他
主格	[ngai^{11}]ngai^{33}	[n^{11}]nang^{33}（n^{33}）	[ki^{11}]ʃi^{33}
領格	[nga^{24}]ngie?^{55}	[ngia^{24}]na?^{55}	[kia^{24}]ʃi^{55}
賓格	[ngai^{11}]ngai^{33}	[n^{11}]nang^{33}	[ki^{11}]ʃi^{33}
複數	[en^{24}teu^{24}]an^{55}t'e^{33}	[n^{11}teu^{24}]nan^{55}t'e^{33}	[ki^{11}teu^{24}]ʃan^{55}t'e^{33}

---

28 見徐悉艱（1992：203-215）。
29 見羅邊木果、海勒木呷（1992：191-202）。
30 見戴慶廈（1990b：238-239）。

這裡有五點值得我們注意：1.「你我他」調類相同；2. ngai[33] nang[33]（n[33]）ʃi[33] 與客語 ngai[11]ng[11] ki[11] 音接近；3. 領格有格變而且轉調；4. 複數加詞尾 t'e[33]；5. 複數除了加尾綴 t'e 之外形態也改變，客語 ngai[11]（我）→ en[24]teu[24]（我們）與景頗語一樣。這五個特點正是客家話與北方官話不同的地方，也就是說客家話是與彝畬語底層相類，漢化後變成客語，語言帶有自己祖語的語音及語法規律，所以與北方漢語產生差異。

（三）客語 AAe 屬南方語言特質與彝畬相通

AAe 結構，在客家話中非常重要，一般而言評斷一個人客家話說得流不流利，最重要的是重疊詞應用熟不熟練，雖然北方漢語也有這個用法，但並不如南方那麼細緻，所以 AAe 的構詞應該是南方的構詞形式。我們從北方重疊構詞，好幾個意義共用一個重疊詞，與客語一個意義有好幾個重疊詞正好相反，可見這類重疊詞，在客家非常發達，但在北方漢語就沒那麼豐富。如北平話有「兇巴巴」、「瘦巴巴」、「乾巴巴」、「眼巴巴」，四個詞都用巴巴來表示（而且官話在 AA 之後不加 e，說成巴巴 e），但客家話不只每一個詞都另有一種重疊對應如「惡豺豺 e」、「瘦夾夾 e」、「燥絲絲 e」、「眼精精 e」、（目視視 e），還可以用「惡擎擎 e」、「眼獸獸 e」⋯⋯來分辨，可見運用純熟程度來比對，客家承襲了南方的傳統，而北方話吸收南方的用法，但不夠純熟，才會出現四個詞「兇瘦乾眼」（客語用「惡瘦燥目」）都用相同的「巴巴」來形容。下面舉例比對南北用法的差異性：

客語	北漢語	客語	北漢語
手抓抓 e	手頭拮据	閒綽綽仔	無所事事
臭芳芳仔	臭氣沖天	暢 na na e	樂不可支
耳 hiohio e	充耳不聞	雄繃繃仔	精力旺盛
頸橫橫仔	傲慢不踞	視夠夠 e	信心十足
興 fet fet e	興高采烈	性爆爆仔	脾氣暴躁

（四）彝語畬語客語詞尾 -ma[11] 相通

客家話中凡稱女人（癲嫲、懶尸嫲、猴嫲……）、稱動物雌性（狗嫲、貓嫲、豬嫲……）及大而圓的工具（刀嫲、杓嫲、笠嫲……），都會在詞尾加一個詞綴 -ma[11]，而且用在誇大時常會加一個 ma 形成 [大 ma □] 的結構：如大 ma 粒介石頭、大 ma 箍介人、大 ma 仙介人、大 ma 隻介豬仔、大 ma 間介屋、大 ma 頭介樹仔……這種構詞特徵，在彝族的哈尼語及畬語的用法都很一致，在哈尼語中甚至把 ma 加以重疊，表示更大特大之意（如 $a^{31}go^{33}$ $go^{33}ma^{33}$ 指大臭蟲、$khɯ^{31}$ ma^{33} ma^{33} ma^{33} 指更大的狗、a^{55} bo^{55} bo^{55} $ma^{33}m$ $a^{33}ma^{33}$ 指特大的蚱蜢）[31]，這種形容詞三疊形式代表特別程度，今客語中仍常用，如長長長、大大大、烏烏烏、苦苦苦……。可見客家話用 -ma 這個後綴不是中原帶來的構詞方式，而是原來彝語畬語就有的詞彙結構，客家話本來就是說這種結構的語言，後來北方化以後才慢慢減少這種用法，換言之，從 -ma 的用法可以看出客語是源自南方。

四、客語音韻的南方證據

（一）客語全濁清化變送氣清音與彝語相通

前面所舉出魯國堯（1992）、顧黔（2001）、李如龍（1999）、張光宇（1999）、羅美珍、鄧曉華（1990）等認為山西、河南、陝西、安徽、浙江、江蘇等地（即中原地帶、徽贛一帶、江浙一帶三個地區），都有「全濁聲母清化後，塞音、塞擦音不論平仄一律變送氣清音」的情形。從全濁清化不論平仄一律變送氣清音的分布地域看來，與古代彝族祖源地不相上下，彝族的先民的

---

31 見李澤然（2001：180、184-202）。

父族為蜀人（即三星堆文化），[32] 母族為昆夷，昆夷源於古東夷族，就是前舉徐松石先生的論證「華」指四川（西夷）、山東（東夷），也就是指荊襄巴蜀之地是西夷（彝）根據地，而東夷也是另外一支彝族。

更有學者研究認為山東鄒平縣丁公龍山出土的「丁公陶文」，與古彝文摹本比較，認為丁公陶文就是古彝文，與今天西南地區滇川黔桂地區存留下來的彝文經典，相當一致。[33] 再從 1986 年出土的「三星堆文化」的研究推斷，蜀文化的發展與商文化的發展是平行的，彼此的影響傳播是暢通的，也就是說三星堆文化在商周時期已有燦爛的青銅文明，中原一帶（商周文化）與西南夷（彝）一帶（三星文化）語言文化都可互通，而東夷（山東一帶）是另一支古彝族，也有相近的語言文化。《山海經海外北經》說：有獸焉，狀如虎，名曰羅羅。而彝族稱虎為羅，自稱為羅羅，可見山海經中所說青虎羅羅即是彝族的虎圖騰。有學者認為古蜀人曾是古彝人的先民，《史記三代世表》正義說：蠶叢國破，子孫居姚、嶲等處（姚嶲在今江淮一帶）。而古蜀祭祀有青衣神說明有尚青的習俗，早期客畬穿著也以青衫為主。

引顧黔（2001）先生的話：「由於僻處一隅，閉塞落後，變化較慢，保留了較多古代北方方言特徵，與贛客方言形成有許多相似之處。」我倒認為中原一帶與西南古彝族以及山東的東彝族，古時都有相近的語言，所以後來全濁清化不論平仄一律變送氣清音的分布地域，與古代彝族祖源地都有關聯，中原部分地區保有古彝語相近的特色，所以晉陝一帶有全濁清化不論平仄一律變送氣清音現象，而閩粵贛徽地區全濁平仄一律變送氣，則是由荊襄巴蜀之地是西夷（彝）遷徙發展而成。江浙通泰方言全濁平仄一律變送氣，則是東夷（彝）的遺留。

---

32 見黃劍華（2002：14, 98）。
33 見易謀遠（2000：178-197）、馮時（1993、1994）。

　　另外濁音清化的原因，歷來爭論很多，而不同方言清化後走向不同的原因？都還沒有很清楚的論述，尤其今天苗瑤語有不少仍保有全濁聲母送氣與不送氣並存的現象（如湘西吉衛陽孟苗語，楊再彪《土語比較——苗語東部方言》民族出版社 2004），可見濁聲母清化情況如何，仍有許多可以從南方語言出發來解釋的空間。以彝語支系語言清濁的變化看，或許可以幫助釐清一些疑點，「彝語中，清濁對立的作用，主要是區別詞彙意義，其次是區別語法意義」[34] 例如哈尼語的 da^{33}（上）：ta^{33}（快）、dze^{33}（爛）、tae^{33}（斷）、za^{31}（兒子）、sa^{31}（肉）、ga^{33}（冷）、ka^{33}（梳）。又彝語、拉祜語、傈僳語濁音表示自動，清音表示他動，例如 ga^{55}（穿）：ka^{55}（使穿）、do^{33}（喝）：to^{33}（使喝）、bi^{55}（出）：pi^{55}（使出）。而且而清濁對立主要出現在塞音、塞擦音、擦音上，與漢語的情況相同，更值得注意的現象是「彝語中送氣的聲母只有清音沒有濁音」，這可能是當濁音清化以後，詞彙義與語法義因清化而變成不送氣的同音字而無法辨義（如前舉「穿」字，如果 $ga^{55} \to ka^{55}$，變成與「使穿」ka^{55} 同音。），所以濁變清以後必須變成送氣清音（kha），才可以有辨義作用，因此彝語系統的語言濁音清化以後都變成送氣清音，客贛語所承襲的就是這種走向的語音傳統。

（二）次濁上部分唸陰平與畬語相通

　　游文良（2002）[35] 的調查畬語，客語古次濁平聲字畬語唸陰平的有「毛聾」，古次濁上聲唸陰平的有「馬尾暖軟冷嶺」，客家話各地現象差不多，尤其口語詞更是如此，而少部分文讀仍唸上聲的（如「武」字「打武」時唸陰平，「文武」時唸上聲；「柳」字「姓柳」時唸陰平，「楊柳」時唸上聲）則與北

---

34 見戴慶廈（1990a：127-152）。
35 見游文良（2002：81）。

方官話次濁上仍讀上聲一樣。也就是說，次濁上聲大部分口語唸陰平（裡理美忍母養尾演有冷馬野惹每某免惱咬懶猛雅暖軟兩禮旅蕊阮兩籠冉買魯乳滿柳我你），文讀則唸上聲（馬我你柳也野雅蕊惱某兩籠）與其他次濁唸上聲（爾耳佬莙繞攬眼腦米莽蟒網卵柳老李）的一致。次濁上唸上聲的字與官話一致保留上聲，但這一類的字較少，口語中的次濁上字在客家話中幾乎都唸陰平，這是客家話底層的保留，與南方畬語語言特色一樣，可見客語口語層原屬南方畬、彝語。

（三）知章同音的存古現象

　　精莊唸 ts- 知章唸 tʃ- 是閩西客語的基本分類，與梅州一帶知精莊章都唸 ts- 是兩大不同類型，向來解說都以閩西型章莊同音保留較古的語音現象，問題是古到什麼時候？因為切韻時代都已經知章分途了，那知章同音是否要上溯到諧聲時代，這是有待釐清的客家語音現象。其次，湖南宜章「知章母字」大部分都唸 t-（如瞪、綻、仗、直、長、苧、廚、槌、蟲、住、澄……都唸舌頭音；朱、專、蔗、枕、粥、章、種、煮……也唸舌頭音）[36] 江西奉新、高安、上高、萬載、新余、東鄉、臨川、南豐、宜黃、永豐、泰和、修水、澡溪等地也有許多知章兩母都唸 t- t'- 的情形。[37] 這個問題學者討論非常熱烈，看法不外乎上古音遺留（羅常培等）、後起變化（Sagart、平山久雄）、受閩語影響（何大安）、晚近發生新現象（大島廣美）、上古就已經這種現象（劉綸鑫），以上諸家的解釋，都各具勝場，理據充分，尤以劉綸鑫說法最切近語言事實。但是從北方語言立場看此問題，知章都唸舌頭音是上古音中的諧聲時代才能解釋，

---

36 見陳立中（2002：65-74）。
37 見劉綸鑫（1999：271）。

　　但客家南遷在東晉以後（依羅香林派的說法），與諧聲時代毫無關聯，以此現象無法解釋客家人從中原南來。

　　因此知章同唸 tʃ-，或知章同唸 t-，都是超過中古的上古語音現象，今天客家話仍保留豐富，唯有把客家看成本來就居住南方保有豐富的彝畬語言，這些彝畬語言與北方上古可以通，因為南方的彝畬語地處山區，保守性強，所以留下豐富上古語音現象，反之北方歷代受阿爾太語影響（東胡、通古斯、匈奴、鮮卑、突厥、遼、金、元、韃旦、蒙古、滿清），變化較大，所以找不到知章同音的痕跡。

（四）彝語畬語客語都有豐富的聲化韻 -v

　　客家話聲母音位裡面，脣齒音特別發達，因此客家人在說其他語言時，很自然的的把 hu → f，把韻頭 u- → v-，因此 v- 算不算一個音位，也是值得探討的問題。事實上客家話與脣舌齒牙喉結合的 -u 韻母，真正的音值應該是 -v（如「夫」唸 fv，「肚」唸 tv，「祖」唸 tsv，「古」唸 kv），以及溪母曉匣母唸成 f-（如闊字：k'uat → huat → fat、花字：hua → fa、戶字：ɣu → fu），都是與脣齒音有關。為什麼這個系統的語言脣齒音特別多，到目前為止並沒有人提出合理的答案。本文從彝語出發找到一個很有啟發的線索，那就是彝語支系語言裡有豐富的聲化韻 -v，為了配合發 -v 音節，所以聲母都要轉成脣齒發音，自然在這個支系的語言裡會把 u- → v-，hu → fv，tu → tv，ku → kv，tsu → tsv。例如丁椿壽（1993）《彝語通論》中的例字：月唸 hv²¹、頭唸 ʔv³³、罩唸 nv³³、中唸 gv³³、五唸 ŋv³³、好唸 ɳv³³、千唸 tv³³、塊唸 dzv³³……，非常豐富的脣齒元音，加上聲母中都有 /f//v/ 兩音位，互相影響之下，所以脣齒聲母特別發達。既然這類脣齒聲母與彝畬等南方語言有密切關係，而北方官話中古除奉母字唸 v- 之外，把 u- 韻頭唸成 v- 的並不易見，可見客語的傳統脣齒音，應該出自保留南方的古傳統音位 /v/ 元音。

（五）全濁上聲文白異調

　　在客家話部分字詞都有文白兩讀，口語唸陰平（如「在坐舊動近被斷淡婦戶遞丈上下檻後敗鎬……」），文讀唸去聲（如「在坐舊動近被斷淡婦戶遞丈上下檻後敗鎬……」），這些問題，歷來學者討論很多，尤其劉綸鑫先生（2001）在《江西客家方言概況》[38]注 42 的討論舉例非常詳盡。這些文讀聲調（去聲）與北方官話全濁上唸去聲一致，很清楚的是後來從北方話借入的後期客語音，並非本來的客家話聲調，相反的，口語聲調（陰平）才是本來早期客語的底層，保留與畬語一致的聲調類別。例如：

　　　　陰平：坐著 被骨 遠近 地動 斷截 下來 鹹淡 有在……白話
　　　　去聲：水坐 被害 近來 運動 斷言 下午 淡水 自在……文言

　　　　我們從游文良《畬族語言》[39]所紀錄的現代畬族語言聲調與漢語之間的差別，就呈現了清楚的關係：「現代畬語陰平調主要是古清平聲和清去聲字，一部分是古全濁上聲、古次濁上聲字、古次濁去聲字」這裡除了古清去聲字（變破放畫菜去……）與古次濁去聲字（妹面問露……）[40]今客家話少有此現象以外，其餘古清平聲字（邊飛刀尖偷雞……）、古次濁上聲字（馬尾暖軟冷嶺……）唸陰平，與現代客家話一致。可見古全濁上聲字、古次濁上聲字唸陰平現象，是客家話保有原來畬語調類的現象。事實上從這個點就足以證明客家話是源於彝畬語，後來學北方書面語以後，才加入全濁上唸去聲的語詞，其他不識字的人只說口語音只唸陰平調，完全保留畬語的聲調現象。

---

38 見劉綸鑫（2001：101-113）。
39 見游文良（2002：80-83）。

五、遺傳學上證明客家人與畬族關係密切

根據 2003 年 9 月號《遺傳學報》（第 30 卷第 9 期）〈客家人起源的遺傳學分析〉作者指出：「客家人與中原漢族最近，又偏向苗瑤語族群中的畬族，而不同於其他南方漢族偏向於侗台語族群。」根據混合分析，客家人數據結構中漢族結構占 80.2%，類畬族結構 13%，類侗族結構 6.8%，而客家人中的苗瑤結構有兩個來源：其一來自湖北，其一來自廣東。客家人之類侗族結構來自江西土著干越，客家人母系遺傳的綫粒體 19.7% 與畬族很近，不同於中原漢族。與客家話中苗瑤語特徵相印證，客家人可能是古代荊蠻族的核心成分，不斷加上中原漢人移民形成的。客家話等南方漢語方言，最初也可能是南方原住民語言，在中原漢語不斷影響下逐漸形成的。[41]

以上證據與前面語言證據不謀而合，血統上雖然與中原有 80.2%，但如果北方漢族也是從南方北上，在上古時代根本同支，語言非常接近，當然血統也有許多相似之處，這與語言上客家話與北方話，有百分之八九十相同，其中本來就有百分之四十是南北都各自從遠古保留下來沒有改變的古漢語，今天的客家話其實吸收中古後的北方話只有百分之四十而已，只剩百分之二十左右是客家特有的，也就是與畬語相似的部分，這與遺傳分析漢族結構占 80.2%，母系遺傳的綫粒體 19.7% 與畬族很近，兩者非常接近。

---

40 見劉綸鑫（1999：303）。宜春片、吉安片中仍有「罵妹面問露……」等去聲次濁唸陰平的現象。

41 見李輝等（2003：873-880）。

六、結論

　　從前面論證，客語的特殊口語詞大都與南方彝畬瑤苗一致，對一個不曾讀書識字的人來說，他所說的話就是他祖先傳留給他們的口語。從這些口語出發，去比對彝畬瑤苗壯語，竟然客家話日常口語使用的基本詞，與這些南方語言完全符合。相反的，讀書識字以後所學的客語語詞（文讀音），卻大都與北方官話一致，這與今天在臺灣的小孩一樣，先會說國語再回頭學客家話，他的客家話極可能有百分之九十跟國語一樣，只剩下百分之十才是具有客家特色的語詞，於是未來臺灣的客家話就變得與國語非常相似。以此立場反思，客家話本來是畬語，學習北方音的書面語以後，北方音就大量的進入畬語，慢慢形成了後期的南方漢語（客語），它的名稱就用他們生活的環境都是山區而定出的「客話」（意指山話），講這種山話的人就被稱為客家人。

　　再從史料證據看，上古時期北方商、周甲骨文、金文時代，南方荊湘巴蜀就有很高文化的彝族遠祖在這裡生活，生活在南方的彝族，也一直保有他們的語言文字，可惜彝文停留在象形、表義階段，沒有像北方走向假借形聲的表音形式，所以文字並不普遍也不受重視。只有語言以口傳方式長遠的保留下來。直到今天有記音符號以後，再把南方保留下來的語詞與北方上古典籍比對，才發現北方上古典籍的許多語詞，在南方彝、畬、瑤、壯語中保存下來，而客家也保存了許多彝畬壯瑤語詞，所以用客家話讀上古典籍可以解釋許多北方話無法理解的詞語。例如上古「晝」表示白天，今天客語有「食晝」、「當晝」等詞；上古「凶」表示饑荒，今天客語有「當凶」、「凶鬼」表示饑餓貪吃的樣子；上古「走」表示快跑，今天客語有「走相逐」、「走忒」等詞；上古「必」表示裂開，今天客語有「必開」、「必目」等詞；上古「鬥」表裝合，今天客語有「鬥門」、「鬥股」等詞。[42] 可見流傳在南方的客語保留很古的詞義，與上古北方漢語典籍的詞義相符，充分顯示南方彝畬瑤苗語與北方漢語上古是相

近的語言，反而是中古以後北方阿爾泰語入北方漢語，產生很大變化，才使南北漢語漸行漸遠。

　　以上所論，舉證繁多，其實只要完整的證明全濁上聲文白兩讀，文讀唸去聲與北方官話走向一致，而白讀唸陰平與畬族一樣，而且各地客家都有此現象。單此現象就足以說明客家話是以南方彝畬語為基礎，全面學北方書面語以後，才使自己的語言變成與北方漢語較接近，與畬語彝語差異較大，但很基礎很口語的如身體部位名稱、數字、山上動植物名稱，則與彝畬語非常接近。這樣的舉證說明，可以大略看出，客家語言的底層不是北方中原語而是南方彝畬瑤苗語，我們談各類語音演變時，應跳出北方漢語為中心的框架，建立以南方為中心的立場來解釋客家話，才能得到真實的答案。

---

42 見羅肇錦（2003）。

參考文獻

丁邦新，2000，〈論漢語方言中『中心語：修飾語』的反常詞序問題〉。《方言》（3）：194-197。

丁椿壽，1993，《彝語通論》。貴陽：貴州民族出版社。

王正賢、張和平，1999，《貴州彝族語言文字》。貴陽：貴州民族出版社。

王清華，1999，《梯田文化論：哈尼族生態農業》。昆明：雲南大學出版社。

王福堂，1999，《漢語方言語音的演變和層次》。北京：語文出版社。

王增能，1989，〈客家與畬族關係〉，《客家史與客家人研究》（《歷史教學問題》1989 增刊）。上海：華東師範大學出版社。

＿＿＿＿，1995，《客家飲食文化》。福州：福建教育出版社。

何光嶽，1996，《漢源流史》。南昌：江西教育出版社。

余伯禧，1994，〈梅縣方言的文白異讀〉。《韶關大學學報》1：21-26。

吳中杰，2004，《畬族語言研究》。國立清華大學博士論文。

吳永章，1991，《中南民族文化源流史》。南寧：廣西教育出版社。

＿＿＿＿，1993，《瑤族史》。成都：四川民族出版社。

＿＿＿＿，2002，《畬族與瑤苗比較研究》。福州：福建人民出版社。

李如龍、辛世彪，1999，〈晉南、關中的『全濁送氣』與唐宋西北方音〉。《中國語文》3：197-203。

李如龍、張雙慶主編，1992，《客贛方言調查報告》。廈門：廈門大學出版社。

李如龍等，1999，《粵西客家方言調查報告》。廣州：暨南大學出版社。

李輝等，2003，〈客家人起源的遺傳學分析〉。《遺傳學報》30（9）：873-880。

李澤然，2001，《哈尼語研究》。北京：民族出版社。

李錦芳，2002，《侗台語言與文化》。北京：民族出版社。

李權時主編，1993，《嶺南文化》。廣州：廣東人民出版社。

周長楫，1996，《閩南話的形成發展及在臺灣的傳播》，臺笠語文叢書之一。臺北：臺笠出版社。

房學嘉，1994，《客家源流探奧》。廣州：廣東高等教育出版社。

易謀遠，2000，《彝族史要》（上）。北京：社會科學文獻出版社。

林仁川，1991，《大陸與臺灣的歷史淵源》。上海：文匯出版社。

林嘉書，1993，《南靖與臺灣》。香港：華星出版社。

邵靖宇，2001，《漢族祖源試說》。杭州：浙江大學出版社。

邵慧君、甘于恩，1999，〈廣東四邑方言語音特點〉。《方言》2：128-135。

施向東，2000，《漢語與藏語同源體系的比較研究》。北京：華語教學出版社。

施其生，1996，《方言論稿》。廣州：廣東人民出版社。

施聯朱主編，1987，《畲族研究論文集》。北京：民族出版社。

施聯朱、雷文先主編，1995，《畲族歷史與文化》。北京：中央民族大學出版社。

范建華，2001，《爨文化史》。昆明：雲南大學出版社。

徐松石，1938，《粵江流域人民史》。北京：中華書局。

徐悉艱，1992，〈景頗語的結構助詞〉，馬學良主編《民族語文研究新探》，頁 203-215。成都：四川民族出版社。

馬重奇，1994，《漳州方言研究》。北京：縱橫出版社。

馬學良，1951，《撒尼彝語研究》。上海：商務印書館。

張光宇，1996，《閩客方言史稿》。臺北：南天。

———，1999，〈東南方言關係綜論〉。《方言》1：33-38。

張東民、熊寒江，1998，《閩西客家志》。福州：海潮攝影藝術出版社。

張振興，1992，《漳平方言研究》。北京：中國社會科學出版社。

張國雄，1998，《五邑文化源流》。廣州：廣東高等教育出版社。

張　荷，1991，《吳越文化》。瀋陽：遼寧教育出版社。

張　琨，1992，〈漢語方言的分類〉，《中國境內語言暨語言學》第一輯：漢語方言，頁 1-21。臺北：中央研究院歷史語言研究所。

張衛東，1991，《客家文化》。北京：新華出版社。

莊初昇、嚴修鴻，1994，〈漳屬四縣閩南話與客家話的雙方言區〉。《福建師範大學學報》3：81-87。

莊初昇，1998，〈從客家方言看客家民系的組成〉。《韶關大學學報》2：1-15。

郭大烈等編，1994，《瑤文化研究》。昆明：雲南人民出版社。

郭啟熹，1996，《龍岩方言研究》。北京：縱橫出版社。

陳中立，2002，《湖南客家方言音韻研究》。湖南師範大學博士論文。

陳支平，1996，《福建族譜》。福州：福建人民出版社。

_____，1998，《客家源流新論：誰是客家人》。臺北：臺元出版社。

陳立中，2002，《湖南客家方言音韻研究》。長沙：湖南師範大學。

陳其光，1985，〈畬語和客話〉，《語言論文集》。北京：商務印書館。

陳昌儀，1991，《贛方言概要》。南昌：江西教育出版社。

陳　英，1993，〈論彝漢語文的同源關係〉，《彝語文集》。貴陽：貴州民族出版社。

陳國強等，1988，《百越民族史》。北京：中國社會科學出版社。

陳康、巫達，1998，《彝語語法》。北京：中央民族大學出版社。

客語曉匣合口變脣齒音（hu → fv）的推斷 [*]

羅肇錦

一、前言

　　客家人說話口語中，舉凡遇到 [hu] 的音，很自然的都會唸成 [f]，如說國語「花」 hua → fa，說閩南話「輝」hui → fi。這種現象，在學術上的討論，就把他當作客家話的特色之一，叫作「曉匣合口唸成脣齒擦音 f-」。

　　然而這樣一個 hu → f 的語音事實，大家只認為是「想當然耳」的事，從來沒有人這樣思考：說國語的人唸 hu 就是 hu，說閩南語的人說 hu 也是 hu，為什麼客家人就不一樣，硬要把「hu」說成「f」？

　　前人的研究，大都集中在韻頭 u- → v- 的討論，或 [v] 是不是音位（phoneme）的問題（鍾榮富），卻沒有人清楚解釋過，為什麼客家人口中的 hu- 會變成 f-？本文企圖對這個懸疑很久的問題，提出一個合理的答案。答案的癥結在客話有完整的齒化元音 /v/，當作主要元音（vowel）或韻頭（medial），所以喉擦音 h- 與韻頭 v- 結合後，自然就脣化成 f- 了。因此客家話曉匣合口的變化是：hu- → hv → f-，學術界也都認定漢語中有這種變化的就是客家話，從袁家驊、詹伯慧、侯精一、羅美珍、鄧小華、劉綸鑫、李如龍、黃雪貞、羅肇

* 本文原刊登於《客家研究》，2007，2卷，2期，頁83-102。因收錄於本專書，略做增刪，謹此說明。作者羅肇錦現任國立中央大學客家語文暨社會科學學系榮譽教授。

錦、鍾榮富 [1]——幾乎都認定「曉匣合口唸成脣齒擦音 f-」是客家話的特色。

　　當然，問題的最核心是客家話怎麼會有齒化元音 -v，或韻頭 v-。本文試著從與客家有一定程度淵源關係的緬藏語族彝語支 [2]（如彝語、哈尼語、納西語、傈僳語、拉祜語、基諾語、白語……等），大都保有豐富的 -v 元音出發，歸納出這些存留 -v 元音的語系，都屬緬彝語系統。因此嘗試提出，客家話保有這種特殊的齒化元音 -v 的同時，有可能也間接指出客家話與保有這種齒化元音 -v 的緬彝語系統（緬藏語族彝語支），有某些程度上的祖源關係。

二、現象存在與深層解讀

（一）一般客家人說國語 hu- → f-

　　在臺灣要如何推斷某個人是閩南人或客家人？

　　只要從口音中的 hu- 與 f- 去分辨就可以八九不離十，如果把 hu- → f- 那就是客家人，例如「花蓮」說成「發蓮」，「湖口」說成「腐口」，「花費」說成「發費」，「還錢」說成「凡錢」。相反的如果把 f- → hu- 那就是閩南人，例如「發明」說成「花名」，「飛黃」說成「輝煌」，「發費」說成「花卉」，「法

1 袁家驊，1960，《漢語方言概要》，文字改革社。詹伯慧，1981，《現代漢語方言》，湖北人民出版。詹伯慧，1991，《漢語方言及方言調查》，湖北教育出版社。楊時逢，1957，《桃園客家方言》，史語所集刊二十二本。楊時逢，1971，《美濃客家方言》，史語所集刊四十二本三分。侯精一，2002，《現代漢語方言概論》，（客家語）上海教育出版社。羅美珍、鄧曉華，1995，《客家方言》，福建教育出版社。劉綸鑫，2003，《江西客家方言概況》，江西人民出版社。李如龍，1996，《方言與音韻論集》，〈從客家方言的比較看客家的歷史〉，香港中文大學，頁 248-266。黃雪貞，1987，〈客家話的分布與內部異同〉，《方言》第 2 期：81-96。羅肇錦，1990，《臺灣的客家話》，臺原出版社。鍾榮富，1997，《美濃客家方言》，美濃鎮志。

2 馬學良、戴慶廈、汪大年、王天佐、和即仁，都持此說，認為彝語支與古代羌族有關。見易謀遠《彝族史要》；戴慶廈，1990，〈彝語支語言的清濁聲母〉，《緬藏語族語言研究》。

國」說成「話國」，「吃飯」說成「粗換」。如果更進一步的統計，可以很明顯的看出，不管苗栗（四縣腔）、新竹（海陸腔）、東勢（大埔腔）、六家（饒平腔）、崙背（詔安腔）的客家人，[3] 說國語時都容易把 hu- → f-，而閩南人中不分同安、晉江、廈門、澎湖、金門，說國語時都把 f- → hu-。如此壁壘分明的語音特質，可以想見閩南人與客家人的發音習慣有很大的不同，閩南人因為閩南話聲母中沒有 /f/ 這個音位，所以把 f- 唸成 hu-，於是「房屋」變成「黃屋」，但是「輝煌」一定不會唸錯，反而是客家人「輝煌」一定唸成「飛防」，但是「房屋」一定不會唸錯。

　　這種規律的現象，不可能是不同方言的人各自認定一種唸法後，然後各走各的路，結果產生閩南話走合口擦音的 hu-，客家話走唇齒擦音的 f-。我們應該找一個音變的機制，才足以說明為何客家人說 hu- 時總是變成 f-，其他人說 hu- 時仍然唸 hu-，也就是證明客家人說 hu- 時變成 f-，是有原因的，不是任意的。

（二）前人的記音錯誤

　　客家話的音韻結構從早期董同龢、楊時逢、周法高、丁邦新、橋本萬太郎到後來詹伯慧、侯精一、羅美珍、鄧小華、劉綸鑫、李如龍、黃雪貞、羅肇錦、鍾榮富——等人的記音，[4] 客家話的元音中都只有當韻頭 u- 或當介音的 -u-，從來沒有人提出客家話有很特殊的 v- 元音。然而奇怪的是，所有記音都用 -u，但

---

3 參見羅肇錦，2003，《臺灣客家發展史語言篇》，臺灣省文獻委員會出版。書中以苗栗（四縣腔）、新竹（海陸腔）、東勢（大埔腔）、六家（饒平腔）、崙背（詔安腔）等五地方腔，設定為臺灣客語次方言的類別。以上諸次方言中，以四縣腔的 u 齒化最完整。

4 如註 1 所錄著作外，另有周法高，1955，《桃園縣志語言篇》，桃園縣志編輯委員會；丁邦新，1982，《臺灣語言源流》，學生；橋本萬太郎，1972，《客家語基礎語彙集》，東京外語大學等，所有客家研究的記音，都沒有齒化元音 /v/。

大家都說客家話有「曉匣合口唸成唇齒擦音 f-」的特色。也就是說學者們的研究僅指出客家話有 hu → f 的現象，但沒有說為什麼客家人的〔hu〕會變〔f〕。要解決這個疑問，必須從實際語音出發，那就是講道地客家話的人，都有一個齒化元音〔v〕代替一般的〔u〕，所以客家人說黑色的「烏」這個字，很清楚說的是齒化元音 -v，不會說圓唇的 u-；「碗」這個詞一定說 von 不會說 uon；「軍」這個詞一定說 kivn 不會說 kyn（或 kiun），可見一般人擬定的合口 /u/，在客家實際語言交談時，無論當元音、韻頭或介音，都有說成齒化的 /v/ 的傾向，但長遠以來學者們的記音，沒有精細的審音，所以通通把 /v/ 記成 /u/，因此一直解不出客家話 hu- 唸成 f- 的原因。自然向來都認為客家話是中原南遷的漢族，[5] 因做客南方，在語言接觸影響下所形成的一支漢語方言，而漢語從古至今，只有開合洪細，細音有 -i 合口有 -u 的差別，從來不曾涉及齒化元音 /v/ 的問題，所以客家話的記音也都只有 /u/ 而沒有 /v/。

（三）學術界對 u 認定的誤差

客家話 v- 聲母的討論和認定，學術界長遠以來都把 v- 聲母當作完整的音位看待，很少提出疑義，比較特出的，是鍾榮富先生（1996）[6] 從音位（phoneme）的觀點，認為客家話的〔j〕和〔v〕分別來自零聲母的〔i〕和〔u〕，是音變所造成的現象，不是音位性的聲母。鍾先生的論證我完全接受，在那種結構對比下，〔v〕確實不能與〔f〕成為對等的音位，但是如果〔v〕是齒化元音，那〔v〕顯然也是一個完整的音位，只是由聲母音位變成韻母音位，鍾先生所論的聲母〔v〕，就成了道地的韻頭 /v/（屬元音），發音上就是道地的

---

5 從羅香林，1933，《客家研究導論》以下，幾乎都認定客家話本來是中原話，因客家人戰亂南遷閩粵贛以後，受南方當地語言影響，慢慢形成現在的客家話，這裡不一一寫出各學者的著作。

6 文見鍾榮富，1996，《聲韻論叢》第三輯，〈論客家話的【v】聲母〉，學生書局，頁 435-455。

〔v〕，不必考慮由 u → v 的音變過程。反過來看「v 不是客家話聲母音位」的立場，本文不但不與鍾先生說法牴觸，反而替鍾先生的說法提出更有利的證據，證明 v- 確實不是客家話聲母音位。

　　當然這是因為對原始材料認定的誤差所造成後面立論的不同，鍾先生在注四中特別指出他的發言人[7]絕對沒有〔v〕聲母，如「芋」唸〔u〕與北京話的「務」〔u〕同音。筆者的認定正好相反，客家話「芋」一定唸〔v〕與北京話的「務」〔u〕不同音，一般人都受國語先入為主的〔u〕的發音影響，冒然認定客家話「芋」、「烏」、「武」等字也都唸〔u〕，其實細心分辨，很容易分辨出這些字的客家話絕不唸圓唇的〔u〕，而是唸齒化的元音〔v〕，可惜學術界一直對〔u〕有這種認定上的誤差，才會把曉匣合口唸成唇齒音 f- 當作是天經地義、理所當然的事，因此不曾有人懷疑客家話的〔u〕不是圓唇，更不會想到曉匣合口唸成唇齒音 f-，是因為合口音〔u〕其實是〔v〕，所以曉匣合口的 hu 其實是 hv 才對，也因為是 hv 所以才會變成 f-。

三、客語的主要元音 -u 應改成 -v

（一）單獨用於成音節 -v

　　這類單元音結構，在客家話用詞中非常豐富，除了前面所舉的「芋」、「烏」、「武」之外，另有「跳舞」的「舞」（v³¹）、「污染」的「污」（v²⁴）、「誣告」的「誣」（v²⁴）、「嗚呼」的「嗚」（v²⁴）、「無奈」的「無」（v¹¹）、「侮辱」的「侮」（v²⁴）、「騰雲駕霧」的「霧」（v⁵⁵）、「服務」的「務」（v⁵⁵）、「可惡」的「惡」（v⁵⁵）等，都是齒化的單元音〔v〕，這些詞國語都唸圓唇的〔u〕，

---

7 根據鍾文所注，發音人是邱士榮女兒，以筆者所知，口音應屬年輕一代的四縣腔，當時年輕聲受國語影響已深，所以發音人認為客語的 /v/ 與國語的 /u/ 完全一樣。

細心比較，客家話是較弱的唇齒音，國語是道地雙唇音。可見客家話的單元音原始只有【a】、【i】、【v】、【e】、【o】、【ii】六個，後來受其他語言影響，才產生了 -u。

（二）與唇舌齒牙喉音的結合 -v

客家話中〔v〕與聲母結合的情形大致可以分成唇音、舌音、齒音、牙音、喉音五類加以說明：

（A）唇音：有〔pv〕（斧補）、〔p'v〕（脯埔）、〔mv〕（母墓）、〔fv〕（夫膚）。

（B）舌音：有〔tv〕（肚都）、〔t'v〕（兔杜）、〔nv〕（奴怒）、〔lv〕（路盧）。

（C）齒音：有〔tsv〕（祖注）、〔ts'v〕（鼠臭）、〔sv〕（手樹）。

（D）牙音：有〔kv〕（牯鼓）、〔k'v〕（苦庫）、〔ngv〕（誤悟）。

（E）喉音：只有〔fv〕（虎胡褲苦）。

以上與唇舌齒牙喉音結合的 -v，有些客家話或許變成 [u] 了，但本文為了一致性，把它都當成唸 -v，都很整齊地以元音 -v 和聲母結合，構成各種口語常用語音。最特殊的是〔褲〕（音 fv⁵⁵）和〔苦〕（音 fv³¹）等字，在閩西及閩西附近的客家話（如大埔腔），本來的音都唸 k'- 聲母，由於四縣及海陸客家話在廣東地區受廣東話影響，[8]k'- 廣泛的變成唸 h-，當聲母由 k'- 轉唸 h- 與 -v 結合後，立刻變成 fv，這就是今天四縣海陸〔褲〕（fu⁵⁵）、〔苦〕（fu³¹）、〔環〕（fan¹¹）、〔闊〕（fat²）、〔窟〕（fut²）等字，都唸 f- 的原因。

---

8 參見羅肇錦，2002，〈試論福建廣東客家話的源與變〉，《聲韻學論叢》第十二輯：229-246。

（三）韻尾的 -v

客家話中以 -v 當韻尾的結合韻不多，常用的只有〔ev〕（猴樓燒）、〔av〕（考鬧教）〔iv〕（流舅救）三個，我們不妨把「猴樓燒考鬧教流舅救……」等字，在口形上細細斟酌，每個字的尾音到底是圓唇還是上齒微微碰到下唇，如果是前者，那便是唸成 -eu -au -iu；如果是後者，那就符合這裡所提出來的 -ev -av -iv。在臺灣的客家話，一般而言，老一輩的人大都說成 -ev -av -iv，年輕一輩的因為從小講國語已經有慢慢變成 -eu -au -iu 的趨勢。另外在臺灣，非客家人學客家話或先會說國語閩南話再來學客家話的人，容易把 -eu 說成 -io，變成發音不準，其實只要認清客家音的實質結構 -ev -av -iv，把 -u 改成 -v，發不準的困難自可迎刃而解。

四、客語無合口介音 -u- 應改成 -v-

在臺灣一般對話中〔雲〕、〔軍〕、〔運〕、〔均〕、〔裙〕、〔忍〕、〔靭〕等字，年輕一輩的客家話受國語介音影響，都有明顯的 -y-，唸成〔雲〕（yn）、〔軍〕（kyn）、〔運〕（yn）、〔均〕（kyn）、〔裙〕（k'yn）、〔忍〕（yn）、〔靭〕（ngyn），但年長的一輩（尤其不識字的）都唸成〔雲〕（ivn）、〔軍〕（kivn）、〔運〕（ivn）、〔均〕（kivn）、〔裙〕（k'ivn）、〔忍〕（ivn）、〔靭〕（ngivn），這也充分顯示客家話無合口的介音〔u〕，所以不會與〔i〕結合成〔y〕（i＋u→y），而是仍然採取以介音〔i〕與齒化元音〔v〕結合唸成〔iv〕（i＋v→iv）的方式，因此〔君王〕的〔君〕字，國語和客家話的差異如下：

國語　*kiun → kyn → tɕyn

客語　*kiun → kiun → kivn

五、客語無撮口音 -y 應改成 -iv

　　學術界或一般研究者論客家話的特色，都會說客家話沒有撮口呼〔y〕，事實上有〔y〕沒有〔y〕的差別，並不是〔y〕本身的問題，而是〔iu〕（或〔ui〕）與〔iv〕的問題。如前所述「客語無合口介音 -u- 應改成 -v-」，因此客語之外的其他語言〔i＋u→y〕，所以有撮口音〔y〕，而客家話的〔u〕唸成〔v〕，所以〔i＋v→iv〕，仍然保持〔iv〕而無法產生〔y〕，這是客家話大都沒有撮口呼〔y〕的原因。[9]

六、曉匣合口唸 f- 的規律

　　曉匣合口在漢語音韻學中，大家都認定中古漢語的兩個音位 /x/ 與 /ɣ/，漢語演變至今，各方言大都變成清擦音〔h〕，客家話更是如此，無論「曉」（x→h）或「匣」（ɣ→x→h），都變成喉部清擦音 h-，而當它緊接著合口的介音 -v- 時，h- 受齒化介音 -v- 的影響，立刻變成唇齒清擦音〔f〕，可見它們的演變規律是：

　　*xu→hu→hv-→f（曉）：如「花」、「化」、「虎」、「歡」、「緩」

　　*ɣu→xu→hu→hv-→f（匣）：如「華」、「湖」、「話」、「活」

七、溪母字合口唸 f- 的規律

　　常見的溪母合口字，在北方官話、閩語、閩西及贛南客語，大都保有中古聲母〔k'-〕，唯有廣東區域的客家話，大都由〔k'-〕變成〔h-〕，如溪母字（客

---

9 撮口呼〔y〕的形成，一般都以中古音合口三四等所形成，但客語沒有這種變化，極可能是另個系統演變而來，在它的系統裡沒有 iu→y 的規律，所以一直保持 iu→iv 的現象。

溪褲坑稽糠起苦肯筐殼合……）都唸牙音次清 k'-，但這些字在梅縣話卻唸成喉清擦音 h-。溪母唸擦音 h- 是廣東話的特色，因此閩西客語保有原來的舌根塞音 k'-，粵語卻都唸喉擦音 h-[10]（如除前舉「客溪褲坑稽糠起苦肯筐殼合……」外，粵語「課塊款巧考肯孔恰科去敲……」等字也都唸 h-）。

當然溪母字變 h- 以後，如果遇合口介音 -v-，統統依客語特色「曉匣合口字唸 f-」，把合口溪母字唸成 f-，如「苦環窟闊褲」都是 k'- → h-，而後 hu- → f- 的現象。而這種溪母唸 f- 的現象，在粵語很普遍，[11] 如「快」音 fai^{44}，「塊」音 fai^{24}，「款」音 fun^{13}，「頦」音 hoi^{11}，「寬」音 fun^{53}，「闊」音 fut^{2}……。因此我們可以很清楚的認定溪母字在客家話唸「f」的演變規律是：

*k'u → hu → hv → f-

八、試論客語 -v 韻母的來源

在漢語方言中，長江流域以南的方言，與長江流域以北的官話系統，有基本上的差別，這些差別，有人認為是來源不同，有人認為是北人南來後受南方影響所形成。不過不管持哪一種看法，都承認南北有很大的不同，也就是說北方的官話系統與南方的吳語、閩語、客語、湘語、贛語、粵語對立，而南方系統中又可以加上受苗瑤、侗傣、緬彝與東南漢語影響的差別，譬如粵語受壯語影響，閩語受越語、吳語影響，客語受畲語、壯語影響，贛語受苗瑤語影響等等，都有很明顯的痕跡可以追尋，但成分多少？如何形成？仍有很大的討論空間。尤其是以北方語言為基礎再加入部分南方語言，還是以南方語言為基礎再加上大部分北方漢語所形成的，這些爭議都還有待學術界一一加以釐清。

---

10 參見饒秉才等，1981，《廣州話方言詞典》，商務印書館。

11 見彭小川（粵語論稿），〈廣西欽州海察話音系〉，頁 293-313。李新魁，1994，《廣東的方言》，廣東人民出版社。

　　本文站在客家話的立場，去與苗瑤、侗傣、緬彝做比較，希望找出它們之間的共通性，以便分析客家話與哪一個語族有較特殊的關係，嘗試推求客家話與哪個語族有較特殊的關係。因而在此特就客家話中有齒化元音〔v〕的特色，讓我們從苗瑤、侗傣、緬彝中，尋找有齒化元音〔v〕的語言，或許與客家話會有某方面特殊的關係。本文比對民族出版社出版的「中國少數民族語言簡志叢書」的詞彙附錄，一一比對以後，發現客家話有許多口音及一些特殊詞彙在彝語、哈尼語、景頗語、拉祜語、傈僳語中可以找到相似的痕跡，反而與客語關係密切的壯語比較少特殊詞彙及語音上的共通（梁敏、張均如 1996），[12]而彝語、哈尼語、納西語、白語、拉祜語、傈僳語等，學術上一般稱他們為「緬彝語系的彝語支」，[13] 或逕稱為羌語系，認為他們以前都與古代羌族有祖源關係，因此客家話或許也與古羌族有某些淵源。

　　當然本文要論證客家話的 hu → f 是因為客家話有齒化元音〔v〕所造成的，所以必須逐一比對這些語言中，哪些語言有齒化 /v/ 元音，或許就可以看出客家話與他們有某個程度上的關係。首先，在苗瑤語聲母中沒有 /f//v/ 音位，韻母中也沒有齒化元音 /v/[14]，侗泰語系聲母雖然有的有 /f//v/ 聲母，但韻母中也沒有齒化 /v/ 元音的紀錄（邢公畹 1999, 2002；中央民族學院少數民族語言研究所第五研究室編 1983；梁敏、張均如 1996）。反而是羌語系統（緬彝語系的彝語支）中有聲母 /f//v/，也有齒化元音 /v/，與客家特色非常吻合。下面就

---

12 其中列出泰語音系、老撾語音系、傣語音系、傣拉音系、龍州壯語音系、邕寧壯語音系、武鳴壯語音系、柳江壯語音系、布依語音系、臨城話音系、瓊山話音系、侗南音系、侗北音系、仫佬音系、水語音系、毛南語音系、佯僙語音系、錦語音系、莫語音系、拉加語音系、標語音系、黎語音系，所有音系都沒有齒化元音【v】，壯語系統的我你他唸成 kul mu(^{2} tel，與客語 ŋai^2 n^2 ki^2 差別甚大，但彝語支大多唸 ŋo^2 na^2 thi^2，尤其我你他同調類更是大特徵。

13 說見戴慶廈，1990，〈彝語支語音研究〉，《藏緬語族語言研究》：98。

14 參見王輔世，1985，《苗語簡志》，民族出版社；凌純聲、芮逸夫，2003，《湘西苗族調查報告》民族出版社；與蒙朝吉 1996。

把彝語、哈尼語、納西語、白語、拉祜語、傈僳語中，有齒化元音 /ʋ/ 的現象加以舉證（加上歸類未明的畬語），藉此解釋客家話 hu → f 的原因。

（一）彝語的 -ʋ

聲母有 /f//v/，也有齒化元音 /ʋ/（陳士林等注成 u），也有圓唇元音 /u/，如 hv²¹（月）、t'v⁵⁵（臉、面）、dzv²¹（糧）、sv³³（掃）、'ts'v³³（熱）、mv²¹（母）、ɣa³³ mv²¹（雞母）、va¹³ mv²¹（豬母）、tv³³（箱子、雞肫、籠罩）（丁春壽 1991：32-58），bu³³（寫）、de⁴⁴ pu³³（改正）、ku²¹（挖）、ku³¹（蒸）、mbu³³（飽）（以上陳士林等 1985）。

（二）哈尼語的 -ʋ

聲母有 /f//v/，也有齒化元音 /ʋ/（李澤然注成 u），也有圓唇元音 /u/，如 v⁵⁵ tshv+31（水）、tshv³¹（雷）、v⁵⁵ tv³¹（井）、kv³¹ tʂv³¹（山）、no³¹ nv⁵⁵（後）、na³³ xv³¹（前年）、mii⁵⁵ nv³³（昨天）、se⁵⁵ phv⁵⁵（蒼蠅）、thv³¹ ʃv⁵⁵（松樹）[15]（以上李永燧、王爾松 1986），xu³¹（年）、mju³¹（猴子）、ju³¹（睡）、a⁵⁵ u³³（蛋）（李澤然 2001）。

（三）納西語的 -ʋ

聲母有 /f//v/，有齒化元音 /ʋ/，也有圓唇元音 /u/，phv⁵⁵5（播種）、tv³¹（栽）、tv¹³（毒）、tv³³（觸動）、tv⁵⁵（縮）、ne⁵⁵nv⁵⁵（茶點）、mv³³gv³³（雷）、ŋv³¹（銀子）、lv³³pa³³（石頭）、khv³³na³³（煤）、mv¹³（火）、khv⁵⁵（歲、年）、mv³³khv⁵⁵（夜裡）、fv⁵⁵（老鼠）、gv³¹（熊）、lv³¹（龍）[16]（以上和即仁 1985）。

---

15 李永燧、王爾松，1986，《哈尼語簡志》，民族出版社。
16 同註 15。

（四）畬語的 -v

不論游文良《畬語研究》或毛宗武、蒙朝吉《畬語簡志》（游文良2002）[17] 都是聲母有 /f//v/，沒有齒化元音 /v/，只有圓唇元音 /u/，但今天畬族人大都講客家話，且客家話許多語音特色與畬族相同，但畬語卻與壯語苗瑤語一樣，都沒有齒化元音 /v/，這點有待深入比對分析，釐清到底是畬語不屬彝語支，應屬壯苗語系，還是記錄畬語的人和記錄客家語的人一樣，都把 /v/ 記成 /u/ 了。

（五）白語的 -v

聲母有 /f//v/，有齒化元音 /v/，也有圓唇元音 /u/。如 pv^{55}（飛、分）、pv^{33}（肚子）、phv^{55}（蜂）、gv^{33}（老、硬）、kv^{33}（二）、nv^{55}（魚）、nv^{33}（尾）、kv^{35}（河）、sv^{42}（山）、sv^2 tv^{42}（山洞）、tv^{35}（東）、nv^{12}（龍）、sv^{33}（老鼠）、khv^{33}（蛇）、fv^{55}（蜂）、tsv^{21}（蟲）、tsv^{44}（竹）、tsv^{44} ɕui^{33}（竹筍）、tshv^{55}（槍）、kv^{35} tso^{35}（弓箭）、tsv^{35}（筷子）、kho^{55} sv^{35}（梳子）[18]（以上徐琳、趙衍蓀1984）。

（六）拉祜語的 -v

聲母有 /f//v/，有齒化元音 /v/，也有圓唇元音 /u/，例如 a^{31} pv^{31}（祖父、外祖父）mv^{31}（磨菇）、mv^{53}（天）、mv^{53} ni^{33}（太陽）、mv^{53} to^{31}（雷）、mv^{53} xo^{33}（風）、mv^{53} z^{31}（雨）、phv^{33}（銀子）、fa^{54} pv^{33}（豪豬）、pv^{53} se^{31} ma^{33}（蠶）、o^{31} mv^{33}（毛）、me^{31} tv^{33}（尾巴）、pv^{31} lv^{35} qa^{11}（蝴蝶）、kv^{31} quai^{21}（蝦）pv^{53} ti^{31}（蚯蚓）、sa^{35} tshv^{53}（瘡）[19]。

---

17 同時參見毛宗武、蒙朝吉，1986，《畬語簡志》，民族出版社。

18 徐琳、趙衍蓀，1984，《白語簡志》，民族出版社。

19 常竑恩，1986，《拉祜語簡志》，民族出版社。

（七）傈僳語的 -v

聲母有 /f//v/，無齒化元音 /v/ 卻有舌後展脣高元音 /ɯ/，也有圓脣元音 /u/，只要加以比對，可以了解傈僳語的 /ɯ/ 相當於其他羌語的 /v/[20] 如：

拉祜 mv⁵³ ni³³（太陽）　mv⁵³ to³¹（雷）　mv⁵³ xo³³（風）

傈僳 mɯ³¹ mi³³（太陽）mɯ³¹gu³¹（雷）　mɯ³¹ hi³³（風）

從以上彝語、哈尼語、納西語、白語、拉祜語、傈僳語等緬彝語系統的語言可發現，都保留了齒化元音 /v/，而客家話正好有「曉匣合口唸成脣齒擦音 f-」的特殊現象。因此從前面的論證，唯有說明客家話的合口音 /u/，應該是齒化元音 /v/，才會使曉匣聲母 h- 變成 f-，進而推擬客家話齒化元音 /v/ 來自何處？正好只有緬彝語系統的語言都保有此特殊現象，我們很自然地想到客家話與緬彝語或許有某種底層關係或同源關係。而畬語與客語關係密切，卻沒有齒化元音 /v/，合理的推斷應該是記錄畬語、客家語的人未能細察所造成的。當然客家話與彝語、哈尼語、納西語、白語、拉祜語、傈僳語等彝語支語言，除了齒化元音 /v/ 之外，還有哪些關聯？將另文討論。[21]

九、結語

客家話的研究，已經有許多豐碩的成果，尤其擴大調查以後，在四川、廣西、閩西、贛南、粵北都新發現許多不為人知的客家話，使客家話的人口增加很多，也使歷來認定客家話的特色因此而需要加以修正，例如原來認定有 -p -t -k 三個完整塞音韻尾，當作客家話特色之一，現已經不能成立，因為閩西贛

---

20 參見徐琳、木玉璋、蓋興，1986，《傈僳語簡志》，民族出版社。

21 參見羅肇錦，2006，〈客語源起南方的語言論證〉。中央研究院語言研究所《語言暨語言學客語專號》：545-568。

南客家話大都沒有 -p -t -k。又如「次濁上部分唸陰平」，也不能視為客家獨有，因為贛語也是如此。

　　而本文在此提出新的看法「客家話有齒化元音 /v/」，正好可以解釋漢語方言研究的重要成果「客家話曉匣合口唸成唇齒擦音 f-」，也可以替漢語中「重唇音變輕唇音」做出更深入明確的解讀（另文討論）。這裡以客語元音 -u 實際發音不是 /u/ 而是 /v/ 出發，再提出與客語有許多語音、詞彙關係的彝語支語（彝語、哈尼語、納西語、白語、拉祜語、傈僳語），也都有豐富的齒化元音 /v/ 作證明，或許客家話的祖源與彝緬語有某種程度的關係。

　　這些論證雖有一些周邊問題尚待解決，但真理愈辯愈明，從彝語支的語言特殊現象與客語有某種程度的相通性，確是學術界值得研究的問題，本文先此提出，期待以後會有陸續的研究，接續證實本文的看法。

參考文獻

丁椿壽，1991，《漢彝緬語比較研究》。貴州民族出版社。

_____，1993，《彝語通論》。貴州民族出版社。

王士元主編，李寶嘉主譯，2005，《漢語的祖先》。中華書局。

王增能，1989，〈客家與畬族關係〉。《客家史與客家人研究》第 1 期。

中央民族學院少數民族語言研究所第五研究室編，1983，《壯侗語族語言文學資料集》。四川民族出版社。

中央民族大學彝學研究所，1998，《彝語詞彙學》。中央民族大學出版社。

邢公畹，1999，《漢台語比較手冊》。商務印書館。

_____，2002，《漢語侗語關係詞研究》。天津古籍出版社。

李澤然，2001，《哈尼語研究》。民族出版社。

李錦芳，2002，《侗台語言與文化》。民族出版社。

吳永章，1991，《中南民族文化源流史》。廣西教育出版社。

_____，2002，《畬族語瑤苗比較研究》。福建人民出版社。

吳中杰，2004，《畬族語言研究》。國立清華大學博士論文。

范建華，2001，《爨文化史》。雲南大學出版社。

施聯朱主編，1987，《畬族研究論文集》。民族出版社。

馬學良，1951，《撒尼彝語研究》。商務印書館。

_____，1992，《民族研究文集》。民族出版社。

徐松石，1938，《粵江流域人民史》。中華書局。

游文良，2002，《畬族語言》。福建人民出版社。

梁敏、張均如，1996，《侗台語族概論》。中國社會科學出版社。

郭啟熹，1997，〈閩西客家語的分布及其特點〉。《客家縱橫》第 4 期。

貴州省彝學研究彙編，2002，《貴州彝學》。貴州民族出版社。

莊初升，1998，〈從客家方言看客家民系的組成〉。《韶關大學學報》19 卷，第 2 期。

覃聖敏主編，2003，《壯傣民族傳統文化比較研究》第 2 卷語言篇。廣西民出版社。

黃家教、李新魁，1963，〈潮安畲話概述〉。《中山大學學報》：14-23。

蒙朝吉，1996，《漢瑤詞典》。四川民族出版社。

鄧曉華，1988，〈閩西客話韻母的音韻特點及其演變〉。《語言研究》第 1 期。

_____，1997，〈客家方言形成時代的語言學證據〉。《客家學研究》第四輯。

劉綸鑫，1999，《客贛方言比較研究》。中國社會科學出版社。

_____，1999，〈客贛方言史簡論〉。《南昌大學學報人文社科版》3：86-92。

_____，2001，《江西客家方言概況》。江西人民出版社。

戴慶廈，1992，《漢語與少數民族語言關係概論》。中央民族學院出版社。

戴慶廈主編，1998，《彝語詞彙學》。中央民族大學出版社。

_____，2003，《中國彝學》第二輯。民族出版社。

羅安源等，2001，《土家人和土家話》。民族出版社。

羅肇錦，2003，〈客語祖源的非中原現象〉，《中國語文學研究會論文》。韓國延世大學。

羅美珍，1900，〈畲族所說的客家話〉。《中央民族學院學報》：76-88。

_____，1990，〈客家話概說〉。《客家學研究》第二輯。

_____，1994，〈談談客方言的形成〉。《客家縱橫》增刊。

客家話聲母的前化運動 [*]

陳秀琪

一、前言

　　漢語音韻史的研究主要根據兩項材料：歷史文獻和漢語方言。如果歷史文獻代表形式類別（form），那麼方言可以提供實質內容（substance）。歷史文獻是縱向的時間發展序列，方言材料則代表橫向的空間差異。語言的發展同時表現在空間和時間兩個方面，空間差異可以反映語言發展的不同階段。時間是無形的，而空間差異則是有形的，是時間留在語言中的痕跡，可以成為觀察已經消失的「時間」的窗口。換句話說，從方言差異的比較去探索語音的發展，有助於對文獻材料作出符合語音事實的解釋。綜合現代漢語方言的滋絲音，共有 tɕ- tɕ'- ɕ-、tʃ- tʃ'- ʃ-、tʂ- tʂ'- ʂ-、ts- ts'- s-、tθ- tθ'- θ- 等五套聲母，tɕ- tɕ'- ɕ-、tʃ- tʃ'- ʃ-、tʂ- tʂ'- ʂ-、ts- ts'- s-的分布範圍較廣，tθ- tθ'- θ- 主要出現在山東方言。這五套滋絲音來自中古的精、莊、知、章組聲母，由於漢語方言彼此間演變方向與演變速度的不同，精、莊、知、章組聲母在各方言有不同的歸併類型。以最多漢語人口所說的官話來說，大多是莊、知、章組聲母合流讀捲舌音 tʂ- tʂ'- ʂ-，精組讀 ts- ts'- s-（洪音）和 tɕ- tɕ'- ɕ-（細音）。客家話的精、莊、知、章

* 本文原刊登於《客家話的比較研究》，2012，頁 13-37。因收錄於本專書，略做增刪，謹此說明。作者陳秀琪現任國立中央大學客家語文暨社會科學學系副教授兼系主任。

組聲母有兩種歸併類型：第一類是精、莊、知、章組聲母合流念 ts- ts'- s-；第二類是精、莊、知 - 二組聲母念 ts- ts'- s-，知三、章組聲母念 tʃ- tʃ'- ʃ-（或 tʂ- tʂ'-ʂ-）。

綜合前人對漢語音韻史的研究，儘管知莊章組聲母有各種歸併的類型，但最後都往捲舌音 tʂ- tʂ'- ʂ- 發展，再進而向 ts- ts'- s- 靠攏。無論是官話類型或是客家話類型，莊、知、章組聲母從中古到現代漢語方言所進行的演變，都是以「前化運動」為其內在的演變機制，伴隨著聲母發音部位的前化，介音與主要元音也起了相應的變化。關於客家話聲母的前化運動，除了精、莊、知、章組聲母之外，見、曉組以及日、影、俞母也有相同的演變產生，雖然與精、莊、知、章組聲母的起點不同，但其演變路徑與方向都相同。綜合言之，「前化運動」是客家話聲母演變的共同趨勢，而聲母的「捲舌化」是知、章組向精、莊組合併的重要過程，「顎化」是見、曉組向知、章組或精、莊組合流的關鍵，「擦音化」則是日、影、云、以母從零聲母進入濁擦音聲母，參與前化運動的跳板。

二、知莊章聲母的歸併

中古知莊章聲母的音值，學界已有豐富的研究成果，大體上可以分成兩類構擬：一是知莊組由於上古介音＊r 的關係，擬為帶捲舌成分的 ṭ ṭh ḍ ṇ 和 tʂ tʂh dʐ ʂ，章組為 tɕ tɕh dʑ ńź；[1] 二是知組為舌面塞音 ṭ ṭ' ḍ，莊組為舌尖面混合

---

1 李方桂、羅常培持此看法。高本漢認為「知徹澄娘」是舌面前的塞音及鼻音，李芳桂認為就《切韻》音系的聲母分配情形來看，知組和莊組可出現在二、三等，章組只能出現在三等，如果知組是舌面前音，那麼知組與同是舌面前音的章組在分配上不一致，所以將知組改為捲舌音，以與莊組相配合。再者，依高本漢的學說，知莊組都是從上古的舌尖前音，受二等韻母＊r 的影響來的，如果二等韻母使一種舌尖前音變成舌面前音，對另一種舌尖前音又變成舌尖後音，於音理上說不通。羅常培根據梵漢對

音 tʃ tʃʼ dʒ ʃ ʒ，章組為舌面音 tɕ tɕʼ dʑ ɕ ʑ。[2] 李榮認為三等與非三等聲母的反切上字為求介音和諧，有分組的態勢。知莊兩組出現於二等跟丑類寅類，反切上字並無分組的態勢；麻庚兩韻二三等同韻，可是知莊組聲母字並無二三等對立；庚韻莊組聲母字反切下字用二三等不定，可見知莊組聲母後的 i 介音不十分顯著。要解釋這現象，可以說知莊兩組的發音部位近於 ʃ。這假定可以避免舌面音跟捲舌音兩種說法的困難。[3]

　　綜合前人的考證，知莊章聲母歸併的歷程可分成兩種類型：一種是章組與莊組約在晚唐的時候合流；知組從塞音變成塞擦音之後，約在南宋時期與章莊組合流。這種類型的知章組之間，存在鏈移（chain shift）關係：章組併入莊組後所留下的「空檔」，牽引知組向章組靠攏。另一種類型是知二併入莊組，知三併入章組之後也與莊組合流。以上兩種類型無論是章莊先合再與知合，或是知章先合再與莊合，最終結果兩者是殊途同歸，都合併成莊組的 tʃ，再往捲舌音發展，繼而平舌化與精組合流為 ts。具體的演變過程是：[4]

音把這些聲母擬為捲舌音。李方桂：《上古音研究》（北京：商務印書館，1980 年），頁 6-7。羅常培：〈知徹澄娘音值考〉《羅常培語言學論文選集》（北京：中華書局，1963 年），頁 31-35。

2 董同龢、王力、陸志韋持此看法。董同龢：《漢語音韻學》（臺北：文史哲出版社，1993 年），頁 144-150。王力：《漢語史稿》（北京：中華書局，1958 年），頁 114-127。陸志韋：《古音說略》（臺北：學生書局，1971 年），頁 13-17。

3 李榮：《切韻音系》（臺北：鼎文書局，1973 年），頁 127-128。

4 採用董同龢與王力所擬音值

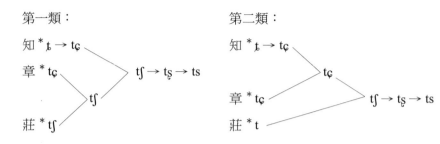

　　如果我們把音韻名目的框架暫時拿開，不難看到：雖然這兩類歸併的模式不同，但是從音理上的一致性（uniformitarianism）[5]來看，它們的語音發展模式相同，依循 *tɕ → tʃ → tʂ → ts 的演變規律。換言之，在相同的語音條件下，儘管時間、空間不同，都能產生相同的演變結果。

　　時代的不同，往往反映在地域上的不同；綜合橫向的地理差異，可以看出縱向的歷史發展。知莊章聲母在中古開始出現歸併的趨勢，歸併的類型由於所考文獻的不同而有所差別，文獻的不同也反映出地域的差異。魯國堯研究宋代等韻著作《盧宗邁切韻法》，發現書中「知照合一，非敷合一，徹穿合一」，「照」字下有「甾征莊專鄒臻爭阻主煮質側札簪斬」諸字與知母同圖，從而得出莊章組合流後知組再併入的結論。[6]馮蒸透過《爾雅音圖》的音注資料，研究它所反映的宋初知莊章三組聲母分混的情況，並與周德清《中原音韻》進行比較，得到的結論是：知_和莊組為一類，知_和章組為一類，這是知莊章三組聲母合流前的主要表現。[7]莊初升認為粵北土話精莊知章今讀的類型，[8]恰

5 Rankin, Robert L. The Comparative Method, *The Handbook of Historical Linguistics* , edited by Josephand Janda, Blackwell Publishing Ltd, 2003, pp.183-212.

6 魯國堯：〈《盧宗邁切韻法》評述〉，《魯國堯自選集》（鄭州：河南教育出版社，1994 年），頁 121。

7 馮蒸：〈《爾雅音圖》音注所反映的宋代知莊章三組聲母演變〉，《漢字文化》第 3 期。

可以反映上述魯國堯、馮蒸所研究的兩個歷史層次。

　　中古精知莊章四組聲母，在客家話主要分成兩種類型：第一類是四組合流念 ts- ts'- s-（本文統稱為「梅縣類型」）；第二類是知二、章組念 tʃ- tʃ'- ʃ-（～ tʂ-tʂ'-ʂ-），精、莊、知三念 ts- ts'- s-（本文統稱為「長汀類型」）。從遷徙的歷史來看，[9]第二種類型是第一種類型的前身。知莊章聲母在漢語方言中雖有不同的發展類型，但是最終「精知莊章合流」是一致的發展趨勢，廣泛見於吳語、客家話、少數贛語、閩語文讀層、粵語、西南官話等地區。客家話在四組聲母完全合流之前，莊組只和知二、精組合併，未曾出現莊、章組的合流，所以客家話屬於上表第二類「知章先合再與莊合」的語音層次。歷史上* tɕ → tʃ → tʂ → ts 的演變過程，在共時的客家次方言中一覽無遺。

三、客家話知莊章聲母的前化

　　綜合前人對漢語音韻史的研究，儘管知莊章聲母有各種歸併的模式，但最後都往捲舌音 tʂ- tʂ'- ʂ- 發展，再進而向 ts- ts'- s- 靠攏，在聲母* tɕ → tʃ → tʂ → ts 的前化運動中，「捲舌化」是知章組聲母向精莊組聲母合併的重要關鍵。這一系列的語音發展過程為何？支持這一連串語音演變的動力是什麼？本文藉由方言間的比較來找尋答案，所比較的客家話包括贛南、閩西、閩南、粵東、粵北、粵中、臺灣等地區，其中五華客家話是一個捲舌音相當

---

8 粵北土話精莊知章的今讀分成三種類型：精莊知二與知三章兩分型；精與知莊章兩分型；精莊知章合流型。莊初升：《粵北土話音韻研究》（北京：中國社會科學出版社，2004 年），頁 147-156。

9 第一類見於寧化、上杭、永定、梅縣、蕉嶺、惠陽、新豐、連平、浮源、始興、曲江、臺灣的苗栗、美濃……。第二類見於長汀、連城、清流、詔安、平和、南靖、大埔、饒平、興寧、五華、豐順、翁源、臺灣的東勢、楊梅、關西、過嶺、二崀、崀背……。陳秀琪：〈中古精莊知章母在客語的演變〉，《客家方言研究》（廣州：暨南大學出版社，2002 年），頁 85-101。

發達的客家方言，不但知章組三等字念捲舌音，連見曉組也不乏捲舌化的樣品，對漢語方言聲母的捲舌化運動頗富啟示性。以流攝三等章組為例，「晝」念 tʃiuᵊ，而「手」念 ˵ʂu。其中的差異說明：擦音的演進速度快於塞擦音，而 ˵ʂu 的前身應作 ˵ʃiu。更重要的訊息是：介音從有到無是捲舌化運動的伴隨現象。大埔客家話的知章組字保存完整的 -i- 介音；秀篆和崙背的詔安客家話正處於 -i- 介音或有或無的階段，都是觀察知莊章聲母捲舌化過程的好素材。

　　音變的探討需有一個起點，這個起點應該具備音變「條件」。一般取建構良好的古音做出發點，此外，方言比較也能提供重要的、決定性的條件。例如三等韻，傳統上一般認為應具輔音性的介音（*-j-），但是從方言比較來看，元音性的介音（*-i-）似乎更具說服力。這一點，我們在後文將作「語音分析」，提供語音啟動（phonetic motivation）的理由。閩南方言的文讀在許多方面與客家話相似，同時在漢語方言當中三等介音保得相當完整，其介音形式足以充當比較參考的角色，因此本文取廈門文讀音列入對照。下文分別從知章組聲母的捲舌化、知章組聲母前化的過程、知莊章聲母前化的語音分析等三方面，來探討客家話知章組聲母的前化運動：

（一）知章組聲母的捲舌化

　　大部分客家話的今音沒有捲舌聲母，但從許多跡象來看，歷史上曾經歷過捲舌聲母的階段。梅縣型的客家話只有一套塞擦音 ts- ts'- s-，很適合拿來探討客家話聲母捲舌化的演變，故下文關於客家話捲舌聲母的論述便以梅縣客家話為例。梅縣客家話和北京話的知莊章組字都沒有 -i- 介音，不同的是，客家話念舌尖音 ts- ts'- s-，北京話念捲舌音 tʂ-tʂ'-ʂ-。相對言之，閩南語這些字（尤其是知三與章組）都有 -i- 介音，可知梅縣客家話和北京話原來應該有 -i- 介音。聲母的演變一般是有條件的，如果條件已經消失（loss of conditioning factor），往往難以從方言內部確定其來由，但從梅縣話和北京話三等韻字的

平行現象加以觀察，不難看出梅縣話原先應有捲舌聲母。如果不假設梅縣話曾經有過捲舌聲母，介音消失的現象將難以解釋。再往前推溯，長汀型的客家話知、章組字念舌葉音 tʃ- tʃ' ʃ-，這是梅縣客家話捲舌聲母的前一個階段。客家話的舌葉音在方言之間有洪有細，不足以作為共同的起點，因此假設更早一個階段的形式是舌面音 *tɕ。我們重建的過程是：*tɕ → tʃ → tʂ → ts，本節將透過梅縣客家話與北京話精知章組字的比較，來觀察客家話聲母的捲舌化。

羅杰瑞在《漢語》（Chinese）中提到：「雖然廣州話只有一套舌尖前音，但從周圍方言（台山、滕縣）的讀音來看，古代粵語有不同的兩套舌尖音，和北方話的捲舌音和不捲舌音相當。」[10] 梅縣話原有兩套塞擦音之假設，可循此思考模式去追蹤。

梅縣類型的客家話，從其內部聲母與韻母的結合情況來看，ts-ts'-s- 實可分為兩類：一類只與洪音一起出現，一類可與洪細音一起出現。前者是古知章組聲母，後者是古精組。這兩組聲母的明顯差異見於三等韻。為了便於分析，底下把三等韻分為兩種情況，一種情況是以 *i 當主要元音，一種是以 *i 當介音。換句話說，我們注意的焦點是：在相同的條件下，兩組聲母有什麼異同。

1. *i 當主要元音

客家話的止攝、深攝、臻攝和曾攝有共同元音起點 *-i，*-i 的演變方向和演變速度在四攝字之間有同有異，這四攝主要元音的形式，北京話與梅縣客家話有一致的平行現象，詳如下表。此外，為了便於觀察梅縣型客家話與長汀型客家話、閩南語的知章組字語音型式之不同，下表一併列出大埔、詔安、五華、廈門的語料以資比較。

---

10 Jerry Norman, *Chinese*（Cambridge：Cambridge Univ. Press,1988），p.217。

表1：止攝三等的 -ㄧ元音

三等		廈門	大埔	詔安	五華	梅縣	北京
知章組	支	꜀tsi	꜀tʃi	꜀tʃi	꜀tʂɿ	꜀tsɿ	꜀tʂʅ
	池	꜁ti	꜁tʃʻi	꜁tʃʻi	꜁tʂʻɿ	꜁tsʻɿ	꜁tʂʻʅ
	示	si꜔	ʃi꜔	ʃi꜔	ʂɿ꜔	sɿ꜔	ʂʅ꜔
	癡	꜀tsʻi	꜀tʃʻi	꜀tʃʻi	꜀tʂʻɿ	꜀tsʻɿ	꜀tʂʻʅ
	止	꜂tsi	꜂tʃi	꜂tʃi	꜂tʂɿ	꜂tsɿ	꜂tʂʅ
	齒	꜂kʻi	꜂tʃʻi	꜂tʃʻi	꜂tʂʻɿ	꜂tsʻɿ	꜂tʂʻʅ
	時	꜁si	꜁ʃi	꜁ʃi	꜁ʂɿ	꜁sɿ	꜁ʂʅ
精組	資	꜀tsu	꜀tsɨ	꜀tsu	꜀tsɿ	꜀tsɿ	꜀tsɿ
	寺	si꜔	si꜔	si꜔	sɿ꜔	sɿ꜔	sɿ꜔
	姊	꜂tsi	꜂tsi	꜂tsi	꜂tsi	꜂tsi	꜂tsɿ
	死	꜂si	꜂si	꜂si	꜂si	꜂si	꜂sɿ
	事	su꜔	sɨ꜔	su꜔	꜂sɿ	sɿ꜔	ʂʅ꜔

表2：深攝三等的 -əm/p

三等		廈門	大埔	詔安	五華	梅縣	北京
知章組	針	꜀tsim	꜀tʃim	꜀tʃim	꜀tʂim	꜀tsəm	꜀tʂən
	深	꜀tsʻim	꜀tʃʻim	꜀tʃʻim	꜀tʂʻim	꜀tsʻəm	꜀ʂən
	枕	꜂tsim	꜂tʃim	꜂tʃim	꜂tʂim	꜂tsəm	꜂tʂən
	審	꜂sim	꜂ʃim	꜂ʃim	꜂sim	꜂səm	꜂ʂən
	汁	tsiap꜖	tʃip꜖	tʃip꜖	tʂip꜖	tsəp꜖	꜀tʂʅ
	濕	sip꜖	ʃip꜖	ʃip꜖	ʂip꜖	səp꜖	꜀ʂʅ
	十	sip꜕	ʃip꜕	ʃip꜕	ʂip꜕	səp꜕	꜁ʂʅ
精組	浸	tsim꜔	tsim꜔	tsim꜔	tsim꜔	tsim꜔	tɕin꜔
	心	꜀sim	꜀sim	꜀sim	꜀sim	꜀sim	꜀ɕin
	尋	꜁tsim	꜁tsʻim	꜁tsʻim	꜁tsʻim	꜁tsʻim	꜁ɕyn
	集	tsip꜕	sip꜕	tsip꜕	sip꜕	sip꜕	꜁tɕi
	習	sip꜕	sip꜕	sip꜕	sip꜕	sip꜕	꜁ɕi

表 3：臻攝三等的 -ən/t

三等		廈門	大埔	詔安	五華	梅縣	北京
知章組	陳	₌tin	₌tʃ'in	₌tʃ'in	₌tʂ'in	₌ts'ən	₌tʂ'ən
	鎮	tin⁼	tʃin⁼	ᶜtin	ᶜtʂin	ᶜtsən	tʂən⁼
	真	₌tsin	₌tʃin	₌tʃin	₌tʂin	₌tsən	₌tʂən
	神	₌sin	₌ʃin	₌ʃin	₌ʂin	₌sən	₌ʂən
	腎	sin⁼	ʃin⁼	ʃin⁼	ᶜʂin	sən⁼	ʂən⁼
	姪	tit₌	tʃit₌	tʃ'it₌	tʂ'it₌	ts'ət₌	₌tʂʅ
	質	tsit₌	tʃit₌	tʃit₌	tʂit₌	tsət₌	₌tʂʅ
	實	sit₌	ʃit₌	ʃit₌	ʂit₌	sət₌	₌ʂʅ
	室	sit₌	ʃit₌	ʃit₌	ʂit₌	sət₌	ʂʅ⁼
精組	進	tsin⁼	tsin⁼	ᶜtsin	tsin⁼	tsin⁼	tɕin⁼
	親	₌ts'in	₌ts'in	₌ts'in	₌ts'in	₌ts'in	₌tɕ'in
	新	₌sin	₌sin	₌sin	₌sin	₌sin	₌ɕin
	七	ts'it₌	ts'it₌	ts'it₌	ts'it₌	ts'it₌	₌tɕ'i
	疾	tsit₌	ts'it₌	ts'it₌	ts'it₌	ts'it₌	₌tɕi

表 4：曾攝三等的 -ən/t

三等		廈門	大埔	詔安	五華	梅縣	北京
知章組	徵	₌tiŋ	₌tʃin	₌tʃin	₌tʂin	₌tsən	₌tʂəŋ
	證	tiŋ⁼	tʃin⁼	ᶜtʃin	tʂin⁼	tsən⁼	tʂəŋ⁼
	稱	₌ts'in	₌tʃ'in	₌tʃ'in	₌tʂ'in	₌ts'ən	₌tʂ'əŋ
	勝	siŋ⁼	ʃin⁼	ᶜʃin	ʂin⁼	sən⁼	ʂəŋ⁼
	直	tit₌	tʃ'it₌	tʃ'it₌	tʂ'it₌	ts'ət₌	₌tʂʅ
	織	tsit₌	tʃit₌	tʃit₌	tʂit₌	tsət₌	₌tʂʅ
	食	sit₌	ʃit₌	ʃit₌	ʂit₌	sət₌	₌ʂʅ
	識	sit₌	ʃit₌	ʃit₌	ʂit₌	sət₌	ʂʅ⁼
精組	即	tsit₌	tsit₌	tsit₌	tsit₌	tsit₌	₌tɕi
	息	sit₌	sit₌	sit₌	sit₌	sit₌	₌ɕi

　　梅縣客家話的止攝字，在精、知、莊、章四組聲母大量念舌尖元音 -ʅ，五華客家話與北京話則是知章組念舌尖後元音 -ʅ，精、莊組念 -ɿ，其他地區精、知、莊、章組的韻母沒有差別，都念 -i。由於梅縣客家話精、知、莊、章的韻母相同，我們從中看不出原來聲母是否有所區別。僅有的區別是「姊、死」兩字，梅縣讀 -i。就其分者言之，止攝精組讀 -i，知章組讀 -ʅ。附帶一說，止攝字在漢語方言 ts：tʂ 分別的類型當中常有例外的情況。[11]

　　梅縣和北京深、臻、曾攝三等的韻母情況相當整齊：梅縣深攝知章組是 -əm/p，精組是 -im/p；臻攝開口三等是 -ən/t，-in/t；曾攝與臻攝合流：* -iŋ/k → in/t，再依聲母分化為 -ən/t，-in/t。北京的元音與梅縣平行，其他地區則是一致都念 -im/p、-in/t 底下是這四攝字依聲分韻的概括：

三等	止			深			臻			曾		
	梅縣	北京	其他[12]	梅縣	北京	其他	梅縣	北京	其他	梅縣	北京	其他
知章組	ʅ	ʅ	-i、ʅ	-əm/p	-ən/ʅ	-im/p	-ən/t	-ən/ʅ	-in/t	-ən/t	-əŋ/ʅ	-in/t
精組	-i	-i	-i	-im/p	-in/i	-im/p	-in/t	-in/i	-in/t	(-in)/t	(-in0/i	-in/t

　　上表顯示兩種條件音變：一種音變以聲母為條件，知章組與精組的韻母不同；一種音變以韻尾為條件，在知章組三等韻內帶輔音韻尾的讀央元音，不帶輔音韻尾的讀舌尖元音。知章組字的元音，梅縣舒促一致都變為央元音；北

---

11 熊正輝：〈官話方言區分 ts：tʂ 的類型〉，《方言》第一期（1990 年 2 月），頁 1-10。
12 「其他」是指大埔、詔安、五華的客家話。

京話則舒促有別，鼻音韻尾前讀 -ə 元音，入聲韻尾消失後的字讀 -ʅ 元音，-ʅ 和 -ə 成互補分布，一方面說明了它們共同來源 -ʅ，而率先起變化的是鼻音韻尾的字：ʅ → ə/ －鼻音。有趣的是，梅縣更比北京前進一步，連入聲字也都讀成了央元音。從這兩種條件音變，以及廈門與其他地區客家話的精、知、章組都念 -i 元音來看，它們的共同起點昭然若揭：＊-i → -ʅ → -ʅ → -ə，-ʅ 和 -ʅ 可以視為從 -i 到 -ə 的中間階段。梅縣和北京的平行現象透露：梅縣知章組字的聲母曾經有過像北京一樣的捲舌作用，不然無從解釋其舌尖元音的由來。

2. ＊i 當介音

梅縣話的假、效、流、咸、山、梗、宕、通等攝的三等韻，知章組字讀洪音，精組字讀細音。北京、五華的知章精組字與梅縣話有相同的洪、細音現象，差別只在梅縣話的知章精組聲母都讀 ts- ts'- s-，北京和五華則是知章組讀 tʂ- tʂ'- ʂ-，精組讀 tɕ- tɕ'- ɕ- 和 ts- ts'- s-。詔安大體上也與梅縣話相同，只有部分知章組字有細音，知章組讀 tʃ- tʃ'- ʃ，精組讀 ts- ts'- s-。廈門和大埔的知章精組字無別，都讀細音。詳如下表 5-12：

表 5：假攝三等的 -a

三等		廈門	大埔	詔安	五華	梅縣	北京
知章組	遮	꜀tsia	꜀tʃia	꜀tʃa	꜀tʂa	꜀tsa	꜀tʂɤ
	車	꜀ts'ia	꜀tʃ'ia	꜀tʃ'a	꜀tʂ'a	꜀ts'a	꜀tʂ'ɤ
	蛇	꜃sia	꜃ʃia	꜃ʃa	꜃ʂa	꜃sa	꜃ʂɤ
	社	sia꜄	ʃia꜄	ʃa꜄	꜃ʂa	sa꜄	ʂɤ꜄
精組	姐	꜂tsia	꜂tsia	꜂tsia	꜂tsia	꜂tsia	꜂tɕie
	謝	ts'ia꜄	ts'ia꜄	ts'ia꜄	ts'ia꜄	ts'ia꜄	ɕie꜄
	寫	꜂sia	꜂sia	꜂sia	꜂sia	꜂sia	꜂ɕie

表 6：效攝三等的 -au

三等		廈門	大埔	詔安	五華	梅縣	北京
知章組	超	₌tsʼiau	₌tʃʼieu	₌tʃʼau	₌tʂʼau	₌tsʼau	₌tʂʼau
	潮	₌tsiau	₌tʃʼieu	₌tʃʼau	₌tʂʼau	₌tsʼau	₌tʂʼau
	照	tsiau⁼	tʃieu⁼	⁼tʃio	tʂau⁼	tsau⁼	tʂau⁼
	燒	₌siau	₌ʃieu	₌ʃio	₌ʂau	₌sau	₌ʂau
	紹	siau⁼	ʃieu⁼	ʃio⁼	ʂau⁼	sau⁼	ʂau⁼
精組	蕉	₌tsio	₌tsiau	₌tsio	₌tsiau	₌tsiau	₌tɕiau
	消	₌sio	₌siau	₌sio	₌siau	₌siau	₌ɕiau
	笑	tsʼio⁼	siau⁼	⁼sio	siau⁼	siau⁼	ɕiau⁼

表 7：流攝三等的 -u

三等		廈門	大埔	詔安	五華	梅縣	北京
知章組	晝	tiu⁼	tʃiu⁼	⁼tʃiu	tʂiu⁼	tsu⁼	tʂou⁼
	抽	₌tʼiu	₌tʃʼiu	₌tʃʼiu	₌tʂʼiu	₌tsʼu	₌tʂʼou
	周	₌tsiu	₌tʃiu	₌tʃiu	₌tʂiu	₌tsu	₌tʂou
	臭	tsʼiu⁼	tʃʼiu⁼	⁼tʃʼiu	tʂʼiu⁼	tsʼu⁼	tʂʼou⁼
	手	ᶜtsʼiu	ᶜʃiu	ᶜʃiu	ᶜʂu	ᶜsu	ᶜʂou
精組	酒	ᶜtsiu	ᶜtsiu	ᶜtsiu	ᶜtsiu	ᶜtsiu	ᶜtɕiou
	秋	₌tsʼiu	₌tsʼiu	₌tsʼiu	₌tsʼiu	₌tsʼiu	₌tɕiou
	就	tsiu⁼	tsʼiu⁼	tsʼiu⁼	ᶜtsʼiu	tsʼiu⁼	tɕiou⁼
	修	₌siu	₌siu	₌siu	₌siu	₌siu	₌ɕiou

表 8：咸攝三等的 -am/p

三等		廈門	大埔	詔安	五華	梅縣	北京
知章組	占	tsiam⁼	tʃiam⁼	ᶜtʃam	tʂam⁼	tsam	tʂan⁼
	閃	ᶜsiam	ᶜʃiam	ᶜʃam	ᶜʂam	ᶜsam	ᶜʂan
	摺	tsiap₌	tʃiap₌	tʃap₌	tʂap₌	tsap₌	₌tʂɤ
	涉	siap₌	ʃiap₌	ʃap₌	ʂap₌	sap₌	ʂɤ⁼
精組	尖	₌tsiam	₌tsiam	₌tsiam	₌tsiam	₌tsiam	₌tɕien
	簽	₌ts'iam	₌ts'iam	₌ts'iam	₌ts'iam	₌ts'iam	₌tɕ'ien
	接	tsiap₌	tsiap₌	tsiap₌	tsiap₌	tsiap₌	₌tɕie
	捷	tsiap₌	ts'iap₌	ts'iap₌	ts'iap₌	ts'iap₌	₌tɕie

表 9：山攝三等的 -an/t

三等		廈門	大埔	詔安	五華	梅縣	北京
知章組	展	ᶜtien	ᶜtʃien	ᶜten	ᶜtʂen	ᶜtsan	ᶜtʂan
	戰	tsien⁼	tʃien⁼	ᶜtʃen	tʂen⁼	tsan	tʂan⁼
	扇	sien⁼	ʃien⁼	ᶜʃien	ʂen⁼	san	ʂan⁼
	哲	tsiet₌	tʃiet₌	tʃet₌	tʂet₌	tsat	₌tʂɤ
	折	tsiet₌	tʃiet₌	tʃet₌	tʂet₌	tsat	₌tʂɤ
	舌	siet₌	ʃiet₌	ʃiet₌	ʂet₌	sat	₌ʂɤ
	設	siet₌	ʃiet₌	ʃiet₌	ʂet₌	sat	ʂɤ⁼
精組	煎	₌tsien	₌tsien	₌tsien	₌tsen	₌tsien	₌tɕien
	錢	₌ts'ien	₌ts'ien	₌ts'ien	₌ts'en	₌ts'ien	₌tɕ'ien
	線	sien⁼	sien⁼	ᶜsien	sen⁼	sien⁼	ɕien⁼
	薛	siet₌	siet₌	siet₌	set₌	siet₌	₌ɕye

表 10：梗攝三等的 -aŋ/k

三等		廈門	大埔	詔安	五華	梅縣	北京
知章組	鄭	tiŋ⁻	tʃ'iaŋ⁻	tʃ'aŋ⁻	ᶜtʂ'aŋ	ᶜts'aŋ	tʂəŋ⁻
	正	₌tsiŋ (₌tsiã)	₌tʃiaŋ	₌tʃaŋ	₌tsaŋ	₌tsaŋ	₌tʂəŋ
	整	ᶜtsiŋ	ᶜtʃiaŋ	ᶜtʃaŋ	ᶜtsaŋ	ᶜtsaŋ	ᶜtʂəŋ
	聲	₌siŋ (₌siã)	₌ʃiaŋ	₌ʃaŋ	₌saŋ	₌saŋ	₌ʂəŋ
	城	₌siŋ (₌siã)	₌ʃiaŋ	₌ʃaŋ	₌saŋ	₌saŋ	₌tʂ'əŋ
	隻	tsik⌐ (tsiaʔ⌐)	tʃiak⌐	tʃa⌐	tʂak⌐	tsak⌐	ᶜtʂ̩
	尺	ts'ik⌐ (ts'ioʔ⌐)	tʃ'iak⌐	tʃ'a⌐	tʂ'ak⌐	ts'ak⌐	ᶜtʂ'̩
	石	sik₌ (siaʔ₌)	ʃiak₌	ʃa⌐	ʂak₌	sak₌	₌ʂ̩
精組	井	ᶜtsĩ	ᶜtsiaŋ	ᶜtsiaŋ	ᶜtsiaŋ	ᶜtsiaŋ	ᶜtɕiŋ
	晴	₌ts'ĩ	₌ts'iaŋ	₌ts'iaŋ	₌ts'iaŋ	₌ts'iaŋ	₌tɕ'iŋ
	淨	ts'ĩ⁻	ts'iaŋ⁻	ts'iaŋ⁻	ᶜts'iaŋ	ts'iaŋ⁻	tɕiŋ⁻
	姓	sĩ⁻	siaŋ⁻	ᶜsiaŋ	siaŋ⁻	siaŋ⁻	ɕiŋ⁻
	跡	tsiaʔ⌐	tsiak⌐	tsia⌐	tsiak⌐	tsiak⌐	₌tɕi
	惜	sioʔ⌐	siak⌐	sia⌐	siak⌐	siak⌐	₌ɕi

表 11：宕攝三等的 -oŋ/k

三等		廈門	大埔	詔安	五華	梅縣	北京
知章組	張	⊂tioŋ	⊂tʃioŋ	⊂tʃoŋ	⊂tʂoŋ	⊂tsoŋ	⊂tʂaŋ
	腸	⊆tioŋ	⊆tʃʼioŋ	⊆tʃʼoŋ	⊆tʂʼoŋ	⊆tsʼoŋ	⊆tʂʼaŋ
	掌	ᶜtsioŋ	ᶜtʃioŋ	ᶜtʃoŋ	ᶜtʂoŋ	ᶜtsoŋ	ᶜtʂaŋ
	唱	tsʼioŋ⌐	tʃʼioŋ⌐	ᶜtʃʼoŋ	tʂʼoŋ⌐	tsʼoŋ⌐	tʂʼaŋ⌐
	常	⊆sioŋ	⊆ʃioŋ	⊆ʃoŋ	⊆ʂoŋ	⊆soŋ	⊆tʂʼaŋ
	尚	sioŋ⌐	ʃioŋ⌐	ʃoŋ⌐	ᶜʂoŋ	soŋ⌐	ʂaŋ⌐
	著	(tioʔ⌐)	tʃiok⌐	tʃo⌐	tʂok⌐	tsok⌐	⊆tʂuo
	勺	(sioʔ⌐)	ʃiok⌐	ʃo⌐	ʂok⌐	sok⌐	ʂuo⌐
精組	漿	⊂tsioŋ	⊂tsioŋ	⊂tsioŋ	⊂tsioŋ	⊂tsioŋ	⊂tɕiaŋ
	搶	ᶜtsʼioŋ	ᶜtsʼioŋ	ᶜtsʼioŋ	ᶜtsʼioŋ	ᶜtsʼioŋ	ᶜtɕʼiaŋ
	牆	⊆tsioŋ	⊆tsʼioŋ	⊆sioŋ	⊆sioŋ	⊆sioŋ	⊆tɕʼiaŋ
	想	ᶜsioŋ	ᶜsioŋ	ᶜsioŋ	ᶜsioŋ	ᶜsioŋ	ᶜɕiaŋ
	雀	tsiok⌐	tsiok⌐	tsio⌐	tsiok⌐	tsiok⌐	tɕʼye⌐
	削	siok⌐	siok⌐	sio⌐	siok⌐	siok⌐	ɕye⌐ (⊂siau)

表 12：通攝三等的 -uŋ/k

三等		廈門	大埔	詔安	五華	梅縣	北京
知章組	忠	₌tioŋ	₌tʃiuŋ	₌tʃuŋ	₌tʂuŋ	₌tsuŋ	₌tʂuŋ
	蟲	₌t'ioŋ	₌tʃ'iuŋ	₌tʃ'uŋ	₌tʂ'uŋ	₌ts'uŋ	₌tʂ'uŋ
	眾	tsioŋ⌐	tʃiuŋ⌐	⌐tʃuŋ	tʂuŋ⌐	tsuŋ⌐	tʂuŋ⌐
	充	₌ts'ioŋ	₌tʃ'iuŋ	₌tʃ'uŋ	₌tʂ'uŋ	₌ts'uŋ	₌tʂ'uŋ
	重	₌tioŋ	₌tʃ'iuŋ	₌tʃ'uŋ	₌tʂ'uŋ	₌ts'uŋ	₌tʂ'uŋ
	腫	⌐tsioŋ	⌐tʃiuŋ	⌐tʃuŋ	⌐tʂuŋ	⌐tsuŋ	⌐tʂuŋ
	竹	tiok⌐	tʃiuk⌐	tʃu⌐	tʂuk⌐	tsuk⌐	₌tʂu
	熟	siok⌐	ʃiuk⌐	ʃu²	ʂuk⌐	suk⌐	₌su
	叔	tsiok⌐	ʃiuk⌐	ʃu⌐	ʂuk⌐	suk⌐	₌su
	束	siok⌐	ʃiuk⌐	ʃu⌐	tʂ'uk⌐	suk⌐	ʂu²
精組	蹤	₌tsioŋ	₌tsiuŋ	₌tsiuŋ	₌tsiuŋ	₌tsiuŋ	₌tsuŋ
	頌	sioŋ⌐	siuŋ⌐	siuŋ⌐	⌐siuŋ	siuŋ⌐	suŋ⌐
	足	tsiok⌐	tsiuk⌐	tsiu⌐	tsiuk⌐	tsiuk⌐	(₌tsu)
	俗	siok⌐	siuk⌐	siu²	siuk⌐	siuk⌐	(₌su)

　　為了便於觀察假、效、流、咸、山、梗、宕、通等攝，精知章組字的洪、細音現象，將表 5-12 概括如下：

三等	假	效	流	咸	山	梗	宕	通
知章組	-a	-au	-u	-am/p	-an/t	-aŋ/k	-oŋ/k	-uŋ/k
精組	-ia	-iau	-iu	-iam/p	-ien/t	-iaŋ/k	-ioŋ/k	-iuŋ/k

　　梅縣方言知章組與精組今音都讀舌尖前音，但是三等韻字為什麼一方保留介音，一方卻丟失了介音？從古今的比較來說，也許可以簡單地解釋為：介音在知章組聲母後丟失了。不過，這只是「對應關係」的一種表達方式，並未對

演變過程提出具體明確的答案。廈門方言同樣只有一套舌尖前音，知章組的介音並無丟失現象；換句話說，知章組本身就其古音名目言之，並無制約的力量，它在方言的實質內容才是重點。這一點，從梅縣與北京的平行現象可以看得比較清楚。北京話三等字，知章組讀捲舌音，韻母是洪音。精組讀舌面音，韻母是細音。梅縣的模式與北京極為近似：

三等	北京	梅縣
知章組	tʂ ＋洪音	ts ＋洪音
精組	tɕ ＋細音	ts ＋細音

　　北京由於捲舌聲母使得 -i- 介音不保，故其知章組皆為洪音。不同的方言間，往往存在相同的音變機制，所以可以從北京話知章組字 -i- 介音消失的現象，來追蹤梅縣話知章組字 -i- 介音消失的軌跡。它們的差異是表面形式的差異，從聲韻結構上來說是一脈相通的。梅縣知章組今讀 ts- ts'- s- 的前身應如北京的 tʂ- tʂ'- ʂ-，因為有過 tʂ- tʂ'- ʂ- 的階段，才會使得 -i- 介音消失。五華客家話的知章組讀 tʂ- tʂ'- ʂ-，韻母是洪音，這是梅縣客家話曾有過捲舌聲母的絕佳註腳。

　　綜合上述，梅縣型的客家話精知章組雖然都念 ts- ts'- s-，但我們從知章組與精組不同的韻母形式，以及梅縣客家話知章組韻母與北京話的平行現像，推測梅縣客家話知章組今讀 ts- ts'- s- 的前一個階段，應如北京話與五華客家話的 tʂ- tʂ'- ʂ-。也就是說，梅縣型的客家話曾經有過捲舌化的過程。

（二）知章組聲母前化的過程

　　在同一個條件下，三等的知章組字不見介音，精組字有介音。這是從梅縣方言的聲韻結合透視其間的差異，亦即現代的韻母差異反映原先聲母有別，而

北京話的類似模式說明其中的一組（知章）原先應讀捲舌音。底下，我們從梅縣鄰近的幾個客家方言來探討演變過程。首先看下列聲母對應關係：

三等	大埔[13]	詔安[14]	五華[15]	梅縣
知章組* tɕ	tʃ	tʃ	tʂ	ts
精組* ts	ts	ts	ts	ts

其中，精組在四個方言的形式完全一致，共同來源是一個舌尖前音：* ts；知章組在四個方言呈現三種形式，共同來源可以寫為舌葉音，但我們從音變的道理衡量，把它定為一個舌面音：* tɕ。知章組三等在大埔、詔安、五華的異同如下：

大埔：聲母都是舌葉音，韻母都有前高元音成分。

詔安：聲母都是舌葉音，韻母頗有分歧。在止、深、臻、曾四攝，-i 當主要元音；流攝有 -i- 介音，效、山兩攝 -i- 介音或有或無，其他諸攝都沒有 -i- 介音。

五華：聲母都是捲舌音，韻母部分可以分為四種情況。深、臻、曾攝以 -i 為主要元音；止攝以舌尖元音為主要元音；流攝有 -i- 介音，其他諸攝都沒有 -i- 介音。

---

13 大埔客家話的語料來自江敏華：《臺中縣東勢方言音韻研究》（臺灣大學中文所碩士論文，1998 年）。

14 指臺灣崙背的詔安客家話，語料來自陳秀琪：《臺灣漳州客家話的研究：以詔安為代表》（新竹師院碩士論文）。

15 五華客家話的語料來自周日健：〈五華客家話的音系及其特點〉，《客家方言研究》（暨南大學出版社），頁 188-202。

為了清晰起見，底下列表顯示大埔、詔安、五華、梅縣的韻母情況（入聲韻母省略）：

1. 深、臻、曾、流四攝：梅縣與其他方言不同。

攝	大埔	詔安	五華	梅縣
深	-im	-im	-im	-əm
臻	-in	-in	-in	-ən
曾	-in	-in	-in	-ən
流	-iu	-iu	-iu	-u

2. 假、效、咸、山、梗、宕、通七攝：大埔與其他方言不同。

攝	大埔	詔安	五華	梅縣
假	-ia	-a	-a	-a
效	-ieu	-au	-au	-au
咸	-iam	-am	-am	-am
山	-ien	-en	-en	-an
梗	-iaŋ	-aŋ	-aŋ	-aŋ
宕	-ioŋ	-oŋ	-oŋ	-oŋ
通	-iuŋ	-uŋ	-uŋ	-uŋ

3. 止攝：大埔、詔安與五華、梅縣不同。

攝	大埔	詔安	五華	梅縣
止	-i	-i	-ʅ	-ʅ

這三個表反映了韻母演變的三個階段。大埔代表保守情況，知章組的韻母悉如精組韻母；梅縣代表劇烈演變，其知章組韻母都與精組不同；詔安與五華代表中間階段，其知章組韻母部分與精組相同（深、臻、曾、流），部分與精

組不同（假、效、咸、山、梗、宕、通）。其間的差異用洪細來表示，可以概括如下：

三等	大埔	詔安、五華	梅縣
知章	細	細～洪	洪
精組	細	細	細

具體的例子可以看假攝的「蛇、寫」和流攝的「抽、秋」：

例字	大埔	詔安	五華	梅縣
蛇	ʃia	ʃa	ʂa	sa
寫	sia	sia	sia	sia
抽	tʃ'iu	tʃ'iu	tʂ'iu	ts'u
秋	ts'iu	ts'iu	ts'iu	ts'iu

（三）知章組聲母前化的語音分析

從語音分析來說，ts- 和 tʂ- 都是舌尖音，一前一後。tɕ- 和 tʃ- 的發音都涉及舌面，其中 tʃ- 又牽涉舌尖，因此在發音部位上，tʃ- 一般都列在 tɕ 的前面。假如有 tɕ → tʃ → tʂ 這樣一系列聲母變化，據上述語音分析，應可說是聲母的「前化運動」，從 tʂ- 再變就前化為 ts-，由 ts- 再變就變成「最前」的齒間音 tθ-。tθ 在山東方言的確常作為 ts 的變體出現：ts 接細音，tθ 接洪音。但這種分析通常只顧及舌體的接觸點（最高點）而不把其餘部位的舌體運動方向列入其中。如果把不作為主要發音部位的舌體也列入描述，情況可能不同。例如 ts- 和 tʂ- 的發音，除了舌尖前後之別，舌尖之外的部位未必完全一致。實際上舌體全身都會起相應的動作。簡單地做分析，我們可以把舌體分為前後兩半，上列語音的定義只管舌體前半，不顧舌體後半。如把舌體後半列入描寫，那麼

ts- 與 tʂ- 的區別就不僅只是舌尖部位偏前偏後的差別，舌體後半也有較低（ts-）與較高（tʂ-）的差別。這種分析就「發音語音學」而言似無必要，（因為相應的動作意味「可以預測」）但是從「音韻行為」來看，應該引起足夠的關注。

我們從「音韻行為」出發，依照是否能與介音 -i- 一起出現，把 ts-、tɕ-、tʃ-、tʂ- 四類聲母分為兩組。也就是看它們與「洪細」的結合態勢來為它們做「定性分析」：（＋表可，－表否）

洪細	ts	tʂ	tʃ	tɕ
細音	＋	－	（＋）	＋
洪音	＋	＋	＋	－

這樣區分的目的是為了便於說明漢語方言聲韻配合的大趨勢：ts 組洪細皆宜，tʂ 組宜洪不宜細，tʃ 組洪細皆宜，tɕ 組宜細不宜洪。如果依「舌體前半」來做分析，我們如何理解其中的異同？既然都是「舌尖」發音，ts 組行動自由，tʂ 組則否？既然都與「舌面」有關，tʃ 組行動自由，tɕ 組則否？如果把「舌體前半」與「舌體後半」一起描寫，上列四組聲母可以分析為：

舌體	A 組		B 組	
	ts	tʂ	tʃ	tɕ
舌體前半	前	後	前後	後
舌體後半	低	高	低高	高

其中必須說明的是：前後值與高低值是兩兩比較，代表的是一種「傾向」。所謂兩兩比較，是指 ts 與 tʂ 比，tʃ 與 tɕ 比。據此，tʃ 組是 [前後]，由於它的

接觸面較寬,形成定性分析中的模糊地帶,其他三組則分別嚴明。這種定性分析說明了幾件漢語方言的趨勢。

1. 在 A、B 兩組當中,只有具備 [＋前、＋低] 條件的能夠洪細皆宜。

2. 在 A、B 兩組當中,凡是具備 [＋後、＋高] 條件的,其出現與否都受環境限制。

3. tʃ 組一方面與 tɕ 組相類似,一方面又與 ts、tʂ 組相類似,它是塞擦音中與各組都有某種關聯的一組。

發音時舌位的前後高低四值中,前後值是主角性的,高低值是配角性的。因此關於塞擦音的描述,一般用的是前後值,而把高低值視為伴隨現象,也就是可以預測的。[前低] 能夠洪細皆宜,那是因為發音時主要牽涉舌體前端,其它部位處於待命狀態,相對靈活自由。[後高] 都受環境限制,那是因為舌體前半與舌體後半共同參與發音動作,已無活動餘裕,因此顯得比較「僵硬」,只能與特定元音一起出現。

音變的起點宜從三等韻的韻母做出發點。三等韻從方言比較（如廈門文讀）來看,原有一個前高元音「i」作為主要元音或介音。從上述語音分析來看,出現在元音 -i 前面的聲母是個舌面音。這樣,我們只需要做一個簡單的假設,就可以解釋後來的發展。這個假設是:梅縣三等韻的知章組聲母首先合流為一套舌面音,與精組的舌尖前音有別。知章組合流為舌面音 tɕ tɕ' ɕ 之後,由於它的發音部位是所有塞擦音中最為偏後偏高的一組,如果要變,望後已無路可逃（這是指如果要保住滋絲音性質而言,如果變為塞音則另當別論）,它只有往前行動變成舌葉音:tɕ → tʃ。由於舌葉音發音時舌體接觸面較寬,前高元音 -i 在這種發音狀態下開始模糊,變成似有若無。如果這種移動方向不變,舌體就會進入舌尖後的位置。從上述語音分析來說,舌尖後聲母又是另一組 [後高] 的發音狀態,只容許洪音,相當排斥細音。進入這個發音部位,原先似有若無

的前高元音已完全隱沒不彰，變成了一個與舌尖後聲母協同一致的舌尖後元音。如果行進方向不變，聲母再次前化，就變成舌尖前音，元音部分也相應調整成為舌尖前元音（由於是伴隨性質，只有充當主要元音的時候，舌尖元音ɿ、ʅ才會被記錄下來；充當介音時不予記錄）。

　　大埔方言的舌葉音只配細音，可以看做剛從舌面音脫胎而來；詔安的舌葉音有洪有細，可以看做往捲舌發展的過程；五華方言的捲舌音有洪有細，與漢語方言的大趨勢不免扞隔，但可以視為從舌葉到捲舌的過渡狀態。這種過渡狀態的發音也見於山東方言。例如《山東省志・方言志》所寫 tʂ₂ 就是「帶有一定舌葉音色彩的舌尖後捲舌音」。[16] 如此說來，五華方言所見捲舌音應具舌葉音色彩，不然很難說明何以可洪可細。梅縣方言的知章組三等都讀洪音，可見原先應該是個捲舌音。換句話說，梅縣早已經歷了大埔、詔安、五華方言的演變階段，徹底完成了捲舌化，然後又進一步變成舌尖前音。底下是過程重建：

$$\text{聲母　} ^{*}t\mathit{ɕ} \rightarrow t\mathit{ʃ} \rightarrow t\mathit{ʂ} \rightarrow ts$$
$$\text{韻母　細　　細洪　　洪　　洪}$$

　　換言之，這是聲母「前化」的演變過程，韻母也起了相應的變化：由細變洪。由於歷經這些演變過程，梅縣型的客家話聲母數在漢語方言幾乎屈居末位，[17] 這不是保守的反映而是劇烈演變的結果。

---

16 山東省地方史志編纂委員會：《山東省志・方言志》（山東人民出版社，1993 年），頁 52。

17 張光宇：〈漢語方言音系的地理考察：聲母篇〉（澳大利亞：36 屆國際漢藏語言學會議論文，2003 年）。

四、見曉組聲母的前化

　　語音的演變可從演變速度與演變方向來做觀察，這兩種演變又受內在因素與外在環境的制約，內在因素是指語音演變的內在機制，外在環境主要來自方言間的語言接觸。客家話聲母的前化運動，大部分地區源自內部語音演變的機制，少數地區是受語言接觸的影響，產生脫離邏輯過程的音變現象。當語音演變的條件與環境具備了，則相同的演變可以發生在不同的時間（古今）與空間（不同的方言），所以我們可以用現在的語音演變規律，去解釋以前已經發生過的語音現象，此為「一致性原則（uniformitarianism）」。[18] 部分地區的客家話，見曉組字從原本的舌根塞音、擦音，念成舌尖部位的塞擦音、擦音，此種現象也可以用聲母的前化運動來解釋，由於此種現象只出現在三等的見曉組字，可見這是特定環境下的條件音變，其關鍵在於「顎化」。k- k'- h- 在細音的環境下顎化成 tɕ- tɕ'- ɕ，只要有 tɕ- tɕ'- ɕ 的出現，就會開始進入聲母前化運動的潮流中，進行與知章組聲母相同的變化：tɕ → tʃ → tʂ → ts。雖然從見曉組聲母前化而來的聲母，其表面形式與知章組字相同，但其時間層次遠晚於知章組字，因為見曉組字有顎化現象的仍占客家話的少數。客家話見曉組字讀塞擦音的方言點分布在長汀、武平、寧都、三都、贛縣、翁源、大余、陸川、醴陵……，下表列出部分方言點見曉組聲母前化的例字：[19]

---

18 Rankin, Robert L. The Comparative Method, *The Handbook of Historical Linguistics*, edited by Josephand Janda, Blackwell Publishing Ltd, 2003 , pp.183-212.

19 本表的語料來源，長汀、武平、寧都、贛縣、翁源來自李如龍、張雙慶主編：《客贛方言調查報告》（廈門大學出版社，1992 年）。興寧來自邱仲森：《臺灣苗栗與廣東興寧客家話比較研究》（新竹師範學院臺灣語言與語文教育研究所碩士論文，2005 年）。瀏陽、攸縣、新田來自陳立中：《湖南客方言的源流與演變》（岳麓書社，2003 年）。

見曉組字	長汀	武平	寧都	贛縣	翁源	興寧	攸縣	瀏陽	新田
句	tʃiᵓ	tɕiᵓ	tsuᵓ	tɕiᵓ	k'yᵓ	kiᵓ	tɕiᵓ tʂuᵓ	ciᵓ tʂʅᵓ	tʃʅᵓ tɕyᵓ
氣	tʃ'iᵓ	tɕ'iᵓ	ts'uᵓ	tɕ'iᵓ	k'iᵓ	ʂʅᵓ	tɕ'iᵓ	çiᵓ	tʃ'ʅᵓ
去	tʃ'iᵓ	çiᵓ	sieᵓ	tɕ'iᵓ	k'iᵓ	ʂ'ʅᵓ	çiᵓ tʂ'uᵓ	c'iᵓ	tɕ'iᵓ
橋	ˎtʃ'iɔ	ˎtɕiəɯ	ˎts'au	ˎts'iɔ	ˎk'au	ˎk'iau	ˎtɕ'iau	ˎc'iau	ˎtɕ'iau
健	tʃ'iẽᵓ	tɕ'iɛŋᵓ	ts'anᵓ	tɕ'iẽᵓ	k'ienᵓ	k'ienᵓ	tɕiɛᵓ	c'ienᵓ	tɕienᵓ
拳	ˎtʃ'iẽ	ˎk'ɜŋ	ˎts'an	ˎtɕ'ie	ˎk'ien	ˎk'ien	ˎtɕ'ɔ	ˎc'ien	ˎtɕ'yen
權	ˎtʃ'iẽ	ˎtɕi'ɜŋ	ˎts'an	ˎtɕ'ie	ˎk'ien	ˎk'ien	ˎtʂ'ɔ	ˎtʂ'en	ˎtɕ'yen
巾	ˎkeŋ	ˎkeŋ	ˎtsən	ˎtɕiŋ	ˎkin	ˎkin	ˎtɕiəŋ	ˎcin	ˎtɕin
緊	ꜛtʃeŋ	ꜛtɕiŋ	ꜛtsən	ꜛtɕiŋ	ꜛkin	ꜛkin	ꜛtɕiəŋ	ꜛcin	ꜛtɕin
軍	ꜛtʃeŋ	ꜛtɕiŋ	ꜛtsən	ꜛtɕiŋ	ꜛkyn	ꜛkiun	ꜛtʂən	ꜛkuen	ꜛtɕyn
菊	tʃ'iəɯ꜔	tɕ'iək꜔	ts'uk꜔	tɕ'ioˀ꜔	k'iuk꜔	k'iuk꜔	tʂuˀ꜔	ciɛuk꜔	tɕy꜔
曲	tʃ'iəɯ꜔	tɕ'iək꜔	ts'uk꜔	tɕ'ioˀ꜔	k'iuk꜔	k'iuk꜔	tʂ'uˀ꜔	c'iɛuk꜔	tɕ'u꜔
許	ꜛʃi	ꜛçi	ꜛsu	ꜛçi	ꜛsy	ꜛʂʅ	ꜛʂei	ꜛçi	ꜛçi
虛	ˎʃi	ˎçi	ˎsu	ˎçi	ˎsy	ˎʂʅ	ˎʂu	ˎçi	ˎçy
休	ˎʃiəɯ	ˎçiu	ˎsəu	ˎçiu	ˎsiu	ˎʂu	ˎçiu	ˎçiɛu	ˎçiəu
掀	ˎʃiẽ	ˎçiɛŋ	ˎfian	ˎçie	ˎsien	ˎʂen	ˎʂɛ̃	ˎçin	ˎçyen
血	fe꜔	fiɛˀ꜔	fiat꜔	çieˀ꜔	siet꜔	ʂet꜔	çiɛˀ꜔	çiet꜔	çie꜔
訓	ʃeŋᵓ	seŋᵓ	finᵓ	çiŋᵓ	synᵓ	ʂunᵓ	fənᵓ	ʂənᵓ	çynᵓ
香	ˎʃioŋ	ˎçioŋ	ˎsoŋ	ˎçiõ	ˎsioŋ ˎsoŋ	ˎʂoŋ	ˎçioŋ	ˎçioŋ	ˎçiuã
形	ˎʃeŋ	ˎçiŋ	ˎsəŋ	ˎçiŋ	ˎsin	ˎʂən	ˎʂəŋ	ˎçiŋ	ˎçin
兄	ˎʃiaŋ	ˎçiəŋ	ˎfiaŋ	ˎçiã	ˎsiuŋ	ˎʂuŋ	ˎʂəŋ	ˎçiəŋ	ˎçioŋ

客家話見曉組字讀塞擦音的方言點，主要分布在贛南、閩西和湖南地區，大部分屬於北片的客家話，南片的客家話較少此類語音現象。這些地區的見曉組字共有 tɕ- tɕ'- ɕ-、tʃ- tʃ'- ʃ-、tʂ- tʂ'- ʂ-、ts-ts'-s- 四種類型，tɕ- tɕ'- ɕ- 是最早最關鍵的階段，有k- k'- h-顎化為 tɕ- tɕ'- ɕ-的過程，才會有tʃ- tʃ'- ʃ-、tʂ- tʂ'- ʂ-、ts-ts'-s- 的後續變化。

上表見曉組字的各種音讀可以歸納如下表（1-8是見曉組聲母演變速度的排序，1 表示演變速度最慢，是較保守的語音形式）：

方言點	見組字的聲母	曉組字的聲母	見組字演變速度	曉組字演變速度
興寧	k- k'-	ʂ-	1	5
翁源	k- k'-	s-	1	6
瀏陽	c'- （tʂ- tʂ'-）	ɕ-、（ʂ-）	2	1
武平	tɕ- tɕ'-	ɕ-	3	2
贛縣	tɕ- tɕ'-	ɕ-	3	2
新田	tɕ- tɕ'- （tʃ- tʃ'-）	ʂ-	4	5
攸縣	tɕ- tɕ'-、tʂ- tʂ'-	ɕ-、ʂ-	5	4
長汀	tʃ- tʃ'-	ʃ-	6	3
寧都	ts- ts'-	s-	7	6

上表見曉組字從 k- k'- h- 演變到塞擦音、擦音的過程，我們可以從兩方面來觀察：一是各方言點見曉組字的演變速度不同，分別呈現前化運動的不同階段，如上表武平、贛縣的 tɕ- tɕ' 是長汀 tʃ- tʃ'- 的前身；二是同個方言點內部的 k- k'- h- 演變速度也不一致，如上表中的興寧、翁源和新田。興寧和翁源仍

在舌根塞音的階段，瀏陽的舌面塞音、舌面擦音 c- c'- ç-，微微展露出 k- k'- h- 將前化的跡象，武平、贛縣開始揭開前化的序幕，經由顎化的方式從塞音進入塞擦音的階段，新田、攸縣、長汀大步邁開前化的步履，往 tʃ- tʃ'-、tʂ- tʂ'- 躍進，其中新田只有少數幾個字念 tʃ- tʃ'-，才剛開始進行 tç- tç'- → tʃ- tʃ'- 的變化，而攸縣是念 tç- tç'- 和 tʂ- tʂ'- 的數量旗鼓相當，正處於 tç- tç'- 向 tʂ- tʂ'- 的過渡階段，長汀已全面完成 tç- tç'- → tʃ- tʃ'- 的變化，是攸縣 tʂ- tʂ'- 的前一個階段，寧都的 ts- t 已達前化運動的極致，走完前化運動的全程（tç- → tʃ → tʂ → ts）。

　　由於 k- k'- h- 發音方法上的不同，使得 k- k'- 與 h- 的 - 演變速度不同，擦音明顯比塞音容易顎化，亦即擦音的演變速度比塞音快。以翁源來說，k-、k'- 仍舊固守在塞音的型態，而 h- 已經全面顎化，且走完前化運動的全程（h → ç → ʃ → ʂ → s）。透過方言比較，可以透視方言已經走過的歷史，瀏陽、武平、長汀、贛縣、攸縣、寧都的 k-、 k'- 和 h- 平行發展，我們無法從平面現象得知 k-、k'- 和 h- 演變速度是否有差別？以及如果有差別，孰快孰慢？然透過與興寧、翁源和新田見曉組聲母的比較，上述的疑問就可以得到解答。

　　方言比較是研究語音歷史的重要方法，綜合橫向的方言差異，可以得到縱向的歷史發展。遍布在各地區的方言現象是研究語音歷史的活化石，我們將上述各方言點呈現的四種類型進行方言比較，探討客家話見曉組聲母的演變，其演變的方向依循知章組聲母的前化運動，以「虛」字為例，有下列兩種演變過程：

*hiu[20] → hy（秀篆）→ çy（新田）→ çi（武平）→ ʃi（長汀）→ ʂ（興寧）

*hiu → hy（秀篆）→ çy（新田）→ ʃy → ʂu（攸縣）→ su（寧都）

---

20 根據有些地區的客家話有部分遇攝三等字唸 -iu 的現象，例如陸河客家話的「女、序、

　　大部分地區的「虛」字韻母念細音 -i，寧都和攸縣則念合口的 -u，這對於客家話聲母前化時，對韻母的連動性有重要的啟發，當聲母從 ʃ- 前化為 ş- 時，由於 ş- 聲母與細音不相容，所以韻母勢必從 -y 變為 -u（-y 具有 -i 和 -u 的成分，-y → -i 或 -y → -u 都屬常見的方言現象）。寧都和攸縣 -u 的出現，還有另一種意義，他說明了許多客家話的遇攝合口三等字曾經有過 -y 的階段，不然我們無從解釋 -u 的來源。

五、日影云以母的前化

　　本節所討論的客家話影、云、以母，僅針對三四等的開口字而言。影、云、以母的音讀主要分成零聲母和擦音聲母（ʒ-、z̢-、z-）兩種類型，零聲母屬於較保守的語音形式，ʒ-、z̢-、z- 是零聲母字的後續變化。客家話的日母字有兩個音韻層次：一是白讀層的 ŋ- 聲母，反應「娘日歸泥」日母字讀鼻音聲母的存古特徵；另一個層次是零聲母或 ʒ-、z̢-、z-。客家話日、影、云、以母字的 ʒ-（z̢-、z-）是前高元音擦音化的結果：i → zi → ʒi → ş̢ʅ → zʅ。演變的條件是細音 i，在零聲母的環境下，-i 或 -i- 擦音化新產生 z̢- 聲母，z̢- 是個關鍵性的角色，正如同見曉組細音字顎化而來的 tç- tç'- ç-。z̢- 聲母一經形成，便會跟進知章見曉組字的前化運動，由於各方言演變速度的不一致，於是有 ʒ-、z̢-、z- 不同階段的濁擦音形式。底下列出客家話日、影、云、以聲母念 ʒ-、z̢-、z 的例字：[21]

緒、敘、鬚、墟、魚、區、渠、舉、語、許、居」，饒平客家話的「區、去」等字，本文將客家話遇攝三等字的早期共同形式擬為 *iu。語料來自徐貴榮：《臺灣桃園饒平客家話研究》（新竹師範學院臺灣語言與語文教育研究所碩士論文，2002 年）。蘇媺琪：《陸河客家話研究》（中央大學客家研究碩士在職專班碩士論文，2010 年）。

21 表中例字的語料，梅縣、清溪、揭西、秀篆摘自李如龍、張雙慶主編：《客贛方言調查報告》（廈門大學出版社，1992 年）。興寧摘自邱仲森：《臺灣苗栗與廣東興寧客家話比較研究》（新竹師範學院臺灣語言與語文教育研究所碩士論文，2005 年）。高埔、桃源摘自蘇軒正：《臺灣東勢與廣東大埔、豐順客家話比較研究》（中

日影云以母例字	梅縣	長汀	清溪	揭西	秀篆	興寧	高埠	桃源	梅林	瀏陽
爺	₌ia	₌ia	₌za	₌ʒa	₌zia	₌za	₌ʒia	₌ʒia	₌za	₌ia
姨	₌i	₌i	₌zi	₌ʒi	₌zy	₌zɿ	₌zɿ	₌zɿ	₌ʒi	₌i
音	⁻im	⁻ien	₌zim	₌ʒim	₌zim	₌zɿm	₌zim	₌ʒim	₌zĩ	₌in
舀	⁻iau	⁻iɔ	⁻ziau	⁻ʒiau	⁻uaʒ	⁻zau	⁻ʒiau	⁻zau	⁻zeu	⁻iau
有	₌iu	₌iɔu	₌ziu	₌ʒiu	₌ziu	₌zu	₌ʒiu	₌ʒiu	₌ziu	₌iɛu
鹽	₌iam	₌iẽ	₌zam	₌ʒam	₌ziam	₌zaŋ	₌zam	₌ʒiam	₌zaĩ	₌ian
然	₌ian	₌iẽ	₌zen	₌ʒan	₌uaʒ	₌zeʒ	₌zen	₌ʒien	₌zaĩ	₌ien
宛	₌ian	₌iẽ、₌viẽ	₌zen	₌ʒan	₌uaʒ	₌zeʒ	₌zen	₌ʒien	₌zaĩ	₌ien
約	iɔk₌	io₌	zɔk₌	ʒɔk₌	zɔk₌	zɔk₌	ʒiɔk₌	ʒiɔk₌	zɔk₌	iɔk₌
用	iuŋ⁼	iɣŋ⁼	zuŋ⁼	ʒuŋ⁼	aiuŋ⁼	zuŋ⁼	ʒiuŋ⁼	ʒiuŋ⁼	zuŋ⁼	iəŋ⁼

　　客家話經歷漢語方言「濁音清化」的過程，除了次濁的鼻音聲母 m-、n-、ŋ-，和邊音 l- 之外，[22] v-、ʒ-、z̢-、z- 都是後期新產生的濁聲母。從系統內結構的對稱性來說，在日、影、云、以母仍處於零聲母的階段時，家家話清濁相對的擦音，只出現在唇齒音的 f-：v-，其他發音部位的聲母未出現。v- 是合口的後高元音 -u 或 -u 擦音化而新產生的聲母。藉此現象來看日、影、云、以母開口三等的前高元音 -i 或 -i，同樣經由擦音化的方式，新產生與系統內清擦音 ʃ-、ş-、s- 相對應的濁擦音 ʒ-、z̢-、z-，形成系統內一致的清濁對稱性，詳如下表：

央大學客家研究碩士在職專班碩士論文，2010 年）。梅林摘自陳秀琪：《閩南客家話音韻研究》（彰化師範大學國文所博士論文，2006 年）。

22 另有極少數地區的客家話具有少數幾個濁聲母，這些濁聲母並非承自中古的濁聲母，多半來自與鄰近方言的語言接觸，例如臺灣崙背的詔安客家話，以及漳州雲霄下河的客家話都有 b- 聲母，它是來自與閩南語的接觸。

發音方法		唇齒音	舌尖前音	舌尖前音	舌尖面音
塞擦音	清音		ts	tʂ	tʃ
			ts	tʂ	tʃ'
擦音	濁音	f	s	ʂ	ʃ
		v	z	ʐ	ʒ

　　日、影、云、以聲母 ʒ-、ʐ-、z- 的存在形式，大部分與系統內知章組聲母的類型相呼應，起了同步的聲母前化運動（例如清溪、揭西、秀篆、興寧、高埠、桃源、梅林、瀏陽），知章組字念 tʃ- tʃ'- ʃ-，日、影、云、以母就念 ʒ-，知章組字念 tʂ- tʂ'- ʂ-，日、影、云、以母就念 ʐ-。少部分方言點無論知章組聲母念 ts- ts'- s- 或 tʃ- tʃ'- ʃ-（tʂ- tʂ'- ʂ-），日、影、云、以母都只念零聲母（例如長汀、梅縣）。平鋪在各地客家話的 ʒ-、ʐ-、z- 聲母，再次讓我們看到客家話前化運動的浪潮。另外還有部分客家話呈現前化的過渡階段，ʒ- 和 ʐ 或 ʒ- 和 z- 並存於同一個平面，此類現象尤為珍貴，因為它能讓我們看到正在進行中的變化。例如桃源的「姨、鹽、舀」和梅林的「有、然」等字，演變過程如下：

姨　*i → ʒi → ʐ　　　　　有　*iu → ʒiu

鹽　*iam → ʒiam　　　　然　*ian → ʒian →（ʐan）→ zã

舀　*iau → ʒiau → ʐau

　　「i」在音節結構中的位置，影響 ʒ- 聲母的後續發展。ʒ-、ʐ-、z- 聲母的分布，可以分成兩種類型：i 當主要元音時，ʒ- 聲母的穩定性較高；i 當介音時，ʒ- 聲母往 ʐ-、z- 聲母前化，並且造成 i 介音的消失。從生成音系學的音節結構理論來看上述現象，可以得到合理的解釋。音節分為起首（onset）和韻

基（rime），韻基又包含韻核（nucleus）和韻尾（coda），音節內部由小到大
的等級結構可用樹形圖表示：

　　中國音韻學家大多把一個音節分成聲母和韻母，韻母再細分為韻首、韻
腹、韻尾。然而，起首、韻基、韻核、韻尾和中國傳統音韻學的術語不盡相
同，韻核相當於韻腹，但韻母和韻基是不同的概念，韻首不一定屬於韻母的一
部分。[23] 音節結構與語音的音響度有直接關係，低元音的響度大於高元音，後
元音的響度大於前元音，輔音的響度最低。音節的音響度是先升後降，換句話
說，起首音響低，韻核音響最高，到了韻尾又降為低。在這個音節的規範條件
下，以梅林為例，「姨 ₌ʒi」的 i 元音響度最高是韻核，i 元音的發音部位比 ʒ-
偏後，對 ʒ- 聲母有牽制的作用，使其不容易產生前化；za（來自 ʒia → za）、
zeu（來自 ʒieu → zeu）、zaĩ（來自 ʒian → zaĩ）、zoŋ（來自 ʒioŋ → zoŋ）、
zuŋ（來自 ʒiuŋ → zuŋ）等字的原始形式中，i 元音的響度最低，不能當韻核，
故 i 元音屬於起首，與 ʒ- 聲母同一個單位。由於 ʒ- 的發音即已含有 -i 的成分，

---

23 根據包智明先生的研究，閩南潮陽話和閩東福清話的音節結構不同，具體的差別在
　　於介音（即韻頭）的音節位置：福清話的介音不屬於韻核，而潮陽話的介音屬於韻核。
　　換句話說，雖然各方言的音節都是由聲母、韻頭、韻腹、韻尾組成，這些成分之間
　　的結構關係因方言而異，不能一概而論。包智明、侍建國、許德寶合著：《生成音
　　系學理論及其應用》（北京：中國社會科學出版社，1997 年），頁 99-100。

很容易將 -i 吞噬，缺少 -i 向後的牽制力，ʒ- 聲母於是前化為 z- 聲母。這個變化有其重要的價值，它與客家話滋絲音前化運動的大趨勢相呼應，[24] 差別只在滋絲音有其固有的歷史來源，這裡的 ʒ-、z- 聲母則是在語音演變中新產生的生力軍。雖然時空不同，但演變的環境與內在機制都相同，固然有相同的演變結果，此即音理上的一致性原則（uniformitarianism）。

六、小結

　　從客家話與北京話三等韻 -i- 介音消失的平行現象來看，梅縣型的客家話原有兩套塞擦音，一套是平舌的，一套是捲舌的。平舌一組自古迄今沒有發生什麼變化（精組），捲舌一組（知莊章組）則從起點到終點經歷過四個階段。比較起點和終點兩端的形式：

　　*tɕ ＋ 細音 → ts ＋ 洪音

　　*ts ＋ 細音 → ts ＋ 細音

　　起點是聲母不同，韻母一致；終點是韻母不同，聲母合流。換句話說，聲母的差異經由演變轉嫁到韻母上，今音韻母的差別透露原先聲母的差異。從漢語方言的總體趨勢看，這三等韻洪音之前的 ts 原為一個捲舌音。就整個客家話來說，捲舌音之前應該是個舌葉音。由於舌葉音在方言之間有洪有細，仍不足以作為共同起點，因此假設更早一個階段的形式是舌面音。總結言之，共同客家話三等字的知章組形式是舌面音 *tɕ-，莊組是舌尖面音 *tʃ，精組是舌尖前音 *ts-。四組聲母的演變過程為：知_與章組合流為 tɕ-，知_與莊組合流為 tʃ-之後，經過捲舌音的階段，再平舌化為 ts-，與精組合流。知_與莊組捲舌化所

---

24 陳秀琪：〈知莊章聲母的捲舌音：舌位的前化運動〉，第九屆國際暨二十三屆全國聲韻學學術研討會會議論文，2005 年 5 月，靜宜大學。

留下的空檔，由知₌章組填補，形成客家話 ts、tʃ 兩套塞擦音的階段（如大埔、詔安）。知₌章組進入 tʃ 的位置之後，循著聲母前化運動的規律，最後也與精組合流（如梅縣）。從 *tɕ → tʃ → tʂ → ts 的演變過程，可以看出「前化運動」是客家話聲母演變的大趨勢，從知章莊組擴及見曉組與日、影、云、以聲母。知章莊組前化的重要階段是捲舌化，見曉組前化的關鍵是顎化，日、影、云、以母則是靠前高元音的擦音化，顎化後的 tɕ- tɕʼ- ɕ- 與擦音化後的 z-（ʒ-），參與知章莊組字相同的前化運動，進行一系列的變化，造就了客家話塞擦音聲母轄字的擴大，以及新生聲母 ʒ-、ʐ-、z- 與 ʃ-、ʂ-、s- 之間清濁擦音的對稱性。

參考文獻

丁邦新、張雙慶編 ，2002，《閩語研究及其與周邊方言的關係》。香港：中文大學出版社。

山東省地方史志編纂委員會，1993，《山東省志・方言志》。山東：山東人民出版社。

王　力，1958，《漢語史稿》。北京：中華書局。

江敏華，1998，《臺中縣東勢方言音韻研究》。國立臺灣大學中文所碩士論文。

李　榮，1973，《切韻音系》。臺北：鼎文書局。

李方桂，1980，《上古音研究》。北京：商務印書館。

林燾、耿振生，1997，《聲韻學》。臺北：三民書局。

周長楫，1991，〈廈門方言同音字彙〉。《方言》2：99-118。

周日健，2002，〈五華客家話的音系及其特點〉，《客家方言研究》，頁188-202。暨南大學出版社。

高本漢，2003，《中國音韻學研究》。北京：商務印書館。

陸志韋，1971，《古音說略》。臺北：學生書局。

麥　耘，1995，《音韻與方言研究》。廣東：廣東人民出版社。

陳秀琪，2002，〈中古精莊知章母在客語的演變〉，《客家方言研究》，頁85-101。廣州：暨南大學出版社。

陳秀琪，2002，《臺灣漳州客家話的研究：以詔安為代表》。新竹師院碩士論文。

莊初升，2004，《粵北土話音韻研究》。北京：中國社會科學出版社。

馮　蒸，1994，〈《爾雅音圖》音注所反映的宋代知莊章三組聲母演變〉。《漢字文化》第3期。

張光宇，2003，〈漢語方言音系的地理考察：聲母篇〉，澳大利亞：第36屆國際漢藏語言學會議論文。

黃雪貞，1995，《梅縣方言詞典》。江蘇：江蘇教育出版社。

董同龢，1993，《漢語音韻學》。臺北：文史哲出版社。

熊正輝，1990，〈官話方言區分ts：t 的類型〉。《方言》1：1-10。

魯國堯，1994，〈《盧宗邁切韻法》評述〉，《魯國堯自選集》，頁121。鄭州：河南教育出版社。

羅常培，1963，〈知徹澄娘音值考〉，《羅常培語言學論文選集》，頁 31-
　　35。北京：中華書局。

Norman J., 1988, *Chinese*, Cambridge：Cambridge University Press.

Rankin, Robert L., 2003, "The Comparative Method," *The Handbook of Historical
　　Linguistics*, edited by Brian D. Joseph and Richard D. Janda (Blackwell
　　Handbooks in Linguistics; Malden, Mass.: Blackwell,) 183.

臺灣客家與閩南族群雜居環境的語言互動空間 [*][1]

鄭錦全

臺灣的族群與語言多種多樣，有閩南、客家、其他漢語方言以及原住民十幾種南島語言。根據內政部的統計，截至 2006 年 4 月底，臺閩地區包括臺灣、澎湖、金門及馬祖共有 7,315,379 戶，人口總數為 22,797,314 人（內政部戶政司 2006）。人口數目有戶籍資料統計，除了戶籍有標記原住民的人口數為 467,901 人占總人口比率 2.05% 外，卻沒有普查可以計算各族群及語言的人口數目，現有的其他族群數目是利用抽樣調查推演出來的，《全國客家人口基礎資料調查研究》報告（行政院客家委員會 2004）對族群的認定用單一族群身分及多重選擇族群身分兩種方式，單一認定要求調查對象只能選一種族群，多重認定則可以選擇多種身分。我們以該報告的族群人口比例，從 2006 年的人口總數得出單一認定與多重認定的臺閩地區各族群人口如下：

* 本文原刊登於《山高水長：丁邦新先生七秩壽慶論文集》（《語言暨語言學》專刊外編之六），2006，頁 251-260。因收錄於本專書，略做增刪，謹此說明。作者鄭錦全現任國立臺灣師範大學華語文教學系講座教授。

1 丁邦新是我臺灣大學的同窗，也是多年的朋友。看到他為我寫的祝壽論文〈北京話文白異讀和方言移借〉談到方言互動，我以方言互動的空間回應，跟他切磋，也為他祝壽。

單一認定		
族群	比例	人口
閩南人	73.30%	1,671 萬
臺灣客家人	12.60%	287 萬
大陸客家人	0.80%	18 萬
大陸各省市人	8.00%	182 萬
原住民	1.90%	43 萬

多重認定		
族群	比例	人口
閩南人	78.60%	1,791 萬
臺灣客家人	19.50%	444 萬
大陸客家人	2.90%	66 萬
大陸各省市人	13.10%	298 萬
原住民	5.30%	120 萬

　　閩南人多重認定比單一認定多出 120 萬，客家人多重認定比單一認定多出 157 萬。族群認定的一個重要因素是語言，在多族群多文化的社會中，有如此多的人對自己的族群有多重認定，表示家庭通婚、語言互動以及文化融合相當頻繁。同時，如果弱勢族群的語言消失而用別族的語言，也會促成多重認定，因此，多重認定也可以解釋為強勢族群與弱勢族群之間的社會地位或語言活力消長的結果。一般說到族群互動都以籠統的多元文化來說明，我們要從具體的客家與閩南族群的生活空間來看這個問題，而帶「屋」和「厝」地名的保留與更迭，是追尋閩南與客家族群互動的重要線索。

　　「厝」是閩南語，意思是房子、住家。客家話的對應詞語是「屋」，閩南語不用「屋」，但是別的方言也用「屋」。中央研究院計算中心建立了中國大

陸七萬多個以上鄉鎮地名的地理資訊檔案，我們檢查檔案中帶「屋」的地名，都出現在閩語地區的福建和廣東東部，還檢查《中國政區大典：浙江省》（中國政區大典編委會 1999），發現浙江省蒼南縣赤溪鎮有個地方叫作「新厝」，浙江省蒼南縣是閩南語地區，這裡的「厝」還是閩南語。在七萬多個地名中，帶「屋」的地名分布在不同的方言區，可見「屋」並不是客家方言特有的地名詞語，不過在閩、客雜居地區帶「屋」的地名，可以用來追尋客家源流（鄭錦全 2004）。

　　我們用《臺灣地區二萬五千分之一（經建第三版）地形圖數值資料檔》（內政部資訊中心 2001）來勘查臺灣「屋」和「厝」作為地名的情形。以「屋」為地名的筆數是 94，共 79 種：新屋、新屋下、三間屋、雙堂屋、黃屋、彭屋、張屋、竹高屋、石屋、水頭屋、大屋坑、三座屋、寶斗屋、羅屋、頭屋大橋、頭屋、樹子屋、鄧屋、樂樂山屋、劉屋塘、劉屋、詹屋、葉屋坑、楊屋角、新屋橋、新屋消防隊、新瓦屋、黃屋塘、黃屋伙房、馮屋大埤、陽明書屋、單座屋、陳屋公埤、張屋塘、康屋、密月屋大飯店、袁屋埤、徐屋伙房、徐屋、紅瓦屋、屋我尾山、南三間屋橋、邱屋、枋屋下、周屋莊、兩座屋、李屋、宋屋窩、宋屋、坑屋、吳屋窩、老屋下、江屋、安屋窩、名屋食品廠、甲頭屋莊、甲頭屋、四座屋、北屋成大花園城、北三間屋橋、火燒屋仔、水頭屋大橋、水屋潭橋、戶比屋山、巴奈伊克山屋、內屋、五間屋、五座屋、中央金礦山屋、山下彭屋、小屋、上黃屋塘、上三座屋、下黃屋塘、下三座屋、三間屋山、三頂屋、三座屋橋、八通關山屋。這裡有幾個地名如陽明書屋、密月屋大飯店、中央金礦山屋等顯然不是源自客家話。帶「屋」的地名以姓氏命名的有 35 筆。一共用了 23 個姓：黃、彭、張、劉、徐、宋、石、羅、鄧、詹、葉、楊、馮、陳、莊、康、袁、邱、周、李、吳、江、安。

　　用「厝」當地名的地點有 1,201 筆，共有 594 種，例如出現頻次比較高的

三塊厝、新厝、陳厝、劉厝、頂厝、五塊厝、下厝、吳厝、王厝、黃厝、後厝、李厝、林厝、新厝子、四塊厝、張厝、田厝、羅厝、葉厝、曾厝等，488 筆是「厝」和姓氏結合的地名。

　　閩、客互動要有這兩個族群或語言接觸才有可能，現在從「屋」與「厝」地名的地理分布看閩南與客家在臺灣聚集的地方。圖一是根據上文所說的經建第三版地名資料檔畫出的「屋」（三角形）與「厝」（圓形）的分布地圖。

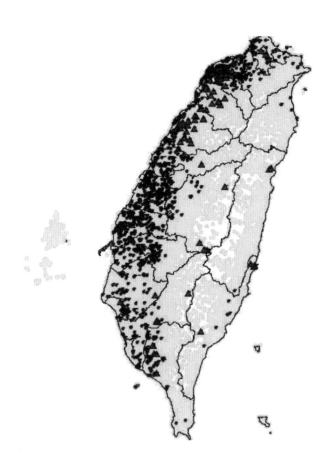

圖1：「屋」（三角形）與「厝」（圓形）地名分布

　　從圖上可以看出「厝」分布在臺灣西部從南到北各地,「屋」集中在臺灣北部桃竹苗和南部高屏一帶。

　　然而,這樣的分布又如何引起族群互動?顯然,這張地圖並不能表現族群的緊密接觸。因此,我們必須考察小地區的「厝」、「屋」分布。把圖1集中放大成圖2,來看新竹縣新豐鄉的「厝」、「屋」地名。地圖上新豐鄉只有「厝」而沒有「屋」的地名,好像全鄉都是閩南人的聚落。

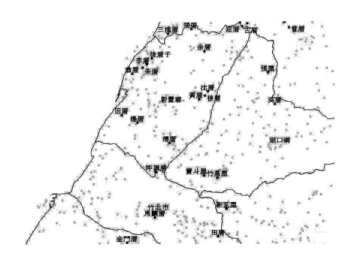

圖2:新竹縣新豐鄉的「厝」、「屋」地名

　　文獻上,洪惟仁(1992)與鍾榮富(2001)都認為新豐鄉有客家人。過去語言地圖以一個彩色畫出一個鄉鎮甚至整個縣市的語言類別,無法反映語言多樣性及不同族群雜居的現象。中央研究院語言學研究所為了改變過去粗枝大葉的做法,三年來在新竹縣新豐鄉以家戶為單位,調查辨認了一萬多個家庭的語言別,在閩南與客家族群雜居的環境裡,釐清語言地理分布。建構此一微觀所用的科技包括地理資訊系統、電子地圖、衛星照片、航照及地球定位系統(鄭

錦全 2005）。圖 3 是在航照圖上畫出的語言地圖，圓圈點出閩南語家庭，三
角形標示海陸客家家庭，該鄉的其他村還有別的語言與族群，如圖中的圖示。
從圖上可以看出閩南與客家比鄰雜居的分布，這就是我們所要揭示的閩、客語
言互動的空間環境。在這樣的環境裡，很多人除了國語之外都能用閩南和客家
兩種語言。過去的語言分布地圖大都以鄉鎮為單位，畫出單一語言，無法呈現
一個地區的語言多樣性和族群互動的空間。

　　新豐鄉還有少數小村莊是純閩南或是客家聚落。在圖 4 的航空照片上可以
看到屋宇建築，我們在房子旁邊標上各居住人家的語言，除了一家標上十字代
表外省漢語方言之外，其他家庭都標上三角形的客家話。這個地點是新竹縣新
豐鄉後湖村的一個客家聚落，可是，經建三版的地圖把這個地點標為「余厝」，
讓人誤會這裡是閩南村莊。那麼，客家庄為什麼用閩南語稱呼？因為「屋」在
閩南話只能文讀不能口說，就把客家人自稱的「余屋」改說成「余厝」，在鄉
公所或地方行政單位報地名的時候，如果主導的人是閩南人，那就報「余厝」。

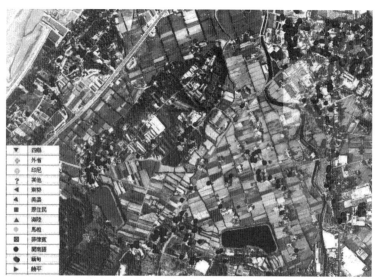

圖 3：新竹縣新豐鄉鳳坑、上坑、重興三村交界語言地圖

圖 4：新豐鄉後湖村余屋聚落語言

　　圖 5 是我小時候生長的村落附近的兩個村莊，經建版地圖的地名是「楊厝」和「田厝」。從我們的家戶語言調查可以看出楊厝是閩南人居住的地方，「楊厝」的名字適當反應居住的族群，不過，客家人的口語裡，這個地方叫作「楊屋」。田厝這個地方本來當地客家人自稱「田屋」，村外閩南人稱為「田厝」。在二三十年前因為村西海邊鳳鼻尾開闢為靶場，居民移居到田屋來，形成現在閩、客同村的居住情形，村裡村外的閩南人稱這裡為「田厝」，客家人稱「田屋」。關於「厝」、「屋」一地異名的問題，《臺灣地區地名查詢系統建置計畫臺灣地名查詢系統》（范毅軍、林誠謙 2001）認為晚近遷移加劇，姓加「厝」或「屋」的地名已經不能代表所有居民的姓氏，這一點是正確的，不過閩南與客家用不同詞語造成一地異名的現象，並沒有得到重視，因此這個地名查詢系統把閩南人聚居的楊厝定為「楊屋」。

圖5：新竹縣新豐鄉鳳坑村田屋與上坑村楊厝語言地圖

一地異名會引起資訊紛亂，例如山崎國小的網站談到新豐鄉鳳坑村的歷史，說「田厝：以家族聚落命名」，又說「鳳坑村以家族聚落為多，如姜屋、田屋、鄭屋、吳屋、許屋等，其定居年代約有二百年左右」（山崎國小網站）。「田厝」就是「田屋」，但是這裡的文字並沒有說清楚。

從以上所顯示的新豐鄉閩南與客家族群雜居的密度看來，語言互動是必然的。歷史上閩客之爭造成敵視與輕蔑的語言，例如有個輕視女人的詞語，新豐鄉的客家人叫做「福佬媽」（閩南女人），閩南人的說法是「客婆仔」（客家女人）。在平時會話中，如果各人說各人的語言，這些詞語的出現並不會被解讀為敵意的表現。閩、客詞語也互相移借，例如閩南語和客家話都有「挲

草」（跪在有水的稻田裡除草），在大陸只有福建閩語區有「挲草」（李榮 2004），可見本來是閩語，在臺灣閩、客互動，移借到客家話。另外，例如臺灣的閩、客語都有「沙鼻」和「風神」，是「驕傲」的意思，其他漢語方言都還沒查到有這兩個詞語，這也是臺灣的閩、客互動的結果。

　　地名稱謂的「厝」與「屋」也不是兩方的爭執，而是語言不同所造成的一地異名。一地異名造成蕃薯藤網路上找不到「田屋」，《臺灣地區地名查詢系統建置計畫臺灣地名查詢系統》上檢索不到「楊厝」，這是資訊的缺失。如果標準地圖因為地名報告人的語言不同而改變，那就失去地名的標準和規範。我們建議地名的稱呼應該「名從主人」，以當地居民自己的說法為主要名稱，以外人的稱呼為別名，保留一地異名，讓地名多樣化，豐富社會生活。當然，如果資料庫能有閩、客不同稱呼的知識，處理查詢就可以「屋」和「厝」一起檢索，成為智慧型的處理。

　　總結以上論述，本文從新豐鄉一萬多戶的語言別調查顯示客家與閩南族群比鄰而居，提出語言互動的空間理據，解釋地名中同一地點「厝」「屋」異名的語言背景，提議地名以名從主人為主要命名取向，兼收不同語言所用的別名，增加社會的文化多樣性。

參考文獻

丁邦新，2006，〈北京話文白異讀和方言移借〉，鍾榮富、劉顯親、胥嘉陵、何大安編輯《門內日與月：鄭錦全先生七秩壽慶論文集》1-8。臺北：中央研究院語言學研究所。

山崎國小網站，http://163.19.73.1/www/hsinfeng/2/index.htm。

中國政區大典編委會，1999，《中國政區大典：浙江省》。杭州：浙江人民出版社。

內政部戶政司編製，2006，〈中華民國臺閩地區95年4月戶口統計資料分析〉，http://www.moi.gov.tw/news/news_p.asp?newsid=2170&online=1 2006/5/9。

內政部資訊中心，2001，《臺灣地區二萬五千分之一（經建第三版）地形圖數值資料檔》。臺北：聯勤第四〇一廠。

行政院客家委員會編印，2004，《全國客家人口基礎資料調查研究》。臺北：行政院客家委員會。

李榮主編，2004，《現代漢語方言大詞典》。南京：江蘇教育出版社。

洪惟仁，1992，《臺灣方言之旅》。臺北：前衛出版社。

范毅軍、林誠謙，2001，《臺灣地區地名查詢系統建置計畫臺灣地名查詢系統》。http://webgis.sinica.edu.tw/placename/。

鄭錦全，2004，〈語言與資訊：釐清臺灣地名厝屋〉，羅鳳珠編《語言文學與資訊》，頁1-24。新竹：國立清華大學出版社。

＿＿＿＿，2005，〈臺灣語言地理分布微觀〉，《中央研究院94年重要研究成果》，頁90-93。臺北：中央研究院。

鍾榮富，2001，《福爾摩沙的烙印：臺灣客家話導論》。臺北：行政院文化出版委員會。

臺灣「漳州客」的失落與「四海話」的重構[*]

羅肇錦

一、前言

　　客家人的遷臺，乾隆之後以梅州的四縣客（包括鎮平、興寧、長樂、平遠、梅縣），與惠州的海陸客（包括海豐、陸豐、惠東）為主，對康熙年間來自汀州府的閩西客（包括永定、上杭、武平、長汀、寧化）、來自漳州府的漳州客（包括南靖、平和、詔安、雲霄、漳浦），及來自潮州府的饒平客（包括饒平、大埔、豐順、揭陽），則幾乎被人遺忘，因為他們現在大多不會講客家話了，而且也大多不承認他們是客家人。尤其漳州府的客家人占漳州來臺人數一半以上，但因為漳州、泉州以閩南話為主，漳州客家人所講的客家話屬閩西系統，與梅州、海陸的客家話不能互通，所以誤以為閩西所講的客家話是閩南話的一支，他們也從來不知道自己講的是客家話，久而久之，這些客家人就通通講閩南話了，今天臺南、嘉義、雲林、彰化、臺中、桃園、宜蘭等縣都有許多漳州客變成只會說閩南話的福佬客。直到日據時期，仍以為福建來稱福建人的都講福建話（即閩南話），廣東來稱廣東人的都講廣東話（即客家話），殊不知福

---

* 本文原刊登於《宗教、語言與音樂》，2000，頁267-284。因收錄於本專書，略做增刪，謹此說明。作者羅肇錦現任國立中央大學客家語文暨社會科學學系榮譽教授。

建來的有許多是講客家話的，廣東來的並非講廣東話而是講客家話。

　　由於長遠以來的誤解，所以本文處理客家話在臺灣失落的問題時，要特別把「閩西客」及「漳州客」的消失做一番整理，讓客家話在臺灣的早期面貌能真實的顯現出來。至於「四縣客」及「海陸客」目前在臺灣還很容易聽到，一般人也都瞭解，所以就不多費筆墨，倒是有些地方由於四縣、海陸、饒平混居，慢慢形成了四縣與海陸混合的新客家話，我稱之為「四海話」。「四海話」的特色是以四縣聲調為聲調、以海陸聲韻為聲韻，分布在楊梅、關西、峨眉、南庄、卓蘭……等四縣、海陸融合的地方。這種四縣與海陸融合所產生的「四海話」，極可能就是未來的臺灣客家話主流，正如閩南話漳州、泉州混合，產生目前流行臺灣的漳泉優勢語，就是臺灣閩南話的主流。下面就從「閩西客」的失落、「漳州客」的消失與「四海話」的重構三部分依序加以說明。

（一）臺灣「閩西客」的失落

　　臺灣客家話的失落可分早期與現代，早期的是指閩西客與漳州客在閩南話的大環境中失落，現代的失落則指目前僅存的臺灣客家話（包括四縣、海陸、大埔、饒平、詔安），在「國語」的大環境中普遍失落。

　　本文要談的是「閩西客」的失落與「漳州客」的消失，以下先說明閩西客的失落情形。

　　閩西客來臺最多的是永定，依楊緒賢先生的〈臺灣區姓氏堂號考〉的記錄，以永定、武平、寧化為主，移墾的地方則以中部臺中、苗栗、新竹、桃園、臺北一帶為多，[1] 今以黃姓、謝姓、蘇姓、劉姓、曾姓、周姓、呂姓、江姓、林

---

1 戴寶村、溫振華在〈大臺北都會圈客家史〉中引用 1926 年臺灣總督府官防調查課所做「臺灣在籍漢民族鄉貫別調查」，指出包括潮州、惠州、嘉應州的客系人口有 5,863,000 人，占全島人口的 15.6%，若將汀州府的客系人口也一併計算，則占 16.8%。同一調查顯示北部地區的臺北州（宜蘭縣、臺北縣市、基隆市），粵籍客家

姓為例，看閩西客的遷臺：

1. 黃姓：

來自福建汀州府者：永定縣。雍正年間，黃維英及黃日英、只仁父子等入墾今臺中市南屯區。乾隆初葉，黃維英入墾今通霄。

2. 謝姓：

來自福建汀州府者：永定縣。乾隆初葉，謝昌王入墾今桃園中壢，分傳彰化竹塘。

3. 蘇姓：

來自福建汀州府者：永定縣。蘇經派下。乾隆年間，蘇昌龍入墾今臺中；蘇彰煥、蘇周琮入墾今苗栗頭份；蘇承益、蘇德懷入墾今新竹寶山；蘇祿進及蘇乾秀、乾德兄弟入墾今新竹香山。嘉慶年間，蘇新長入墾今苗栗銅鑼；蘇進魁入墾今新竹穹林；蘇湖宗入墾今桃園蘆竹。道光年間，蘇拔益入墾今苗栗公館；蘇成昭入墾今新竹關西；蘇開全入墾今新竹竹東。

4. 劉姓：

來自福建汀州府者：永定縣。乾隆 5 年（1741），劉文科入墾今嘉義大林，分傳嘉義梅山。

5. 曾姓：

來自福建汀州府者：永定縣。乾隆初葉，曾和泗入墾今中寮。乾隆末葉，曾富廷、曾日育入墾今臺中大里。嘉慶年間，曾瑞衍入墾今霧峰；曾子海入墾今臺中豐原。道光年間，曾赤牛入墾今豐原。

人占 15.6%，加上汀州籍客家人，則占 16.8%，除去宜蘭、羅東、蘇澳三郡的今大臺北區，汀州客家人有 16,500 人，廣東客家人有 2,800 人，由此可看出，臺北地區客家人所占比率與全島狀況接近，不同的是汀州客家人較多是值得注意的狀況。而在臺北州的各市街庄之中，汀州客家有百人以上的有臺北市、基隆市、松山、三芝、石門、板橋、中和、鶯歌、三峽、土城、新莊，廣東客家在百人以上的有臺北市、基隆市、松山、平溪、瑞芳、貢寮、鶯歌、三峽、新莊等。

6. **周姓：**

來自福建汀州府者：武平縣。乾隆 48 年（1784），周水德入墾今苗栗銅鑼。

7. **呂姓：**

來自福建汀州府者：寧化縣。乾隆 36 年（1772），呂考祥入墾今潭子。

8. **江姓：**

來自福建汀州府者：永定縣。

（1）東山房：雍正 4 年，江在寧入墾今臺北板橋；7 年，江在河入墾今臺中市南區；雍正年間，江漢宜入墾今桃園觀音；江漢維入墾今桃園蘆竹；江漢奎入墾今桃園八德；江漢瑜入墾今板橋；江漢瑾入墾今臺北中和。乾隆年間，江濱演入墾今彰化永靖；江在蛟入墾今臺中大雅；江在里入墾今桃園龍潭；江水清、江遠清入墾今觀音；江仰輝入墾今蘆竹；江敬欽入墾今桃園市；江淇蕃入墾今臺北土城；江資蕃入墾今基隆市。

（2）北山房：雍正年間，汪立賢入墾今桃園市。乾隆年間，江常瑞入墾今新竹新埔；江鑑周入墾今桃園新屋；江盛伍入墾今八德；江淇煥入墾今桃園中壢。

（3）南山房：雍正年間，江士學、正安兄弟入墾今臺北三芝；江士儀入墾今臺北新莊。乾隆年間，江秀連入墾今中壢；江震遷、江慶玉入墾今三芝。

（4）不詳派別者：康熙末年，江涵和入墾今彰化員林。雍正年間，江琪臻入墾今觀音。乾隆年間，江源淵入墾今新竹寶山；江衍濱入墾今桃園縣；江宗瑞入墾今桃園市；江育春入墾今中壢；江時入墾今臺北中和。

9. 林姓：

來自福建汀州府者：永定縣。乾隆中葉，林增皆、林興應入墾今臺中市；林淑勤入墾今南投鎮。

10. 林姓：

來自福建龍巖州者：龍巖縣。乾隆末葉，林瑞魁入墾今板橋。

這些姓氏的閩西客在當年所說的閩西客家話與四縣客家話差別很大，幾乎到了不能通話的地步，由於人少，自己的語言無法保存，住苗栗、新竹的後代子孫都講四縣和海陸客家話，住在閩南區的就講閩南語了。不過從他們居住的地方看，大多分布在桃竹苗的客家區為多，表示他們當時仍知道自己所屬的汀地是客家區，然而他們的語言保留下來的非常少，桃園楊梅、蘆竹、新屋的余姓家族，龍潭鄉凌雲村竹窩吳姓宗親，至今仍有部分鄉親會說永定話。但他們的永定話與原鄉的永定話，有不少的差別，[2] 如：

	臺灣永定	汀外永定	臺灣四縣
落雨	loʔ ji3	loʔ vu3	lok6 i3
河唇	ho2 sun1	hou2 fing2	ho2 sun2
鹽水	jian2 fi3	iang2 fi3	iam2 sui3
睡覺	fe4 muʔ6	fei4 muʔ6	soi4 muk6
橄欖	ka3 lang3	kang3 lang3	ka3 lam3

從上面詞彙中可以看出今天殘存在臺灣的永定客家話，已受四縣話影響，變成保有部分汀州永定話特色，也吸收部分臺灣四縣話的成分，形成很特殊的永定話。而分住在非客家區的臺北市、基隆市、松山、三芝、石門、板橋、中

---

2 永定話資料，臺灣永定部分參見呂嵩雁（1993），汀州永定部分參見黃雪貞（1983）。

和、鶯歌、三峽、土城、新莊等地及臺中縣等地的永定客，則通通變成福佬客了，而分布在中部苗栗、新竹、桃園等客家區永定客，則變成說四縣或海陸客家話了。

三、漳州客話的失落

漳州的行政區域劃分（參見馬重奇 1994：1-5），一直與龍岩、南靖、平和等客家區相重疊，早在唐武則天的時候開始建州，合龍岩、漳浦、龍溪為漳州，明時轄有南靖、龍岩、漳浦、龍溪、長泰等縣，清末增加平和、詔安、海澄三縣。1985 年後，改為三市七縣，轄薌城區、龍海市、東山市三市，南靖、漳浦、長泰、平和、詔安、華安、雲霄七縣。

林嘉書先生的《南靖與臺灣》（1993：6-31），對客家人當年由南靖遷臺的歷史有詳盡的記載，由其書中可以看出，南靖縣十一個鄉鎮中，到臺灣開發的人口中，以「書洋」、「梅林」兩鎮最多，幾乎占全南靖遷臺人口的70%以上，如嘉義蕭家、桃園呂氏、臺中張簡等，都是南靖遷來的客家人。[3] 書中有非常驚人的發現：

（1）臺灣總人口中，漳州府屬移民的後裔占 35.2% 左右，據此，則臺灣現有人口 2000 萬之中，有 700 萬以上祖籍是漳州，而漳州府各縣之中，南靖縣是向臺灣移民最多的縣。

（2）歷史上漳州府屬各縣向臺灣移民，並非像此前許多著述說的那

---

3 陳炎正先生專做臺中縣市的歷史研究，以他調查所得〈臺灣中部姓氏源流〉，認為臺中大雅張姓家族來自漳浦、平和、南靖，潭子林姓家族來自詔安、漳浦、平和，霧峰林姓來自平和，嘉義蕭姓來自南靖西山。再從楊緒賢先生的〈臺灣區姓氏堂號考〉的記錄也可以清楚的看出嘉義蕭家、桃園呂氏、臺中張簡……都是南靖遷來的客家人。

樣，是沿海移民臺灣比山區更多，而是高度集中於山區縣的南靖縣和平和縣，以及詔安、漳浦等幾個縣區。

（3）沿海鄉村的各姓氏家族向臺灣移民的大部分，是隨鄭成功等軍隊去臺的，而他們在臺灣生根繁衍的不會太多，而山區向臺灣移民，絕大多數是入臺墾殖拓荒，且常常是一個家族大部分遷臺，攜家帶子遷臺，故而在臺灣生存繁衍家族的絕對多於沿海單丁移民。

（4）近年臺灣有關祖籍南靖的蕭、簡、魏、李、莊、劉、黃、張、賴、林等十姓的文獻可知，這十大姓的祖家南靖的人口，就超過 80 萬，其中簡氏與蕭氏都是十幾萬人。

從這樣的說明可以知道，清康熙、雍正、乾隆年間從漳州來臺灣的客家人，以南靖、平和、詔安為主要祖籍縣，漳浦、雲宵為次要縣，由於漳州南部各縣以說漳州話為主，北部和西部與汀州為鄰的南靖、平和、詔安及龍岩州，是說客家話的縣市，但是，南靖、平和、詔安及龍岩的閩西客家話，與廣東來的四縣和海陸差異很大，互相之間無法溝通，甚至不知道自己說的是客家話，數代相傳總以為自己說的是另外一種漳州話，這種錯覺，一直到今天，在臺灣史上，仍以為漳州來的人都是閩南人，所以早期所認定的「漳泉鬥」，事實上應該是「閩客鬥」，只是這時的客是「閩西客」不是「廣東客」罷了。

就因為誤以為自己說的漳州話是閩南話的一種，所以不認為和廣東來的客家人有同種的情誼，於是與廣東客家話不能相合，且與泉州漳州閩南話更不能相遇，形成完全孤立的狀態，久而久之，為了與強勢的閩南人溝通，就轉而以說閩南話為主，今天無論在嘉義、雲林、彰化、臺中、桃園、宜蘭都有難以記數的漳州客家後裔，因為放棄母語都變成閩南人而不自知。

因此，臺灣總人口中，漳州府移民人口占臺灣總人口的 35.2% 左右，臺灣現有人口中，有 700 萬以上的祖籍是漳州，700 萬的漳州人比漳州現有人口多一倍，而漳州府屬各縣之中，南靖縣是向臺灣移民最多的縣。南靖縣向臺灣移民的數量，占福建向臺灣移民總數的一成，占漳州、向臺灣移民總數的二成半左右，或說現在臺灣二千萬人口中有一百多萬人是祖籍南靖。[4]

而祖籍地為詔安的客家人口，也占臺灣總人口 5% 以上，約 100 萬人，加上平和縣大部分及漳浦、雲霄的部分，按此估計光是漳州客就占了臺灣總人口 13% 至 15% 之間，這些人一向被計算在閩南人口中（李坤錦 1998）。[5]

1926 年日本總督府曾對臺灣人的祖籍分布做調查，其調查結果為福建人占 83.1%，廣東人占 15.6%，日本人調查時，把福建人都當作福佬人登記為福，廣東人稱為客家人，登記為廣或客，其實這種統計方法是錯誤的，因為福建人中汀州府的人也是講客家話，而漳州府的南靖、平和、詔安、雲霄也是客家人的強勢縣分，所以在調查中，漳州府移民占全臺灣人口 35.2%，估計超過一半以上的是講客家話的漳州府人，也就是把福建籍講客家話的人與廣東籍客家人加在一起，在臺灣講客家話的人口起碼占三分之一以上，如果再以族譜做統計，加上漳州其他縣分（南靖、平和、詔安、雲霄除外）祖先有閩西客家血緣的臺灣人（如漳浦、龍溪、長泰、津平等縣），則比數遠遠超過三分之一（林瑤棋 1997：14）。

---

4 參見林嘉書《南靖與臺灣》（1993：7-8）。另外，《南靖文史資料》第 2 期簡言先生的〈臺灣與南靖祖地淵源深遠關係密切〉，頁 28-32，特別說明張簡聯宗，有祖先遺詩：「江波源脈向東流，等溯源泉不見林；舉眼紛紛南驛路，寄身寂寞古梅州；一行音訊煩君達，片紙家書為我酬。本欲歸鄉謁我祖，元龜未卜是何秋？」可以清楚知道他們是簡德潤之三子簡貴禎遷往廣東梅州定居，明正德年初（約 1506 年）中舉，從古梅州搬回漳洲，因南靖縣治更徙，張姓改簡姓，以致迷途謁不到德潤公祖祠，留此遺詩，今臺灣簡姓族史，亦列為祖訓之一。
5 李坤錦先生祖籍詔安官陂。

　　從前面資料的顯示，在臺灣客家話早期的消失，以漳州客家話最為嚴重，占全臺灣 13% 以上的客家話，幾乎通通變成福佬客，如今無論從南靖、平和、詔安、雲霄遷徙來臺的客家話區，都變成只說閩南話的地區了，唯一剩下的是雲林二崙、崙背兩鄉中年以上的人還會說詔安官陂、秀篆一帶的漳州客家話而已。可見漳州客家話的消失，是消失在四周閩南話的強勢語言環境。

　　下面就舉幾個特殊詞彙，以目前詔安的客家話，與崙背、二崙的客家話做一比較，順便把平和縣九峰鄉的漳州客話來和臺灣四縣話一起做比對，就可以看出他們之間的差異，從而瞭解他們與四縣客無法溝通的原因：[6]

	詔安秀篆	臺灣崙背	平和九峰	臺灣四縣
船	fin2	fin2	fian2	son2
水	fi3	fi3	fi3	sui3
乳	zy2	ji2	dzy2	i2
桌	tsou7	tso7	tso6	tsok6
屋	vu7	bu?7	vu6	vuk6
看	mong4	ngiang4	ngiang4	k'on4
褲	k'u4	k'u4	k'u4	fu4
溪	k'eil	k'iel	k'el	hail

　　從表上所舉數例，可以看出無論詔安秀篆、臺灣崙背、平和九峰這些漳州客家話都與臺灣四縣的客家話差異很大。因此，從南靖、平和、詔安、雲霄、漳浦等縣來臺的客家人，無法與桃園、新竹、苗栗及六堆的客家溝通，加上康、

---

6 詔安秀篆客話見李如龍、張雙慶《客贛方言調查報告》（1992）、臺灣崙背客話兒呂嵩雁《臺灣詔安方言稿》（1993）、平和九峰客話見曾少聰〈閩西客話與閩南客話比較研究：以長汀客話與九峰客話為例〉（1994）、四縣客話見羅肇錦《臺灣的客家話》（1990）。

雍、乾的時代，中北部交通動輒十頭八日，要使他們互相學習勢不可能。在此同時也有不少同為漳州的閩南人，以及泉州人，一起聚居在臺中、彰化、雲林、嘉義、南投等地（當時的諸羅縣），平日往來交易的對象，以漳州、泉州的閩南人為主，久而久之，就放棄自己的客家話而改說閩南話了。

　　另外，從語言的發展看，漳州的閩南話在漳州時就受客家話影響頗大，以今天的漳州話中，就吸收了許多的客家音韻特色，因此漳州客家話與漳州閩南話，有部分比例的相通性，在當時沒有對語言研究分析，沒有語言教育的宣導，漳州的客家人一直認定自己的語言是漳州話，是漳州閩南話的一支，所以後來改說閩南話一點也不奇怪。客家研究這幾年的瞭解，在汀州、漳州、潮州、梅州、一帶的人眼中的客家話，是專指梅州人所講的話，汀州人所說的是汀州話，漳州人說的是漳州話，泉州人說的是閩南話，潮州人說的是學佬話。從來沒有人把南靖、平和、詔安、雲霄、漳浦一帶漳州話稱之為客家話，因此由漳州的客家話轉化成漳州的閩南話，是順理成章的事，這與四縣客住新竹變海陸客，或海陸客住苗栗四縣變四縣客一樣，是非常自然的事。下面舉出一些今天漳州閩南話與漳州客家話，來和泉州閩南話、臺灣客家話做個比對，可以清楚的看出漳州閩南話，事實上有許多成分上是帶有客家話的特色的：[7]

	漳州閩南話		漳州客家話		泉州閩南話		臺灣客家話	
	漳州	漳平	平和	詔安	泉州	廈門	四縣	海陸
浮	p'u2	p'u2	p'u2	p'u2	pu2	pu2	p'u2	pu2
騎	k'i2	k'i2	k'i2	k'i2	ki2	kia2	k'i2	k'i2
盤	p'an2 puann	p'ua2 puann	p'an2	p'an2	pua2 puann	pua2 puann	p'an2	p'an2
			------	------			------	------
卵	nui3	long3	lon3	lon3	nng5	nng5	long3	long3

---

7 漳州閩南話選自張振興《漳平方言研究》（1992）和馬重奇《漳州方言研究》（1994），

　　從漳州、漳平的閩南話中，可以看出中古全濁聲母變清以後，都變送氣本是贛客方言的特色，然而漳州閩南話卻帶有許多這類客家話的特質，如「台念t'ai2」、「塗唸t'ou2」、「僑唸k'iau2」、「才唸ts'ai2」、「球唸k'iu2」、「琴唸k'im2」、「強唸k'iang2」、「從唸ts'iong2」等，都是應唸不送氣的音，在漳州的閩南話卻變成了送氣音，都是受客家話影響所致。今天在臺灣的閩南話是漳、泉混合的優勢語，當然也帶有不少濁聲清化變送氣的客語現象，如「頭唸t'au2」、「桃唸t'o2的」、「蟲唸t'ang2」、「蓬唸p'ung2」、「團唸t'uan2」、「皮唸p'ue2」……都是閩南話中帶客語現象的例子，以這樣的漳州閩南話與漳州客語的消失做比較，依他們的同質性，當然認為漳州客家話就是閩南話的一支。也因此漳州客語的消失從來沒有人覺得可惜，甚至認為改說大家熟悉的漳州閩南話，只是向大眾語言做個調適而已，與今天擔心客家話消逝的背景完全不一樣。

四、臺灣「四海話」的重構

　　這裡提出來的「四海話」是指「四縣話」和「海陸話」混合以後所產生的新客家話，主要流行在四縣與海陸混居的地區，由於臺灣目前的客家話，以乾隆年間蕉嶺（舊稱鎮平）來臺的四縣話占優勢，所以「四海話」也以講海陸話的人說四縣話時所形成的腔調為主軸，而海陸人說四縣話，基本上是以四縣聲調為基礎，然後聲母韻母保有海陸特徵，這種四海話成了今天最普遍的混合型

漳州客家話採自曾少聰〈閩西客話與閩南客話比較研究：以長汀客話與九峰客話為例〉（1994）和李如龍、張雙慶《客贛方言調查報告》（1992），泉州閩南話採自周長楫《閩南話的形成發展及在臺灣的傳播》（1996）和張振興《臺灣閩南方言記略》（1989），臺灣四縣話採自羅肇錦《臺灣的客家話》（1990），臺灣海陸話採自楊時逢《臺灣桃園客家方言》（1957）。

客家話，也將是未來臺灣客家話的優勢語言。

40 年前客家人說國語不標準，我們稱之為「客家國語」，40 年後客家人說客家話都是國語翻譯過來的，我們稱之為「國語客家」。舉例來說：

1. **客家國語**：我不是挑挑的，是他拿石頭 tep 我，我一估下去，就把鏡子 tep 爛了。
2. **國語客家**：俚毋係故意介，係佢拿石頭丟我，俚一蹲下去，就把玻璃丟破了。

這是從國語和客家話之間的互動所產生的差異，然而客家話之間也會採取這種互動方式，「四海話」就是在海陸和四縣之間找一個妥協點，讓兩種語言之間重新組合後所產生的語言。我們可以先舉一個例子來看他們之間的妥協方式：

	你	愛	去	哪	買	油
四縣	ng11	oi55	hi55	nai31	mai24	iu11
海陸	ng55	oi11	hi11	nai24	mai53	jiu55
四海	ng11	oi55	hi55	nai31	mai24	jiu11

	俚	朝	晨	射	到	一	隻	鳥	仔
四縣	ngai11	tseu24	siin11	sa55	to31	it2	tsak2	tiau24	ve31
海陸	ngai55	tʃau53	ʃin55	ʃsa55	to24	jit5	tsak5	tiau31	er55
四海	ngai11	tʃau53	ʃin11	ʃsa11	to31	jit2	tsak2	tiau24	er31

　　從上兩個句子可以清楚看出，四海話的聲調與四縣話完全相同，但聲母韻母卻都採海陸話。為什麼會用這種組合？這裡面有什麼特殊的關係？不妨從四縣話與海陸話的差異找答案。事實上四縣話的聲母和韻母，除了特有的 [ioi] 可以外，都可以由海陸話通通包容進去，也就是說四縣有的音位（phoneme），海陸話通通都有，還多出不少個音位，因此四海話就採用包舉的方式，把海陸話的音位通通承包下來，這樣應用在四縣話時就不會出現不夠用的時候，而用在海陸話時也可以完全滿足。下面我們分聲母、韻母、聲調來加以說明。

（一）聲母的包舉

　　四縣話的聲母有 [p]、[p']、[m]、[f]、[v]、[t]、[t']、[n]、[l]、[k]、[k']、[ng]、[h]、[ts]、[ts']、[s]、[0] 等 17 個音位，海陸話比四縣多了 [tʃ]、[tʃ']、[ʃ]、[j] 四個，共 21 個音位，因此四海話也有 21 個聲母音位，所以在知章兩系的字，四縣話都唸成與精莊一樣的舌尖塞擦清音 [ts]、[ts']、[s]，但海陸話知章系唸舌葉音 [tʃ]、[tʃ']、[ʃ]、[j]，精莊系唸舌尖塞擦清音 [ts]、[ts']、[s]。四海話跟著海陸話走，也是知章與精莊分開，知章帶舌葉音，精莊唸舌尖塞擦音，比較如下：

	精	莊	精	莊	知	章	知	章
	做	裝	租	阻	豬	諸	珍	真
四縣	tso	tsong	tsu	tsu	tsu	tsu	tsiin	tsiin
海陸	tso	tsong	tsu	tsu	tʃu	tʃu	tʃin	tʃin
四海	tso	tsong	tsu	tsu	tʃu	tʃu	tʃin	tʃin

　　另外，零聲母以 [i] 當韻頭時，四縣話沒有摩擦成分很強的 [j]，海陸話有清楚的音位 [j]，因此四海話也承包了這個明顯的音位，下面舉幾個常用字印證一下：

	雨	夜	有	一	億
四縣	i31	ia55	iu24	it2	i55
海陸	ji24	jia11	jiu31	jit5	ji11
四海	ji31	jia55	jiu24	jit2	ji55

（二）韻母的包舉和選擇

　　韻母的差別，在陰聲韻部分，四海話採包舉式的辦法，陽聲韻和入聲韻則採選擇式的辦法，可以說韻母部分也是採取海陸話的發音方式。陰聲韻的特質主要是四縣的 [i]，海陸分 [i] 和 [ui] 兩個音位；四縣的 [ii]，海陸分 [i] 和 [ii] 兩個音位；四縣的 [u]，海陸分 [u] 和 [iu] 兩個音位；四縣的 [eu]，海陸分 [eu] 和 [au] 兩個音位。四海話也採包舉方式，都分 [i] 和 [ui]、[i] 和 [ii]、[u] 和 [iu]、[eu] 和 [au] 八個音位。舉證如下：

	飛	地	志	事	晝	書	照	偷
四縣	pi24	t'i55	tsii55	sii55	tsu55	su24	tseu55	t'eu24
海陸	pui53	t'i11	tʃi11	sii11	tʃiu11	ʃu53	tʃeu11	t'eu53
四海	pui24	t'i55	tʃi55	sii55	tʃiu55	ʃu24	tʃeu55	t'eu24

　　另外，在陽聲韻四縣話有 [iim]、[im] 兩個，海陸只有一個 [im]；四縣話有 [iin]、[in] 兩個，海陸只有一個 [in]；入聲韻中四縣話有 [iip]、[ip] 兩個，海陸只有一個 [ip]；四縣話有 [iit]、[it] 兩個，海陸只有一個 [it]。這時的四海話依然跟海陸走，採選擇性的方式選取海陸的音位。也就是說陰聲韻採包舉式，陽聲韻和入聲韻採選擇式。或者說陰聲韻、陽聲韻、入聲韻都採海陸話的發音。下面舉例比對：

	深	林	陳	定	十	立	直	吉
四縣	ts'iim24	lim11	ts'iin11	t'n55	siip5	lip5	ts'iit5	kit2
海陸	tʃ'im53	lim55	tʃin11	t'in11	ʃip2	lip2	tʃ'it2	Kit5
四海	tʃ'im24	lim11	tʃin55	t'in55	ʃip5	lip5	tʃ'it5	kit2

（三）聲調的選擇

　　四縣話與海陸話最明顯的差別是聲調的調型相反，一高一低一升一降，成了整齊的鄉對立情況，由於聲調有其內部調適的規律在，所以四海話不管採用哪一套，都必須整個聲調的調位（toneme）一起採納，不能部分調位用四縣，另外部分用海陸。例如，新竹峨嵋客家話，[8] 就全盤採用四縣聲調，其他地方的四海話也都採取四縣聲調為他們的聲調，列表如下：

	陰平	陽平	上聲	陰去	陽去	陰入	陽入
四縣	24	11	31	55	55	2	5
海陸	53	55	24	11	33	5	2
四海	24	11	31	55	55	2	5
例字	牽	權	犬	勸	件	缺	傑

五、結語

　　從上面的分析可以瞭解，臺灣客家話的消失，主要在於早期「閩西客話」和「漳州客話」，「閩西客話」（包括永定上杭長汀武平寧化）的消失主要是人少，大多消失在同為客家區的臺中、苗栗、新竹、桃園一帶，也有部分消失

---

8 例見鄧盛有《海陸與四縣客語相互接觸產生新客語方言的聲韻調研究：以峨嵋客語為例》手稿本。

在閩南語系統之中（如臺北縣市）；「漳州客話」占全臺灣人口 13% 以上，由於來自漳州，以為自己所說的漳州話是閩南話的一種，所以自動改說較多人使用的閩南話，久而久之，漳州的客家話便消失的無影無蹤，如今僅剩雲林二崙、崙背仍會說詔安漳州客話而已，其他南靖、平和、雲霄、漳浦等客家重鎮來的人，都消失在閩南話的大環境之中了。

「四縣話」是我數年前就提出來的稱呼，很明顯地在苗栗、六堆為主體的四縣話，與新竹為主體的海陸話互相激盪交錯之下，很自然地產生了一種聲調是四縣話，而聲韻是海陸話的新客家話，稱之為「四海話」有它一定的道理，還請方家不吝指教。

參考文獻

不著撰人，1986，《漳州行政區域的歷史演變》。海外漳州一千三百年紀念籌委會。

_____，1992，《南靖縣志》，乾隆版。南靖縣志辦編委會。

_____，1994a，《南靖縣志》，民國稿本。南靖縣志辦編委會。

_____，1994b，《蕉嶺姓氏源流》。蕉嶺地方志辦公室。

_____，1995，《南靖縣志》，光緒版。南靖縣志辦編委會。

_____，1997，《平和縣志》，道光版。平和縣志編委會。

尹章義，1989，《臺灣開發史研究》。臺北：聯經出版公司。

呂嵩雁，1993，《臺灣永定客家方言語音系統》，稿本。

_____，1995，《臺灣詔安方言稿》，稿本。

李如龍，1995，《福建雙方言研究》。福建：漢學出版社。

李如龍、張雙慶，1992，《客贛方言調查報告》。廈門：廈門大學出版社。

李坤錦，1998，〈詔安客家人在臺灣的開墾與分布〉。《客家文化研究通訊》1：85-90。

周長楫，1996，《閩南話的形成發展及在臺灣的傳播》，臺笠語文叢書。臺北：臺笠出版社。

林嘉書，1993，《南靖與臺灣》。香港：華星出版社。

林瑤棋，1997，〈臺灣客家人的弱勢族群情節〉。《客家縱橫》，第 4 期，閩臺客家關係學術研討會論文專輯。

馬重奇，1994，《漳州方言研究》。香港：縱橫出版社。

張振興，1989，《臺灣閩南方言記略》。臺北：文史哲出版社。

_____，1992，《漳平方言研究》。北京：中國社會科學出版社。

郭啟熹，1995，《龍岩方言研究》。香港：縱橫出版社。

陳孔立，1996，《臺灣歷史綱要》。北京：九州圖書出版社。

陳文平，1996，《福建族譜》。福州：福建人民出版社。

陳亦榮，1991，《清代漢人在臺灣地區遷徙之研究》。臺北：東吳大學中國學術著作獎助委員會。

陳紹馨，1979，《臺灣的人口變遷與社會變遷》。臺北：聯經出版公司。

黃雪貞，1983，〈永定（下洋）方言詞彙〉。《方言》，第 2 期。

曾少聰，1994，〈閩西客話與閩南客話比較研究：以長汀客話與九峰客話為
　　例〉。刊於《臺灣與福建社會文化研究論集（一）》，莊英章、港英海編。
　　臺北：中央研究院民族學研究所。

楊時逢，1957，《臺灣桃園客家方言》。臺北：中央研究院歷史語言研究所。

楊緒賢，1979，《臺灣區姓氏堂號考》。臺北：臺灣省文獻委員會。

鄧開頌等，1997，《饒平客家姓氏淵源》。廣東饒平客屬海外聯誼會。

鄧盛有，n.d.，〈海陸與四縣客語相互接觸產生新客語方言的聲韻調研究：以
　　峨嵋客語為例〉，手稿本。

簡　言，1983，〈臺灣與南靖祖地淵源深遠關係密切〉。刊於《南靖文史資料》，
　　中國人民政治協商會議福建省南靖縣委員會文史資料研究委員會編，第 2
　　期。出版者不詳。

戴寶村、溫振華，1998，《大臺北都會圈客家史》。臺北：臺北市文獻委員會。

羅肇錦，1990，《臺灣的客家話》。臺北：臺原出版社。

客家話的語言接觸現象 [*]

呂嵩雁

> 今天的任何一支方言，都不會是孤立地從祖語傳衍下來。在發展的
> 過程當中，固然有傳統的成分，有自創的成分，也有外來的成分。
> 而所謂外來的成分，不只是其他的漢語方言，甚至會有非漢語在內。
>
> （何大安 1988：109）

一、前言

　　自從客家人在康熙中葉到乾嘉之際的第四次遷徙中，因人口增加，食指浩繁，以及原鄉山多田少，謀生不易，於是客家人由廣東東部、北部，以及江西南部，逐漸向外遷徙。有的到達西南地區的四川，有的渡過「黑水溝」到達臺灣，只是原本只求溫飽而已的客家人，此刻展開的是另一個多元衝擊的命運。

　　我們翻閱百年前的客家文獻《客英大辭典》、《客法大辭典》、《客方言》、《客話本字》、《客語陸豐方言》、《嘉應州志・卷七方言》等所記載的客家語言，幾乎沒有今天臺灣客家話的多元面貌，更遑論「四海客話」以及閩南

---

[*] 本文原刊登於《花蓮師院學報》，（綜合類）卷，2004，18 期，頁 1-23。因收錄於本專書，略做增刪，謹此說明。作者呂嵩雁曾任國立東華大學臺灣文化學系暨研究所教授。

客家話、國語客家話的名詞了。其中癥結在於渡海前後的歷史背景不同：渡海前客家人僻居叢山峻嶺中，與外界鮮少接觸，自然存古性高。但是渡海後的客家人，立即面臨明鄭時期大量且捷足先登的閩南人語言文化衝擊，接著是「有唐山公，無唐山嬤」的漢番互動期，客家話在漢番文化交流下，吸收了一些拼音系統的口傳文學，導致客家話有音無字以及非漢語成分的語言現象。之後是日治時代，日本人為了統治臺灣，大力推行皇民化運動，改漢姓為日姓，改漢語為日語，企圖在日常生活中全盤日語化，進而消滅漢族文化。於是日語詞彙深植在當時漢人心中，客家話自然也吸收了日語。接著國民政府來臺，強力推行國語運動，鼓勵使用國語，禁止方言通行，一時之間蔚為風尚，結果「語言奇蹟」誕生了，國語固然造成溝通無礙的便利，但也間接影響方言母語的交流，這是不爭的事實。而今天閩南語節目當道，閩南語成為主流方言，耳濡目染下，客家人大多能使用一口流利的閩南話，無形中閩南語式思考代替客家話思考模式，結果造成逐漸淡忘客家詞彙、客家語音，這是今天客家話所面臨的多元挑戰之一。

二、研究方法

本文擬分析目前客家話的多元面貌，說明哪些是包含客語次方言、閩南語、國語在內的漢語成分，哪些是包含平埔族、日語在內的非漢語成分，進而探析在語言接觸後客家話的演變走向。

本文採用田野調查法蒐集臺灣各地客家語料，實地訪查宜蘭、花蓮、臺東等地並且輔以桃園、苗栗、新竹等地現有文獻；其次以共時語言學（Synchronic Linguistics）的方法分析目前臺灣各個客語地區的語言現象；接著以方言地理學（Geographical Linguistics）的角度觀察各地客家話的地理分布情況，以瞭解客家話在不同方言的「包圍」下產生怎樣的變化，進而瞭解演變發展的情形；

最後再以比較語言學（Comparative Linguistics）的觀點，透過次方言間的比對，考察客家話在語言接觸後所產生的演變走向。

三、現有文獻評介

（一）庄初升〈閩南四縣閩客雙方言現象析探〉1994

　　本文探討福建南邊四個客家縣分：詔安、南靖、平和、雲霄在強勢閩南語影響下，客家話產生怎樣的變化，但是本文偏重在社會語言學方面的探討。

（二）吳中杰《臺灣福佬客分布及其語言研究》1999

　　所謂「福佬客」是對居住在閩語區內客家人的稱呼，由於吸收閩語成分越來越多，已經離客家話越來越遠，為了區分彼此差異所以用「福佬客」稱呼。本文全面考察「福佬客」在臺灣的整體分布情況，以及語言現況的釐清。作者發現臺灣根本找不到完全未受閩南語詞影響的客方言點，只是被影響程度的深淺差別罷了。這也說明了為何說客語人數遠少於客家後裔數量的原因，因為客家話受閩南語的語音、詞彙影響正逐日加深中。

（三）鄧盛有《臺灣四海話的研究》2000

　　所謂「四海話」是指四縣客語與海陸客語相互接觸後，使得四縣客語或海陸客語原有的語音、詞彙、甚至語法發生了改變（包括四縣向海陸變化，或者海陸向四縣變化），而形成的一種新的客家話。本文分析臺灣地區四海話的形成、分布地區、語言結構類型、特殊的語言現象，並且利用統計方法說明語言演變規律和方向，是一本比較全面探討「未來臺灣客家話的優勢語言」的專書。

（四）陳淑娟《桃園大牛欄臺閩語、客語接觸之語音變化與語言轉移》 2002

　　臺灣地區閩客語言接觸後的變化有兩種發展方向：大部分是在閩語區內的客家方言島逐漸吸收閩語語言特點後，客語語言現象慢慢消失。極少部分是客語區內的閩語方言島正在進行「競爭」、「調整」的階段，本文屬於後者類型，作者從社會語言學的角度，從一個具體的語言社群，研究臺灣語言接觸的兩個重要議題——語音變化與語言維持及轉移。大牛欄方言與臺閩語優勢音接觸的變化，對於歷史語言學研究長期語音變化的成果有相輔相成的效果。論文除了分析語音變化之外，也探討客語區內臺閩語方言的維持或轉移，分析發現大牛欄方言仍保存極具特色的漳音特點而未消失，這種現象使得該語言在臺灣社會語言的研究中，有其獨特性和重要性。

四、理論基礎

　　關於語音變化的分析，語言學家的看法不一。新語法學派認為語音變化是規律的，而且沒有例外，所有的例外是移借或類推所造成。新語法學派的兩位領袖Osthoff和Brugmann（1878）說：「每個語音變化，由於他是機械地出現的，所以都按規律發生，不允許任何例外。這就是說語音變化的方向，對於一個語言社團的所有成員總是相同的，除非出現了方言分化，所有在相同條件中帶有音變所涉及的那個語音的詞，都沒有例外的受到這種變化的影響。」（轉引自王士元，2000：51）

　　另外一派是王士元（1969）所提出的「詞彙擴散」（lexical diffusion）理論，王士元認為語音、詞彙的演變有四種邏輯上的可能性：

　　（1）語音上突變，並且詞彙上突變；

　　（2）語音上突變，而在詞彙上漸變；

（3）語音上漸變，而在詞彙上突變；

（4）語音上漸變，並且詞彙上漸變；

四種可能性當中，一個人的語音不可能在很短時間內把所有的音都做改變，因此第（1）種比較難以讓人接受。至於第（3）種可能性是新語法學派的觀點，第（2）和第（4）種可能性是詞彙擴散的假設，尤其第（2）種被認為最有可能性。因為在語音上突變，那麼個人的詞彙並不是突然一下子全部發生變化。換句話說，實際的情況是在個人的語彙中是一種從詞到詞的擴散現象。

「新語法」學派與「詞彙擴散」比較

新語法學派	詞彙擴散理論
（一）語音、詞彙的演變觀點哪些不同？	
王士元（1969）對單一發話者的語言中音變機制提出四個邏輯的可能性：1. 語音突變，詞彙突變 2. 語音突變，詞彙漸變 3. 語音漸變，詞彙突變 4. 語音漸變，詞彙漸變——折衷方案是語音詞彙都是漸變。	
3. 語音漸變，詞彙突變	2. 語音突變，詞彙漸變
（二）如何對待例外現象？	
例外是移借或類推所造成。	不完全音變所造成。
（三）對語音演變的看法	
音變無例外，不允許零星的變化。	零星的變化是一種音變，音變可以由不規律的變化（即幾個語詞）開始，最後變成規律的（即吞沒了所有的詞項）。

新語法學派的困難點來自兩方面：一個是把語言從他的社會環境中孤立出來，一個是假設語音沒有例外的逐漸變化。詞彙擴散理論認為語音演變初期，一些詞組會有雙重發音，也就是通過共時變異表現的辭彙擴散有三個階段：未變、共時變異、已變（王士元 2000：59）。

	u	v	c
W1			W̄1
W2		W2 ～ W̄2	
W3		W3 ～ W̄3	
W4	W4		
W5	W5		

「W」表示詞,「u」表示未變,「v」表示共時變異,「c」表示已變,「W1」表示這個詞的已變形式。

　　語言演變是一個不斷整合的過程,外在的層次被納入整個系統中和固有的層次融合,這是語言異質性成分的由來。我們以文白異讀現象說明:大體說來,白讀代表本方言的土語,文讀則是以本方言的音系所許可的範圍吸收某一標準語(現代的或古代的)的成分。文白形式的競爭,大致可以分為三個階段:第一階段是文弱白強,文讀形式受到嚴格的條件限制;第二階段是文白相持,勢均力敵,隨著時間的推移,老年人保留較多的白讀形式,而年輕人逐漸吸收文讀形式,加上新興語詞,表現為文讀白讀並存的現象;第三階段是文強白弱,白讀形式受到嚴格的範圍限制,最後保留在地名中(徐通鏘 1996:354-356)。

　　以客家詞彙的現象來說,今天臺灣客家詞彙往往有一到兩種以上的稱呼,何以如此?這是原有客家詞彙和外來詞彙接觸後產生競爭、調整後的現象。

國語詞彙	客家話詞彙	閩南語詞彙	備註
嬸母	阿嬸、叔尾	阿嬸	
連襟	大小姨丈、大小仙	大小仙	
警察	警察、巡查	巡查	
不好意思	歹勢	歹勢	

國語詞彙	客家話詞彙	閩南語詞彙	備註
熨斗	熨斗、vut teu	熨斗	「vut teu」是閩語音
蘿蔔	蘿蔔、菜頭	菜頭	
蘿蔔乾	蘿蔔乾、菜脯	菜脯	
紅蘿蔔	紅蘿蔔、紅菜頭、nin zin	紅菜頭、nin zin	nin zin 是日語
南瓜	金瓜、番瓜、黃瓠	金瓜	
香菜	芫荽、香菜	芫荽	
蓬萊米	蓬萊米、內地米	蓬萊米	
濫泥巴	濫餬糜、爛泥	濫餬仔糜	疑「濫餬糜」是「濫餬仔糜」的音轉詞
墳地	塚埔、墓仔埔	墓仔埔	
腳踏車	自行車、腳踏車、自轉車	骹踏車	「自轉車」是日語
錦蛇	南蛇、臭青仔	臭青仔	
四腳蛇	山狗大		「山狗大」是日語
螳螂	愛曨批波、草狗	草狗	
湯匙	湯匙、調羹	湯匙	
筷子	筷仔、箸	箸	
左撇子	左擺賴		疑「左擺賴」是「左撇子」的音譯詞
駝背	背佝佝、k'iau ku	k'iau ku	
西裝	se bi lo、西裝	se bi lo、西裝	「se bi lo」是日語
四季果	四季果、t'o k'e so		「t'o k'e so」是日語
零食	si siu、零搭	si siu	
從前	以前、頭擺	以前	
禮物	等路	等路、伴手	
廁所	廁缸、便所	便所	「便所」是日語

國語詞彙	客家話詞彙	閩南語詞彙	備註
蜘蛛	la k'ia	ti tu、la gia	疑是平埔族詞彙
吸血蟲	虷蜱		疑是平埔族詞彙
水蛭	湖蚑	湖蚑	疑是平埔族詞彙

客家詞彙的「異質性」很普遍，原因在於方言接觸（dialect contact）關係。

方言接觸是不同的方言互相接觸、影響、滲透的現象。其原因可以分為兩大類：一是移民，也就是甲地人遷徙到乙地後造成兩種方言的接觸；二是非移民的社會文化原因，例如：強勢方言影響弱勢方言，或者甲地的新名詞輸入乙地（游汝杰 1992：134）。臺灣客家人遷臺後的時空背景，正好可以說明客家詞彙特色的形成原因。我們知道客家人因為戰爭破壞，生計困難，以及土客械鬥種種關係，由華北、華中而華南遷徙，把中原語音帶到南方後接觸百越語，復因文化交流、語言融合產生「你泥中有我，我泥中有你」的現象。至於客家人渡海來臺後，由於特殊時空背景影響而成為弱勢語言，客家人為了生計，為了溝通方便，只有向強勢語靠攏，這是異質性逐漸增加的主因。

五、臺灣客家話形成的歷史背景

「臺灣」位於亞洲大陸東岸和太平洋邊緣西邊的位置，是形成受國際矚目的重要原因。在漢人未到達這裡以前，原住民（馬來－波里尼西亞人）就已經居住在這裡，甚至「臺灣」一詞也是從臺南西拉雅平埔族而來。[1] 至於中國歷史文獻關於「臺灣」的記載也是零星紀錄，而且名稱各異，例如：三國黃龍 2 年（230 年）《三國志·吳書》的〈孫權傳〉提到的「夷州」很可能就是指臺灣；

---

1 引文來自江運貴 1996：227。

隋代大業元年（605年）《隋書》〈東夷列傳〉的「流求國傳」中所提到的流
求也可能是指臺灣，但也有人持不同意見，認為可能是指今天的琉球（沖繩）。
隋代大業3年（607年），隋煬帝派朱寬招撫流求；隋代大業6年（610年），
隋煬帝派陳稜、張鎮州攻打流求；元至正29年（1292年），元世祖派楊祥征
討流求。可知在一千七百多年前臺灣就已經出現在中國歷史當中了，只是並未
引起注意，真正引起世人矚目是晚到16世紀的事。16世紀中葉一艘葡萄牙船
在中國東南海上行駛，經過臺灣海峽時，船員們在甲板上望見臺灣島上林木翁
鬱，蒼翠碧綠，不禁歡呼：「Ilha Formosa，Ilha Formosa」，意思是「美麗之
島」。從那時起西方人東來，包含中國在內的各種勢力相繼介入，形塑了這個
島嶼的命運，將它推上世界舞台。臺灣成為漢人移民的地區，肇因於荷蘭東印
度公司獎勵漢人前來居住，從事稻米和蔗糖的種植。荷蘭人在1602年成立「荷
蘭東印度公司」，為了與中國貿易而占領臺灣。1624年荷蘭人入侵，原始社
會的臺灣被拉入世界體系，至1662年鄭成功驅逐荷蘭人，荷蘭東印度公司統
轄臺灣前後共39年。期間西班牙人於1626年占領臺灣北部淡水、基隆一帶，
但是在1642年被荷蘭人驅逐。西班牙人也在北部留下痕跡，如「三貂角」是
西班牙人艦隊最初停泊的海灣，其名稱是來自於西班牙文Santiago（聖地牙哥）
的漢譯音；花蓮在康熙年間稱作「哆囉滿」，是西班牙語Turumoan的譯音；
至於「富貴角」是荷蘭語De Hoek Van Camatiao中的Heok（意指「岬」）的
漢譯音。

　　以下我們把臺灣歷史的開發大致分為荷蘭時期（含西班牙時期）、明鄭時
期、漢人與平埔的互動時期、日據時代、推行國語運動時期、國語閩南語並行
期介紹。

（一）荷蘭時期（1624-1662），包含西班牙據臺的十七年（1626-1642）

　　荷蘭人登陸臺灣時，客家人口有限，直到17世紀種種因素，才有大批客

家移民到達臺灣。例如：福建、廣東原鄉人口過多，生活壓力日漸增加；其次，荷蘭官員以提供生產工具或金銀作為開墾荒地的獎勵，於是客家人如潮水般湧入臺灣。荷蘭人治理臺灣別具用心，不僅引進教育、農耕技術與器具，還積極鼓勵島上的福建人、客家人、原住民、荷蘭人通婚，這是荷蘭人主導的第一次臺灣社會和農業革命。17 世紀初期，荷蘭人、西班牙人、葡萄牙人都企圖在臺灣建立貿易勢力和政治權利，如西元 1626 年西班牙艦隊登陸基隆，並占據臺灣北部盆地一帶，直到 1642 年為荷蘭人所驅逐。

　　荷蘭人是第一個在臺灣立足的歐洲勢力，也是第一個控制臺灣海島的主權國家。在荷蘭人殖民臺灣將近 40 年的歲月裡，深深影響臺灣日後的發展。例如：引進基督教，改變原住民的信仰；設立學校，教導原住民。臺灣原住民在荷蘭政策影響下，學會了使用拉丁文練習拼寫自己的語言。黃叔璥《臺海史槎錄》說：「習紅毛字曰教冊，用鵝毛管削尖，注墨汁於筒，湛而橫書，自左而右，登記符檄、錢穀數目。暇則將鵝管插於頭上，或貯腰間。」《諸羅縣志》也有相同的記載：「習紅毛字，橫書為行，自左而右，字與古蝸篆相彷彿。能書者，令掌官習符檄，課役數目，謂之教冊仔。」[2] 此外，使用數學和幾何學的技術完成臺灣的土地測量和地圖製作。

　　關於荷蘭人據臺歷史有不同看法，有人認為荷蘭時代的分期並不符合實際歷史，因為荷蘭東印度公司統轄的地方以臺灣南部為主，對於中部、北部，以及中央山脈以東的花東地區原住民而言，卻是鞭長莫及。只是在三貂角、花蓮港、富貴角留下地名而已，其生活與臺灣並未發生密切關係。雖然如此，我們仍不能抹煞荷蘭人的相關建樹，畢竟有他們開創性的措施，臺灣才能在既有基礎上茁壯發展，這是無庸置疑的。至於所謂的「紅毛港」、「紅毛番」、「紅

---

2 兩則引文轉引自楊彥杰 2000：117。

毛泥」等名詞，我們懷疑所有「紅毛」的前綴詞，都與荷蘭人、西班牙人的外貌有關，固然荷蘭時期的文獻不夠充足，卻是「明鄭時期」的前奏曲。

（二）明鄭時期（1662-1683）

鄭成功驅逐荷蘭人並據臺以後，除了帶來大批閩籍軍隊以外，還以每人給付金三兩和一條耕牛的優渥條件，獎勵大陸人民來臺開墾。由於臺灣土地肥沃，一年有兩次稻作收成，因而吸引閩粵兩省移民等大批的漢人進入，進而改變長期原始生活方式，這是很重要的關鍵期。但是明鄭滅亡後，清廷於康熙23 年（1684）頒布渡臺禁令：[3] 流寓臺灣之無妻室產業者，逐會過水，交原籍管束。

1. 流寓臺灣之有妻室產業者，移知原籍申報臺灣道稽查，不許招致家眷。
2. 流寓臺灣犯罪者，不論妻室產業之有無，均押回原籍治罪，不許再行越渡。
3. 大陸人民渡臺，須領照單，經分巡臺廈兵備道稽查，再得臺灣海防同知驗可，始許放行。
4. 大陸人民渡臺，不許攜家帶眷。
5. 粵省是海盜之窩巢，嚴禁粵籍人民渡臺。

雖然渡臺禁令嚴苛，但是清廷並非不知這些條文引起的社會問題，因此常有官員上書要求鬆弛這些嚴格規定，所以才會有渡臺法令時鬆時緊的情形。從康熙23 年（1684）到乾隆55 年（1790）的106 年期間，渡臺法令有五禁四弛：

1. 康熙23 年（1684）－康熙57 年（1718）計34 年為輕禁期。
2. 康熙57 年（1718）－雍正10 年（1732）計14 年為嚴禁期。

---

3 資料轉引自國立歷史博物館臺閩文物工作小組編輯，《臺閩族譜暨家傳文物特展圖錄》，1998，國立歷史博物館，頁21-22。

3. 雍正 10 年（1732）－乾隆 5 年（1740）計 8 年為第一次鬆弛期。

4. 乾隆 5 年（1740）－乾隆 11 年（1746）計 6 年為第二次嚴禁期。

5. 乾隆 11 年（1746）－乾隆 13 年（1748）計 2 年為第二次鬆弛期。

6. 乾隆 13 年（1748）－乾隆 25 年（1760）計 12 年為第三次嚴禁期。

7. 乾隆 25 年（1760）－乾隆 26 年（1761）計 1 年為第三次鬆弛期。

8. 乾隆 26 年（1761）－乾隆 55 年（1790）計 29 年為第四次嚴禁期。

9. 乾隆 55 年（1790）以後為第四次鬆弛期。

　　法令條文鬆嚴不一，但是閩人仍然繼續渡海來臺。康熙末年閩人已據有臺灣一半之地了，可見渡海的盛況。清朝的渡臺禁令固然一時之間阻斷了粵省人士來臺，但是仍有少數走私管道進入者。直到解禁後，粵籍客族才大量來臺，但是就數量言，已大大落後於閩籍人數了。

　　臺灣漢人的移民主要來自閩、粵兩省，此時期的移墾路線已經由臺南而至高雄、嘉義一帶。康熙年間往南到屏東部分地區，往北則到達雲林、嘉義、彰化、部分臺中一帶；雍正時期往南到達高雄、臺南山區，往北則是到達桃、竹、苗、臺北、基隆沿海一帶；乾隆時期就上述地區逐漸往內陸，或者山區開發。至於清代臺灣漢人的漳泉客人口比例，可以說因時而異。乾隆末年（18 世紀結束以前）「按全臺大勢，漳、泉之民居十分之六七，廣民在三四之間。以南北論，則北淡水、南鳳山多廣民，諸、漳二邑多閩戶；以內外論，則近海屬漳、泉之土著，近山多廣東之客莊。」

　　根據日據時代的調查資料，泉州人主要分布於西部沿海平原與臺北盆地；漳州人集中於西部內陸平原、北部丘陵與蘭陽平原一帶；客家人聚居於西部的北側與南側的丘陵、台地或近山的平原地帶。這種分布一般人都解釋為移民先後的關係，也就是先到者占領生活條件較好的地區，後到者只有往內陸，甚至山區與原住民搶奪土地了。但是根據施添福的研究，漳、泉客民之所以

居住不同地區與原鄉的生活方式有密切關係，也就是說泉州人靠海維生，所以渡臺後自然選擇濱海地區居住；漳州地區以農業為主，自然選擇內陸平原；客家原鄉是山地鄉，所以選擇與故鄉類似的地理環境從事山區農耕（周婉窈 2003：67-69）。

其次，臺灣各地區的開發未必是由鄭氏登陸的臺灣為起點，然後由南而中而北而東。移民路線主要根據人文和地理條件選擇的結果，也就是說移民條件好的地區，當然是遷徙者最大考量點。例如：水源是否充沛？交通是否方便？耕作條件如何？是否可以作為永續經營地區？安全性如何？這些都是考量因素（尹章義 1989：11）。所以臺灣各地開發地區先後不一，沒有先西部後東部，或者先沿海後內陸的必然性。

（三）漢番的互動（明末清初開始到日治時期）

我們所謂的「番」是指「平埔番」，而「平埔番」（peipo）在咸豐 2 年（1852年）陳淑均等人所編纂的《葛瑪蘭廳志》記載：「在近港者，原聚平地，以耕種漁獵，故蘭之化番，或謂之平埔番，以其皆處於平地也。」可知平埔番原住在近溪流地方，過著耕種的生活。所以平埔番是「平地的番人」意思，是熟番一支，介於生番地界與漢族地界之間的族群。

不論是與番地毗鄰而居的客家人，或者居住平原地區的閩籍人，生活日久後必然會有交流。漢番因文化的隔閡，起初彼此陌生少有往來，等到接觸日漸增加後，受文化進步的漢人影響，改善了番人的生活，但也有想盡辦法掠奪文化落後的平埔番土地之漢人。葛瑪蘭廳通判柯培元的「熟蕃歌」把漢人欺善怕惡的面目描寫得淋漓盡致，尤其把平埔番辛勤耕作後的現成山田強占己有，之後卻又不事生產，終至懊悔，豈不欺人太甚！至於彼此語言畢竟系屬不同，差異太大，還是有難以溝通地方，只有比手畫腳表達意思了。

人畏生番猛如虎，人欺熟番賤如土，

強者畏之弱者欺，無乃人心太不古！

熟番歸化勤躬耕，山田一甲唐人爭，

唐人爭去餓且死，翻悔不如從前生！

竊聞城中有父母，走向城中崩厥首，

啁啾鳥語無人通，言不分明畫以手，

訴未終，官若聾，竊視堂上有怒容，

堂上怒，呼杖具，杖畢垂頭聽官諭。

嗟爾番，汝何言？爾與唐人吾子孫，

讓耕讓畔明弗遵？吁嗟乎！

生番殺人漢人誘，熟番翻被唐人醜？

為父母者慮其後！

　　漢番互動的結果是平埔族人漢化了，但是漢人血液中也從此流著平埔族人的血液。清朝統治臺灣早期禁止攜眷，男多女少的結果，很難找到漢人女子結婚。俗語說：「有唐山公，無唐山嬤」，指的就是早期移民社會許多男子漢人娶平埔族女子為妻的現象。文化交流結果，非使用漢字的平埔族語詞進入客家語言領域，這是今天客家話許多語詞有音無字原因之一。而這些找不到對應字的語詞，我們追本溯源在廣東、福建地區時就已經如此，再經由移民遷徙帶到臺灣來的，例如：穿山甲、蚯蚓、臭蟲、寮、絲瓜、蜘蛛、青蛙等等。[4]

---

4 請參閱呂嵩雁，2003，〈移民與福建客語形成初探〉一文，這些動物似乎跟南方溼熱氣候有關，不適合生長在北方寒冷地帶，所以應該是吸收自嶺南一帶百越族的詞彙。

（四）日治時代（1895-1945）

西元 1895 年甲午之戰清廷戰敗，簽訂馬關條約，臺灣割讓日本。

臺灣在日本統治下引進了各種制度和先進技術，例如：交通建設、水利灌溉，以及政治議會、教育制度，甚至放足斷髮、易服運動等等，對臺灣的影響可以說既深且廣。日本統治臺灣 50 年，當時的臺灣人以年齡層來說大約可以分為三代人，就教育角度來看：老一代人早已習慣使用漢語，未必能接受或者吸收新語言，日語的影響有限。新生代人接受新式教育，還保有老一代人的舊文化觀念，對臺灣漢文化的認同還是很強烈。即使能接受日語，可能影響也僅止於少部分，或許可以說日語開始逐漸進入漢語體系。至於戰爭世代的人，他們的青少年期正好是二次大戰期間，已經接受日本小學教育，日本語言文化已經深植腦海。

我們翻閱日治時代的小學教育，發現內容充滿強權殖民觀念，這裡只有日本的歷史、文化，而沒有臺灣的歷史介紹，臺灣人所學習的國家認同是日本國家的形象。日本人在 1936 年底到戰敗投降前推行皇民化運動，所謂「皇民化運動」就是改造臺灣人成為「天皇子民」，也就是要變成真正的日本人，進而忘記自己的漢人身分。日本政府強迫臺灣人民在生活方式上放棄，並且禁止漢民族固有的傳統文化語言，獎勵使用日語，改用日式姓名，衣食住娛樂完全日化。於是日語進入漢語體系。等到第二次世界大戰結束，日本退出臺灣，日語跟著退出臺灣地區，今天老年期以上的人使用一口流利日語就是當時打下的基礎。由於日本的建設與統治，在日常生活中留下一些詞彙，例如：「玉井」、「民雄」、「竹田」、「岡山」、「壽豐」、「豐田」、「橫山」、「高樹」等地名；「羅賴把」、「天婦羅」、「沙西米」、「哇沙米」、「寒多魯」、「萬年筆」、「歐多百」、「運轉手」等詞彙。

（五）推行國語時期（1935-197？）

　　大陸幅員廣闊，方言繁多，溝通不便不在話下。有鑑於此，早在民國 8 年教育部就成立「國語統一籌備會」專責國音研究以及擴大推行國語運動。國民政府來臺後，於民國 37 年成立臺灣省各縣市國語推行委員會，全面型的國語推行運動得以展開，期間有各種加強推行措施。例如：民國 52 年的加強師範生國語文能力研討會，以及教材編輯與國語文比賽。各種國語文活動如火如荼進行，成效是有目共睹。雖然如此，教育部仍然在民國 70 年為加強國語文教育而建議「教育部應擬定一套推行國語教育計畫，嚴飭各級有關單位徹底推行，期能於預定數年內達成國語普及使用的理想」。推展國語似乎成了全民運動，其結果是國語普及，通暢無阻，但也間接造成方言的萎縮。

　　國語變成強勢語，主宰所有視聽媒體，閩客語變成弱勢語，只有聊備一格而已。當強勢語像輻射線一樣往四周擴張時，週遭的方言一經接觸只有向強勢語靠攏進而吸收「異質成分」。於是「吞忍」被「忍耐」取代、「定著」被「一定」取代、「頭路」被「職業」取代、「飯增」被「飯桶」取代、「擔竿」被「扁擔」取代、「埤塘」被「池塘」取代。尤其是新名詞的出現以及成語使用更是國語詞彙天下，客家人只有音譯一途了，例如：馬兜鈴酸、寶特瓶、牌照稅、隨身聽、捷運、焚化爐、黨政協商、明哲保身、相貌堂堂、氣勢如虹、順我者昌，逆我者亡。

（六）閩語抬頭期

　　閱讀臺灣近代史，每當閩客族群接觸後，客家人就會處於弱勢，這是特殊時空背景下的諸多因素造成。例如：唐山過臺灣，客家人數僅有閩籍人數的六分之一。明鄭時期閩人得已搶得先機居住精華地段，客家人則是選擇與原鄉類似的地理環境進行開墾，經濟實力懸殊，間接影響民族自我認同意識。現代閩籍民意代表勢力壯盛，相對於政治冷感，安於現狀的客家人形成強烈對比，這

是政治實力懸殊下的結果。於是閩客通婚後，仍然使用閩南語溝通；閩南語節目跟國語節目並駕齊驅，客語發音節目只是點綴性質而已。客家方言在無形中自我矮化，逐漸向強勢閩南語「學習」、「吸收」，例如：歹勢、菜頭、紅菜頭、菜脯、ts'in53 ts'ai53（隨便）、si53 siu44 a53（零食）、湯匙、k'iau53 ku53（駝背）、大小仙（連襟）、阿嬸（叔母）。

　　唐山渡臺後與土番互動逐漸密切，形成密切的網絡。但是漢番互動必須先釐清兩個問題：一是漢人祖籍的分析，二是互動後的影響力。根據日本人於昭和元年（1926年）針對臺灣漢人祖籍的調查，漢移民98%以上來自閩、粵兩省，如果再細分可得下表：

45%：來自泉州	35%：來自漳州
1%：來自汀州	2%：來自福建省福州、永春、龍巖、興化。
15.5%：來自廣東省嘉應州、惠州、潮州三府。	

可以說泉州、漳州是臺灣地區開發的兩大集團，客家籍漢人成為相對的少數。在漢番關係演變中，著眼點在於利害的衝突。尹章義分成三個基本類型（1989：13）：

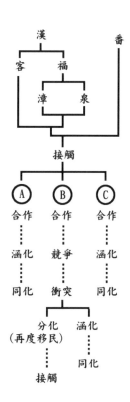

　　開發初期需要大量的勞力以及技術，所以漢番和平共處，合作開發。因此多半呈現 A 型狀況，等到地區開發殆盡以後 B 型逐漸出現。

　　「涵化」是指不同文化群體中的個體，由於不斷接觸而導致各族原來的文化模式產生變遷的現象。「同化」是其中一種的文化模式產生變遷的現象，套用在清代的漢番關係：涵化指番人漢化，而漢人也多多少少番化的現象。對於福佬、客家而言，則是彼此遷就、妥協而言。同化在漢番關係而言，是指番人受強勢漢文化影響而產生漢化的現象，就福佬客家而言，則是客家人福佬化成為「福佬客」，或者福佬人客家化成為「客福佬」。就臺灣各族群、語群整合過程而言，涵化是同化的轉型期、過渡現象，強勢的漢文化加上政治的優勢，使得同化成為終極狀態。

　　「分化」指各族群或語群之一，爲避免激烈衝突而離開現住地的現象。分化活動可分為先住民遷徙和漢移民再移殖兩種類型。先住民因遷徙而擴大生存空間，多半的社群或族群原有「遷社」的習俗，原意是追求更好的生活環境。例如：荷蘭人到達臺灣後，首先受到衝擊的是住在臺南安平附近的赤崁、麻豆、歐汪、大目降等社，於是這些先住民遷往今天臺南的東山、白河、左鎮，和高雄的甲仙、杉林等地。至於漢移民東渡臺灣也是爲追求更好的生存環境，居住一地一段時間後感覺生存條件變差了，就會興起再遷徙的念頭。例如：客家人遷往花東一帶的「二次移民」活動，是西部的生活條件無法達到基本要求，於是在聽說東臺灣急需人口而加入開墾行列後，就有一大批客家人再度遷徙移民了。

六、客家語言接觸現象及演變方式

（一）客語、閩南語的語言接觸

閩客語接觸後，客家人學習閩南語方式有語音借用與詞彙借用兩種。語音借用方式又可分為四種，下以新竹海陸客語舉例說明。

1. 語音方面

直接借用閩語的聲母、韻母、聲調，或者轉成客語的音韻發音。一共有「A」、「B」、「C」、「D」四種類型：

詞例	本義及引申義	現象說明	借用方式	音韻條件
公「家」	大家共有、資源共享	$ka^{55} \rightarrow ke^{55}$	B	假開二麻見
鼻「流」鼻串	形容鼻涕流不停	$liu^{55} \rightarrow lau^{55}$	B	流開三尤來
「家」「婆」	本指家裡的總管者，引申為愛管閒事者	ka^{53} $p'o^{55} \rightarrow ke^{55}$ po^{55}	A－D	假開二麻見 果合一戈並
「口」水	讓水流下去	$口 \rightarrow lau^{22}$	A	
「傷重」	形容很嚴重的事情	son^{53} $ts'un^{11} \rightarrow sion^{53}$ $tion^{11}$	B－C	宕開三陽書 通合三腫澄
「垃圾」		lep^{32} $sep^{32} \rightarrow la^{11}$ sap^{55}	B－B	
「口」傷	碰撞受傷	$k'ok^{32}$ $song^{53} \rightarrow$ $k'o^{22}$ $song^{53}$	A	
「欣」賞		$hiun^{53} \rightarrow him^{53}$	B	臻開三殷曉
「肺」部		$fui^{11} \rightarrow hi^{11}$	C	蟹合三廢奉
「暈」車		$fun^{55} \rightarrow hin^{55}$	C	臻合三問云

詞例	本義及引申義	現象說明	借用方式	音韻條件
「貼」膏藥		t'iap^{55}→tap^{55}	C	咸開四帖透
緣「投」	本指有人緣，引申為英俊瀟灑	ʒien^{55} t'eu^{55}→ʒien^{55} tau^{55}	C	流開一侯定
「博」士		pok^{55}→p'ok^{55}	D	宕開一鐸幫
「頭」林毛	可能是漢語跟非漢語的合璧詞	t'eu^{55}→t'io^{55}	B	流開一侯定
感「覺」		kok^{55}→kak^{55}	B	江開二覺見
「暫」時		ts'am^{11}→ts'iam^{11}	B	咸開一闞從
三「棧」		ts'an^{11}→tsan^{11}	D	山開二諫崇
上「岐」		k'i^{55}→kia^{55}	B	
「蹲」便所		k'u^{11}→k'u^{11}	B	
一「粒」		lip^{32}→liap^{32}	D	

聲韻調統計

A ± ＋ ＋ 3
B ± ＋ ± 9
C ＋ ＋ ± 5
D ＋ ± ± 3
合計   20

說明：

甲、「±」表示閩客語相同的音韻讀法，「＋」表示閩南語的音韻發音。

乙、就借用方式而言以「B」式最多，依次是「C」式與「A」式、「D」式。

丙、「B」式是改變韻母而已，其餘聲母、聲調閩客語相同，因而接受度最高。至於「D」式只是改變聲母而已，其餘韻母、聲調閩客語都相同，為何例字不多，應該跟蒐集語料不夠普遍有關。

丁、上述例字在客家話都有正確的讀音，但是為何放棄不用轉而借用閩南語的發音？是否自信心不足？抑或已經傳承數代而習焉不察？仍待解釋。

戊、上述例字在客家話不多，就個別音韻條件來看，《廣韻》十六攝幾乎很平均分配在其中十攝，而且各攝僅有一到三例現象，並未形成足以改變整個韻攝的地步。

2. 詞彙方面

客家人為了生存、溝通需要以及做生意考量，不得不學習閩南語詞彙。其學習方式是直接音譯閩語音。以下詞彙的箭頭左邊是客家詞彙，箭頭右邊是閩語詞彙，同時也是客家地區通行的客家閩南詞彙。

蘿蔔→菜頭、紅蘿蔔→紅菜頭、蘿蔔乾→菜脯、電扇→電風、電火→電球、不好意思→歹勢、肩胛→飯匙骨、發病→破病、（疲累）k'ioi → t'iam、肚飢→肚枵 iau、腎臟→ ieu、稀飯→糜、浪費→打爽、休息→歇睏、落肥→ ia 肥、吊菜仔→茄仔、香菜→芫荽、快菜→韭菜、南蛇→臭青仔、眠帳→蚊帳、筷子→箸、飯甑→飯桶、調羹仔→湯匙、背佝佝→ k'iau 佝、零搭→ si siu、下定→落定、pok 煙→食煙、單身哥→羅漢腳、架式→派頭、師傅娘→頭家娘、師傅→頭家、做買賣→做生理、唔成猴→漏氣、銀角仔→零星仔、k'ian（生氣）→受氣、打穀機→機器桶、山洞→埲空、瀑布→水沖、大小丈→大小仙、叔娌→阿嬸、繼父爺→後叔、（頭皮屑）→頭波、發合（氣喘）→ he ku（哮龜）、噴雞頦→膨風、頦在→加在、（忍受不了）擋唔 tiau、（好爛）恁 lam、（心臟七上八下）p'it p'ok 跳、食老來「討趁」t'o t'an、納意→甲意。

（二）客語、日語的語言接觸現象

日語本身有很多外來語，而臺灣客家人在吸收日語後，自然也吸收這些外來成分。由於日語是有別於漢字的拼音系統，所以客家話吸收日語是直接音轉方式，也就是直接用日語發音。其次就使用層面來看也是限在部分詞類當中，影響力有限，例如：

計程車－TAKUSY（TAXI）、打火機－LAITA（LIGHTER）、榻榻米－TADAMI、生魚片－SASHIMI、芥末－WASABI、壽司－SUSHI、猜拳－ZYANKEN、番茄－TOMATO、蘋果－LINGO、玩具－OMOCYA、牛蒡－

GOBOU、紅蘿蔔－NINZIN、麵包－PANG、餅乾－BISUGEDO、霍亂－KORELA、瘧疾－MALALIA、混血兒－AINOKO。

　　衣服類的詞彙：拉鍊－CYAKU、領帶－NECKTIE、汗衫－NANNIGU、襯衫－WAISHASU、外套－O-BA、西裝－SEPIRO、女孩套裝－WON-PISU（ONE　PIECE）、夾克－ZYAN-BA、胸罩－BURAZYA、拖鞋－SURIBA、涼鞋－SANDARU、衣櫥－TANCE。

　　工業產品的詞彙：馬達－MOTOR、麥克風－MAIKU、貨車－TRUCK、收音機－RADIO、錄音機－RECORDER、錄音帶－TAPE、音響喇叭－SPEAKER、照相機－CAMERA、底片－FILM、一般行程表－KO-SU（CAUSE）。[5]

（三）客語、國語的語言接觸現象及演變

　　客家話跟國語接觸結果，顯然強弱立辨，弱勢方言為了生存需要以及溝通方便，必然向強勢方言學習。其結果，客家語言逐漸產生變化，原本保持中古音韻特色不是產生不規則的變化就是消失殆盡。詞彙方面更是明顯，講客家話時使用國語式詞彙思考，那麼脫口而出的也就變成國語式的客家詞彙了。以下就自己教學以及參加評審所發現的詞例、語音，再參考張美煜的舉例來觀察客語的演變現象。[6]

---

5 這些資料蒐集自客家網路。
6 張美煜，〈我看客家電視頻道：略論電視客語的若干問題〉，《客語雜誌》，160 期。

1. 發音部位及方法方面

（1）入聲的發音問題

A. 入聲發音錯誤

	字詞	正確發音	錯誤發音		字詞	正確發音	錯誤發音
1	風「俗」	siuk	su	11	「習」慣	sip	si
2	「業」者	ŋiap	ŋiet	12	「益智」	it tsii	i tsi
3	劃「撥」	pat	po	13	「作物」	tsok vut	tso vu
4	「越」低	iet	ie	14	「役男」	it nam	i nan
5	「復育」	fuk iuk	fu i	15	山「谷」	kuk	ku
6	分「析」	sit	si	16	公「尺」	ts'ak	ts'ii
7	「剝奪」	pok t'ot	po to	17	「設」計	sat	sa
8	「入」來	ŋip	ŋit	18	記「憶」	it	i
9	戲「劇」	k'iak	ki	19	親「密」	met	mit
10	物「質」	tsiit	tsiip	20	衝「突」	t'ut	t'uk

B. 入聲演變為喉塞音

這種現象大多出現在青少年身上，例如：練「習」sip → siʔ、「十」號 siip → siiʔ、「著」傷 ts'ok → ts'oʔ、腳「踏」車 t'ap → t'aʔ、「輒」常 tsiap → tsiaʔ、商「業」ŋiap → ŋiaʔ、其「實」siit → siiʔ、光「碟」t'iap → t'iaʔ、「落」實 lok → loʔ、三「合」院 hap → haʔ。

（2）雙唇鼻音尾讀作舌尖鼻音韻尾或者舌根鼻音韻尾：這種現象也大多出現在青少年身上，以及少數青年人。例如：

	字詞	正確發音	錯誤發音		字詞	正確發音	錯誤發音
1	「心」肝	sim	sin	12	聲「音」	im	in
2	新「衫」	sam	sang	13	評「審」	siim	sin
3	「藍衫」	lam sam	laŋ saŋ	14	第「三」	sam	san
4	「臨」時	lim	lin	15	責「任」	im	in
5	「南」洋	nam	nan	16	「禁」止	kim	kin
6	人「參」	sem	sen	17	鋼「琴」	k'im	k'in
7	「漸漸」	ts'iam	tsien	18	「閃」開	sam	san
8	「擔」當	tam	tan	19	試「探」	t'am	t'an
9	「針」綫	tsiim	tsiin	20	「侵」害	ts'im	ts'in
10	「檢」查	kiam	kien	21	「喊」我	ham	haŋ
11	加油「站」	ts'am	tsan				

（3）國語同音而客語不同音的字容易混淆

　　國語同音而客語不同音，係現代音和中古音韻條件不同。客語保存中古音韻，但是近代音以來音韻演變從合不從分，於是《中原音韻》有 19 韻、《洪武正韻》有 22 韻、《五方元音》有 12 韻，中古音與近代音的差別在於塞音韻尾逐漸消失，三種鼻音韻尾也慢慢變成兩種，語音系統越來越簡化，是容易混淆的原因。而這種現象大多出現在青少年以及青年人身上。例如：道到 t'o/to、辦扮 p'an/pan、代待帶 t'oi/t'ai/tai、暑署 ts'u/su、代待 t'oi/t'ai、造灶 ts'o/tso、凍動 tuŋ/t'uŋ、直質 ts'iit/tsiit、常長 soŋ/ts'oŋ、成陳 siin/ts'iin、享想 hioŋ/sioŋ、向象 hioŋ/sioŋ、休修 hiu/siu、關觀 kuan/kon、十食 siip/siit、、產剷 san/ts'an、集籍 sip/sit、谷鼓 kuk/ku、節结捷竭劫 tsiet/kiet/ts'aip/k'iet/kiap、件見 k'ien/kien、性姓幸 sin/siaŋ/hen、欣歆馨新 hiun/him/hin/sin、句具聚 ki/k'i/ts'i、設社 sat/sa、迎贏 ŋiaŋ/iaŋ、意義益 i/ŋi/it、元圓 ŋien/ien、燕雁驗 ien/ŋien/ŋiam。腳角 kiok/kok、意義 i/ŋi、慣罐 kuan/kon、匡框 k'oŋ/k'ioŋ、濟記 tsi/ki、畫劃 fa/vak。

（4）全濁清化後送氣成分消失

進「步」p'u → pu，「造」反 ts'o → tso，宣「導」t'o → to，「地」球 t'i → ti，心「臟」ts'oŋ → tsoŋ，「就」係 ts'iu → tsiu、「距」離 k'i → ki、「競」賽 k'in soi → kin sai、動 t'uŋ → tuŋ、交「待」t'ai → tai。

（5）一般容易誤讀字

「購」買應讀 keu 誤讀為 ko，家「具」應讀 k'i，卻讀作 ki，接「觸」應讀 ts'iuk，卻讀作 ts'uk，唯「勤」是岸應讀 k'iun，卻讀作 k'in、公「共」應讀 k'iuŋ，卻讀作 k'uŋ。

2. 用詞不當方面

客語原有詞彙不用卻使用國語式的詞彙，這是客家詞彙逐漸萎縮的現象，值得重視。例如：「定著」說成「一定」；「做得」說成「能夠」；「時節」說成「時候」；「自家」說成「自己」；「粄圓」說成「湯圓」；「番蒜」說成「芒果」；「番薯葉」說成「地瓜葉」；「剃頭店」說成「理髮廳」；「釣檳」說成「釣竿」；「一晝邊」說成「半日」；「疑狐」說成「懷疑」；「缺虧」說成「虧待」；「枋模」說成「模板」。

以上現象大多出現在青少年以及青年身上，中年以上年齡層比較沒有這些發音問題。這反應出國語教育的普及化很成功，因為年輕人的說話思考已經是國語式的模式。一個是現代音，一個是中古音，對比之下可以明白演變走向：

（1）入聲字不是弱化為喉塞音，就是弱化至極而丟失塞音韻尾。帶有塞音韻尾字，逐漸變成開尾韻的字。其次，以發音部位收尾來看塞音消失情形：-p 有 2 字例，-t 有 8 字例，-k 有 8 字例。而以入聲演變為喉塞音來看：-p 有 5 字例，-k 有 1 字例，-t 沒有字例。這說明今天的雙唇塞音正處於喉塞音的過渡期，舌尖和舌根塞音韻尾則已經到達消失期了。

（2）雙唇鼻音韻尾逐漸演變為舌尖鼻音韻尾，其中咸攝有 8 字例，深攝
　　有 6 字例，分配很平均。這說明咸深二攝逐漸向山攝，臻攝靠攏，
　　而且走向跟國語近似。

（3）濁音清化後，客家話原本「不論平仄，一律送氣」規則，受國語「平
　　聲送氣，仄聲不送氣」規則影響，改變為部分仄聲字跟著不送氣。

　　總之，客家音韻逐漸向國語音韻靠攏，我們或可稱這些語詞為「國語式的
客家話」。

（四）客家話跟客家話的接觸及演變方向

　　客家話跟國語、閩南語，甚至英語都會產生「學習」的心態，這是大環境
造成，無可抗拒的力量。至於客家次方言之間同樣有「學習」的趨向，這也是
相同心理。大致來說，母語是海陸腔、詔安腔、永定腔、饒平腔的客家人除了
會講自己母語以外，還能使用一種以上的其他腔調客語。但是以四縣腔為母語
的人，對於四縣腔以外的客語次方言腔調就比較生疏了。主要原因在於四縣客
語是臺灣客語的主流，只要能講四縣客語，到哪個客家莊都能溝通無礙。在這
種前提下，客家語言的接觸問題產生，進而有「四海話」腔調的新名詞。

1.「四海話」的定義

　　所謂「四海話」是指四縣客語和海陸客語的混合語，是語言接觸的產物。
兩種方言接觸時一般是起初還能維持雙方通行區域，能夠保持各自的音韻特
點。但是當人民互動頻繁，交流密切時候，兩種方言自然就會接觸，這時的演
變情況跟主流非主流有關。換句話說，主流語言主宰時空環境，逼迫非主流語
言向他靠攏，於是非主流語言自己的音韻會或多或少遷就主流語言。其結果，
非主流語言產生不等的音韻演變，而不同於原來面貌；至於主流語言大致是維
持原貌；但也吸收部分非主流語言的音韻現象，這是「四海話」產生的原因。

　　根據田野調查：「四海話」發生在宜花東地區，桃園縣楊梅鎮、平鎮市，

新竹縣關西鎮、峨嵋鄉，苗栗縣南庄鄉、頭份鎮等地。絕大部分的現象是：以四縣客語為母語的人，語音極少產生變化，只有少數幾個韻母受到海陸客語影響而產生演變。例如：峨嵋鄉。至於以海陸客語為母語的人，則很容易產生「四海話」現象，顯然這是弱勢語向強勢語靠攏的結果。

　　四海話產生於臺灣地區，而且是民國40年代才有的特殊音韻。在閩粵原鄉地區不論是百多年前，進展到70多年前，甚至到臺灣地區日據時期都沒有四海話現象發生。如果據此推論，可以說前述時期的客家人生活區域都以自己原鄉區域為主，很少交流往來，以下語料可以獲得梗概。

書名作者 年代 詞彙	《客語 陸豐方言》 1897	《客英大辭典》 1926	橋本萬太郎 《客家基礎語彙 集》日據時期	楊時逢 《臺灣桃園客家方言》 1953
辣椒	lat˯ ˍtsiau	lat˯ ˍtsiau	lat˯ ˍtsjiau	lat˯ ˍtsiau（tseu）
手錶	ˊsju ˋpiau	ˊshiu ˋpiau	ˊsu ˋpiau	ˊʃu ˋpiau（peu）
紙燒	ˊtjii ˍsjau	ˊtshi ˍshau/ˍsheu	ˊtsz ˍseu	ˊtʃii ˍʃau（seu）
濕	sjip˯	ship˯	szp˯	ʃiip˯
討食	ˊt'o sjit˯	ˊt'o chit˯	ˊt'ɔ szt˯	ˊt'o ʃiit˯
深	ˍtj'em	ˍchhim		ˍtʃ'em
屎缸	ˊsji ˍkoŋ	ˊshi ˍkoŋ	ˊsz ˍkoŋ	ˊʃii ˍkoŋ
茶杯	ˍts'a ˍpui	ˍts'a ˍpui/ˍpi	ˍts'a ˍpi	ˍts'a ˍpui
一倍	jit˯p'oi꜄	yit˯p'oi꜄/p'ui꜄/p'i꜄		ʒiit˯p'oi꜄
醫生	ˍji ˍsen	ˍyi ˍsen	ˍji ˍsɛn	ˍʒii ˍsen
阿姨	ˍa ˍji	ˍa ˍyi	ˍa ˍji	ˍa ˍʒii
所以	ˊso ˊji	ˊso ˊyi	ˊsɔ ˊji	ˊso ˊʒii
養	ˊjoŋ	ˊyoŋ	ˊioŋ	ˊʒoŋ
收起來	ˍsjiu ˊhi ˍloi	ˍshiu ˊhi ˍloi	ˍsu ˊhi ˍloi	ˍʃu ˊhi ˍloi
茭椅	ˍkau ˊji	ˍkau ˊyi	ˍkau ˊji	ˍkau ˊʒi

按：橋本萬太郎的《客家基礎語彙集》成書於日據時期，其語料蒐集自臺灣苗栗、新竹地區，所以書中同時出現四縣腔和海陸腔發音。

2. 四縣客語、海陸客語的差異與音韻對應

（1）聲母方面的對應

A. 精知莊章的差異

四縣客語均合流為 ts－、ts'－、s－；海陸客語在知章組讀作 tʃ－、tʃ'－、ʃ－、ʒ－，精莊組讀作 ts－、ts'－、s－。

中古音	四縣讀音	海陸讀音	例字
精組	₋ts'iu	₋ts'iu	秋
知組	₋ts'u	₋tʃ'iu	抽
莊組	₌seu	₌seu	愁
章組	₋su	₋ʃiu	收

B. 影組日母的差異

四縣客語的影組、日母均讀作以 i 為起頭的零聲母音節，海陸客語則讀作舌尖面濁擦音。

中古音	四縣讀音	海陸讀音	例字
日母	₌i	₌ʒi	儒
影母	ꜛi	ꜛʒi	椅
喻母	₌i	₌ʒi	移

（2）韻母方面的對應

分類	中古韻母	聲母條件	四縣韻母	海陸韻母	例字．讀音．四縣／海陸
一	蟹開一泰	幫組	i	ui	貝 pi ／ pui
	蟹合一灰	幫組、曉組	i	ui	杯．回 pi、fi ／ pui、fui
	蟹合一泰	見組、曉組	i	ui	會~計 fi、會開~ fi ／ fui、fui

分類	中古韻母	聲母條件	四縣韻母	海陸韻母	例字 . 讀音 . 四縣／海陸
	蟹合三祭	影組	i	ui	衛 vi ／ vui
	蟹合三廢	非組	i	ui	廢 fi ／ fui
	蟹合四齊	曉組	i	ui	惠 fi ／ fui
	止開三脂	幫組	i	ui	美 mi ／ mui
	止合三支	影組	i	ui	委 vi ／ vui
	止合三脂	影組	i	ui	維 vi ／ vui
	止合三微	非組、曉組、影組	i	ui	非 . 揮 . 圍 fi.fi.vi ／ fui.fui.vui
二	蟹開三祭	章組	ii	i	製 tsii ／ tʃi
	止開三支	知組、章組	ii	i	池匙 ts'ii.sii ／ tʃ'i. ʃi
	止開三脂	知組、章組	ii	i	遲屍 ts'ii.sii ／ tʃ'i. ʃi
	止開三之	知組、章組	ii	i	持詩 ts'ii.sii ／ tʃ' i. ʃi
三	效開三宵	幫組、精組	eu	iau	苗 . 焦 meu.tseu ／ miau.tsiau
	效開四蕭	精組	eu	iau	蕭 seu ／ siau
四	效開三宵	見組、日母	ieu	iau	驕 . 饒 kieu.ŋieu ／ kiau.ŋiau
	效開四蕭	見組	ieu	iau	堯 ieu ／ ŋiau
五	效開三宵	知組、章組	eu	iau	超 . 招 ts'eu.tseu ／ tʃ'au.tʃau
六	效開三宵	影組	ieu	iau	搖 ieu ／ ʒiau
七	流開三尤	知組、章組	u	iu	抽 . 收 ts'u.su ／ tʃ'iu.ʃiu
八	深開三侵	知組、章組	iim	im	沈針 siim.tsiim ／ ʃim.tʃim
九	深開三緝	章組	iip	ip	執 tsiip ／ tʃip
十	山開二刪	見組、影組	ien	an	顏 . 晏 ŋien.ien ／ ŋan. ʒan
	山開三仙	影組、日母	ien	an	延 . 然 ien.ien ／ ʒan. ʒan
	山開四先	影組	ien	an	煙 ien ／ ʒan

分類	中古韻母	聲母條件	四縣韻母	海陸韻母	例字．讀音．四縣／海陸
	山合三仙	影組	ien	an	圓 ien／ʒan
	山合三元	影組	ien	an	冤 ien／ʒan
	山合四先	影組	ien	an	淵 ien／ʒan
十一	山合三仙	影組	iet	at	閱 iet／ʒat
	山合三月	影組	iet	at	越 iet／ʒat
十二	臻開三真	知組、章組	iin	in	珍．真 tsiin.tsiin／tʃin.tʃin
	曾開三蒸	知組、章組	iin	in	徵．升 tsiin.siin／tʃin.ʃin
	梗開三清	知組、章組	iin	in	貞．聲 tsiin.saŋ／tʃin.ʃaŋ
十三	臻開三質	知組、章組	iit	it	姪．質 ts'iit.tsiit／tʃ'it.tʃit
	曾開三職	知組、章組	iit	it	直．食 ts'iit.siit／tʃ'it.ʃit
	梗開三昔	知組、章組	iit	it	擲．隻 ts'iit.tsak／tʃ'it.tʃak
十四	蟹開二皆	見母	ie	ai	皆 kie／kai
	蟹開二佳	見母	ie	ai	街 kie／kai
	蟹開四齊	見母	ie	ai	雞 kie／kai
十五	蟹合一灰	幫組	i	oi	杯 pi／pui

（3）聲調上的差異

調名	調類	四縣		海陸	
		調值	例字／調型	調值	例字／調型
1	陰平	24	翻	42	翻
2	陰上	31	反	24	反
3	陰去	55		11	
4	陰入	2	閣	4	閣
5	陽平	11	煩	55	煩
7	陽去	55	飯	33	飯
8	陽入	5	罰	2	罰

3.「四海話」結合方式

以「A」代表四縣客語、以「B」代表海陸客語的聲韻結合共有八種方式。但是「A　A　A」以及「B　B　B」分別是純四縣客語音韻和純海陸客語音韻，不屬於「四海話」可以排除。

聲母	韻母	聲調
A	A	A
A	A	B
A	B	B
A	B	A
B	B	B
B	B	A
B	A	A
B	A	B

說明並舉例如下：

（1）AAB 例的聲母、韻母是四縣腔調，聲調是海陸腔調。

例如：「衛」生紙 vi^{11}、「秤」仔 ts'iin^{11}、正「手」su^{24}、手「指」tsii^{24}、「政」府 tsiin^{11}、「收」起來 su^{53}、「杓」嫲 sok^{32}、花蓮「縣」ien^{11}、藤「椅」i^{24}、當「準」tsun^{24}。

（2）ABB 例的聲母是四縣腔調，韻母、聲調是海陸腔調。

例如：「收」起來 siu^{53}、「抽」籤 ts'iu^{53}、當「皺」tsiu^{11}、「針」線 tsim^{53}、左「手」siu^{24}、長「壽」siu^{11}、「修」理 siu^{53}、宇「宙」ts'iu^{22}。

（3）ABA 例的聲母、聲調是四縣腔調，韻母是海陸腔調。

例如：「志」願 tsi^{11}、牙「齒」ts'i^{24}、保「持」ts'i^{55}、「知」識 tsi^{11}、考「試」si^{11}、方「式」sit^{55}、「雞」公 kai^{24}、「介」紹 kai^{55}、「解」決 kai^{53}、「尾」擺

mui²⁴、「味」道 mui⁵⁵、一「倍」p'oi⁵⁵、熱「痱」仔 pui⁵⁵、「表」示 piau⁵³、「會」議 fui⁵⁵、消「費」fui⁵⁵、「圍」城 vui¹¹、「衛」生紙 vui⁵⁵、湯「匙」ʃi¹¹、「笑」話 siau⁵⁵、辣「椒」tsiau²⁴、米「汁」tsip³² 水、手「指」公 tsi⁵³、肚「屎」si⁵³、「宵」夜 siau²⁴、「消」化 siau²⁴。

（4）BBA 例的聲母、韻母都是海陸腔調，聲調是四縣腔調。

例如：「味」道 mui⁵⁵、當「真」tʃin²⁴、姓「陳」tʃ'in¹¹、「神」明 ʃin¹¹、「昭」和 tʃau²⁴、「十」個 ʃip⁵⁵、米「汁」tʃip³² 水、拿去「食」ʃit⁵⁵、「侄」子 tʃ'it⁵⁵、品「質」tʃit³²。

（5）BAA 例的聲母是海陸腔調，韻母、聲調是四縣腔調。

例如：四「縣」ien¹¹、發「音」im⁵³、一「陣」ts'in¹¹、鳳林「鎮」tsin²⁴、「沈」先生 sim²⁴、評「審」sim²⁴、「手」上 siu²⁴。打「赤」腳 tʃ'ak³²、「蟲」仔 tʃ'uŋ¹¹、窩「鏟」tʃ'an⁵³、「箸」tʃ'u⁵⁵、「賒」字 tʃ'a¹¹、湯「匙」tʃ'i¹¹、「豬」嬤 tʃu²⁴、眠「帳」tʃoŋ⁵⁵、巴「掌」tʃoŋ⁵³、「紙」鷂 tʃi⁵³、當「畫」tʃu⁵⁵、「炊」飯 tʃ'ui²⁴、「煮」飯 tʃu⁵³、「針」線 tʃim²⁴、「轉」去 tʃon⁵³、牙「齒」tʃ'i⁵³、「秤」仔 tʃ'in⁵⁵、「臭」風 tʃ'u⁵⁵、大「水」ʃui⁵³、ʃok³²「杓」嬤、「叔」伯 ʃuk³²、「舌」嬤 ʃat⁵⁵、左「手」ʃiu⁵³、火「油」ʒiu¹¹、「羊」嬤 ʒoŋ²⁴、「閹」豬 ʒam²⁴、「翼」甲 ʒit³²、紙「鷂」ʒeu⁵⁵、屋「簷」ʒam¹¹、火「焰」ʒam⁵⁵、醫「院」ʒian⁵⁵、「熨」斗 ʒiun⁵⁵、團「圓」ʒian¹¹、「爺」哀 ʒa¹¹、「醫」生 ʒi²⁴、「有」名 ʒiu²⁴、風「衣」ʒi²⁴、輸「贏」ʒaŋ¹¹。

（6）BAB 例的聲母、聲調都是海陸腔調，韻母是四縣腔調。

例如：湯「匙」ʃii⁵⁵、「時」間 ʃii⁵⁵、「至」少 tʃii¹¹、「介」紹 ke¹¹、世「界」ke¹¹。

說明：

甲、以上「四海話」結合方式，似乎說明各種結合都有可能出現，端視發

音人的發音習慣。這種現象是否與自己母語有關，由於筆者並未做臺灣地區全面調查，無法得出結論，仍待補充資料。[7]

　　乙、「四海話」的發展值得注意，如果持續擴散下去，「Ａ Ａ Ａ」以及「Ｂ Ｂ Ｂ」純四縣客語音韻和純海陸客語音韻結構將逐漸減少，甚至被取代。

七、結論

（一）客家話的語言接觸現象反映出各種跡象：「國語式客家話」影響中古音韻特色，由弱化而慢慢丟失，詞彙方面也呈現熟悉國語詞彙而淡忘客家詞彙稱呼的現象。「閩南語式的客家話」說明移借閩南話的聲母、聲調的方式很普遍，詞彙也是直接音譯過來。日本語由於特殊時空背景，影響層面限在今天壯年層以上以及部分詞彙而已。至於「四海話」的出現雖然改變部分音韻結構，是否會逐漸擴散，值得後續觀察。

（二）客家話的語言接觸越多，語言的異質性就跟著增加，而且正逐漸擴散中，這是否為一種警訊，不可忽視。有人說臺灣客家話正以每年 5% 的速度流失中，不出幾代客家話即會消失。那麼彭文正的呼籲（2003，高雄，全球客家文化會議發表）正好驗證這種現象「客家話在多元文化的傳播模式中，依據馬可夫對語言的衰退研究，在沒有外在壓力的情況下，約六代一百年後弱勢語言會逐漸消失。依臺灣的各種語言來看，一百年後說國語的有 36.4%，臺語

---

7 鄧盛有在《臺灣四海話的研究》（2000：400）的結論指出「海陸聲母＋四縣聲母＞四縣聲母＋海陸聲母」：前者結合有 63 例，後者結合有 3 例。但是語料限於新竹、苗栗，並未及於宜蘭、花蓮、臺東地區的四海話資料，只能當作該地的現象看待。

61.7%，說客語的只剩 1.8%，原住民語剩 0.02%。如引用沉默螺旋理論，如非集體意見的場合少數意見多數會消失。」

（三）今天的客家話正面臨內外兩種勢力影響：在外來強勢語言影響下，逐漸改變原有部分中古音韻特色；內在勢力指的是無形的心理因素，迫使客家人變成隱形族群，慢慢放棄自己的語言，轉而學習、吸收他種強勢語言。雙重勢力影響下，臺灣客家話或許不得不面臨轉型的挑戰──接受異質語言的新客家話。

參考文獻

尹章義，1999，《臺灣開發史研究》。臺北：聯經出版社。

王士元，2000，《語言的探索：王士元語言學論文選譯》。北京：語言文化大學出版社。

_____，2002，《王士元語言學論文集》。北京：商務印書館。

安介生，1999，《山西移民史》。山西：山西人民出版社。

何光岳，1989，《百越源流史》。江西：江西教育出版社。

何綿山，1996，《閩文化概論》。北京：北京大學出版社。

何大安，1988，《規律與方向：變遷中的音韻結構》。中央研究院歷史語言研究所。

吳永章，2002，《畬族與苗瑤比較研究》。福建：福建人民出版社。

吳中杰，1999，《臺灣福老客分布及其語言研究》。國立臺灣師範大學華語文教學所碩士論文。

呂嵩雁，2003，〈漢語反序複合詞研究：以閩客語為例〉。國立花蓮師院師生論文發表會。

_____，2003，〈移民與福建客語形成初探〉。臺北：全球客家地域學術研討會論文集。

李如龍，1997，《福建方言》。福建：福建人民出版社。

邢公畹，1983，《語言論集》。北京：商務印書館。

周光慶，1989，《古漢語詞彙學簡論》。湖北：華中師範大學出版社。

周長楫，1996，《閩南語的形成發展及臺灣的傳播》。臺北：臺笠出版社。

周婉窈，2003，《臺灣歷史圖說》。臺北：聯經出版社。

徐通鏘，1996，《歷史語言學》。北京：商務印書館。

袁家驊等，1989，《漢語方言概要》。北京：文字改革出版社。

張光宇，1996，《閩客方言史稿》。臺北：南天書局。

陳保亞，1996，《語言接觸與語言聯盟：漢越（侗台）語言關係的解釋》。北京：語文出版社。

陳淑娟，2002，《桃園大牛欄臺閩語、客語接觸之語音變化與語言轉移》。國立臺灣大學中國文學研究所博士論文。

游汝杰，1992，《漢語方言學導論》。上海：上海教育出版社。

黃雪貞，1998，《梅縣方言》。江蘇：江蘇教育出版社。

楊學琛，1994，《中國民族史》。臺北：文津出版社。

閩東畬族志編纂委員會，2000，《閩東畬族志》。北京：民族出版社。

劉善群主編，1998，《寧化石壁與客家世界》，學術研討會論文集。北京：中國華僑出版社。

戴慶廈主編，1998，《二十世紀的中國少數民族語言研究》。山西：書海出版社。

謝重光，2002，《畬族與客家福佬關係史略》。福建：福建人民出版社。

鄧盛有，2000，《臺灣四海話的研究》。國立新竹師院臺灣語言與語文教育研究所碩士論文。

藍小玲，1999，《閩西客家方言》。福建：廈門大學出版社。

盧彥杰，1999，《新竹海陸客家話詞彙研究》。國立新竹師院臺灣語言與語文教育研究所碩士論文。

羅香林，1992，《客家研究導論》。臺北：南天書局。

羅肇錦，1988，《客語語法》。臺北：南天書局。

_____，2000，《臺灣客家族群史‧語言篇》。臺灣省文獻委員會。

_____，2002，〈試論福建廣東客家話的源與變〉。《聲韻學論叢》12：229-246。

S.H.SCHAANK，1897，《LOEH-FOENG-DIALECT》，影印本。

臺灣東勢客家話的捲舌音[*]

鍾榮富

一、前言

　　臺灣東勢客家話屬於大埔客家話的一種，語音之中最引人興趣的是四個捲舌音，包含兩個摩擦音 [ʃ, ʒ] 以及兩個塞擦音 [tʃ, tʃʰ]。客家話的內部語音差異，分歧者固然不少，但主要以中古精莊知章等四個聲母在共時各客家話中的語音為指標。客家話的分類之中，這四個聲母的分合扮演了重要的角色，例如臺灣最具主流的四縣客家話屬於精莊知章合流，都唸 [ts, tsʰ, s]，海陸、詔安、和東勢客家話屬於精組、莊組與知二合併唸 [ts, tsʰ, s]，知三和章組則併成 [tʃ, tʃʰ, ʃ]。¹ 為何會有這樣的分合，固然短時間內還無法完全釐清，然而進入中古音的擬構或探討語音的流變之前，能先瞭解 [ts, tsʰ, s] 和 [tʃ, tʃʰ, ʃ] 在發音上有何區別，將

---

* 本文原刊登於《語言暨語言學》，2010，11 卷，2 期，頁 219-248。因收錄於本專書，略做增刪，謹此說明。作者鍾榮富現任南臺科技大學應用英語系講座教授。

1 「四縣」指廣東境內的蕉嶺、五華、平遠、興寧等舊屬嘉應州的四個縣，但一般也把梅縣算在內。「海陸」指廣東沿海的海豐與陸豐。「詔安」指閩西秀篆與詔安等地區所講的客家話。「精莊知章」都是中古漢語的經典書籍如《切韻》、《廣韻》等所採用的「字母」。在還沒有國際音標的時代，中國傳統聲韻學家都依賴「字母」來標音，每個字母代表一種輔音發音的方式，只是過去並沒有人把這些語音做好發音部位的描述，迄今這些字母的語音還是無法確知。至於「照二」中的「二」指的是「等」，因此「照二」就是「照母二等」之意。可惜，迄今聲韻學界對於「等」還是看法各異，比較一致的觀點是：「等」與介音的存否或介音的前後有關。

更能進一步理解這些語音在歷史演變中所扮演的角色。

　　過去的文獻不曾細加討論客家話裡 [ts, tsʰ, s] 和 [tʃ, tʃʰ, ʃ, ʒ] 的語音本質或發音過程。江俊龍（2003）把 [tʃ, tʃʰ, ʃ, ʒ] 稱為「舌葉音」，溫昌衍（2006：65、154-155）則認為大埔客家話有「舌尖後音」，而用 [tʂ, tʂʰ, ʂ] 來表示，但提及豐順客家話時，卻說「豐順話有舌葉音 [tʃ, tʃʰ, ʃ]」。溫昌衍上述的說法，顯然是沿襲了袁家驊等（2001）的看法：「知莊章三組字，梅縣一律讀 [ts, tsʰ, s]，但大埔話知章組讀 [tʂ, tʂʰ, ʂ]，而精莊組讀 [ts, tsʰ, s]，保存了照二（莊）照三（章）的區別。」海陸客家話的人口不少，但相關的語音或音系研究並不多，其中呂嵩雁（2004：57）認為「海陸話比四縣客話多了一套舌葉音 [tʃ, tʃʰ, ʃ, ʒ]」。我們把前述文獻逐一比對之後，發現時下之相關文獻及田野調查報告似乎停留在表面的描述階段：[tʃ, tʃʰ, ʃ, ʒ] 是舌葉音，而 [tʂ, tʂʰ, ʂ, ʂ] 則為舌尖後音。[2] 本文想釐清的是後面幾個問題：臺灣東勢客家話的擦音到底是舌葉音 [tʃ, tʃʰ, ʃ, ʒ]，還是舌尖後音 [tʂ, tʂʰ, ʂ, ʐ] 呢？如果是舌葉音，是否有捲舌的色彩？如何驗證？這幾個舌尖音是否也兼具顎化的現象？

　　為了解答前面的問題，本文其他的論述將分為四個部分：第二小節首先檢視舌尖擦音的發音特色，並舉其他語言中對於舌尖擦音的發音方式多加說明，深入探討東勢客家話的舌尖音發聲過程。第三小節回顧與檢視文獻上對於摩擦音的聲學特性，進一步分析與討論了東勢客家話舌尖擦音的聲學特點。第四小節詳細討論濁音 [ʒ] 的發音與聲學特性。最後我們在第五小節作結論與討論。

---

2 其他有關客家話之精莊見章等聲母的差異，可以參考陳秀琪（2000）或謝留文（2003），但這些文獻也都沒有就共時語音的音值做說明。

二、捲舌與不捲舌的語音

　　我們把本小節的討論分為兩部分，前部分探討世界上相關語言的捲舌摩擦音的發音部位與方式，第二部分才集中探討東勢客家話捲舌摩擦音的產生過程，並討論東勢音與其他語言之捲舌擦音的異同。

（一）其他語言的捲舌現象

　　傳統上我們認為捲舌音的特點是：舌尖向後捲曲。然而精讀過去的相關文獻之後，我們發覺並不盡然如此。有些捲舌摩擦音在發音時，並沒有真正的捲舌，例如以 Ladefoged & Maddieson（1996：156）對於塔米爾（Tamil）的捲舌擦音 [ʂ] 的發音圖示為例（圖 1a）。我們可以看得出舌尖並沒有明顯後捲的態勢，只見舌尖與上牙齦之間構成一個細窄的通道，使氣流產生摩擦。比較之下，隸屬於印度－亞歷安（Indo-Aryan）語系的圖達語（Toda）（Ladefoged & Maddieson 1996：160），其捲舌摩擦音 [ʂ] 的發音會有明顯的舌尖捲曲現象，如（圖 1b）：[3]

圖 1： a. Tamil 的捲舌音 [ʂ] 的發音圖　　　　b. Toda 的捲舌音 [ʂ] 的發音圖

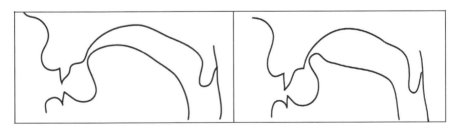

---

3 圖 1a，Ladefoged &Maddieson（1996）轉取自 Švarný & Zvelebil（1955）；圖 1b 則轉引自 Shalev, Ladefoged & Bhaskararao（1994）。

　　塔米爾語與圖達語同屬於印度語系，然而透過比較舌尖部位的捲曲情況，我們發現：發塔米爾的捲舌擦音時，舌尖並不會有明顯的凸出或捲曲，反而是整個舌頭的前半部形成扁平的一塊，上升到後齒齦的地方形成狹小通道，迫使氣流產生摩擦；而發圖達語的捲舌擦音時，舌尖才會明顯地凸出來，並揚升到後齒齦的後方，很像英語 [r] 的發音，要把舌尖特別翹起來而使整個舌位偏後（試比較圖 2a 取自 Roca & Johnson〔1999〕之發音圖）：

圖 2：　a. 英語 [r] 的舌尖捲曲圖　　　　　b. 普通話的捲舌音 [ʂ] 的舌尖圖

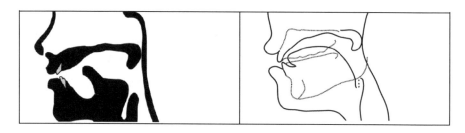

　　比較圖達語的捲舌（圖 1b）與英語的捲舌（圖 2a），我們發現：兩者的舌尖捲曲程度頗為類似，只是圖 2a 的舌位後方沒有向後凸展。為了區隔圖 1a 和圖 1b 這兩種不同的捲舌方式，Ladefoged & Maddieson（1996：156）還試圖用不同的符號來表示：用 [ʂ] 表扁平式的舌音（圖 1a），用 [ʂ] 表像圖達的捲舌擦音，只因為後者有較明顯的舌尖捲曲（圖 1b）。然而，我們熟知的大陸普通話，其捲舌擦音 [ʂ]（如「沙」[ʂa] 的聲母），依據吳宗濟與林茂燦等（1989：135）用 X 光拍攝下來的北京話捲舌音（圖 2b），我們可以很清楚地看出，普通話的捲舌音發音時舌尖並沒有明顯的捲舌現象（虛線為平常的口腔部位，實線為念捲舌音的舌尖部位）。[4]

　　注意前面北京話的 [ʂ]，其舌位遠比塔米爾的 [ʂ] 還要扁平，而且舌位與後齒齦之間的腔道遠比塔米爾的 [ʂ] 還要大，摩擦程度也比較輕。雖然現存有關普通話的文獻（如 Chao 1948、1968；Cheng 1973；吳宗濟、林茂燦 1989；周同春 2003）都一致將這種擦音稱為捲舌音，然而 Laver（1994：252）卻宣稱北京話的 [ʂ] 在舌位上並沒有形成溝紋，顯然與發音時舌面帶有溝紋的英語 [s] 並不相同，而比較類似英語的 [ʃ]，但是在圓唇與摩擦點上，又與英語的 [ʃ] 不一樣，其舌面平坦的程度實在應該用另一種符號 [ɕ] 來表示，很難說有捲舌的現象。換言之，Laver 很質疑北京話的擦音是否真有捲舌的情形。然而，從實際語音的產生而言，我們在臺灣學國語時，老師都叫我們用捲舌來區分 [ts, tsʰ, s] 和 [tʂ, tʂʰ, ʂ]，而且我們也真的只需要輕微的把舌尖向後捲曲，有時還不見得很有舌尖捲曲的感覺，立即可以發出這兩組音的不同，可見用「捲舌」來稱呼，並沒有任何經驗上的不對，由此可以印證語言學書上所定義的「捲舌」理論，與實際發捲舌語音之間，並未完全契合。[5]

　　由於普通話的捲舌音 [tʂ, tʂʰ, ʂ] 並不出現在元音 [i] 之前，而東勢客家話的捲舌音 [tʃ, tʃʰ, ʃ, ʒ] 卻多與 [i] 形成音節（如 [ʃi]「時」），於是有人認為東勢客家話的 [ʃ] 是顎化音，而非捲舌音，因為顎化不可能和捲舌同時並存，例如 Hamann（2003）以 Maddieson（1984）所列的 300 多種語言為基礎，指出這些語言之中基本上都沒有顎化與捲舌並存的語音，僅有的兩個例外是圖達語及加西密利語（Kashmiri），而這僅有的兩個例外都可以另外解釋。[6] 另方面，

---

4 Ladefoged & Maddieson（1996：151）也引用了 Ladefoged & Wu（1984）的資料，採用三位發音人的 X 光拍攝圖片，其中發音人 C 的 [ʂ] 在舌尖部位上與這裡的圖 2b 相似。

5 理論與實際的發音差別，相關的討論可以參見 Ladefoged（2003）。這本很有趣的小書，記載了許多經驗豐富的語言學家從理論中的立論或判斷，並不一定能完全運用於實際語音的分析之中，為語音學的研究帶來更多的問題及未來值得研究的議題。

專門探討顎化語音之產生的論著，如 Cavar（2004），卻以波蘭語裡多種顎化的語音來支持顎化可以與捲舌並存的看法。

我們先回顧過去的文獻如何界定顎化的語音現象。傳統上，多數人認為舌葉與後齒齦所形成的擦音，即為典型的顎化音，IPA 符號標示為 [ʃ, ʒ]，也就是英語 shine[ʃain] 與 usual[júʒəl] 的兩種顎化音，稱之為顎齒齦音（Ladefoged 2004, Hamman 2003）。此外，如普通話的「西」[ɕi] 的聲母，發音的產生來自於舌葉與後齒齦或軟顎地區所形成的摩擦，語音學的文獻將這種顎化音稱為「齒齦顎」擦音（吳宗濟、林茂燦 1989）。[7]

基於上述認知，我們可把「顎化」看成兩個區塊：以舌位為準，舌位隆起而呈現拱形者，是為與顎齒齦擦音 [ʃ, ʒ] 相等之發音，共同特色為舌位向上隆起。至於舌位呈扁平狀態者，指發顎化音時舌位並沒有隆起的擦音。另一方面，文獻上所認定的「顎化」，還由於唇音、齒音、齒齦音或後齒齦音在 [i] 之前，形成帶有 [i] 色彩的語音，也稱做「顎化」（請參照 Ladefoged & Maddieson 1996；Ladefoged 2003；Cavar 2004）。如果把前面的唇音、齒音、齒齦音等看成主要的發音，而把顎化看成次要發音，則顎化不過是使主要的發音帶有次要發音色彩的一種過程。[8] 更確切地說，顎化必然牽涉到舌面，這也是傳統

---

6 他的解釋是：圖達語中的 [oɽ]「煮」與 [oɽʲ]「腳」有對比作用，但只出現在少數方言之中。只有 Sakthivel（1976）才把 [oɽ] 中的 [ɽ] 看成捲舌顎化音，但並沒有齒顎圖（palatograph）也沒有聲譜圖，因此無法確定。至於 Kashmiri 中的 [tʲ, tʰʲ, ḍʲ]，Bhat（1987：fn43）固然把這三個音視為捲舌顎化音，但是其他相關文獻如 Kellar & Trisal（1964）卻不收入，因此 Hamann 根據 Bailey（1937）的看法，把顎化看成源於詞類變化而來的語音變化。

7 語音的命名，也是很有趣的學問。擦音的產生主要有兩部分器官：不會動的上顎（泛指齒齦之後到硬顎）與會動的舌尖或舌面。Ladefoged 或 Ladefoged & Maddieson 從不動的器官來命名，所以有顎齒齦音（palatal alveolar）的名稱，但是 Catford（2001：91）則從會動的器官為著眼，所以「顎齒齦音」，Catford 稱為「舌尖後齒齦」（apico-postalveolar）。為了避免混擾，我們採用 Ladefoged 的名稱。

8 Steriade（1994）分析了各種複合輔音的結構，並試著從幾何徵性（feature geometry）

中國聲韻學家把顎化音稱為「舌面音」的主要根據。至於捲舌音，其顎化過程不僅改變了主要發音部位——從舌尖到舌葉，也從捲舌到不捲舌。Hamann（2003：45）以 Bolla（1981：159）的研究為基礎，採用俄語的捲舌與顎化為例：

圖 3：俄語的顎化與捲舌（實線為捲舌，虛線為顎化）

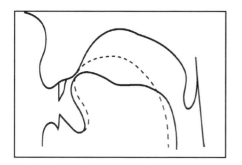

　　比較前面顎化（虛線）與捲舌（實線），我們發現：（a）顎化音的舌尖已經往上移到齒冠之後，使本來捲舌的舌尖與後齒齦之間的通道更為狹隘，顯出了顎化的現象。（b）顎化的發音部位已經是舌葉，同時舌面的中間已經向上隆起。根據這兩種發音部位的變換，Hamann 認為前面兩種舌尖位置的改變明顯地違反了捲舌的特性。也就是說，舌尖已經沒有了捲曲，或者舌位並沒有向上隆起。依據舌位在發音中所扮演的角色，若要達到顎化的要求，舌面總是得向上提升到接近元音 [i] 發音時的上顎位置。然而，這樣的發音過程和捲舌音的基本要求有所抵觸：因為舌面向上提升之後，舌尖勢不可能向後捲曲。根

的架構來連接複合輔音的發音過程，於是之後有了主要發音和次要發音的稱呼。至於顎化音要不要把「顎化」看成依附於主要發音的「色彩」，迄今還有很多爭論，請參見 Hayes, Kirchner, and Steriade（2004）。

據這樣的觀察，Hamann（2003）認為「顎化與捲舌無法並存」，因為捲舌音 [ʂ]（捲舌齒齦摩擦音）顎化之後的結果必然為顎化齒齦音 [ʃ]，這也是有些傳統中國聲韻學家認為在普通話的語言演變上不可能會有 [ʂi] 的語音之故。[9]

　　然而 Ćavar（2004）則持比較傳統的看法，認為：顎化可以和捲舌並存，兩者互不排斥。對於這種爭論，使我想起 Ladefoged（2003：148）中一些令人深思的田野調查經驗。有一次，他到新機內亞（Papua New Guinea）大學做演講，宣稱「世界上不會有舌根邊音（velar lateral），主因是我們的發聲器官無法讓舌根在後方又能讓氣流從舌根的兩旁出來。」結果他的話才剛剛講完，馬上有學生就舉手說，他的語言就有這種舌根邊音，於是當場念了 [paLa]（「L」表示舌根邊音）這個音，是「籬笆」的意思。Ladefoged 的意思是說，我們無法，也不能斷言有哪一種語音不可能出現，畢竟世界上的語言多如牛毛，有許多語音並不是可以從理論去推測而加以否定的。[10] 況且，正如人類之中並非最聰明的基因才獲遺傳一樣，根據語言的進化和語音的演變，人類的語言中存活下來的語音，與人類的基因遺傳一樣，往往並不是最理想的或最容易唸的語音（Blevins 2004），所以有些從學理上推論無法或很難發音的語音卻實際存在於某些語言之中。

　　儘管文獻上有兩種截然不同的觀點，我個人還是支持捲舌與顎化可能同時發生。依 Hayes 等（2004）的看法，顎化與捲舌同時出現的語音屬於「標記性」（marked）的特殊現象，而非語言普遍存有的共性，然而也並非絕無可能的語音。這種屬於語音學上的爭論，也出現於傳統中國音韻學的研究著作之間。楊劍橋（2005：154）討論中古漢語照組聲母的音值擬構時，對於歷來諸語音大

---

9 參見李新魁（1984：478）及其內之引文。

10 王力先生（1980）也有「不可斷無」的講法，請參見郭錫良 2005。呂叔湘（1991 [2008]：274）也說：「趙元任先生說得好，說『有』易，說『無』難」。

家對於 /ʂi/ 是否為「怪音」，並沒有很明確的定論。從語音學的角度回頭審視這個爭論，起源點就在於捲舌 /ʂi/ 是否兼具顎化顎 [i] 的根本問題，持可能的一派並以客家話的 /ʂi/ 為證據（李新魁 1979，史存直 2002），然而客家話的 /ʂi/ 究竟是 [ʃi] 還是 [ʂi]，有待更多的研究才能澄清，而且追根究底的結果還能提供中古音研究者一些語音上的支證。[11]

　　以上，我們從發音的角度審視了世界上多種語言的捲舌擦音，詳細討論發音過程、顎化特性，並根據語言演化的現象，排除了 Hamann（2003）的主張，而認為捲舌音還是可能有顎化現象。接著我們來檢視東勢客家話 [ʃ] 的發音過程。

（二）東勢客家話擦音的發音過程

　　文獻上迄今尚未有對大埔或東勢客家話 [ʃ] 這個音是如何發音，或在那個部位發音等有實質而明確的敘述。不過，[ʃ] 這個音，有些學者（如袁家驊 2001，溫昌衍 2006）的用語是「舌尖後音」。另有些學者（江俊龍 1996, 2003）用「舌葉音」來稱呼，而江敏華（1998）則稱為「舌尖面音」，在一般的客家話討論會上，也常聽學者以「捲舌音」來稱呼 [ʃ]。[12] 到底「舌尖後音」、「舌葉音」、「舌尖面音」、或「捲舌音」有無差別？若有的話，差別為何？又要如何從發音部位予以區分呢？

　　我們且看普通話 [s]、[ʂ] 與 [ɕ] 的發音部位及過程。[13]

---

11 東勢客家話的源流應該是大埔客家話，根據袁家驊（2001：148），興寧與大埔的是「舌尖後」音 [tʂ, tʂʰ, ʂ]，我們這裡採用江俊龍（1996）與江敏華（1998）的 [tʃ, tʃʰ, ʃ] 來標記。

12 羅肇錦、何石松、古國順等客家話研究學者的私下溝通。

13 掃瞄自 Ladefoged & Maddieson（1996：151）。原文有三位發音人，這裡只取其中

圖 4：　　　a. [s]　　　　　　　　b. [ʂ]　　　　　　　c. [ç]

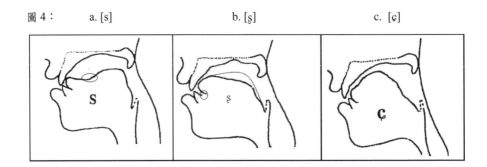

　　首先我們注意到念 [s] 音時（圖 4a），上下牙齒之間的距離比較小，舌尖正好置於上齒之後形成狹小的窄道，迫使氣流在此產生摩擦。其次，我們注意到舌面下凹（也即有溝紋，圖 4a 圈圈處），並且沒有在舌下腺（圖 4b 圈圈處）留有腔道。

　　比較之下，讀 [ʂ]（圖 4b）時上下齒之間的縫隙間隔比較大，不再以舌尖而以整個舌面形成平坦的塊狀，讓舌葉與齒齦之間的窄道迫使氣流產生摩擦。也因為舌葉提升使舌下腺與下齒之間留有舌下腺凹槽（圖 4b 圈圈處）。這種發音方式也與英語不同，因為發英語的 [ʃ] 時，舌面後方會整個向上提升呈圓形拱頂，一如圖 4b 中的細線之形狀。至於 [ç]（圖 4c），其舌面提升成為與齒齦到硬顎之間長長一片平坦的斜面，氣流從肺部上來之時，彷彿穿過兩峰峭壁間的狹道，使摩擦的時間變長。由於這些舌位的種種不同，Ladefoged & Maddieson（1996）認為普通話的 [s] 應該是舌葉與齒齦後之間的摩擦音，[ʂ] 為平坦的齒齦後噝音，而 [ç] 為齒齦顎化音。

　　從發音過程中的舌尖而言，英語或其他語言之 [s] 和 [ʃ] 的舌尖固然並非

的發音人 A。根據歷來有關摩擦音的研究，每個發音人在部位的取捨上有很大的差異，但是每個人就各種摩擦音的發音部位卻很一致，因此多半的研究認為取單一個發音人作為研究對象會比較準確。

全然相同，然而大部分的語音學家都同意：[s] 和 [ʃ] 均為舌尖音，發音時舌尖置於下齒的後方，使整個舌尖與上齒齦形成狹小的通道，讓肺部湧起的氣流產生摩擦，結果是絲絲不絕的嘶音，為典型的 [s] 音（Borden et al. 1994：123-124）。如果舌尖再往後捲，讓氣流在舌尖與齒齦後所形成的窄道中，引起摩擦，結果正好就是類似英語 shopping 中的 [ʃ]。[14]

　　然而，同一個 [ɕ] 或 [ʃ] 在不同語言的產生並不見得完全一致。與國語同樣有 [s]、[ɕ]、[ʃ] 的波蘭語，除了語言之間差別不大的 [s] 發音之外，其他兩個摩擦音發音時的舌尖如後：[15]

圖 5：　　　a. 波蘭語的 [ʃ]　　　　　　　　　　b. 波蘭語的 [ɕ]

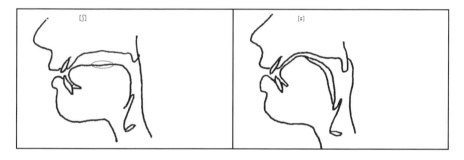

---

14 這裡的「往後捲」英文是 retracted（Borden, et al. 1994：132）。英語的語音雖是語音學發展的奠基之石，不過英語語音學之中，有幾個明顯的「隱晦不明」之處，例如 [ʃ] 是否要捲舌？[tʃ] 是否有送氣？迄今未見明確的斷語。有位匿名審查人問及英語的 [ʃ] 是否為捲舌音，根據 Hamann（2003）的定義，英語的 [ʃ] 既然舌尖要「後捲」，應該是屬於捲舌音。

15 圖片掃瞄 Ćavar（2004：112），原書說明圖來自 Wierzchowska（1980），本來使用 [š] 的符號，在此根據 Hamann（2003：40）改成 [ʃ]。Hamann 說（5a）取自 Wierzchowska（1980：64）。

　　與圖 4 的華語部位比較，波蘭語的 [ʃ] 發音時舌面比較平坦，略有凹紋，與華語的舌面向後平垂不同，也異於英語的舌面向上拱起，但是 Hamann（2003）依循 Keating（1991）之見，把波蘭語的 [ʃ] 看成捲舌音。至於波蘭語的顎化音 [ɕ]，其發音部位與華語的 [ɕ] 相差不大，兩者均以舌面往齒槽後方至硬顎之間，形成狹道，產生摩擦。

　　至於有關捲舌的發音過程，Catford（2001）認為「捲舌」有兩種：一種捲舌方式是舌尖往上齒齦後方捲曲（圖 1b），另一種捲舌則並沒有真正的舌尖捲曲動作，只是把舌尖往上伸展，令舌頭的後方與齒齦幾乎黏在一起，利用舌尖在氣流中的顫動，達到捲舌的效果（圖 1a）。東勢客家話的捲舌音 [ʃ] 的發音過程中，只不過與舌尖形成摩擦點的部位遠在齒齦後方，並沒有實質的捲舌，且舌面也因為要與後齒齦形成狹窄通道而必須向上隆起，屬於圖 1a 的舌面形式（請比較後面的圖 6b）。基於以上背景，我認為：東勢客家話的 [ʃ] 是個捲舌音：捲舌成分居多，所以在聲學上能表現捲舌的特色，顎化成分不大，所以在聲學上 [ʃ] 與後面元音之間僅有少許過渡色彩，並沒有強烈的 [i] 特性。

　　透過前面的分析、比較、和討論，我們認為，以「舌尖後」或「舌葉」來稱呼東勢客家話 [ʃ] 系列的發音，並不貼切，反而用「舌尖面」這個名詞顯然能較精準地掌握發音部位。[16] 不過在一般的語音描述中，「舌尖面」一詞是個罕見的名詞，為了兼顧兩者，我們建議以「舌尖後齒齦」來稱呼，這樣更能掌握主動發音部位（舌尖）與被動發音部位（後齒齦）之間的發聲互動關係，只是這個用詞太長，略嫌囉唆。

---

16 感謝審查人指點：以「舌尖面」標注 [ʃ, ʒ] 見於董同龢（1987：330），江敏華（1998）沿用之。大陸學者多使用「舌葉」名稱。不過，[ʃ] 這個音，有些學者（如袁家驊 2001，溫昌衍 2006）的用語是「舌尖後音」。江俊龍（1996, 2003）則用「舌葉音」來稱呼，名稱似未能一致。

接著，我們要討論的是：客家話的 [ʃ] 是否和普通話的 [ʂ] 有相同的發音呢？兩者雖然同被認為是捲舌音，但是無論從語音、發音方式、或聲學的解度來看，二者顯然並不相同。依據取吳宗濟與林茂燦（1989：135）的發音圖，普通話 [ʂ] 的發音部位一如圖 6a，而東勢或海陸客家話的 [ʃ] 則應該是圖 6b，兩者的區別在於（a）舌尖伸展方式，（b）舌面與上顎之間的通道：[17]

圖 6：a. 普通話「沙」[ʂa]　　　b. 客家話「蛇」[ʃia]　　　c. 普通話的「瞎」[çia]

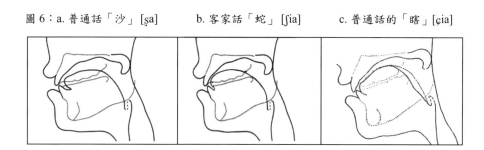

我們發現：同樣被認為是捲舌擦音的 [ʂ] 與 [ʃ]，其實都沒有真正的舌尖捲曲，只不過舌尖提升而已。其中，普通話的舌尖藉助於舌下腺與舌尖的距離，產生了捲舌的效果，而東勢客家話的 [ʃ] 舌尖雖然也提升到了後齒齦的部位，讓舌面與齒齦之間的距離狹小而摩擦，但是沒有太大的捲曲。兩者舌尖後的舌位也不相同：普通話舌尖之後的舌位呈平斜樣態，舌位趨於較為緊張的狀況。而東勢客家話 [ʃ] 的舌尖之後的舌位由於舌尖的突出而呈現平緩的下降趨勢。總之，念普通話的 [ʂ] 時，舌尖（舌面）與齒齦之間的距離大於客家話的 [ʃ]，但是客家話的舌尖則突起程度略大。不過，每個語音都和個人的發音習慣而有所不同，因此舌尖的捲曲也純粹因人而異。

---

17 東勢客家話沒有 [ʃa]，只有 [ʃia]，必須有介音。

　　取普通話「沙」[ʂa]（圖 6a）與客家話的「蛇」[ʃia]（圖 6b）來和普通話的「瞎」[çia]（圖 6c）做比較，我們發現：圖 6c 與舌面形成摩擦之處比較長，從齒齦延伸到硬顎，而且其間的通道與圖 6b 同樣窄小，且舌尖沒有向前方突出，於是也沒有舌下腺與下齒之間的凹槽。換言之，圖 6c 沒有捲舌現象，而摩擦時間會比較久。

三、捲舌音的聲學指標

　　本節將從共振峰的過渡和聲譜形式來討論捲舌擦音的聲學特性。分為兩部分，第一部分觀察和回顧文獻上對於捲舌擦音的聲學特性研究，第二部分則集中分析東勢客家話捲舌擦音的聲學現象。

（一）相關語言的捲舌音聲學特性

　　在聲學研究上，輔音並不像元音有共振峰那樣明確的指標，必須從發音部位與聲帶的振動等兩個層面所反映出來的聲學特性來認定。發摩擦音時，氣流從肺部奔竄而出，會在口腔的某個定點受阻而產生不規律的噪音，這個噪音一如聲帶之振動而帶來的濁音，會在口腔內形成共鳴（resonances），帶來能量（energy）。表現在聲譜圖上的是能量聚集點，或稱為頻率帶（frequency band）。由於能量都集中在頻率帶之上，所以測量摩擦音的頻率高低都以這個「帶」出現的高低為參酌標準。換言之，頻率帶也是摩擦音高頻的低點，吳宗濟與林茂燦（1989）稱之為「頻率下限」。[18]

　　噪音頻率與氣流受阻點之前的口腔空間成反比：空間越大，頻率越小（Hein

---

18 在語音學研究之中，頻率帶下限不是唯一的摩擦音分析方式。Pickett（1999：138），採用「最強共鳴」（strongest resonances），而 Fleming（2002）主張用「中點」（center of mass），但是很一致的結果是：[s] 的頻率比 [ʃ] 要高。

& Stevens 1961），其頻率下限自然也越低。根據這個理論，摩擦音之中的 [s] 和 [z] 等語音，由於受阻點在齒齦，其前的口腔空間不大，噪音的能量雖然低，共鳴頻率卻很集中，頻率下限也比較高。比較之下，同屬噝音的 [ʃ]，則因為受阻點在更後面（大約在後齒齦到硬顎之間），口腔空間更大，能量噪音頻率更低。再者，發 [ʃ] 時需要圓唇而把雙唇向前凸出，更增長了受阻點之前的口腔空間，也是 [ʃ] 摩擦音頻率下限較低的緣故。

　　Ladefoged（2004：152）比較了波蘭語的 [s], [ɕ], 與 [ʂ] 的噪音頻率，發現：[s] 的頻率下限比較高，通常在 4000Hz 左右。捲舌擦音 [ʂ] 的頻率下限比較低，多半在 2000Hz 左右，而齒齦顎化擦音 [ɕ] 的頻率下限則介於這兩者之間，其頻率下限分布在 2500Hz 到 3500Hz 之中。根據 Hayward（2000：191）的分析，英語 [s] 的頻率下限出現在 4000Hz 左右，而 [ʃ] 的頻率下限在 2000Hz 上下。我們最熟悉的國語，與波蘭語一樣，也有 [s], [ɕ], 與 [ʂ] 等三個摩擦音，吳宗濟、林茂燦（1989）的分析認為這三個摩擦音的頻率下限分別為：[s]，3100Hz、[ɕ]，1800Hz、[ʂ]、1600Hz。為了便於比較，我們重做了大陸普通話與臺灣國語摩擦音聲譜圖所顯現的噪音頻率值，稍有差異。[19] 先看圖 7 與圖 8 的聲譜圖：

---

19 普通話的語音提供者為北京男性，27 歲，通過漢語普通話水平測試一級甲等，可以當播音員。圖 7d 的英語發音人，芝加哥口音，35 歲男性，在臺灣教英語多年，華語講得很好，同時也是後面圖 18 的英語發音人。臺灣國語發音人為東勢客家人，英語教師，遷居高雄 22 年，52 歲，感謝他們的協助及新加坡國立大學研究生司秋雪的協助製作本圖。

圖 7：　　　　a. 私 [sɨ]　　　　b. 詩 [ʂɨ]　　　　c. 西 [çi]　　　　d. she

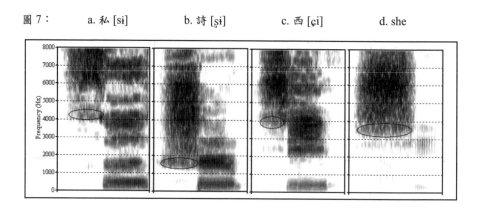

圖 8：　　　　a. 私 [sɨ]　　　　b. 西 [çi]　　　　c. 詩 [ʂɨ]　　　　d. she

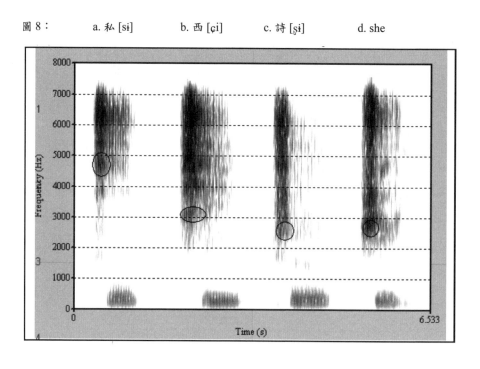

以圖 7 為基礎，北京普通話：[s] 的頻率下限為 4100Hz 之上，[ʂ] 的頻率下限分布在 1700Hz 左右，居間的為 [ɕ]，其頻率下限在 3900Hz 上下。臺灣國語：[s] 的頻率下限為 4800Hz，[ʂ] 的頻率下限分布在 2700Hz 左右，居間的為 [ɕ]，其頻率下限在 3100Hz 上下。東勢客家話的 [s] 與 [ʃ] 在頻率下限上也有明顯的差別，[s] 的頻率下限約為 5000Hz，[ʃ] 的頻率下限在 2000Hz 與 3000Hz 之間：[20]

圖 9　　　s　　　　　　　ʃ

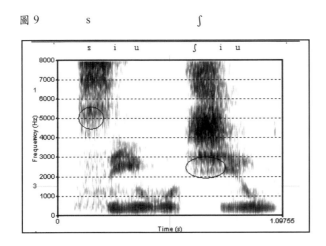

可見各種語言在 [s], [ɕ], 與 [ʂ] 或 [ʃ] 等摩擦音的頻率下限互有差別，但是很一致的是 [s] 的頻率下限比較高，捲舌摩擦音 [ʂ] 或 [ʃ] 的頻率下限相對的低，而顎化音 [ɕ] 則介於前兩種摩擦音之間。後面是有關頻率下限的整理：

---

20 原圖由於受到少許噪音的影響，[s] 的頻率帶之下也有淡淡的亂紋，承審查人指出，經過明暗處理後，可以很明顯地看出能量集中區，但是後面元音的共振峰則失之過淡。

表1：[s]、[ɕ]、[ʂ]、[ʃ] 的摩擦音下限

語言	作者	[s]	[ɕ]	[ʂ]	[ʃ]
波蘭語	Ladefoged（2004）	4000	2500	2000	
英語	Hayward（2000）	4000			2000
國語	吳宗濟與林茂燦（1989）	3100	1800	1600	
	本文	4100	3900	1700	
	臺灣國語（本文）	4800	3100	2700	
東勢客語	本文	5000			2200

單位：Hz

　　[ɕ] 的噪音頻率介於 [s] 和 [ʃ] 之間，因為 [ɕ] 的舌尖與上顎（齒齦到硬顎）形成狹小通道之處，比 [s] 的牙齦還要略微後面，但卻又比 [ʃ] 的舌尖與上顎的後牙齦突出之處還要前面，使得 [ɕ] 噪音頻率介於 [s] 和 [ʃ] 之間。這種噪音能量的差異，也可以從 LPC/FFT 的噪音峰點（peak）之比較看出來。LPC（Linear predictive coding）原用以分析從語流檢測口腔的篩濾（filter）結果，後來在電子數位的時代，由於 LPC 僅需少量語音信號的樣品即能解讀語音訊息的分析，而逐漸為大家所使用。為節省篇幅，我們把圖 9 的東勢客家話摩擦音聲譜的噪音峰點列於圖 10。（再加上 [ɕ]，以平均寬版〔average broad band〕採取男性發音人「手」[ʃiu]、「細」[se]、「新」[ɕin] 等音節的聲母圖）。[21]

---

21 江俊龍（1996）與江敏華（1998）都認為東勢客家話沒有顎化音 [ɕ]，例如「新」讀為 [sin]，但可能由於我們的發音人久居高雄之故，有顎化音 [ɕ]。

圖 10

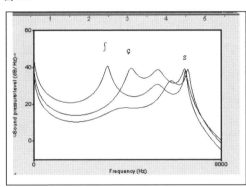

a. [ʃ] 的峰點在 3098Hz

b. [ç] 的峰點在 4170Hz

c. [s] 的峰點在 6624Hz

　　另一個從聲學來檢視捲舌摩擦音的指標是共振峰過渡（formant transition）。在聲學研究裡，平常我們用 F$_1$、F$_2$ 表第一個、第二個共振峰，而共振峰指的是氣流在口腔所形成的共鳴或共振頻率而言，通常的看法是：只有元音或響音才有明顯的共振峰，輔音則沒有共振峰。然而，輔音由於噪音的能量之故，會有與元音共振峰相對應的共鳴現象，這種共鳴振動可以表示氣流的強弱。過去的摩擦音研究文獻，如 Stevens & Blumstein（1975）、Ohala & Ohala（2001）、Stevens（1998）等等，都從元音到輔音（VC）或輔音到元音（CV）的共振峰過渡來解讀摩擦音的聲學特性。

　　我們可以把圖 9 的共振峰單獨抓出來，比較如後：

圖 11：　　　　a. [siu]「修」　　　　　　　　　　b. [ʃiu]「守」

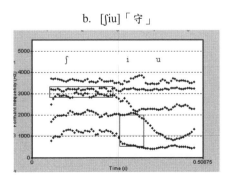

前面圖 11 的 [s] 音約有 160 毫秒（整個音節長 472 毫秒），之後的 F_2 開始往上升（從 2000Hz 升到 2100Hz，見四方形的左上角），代表了舌位向前，F_1 下降（從 1000Hz 降到 480Hz，見四方形的左下角），表示舌位升高，這是 [i] 元音的開始。[i] 的時間持續了 150 毫秒才轉為 [u]，顯現在聲譜圖上的就是 [u] 舌位的降低。比較之下，[ʃ] 的長度也是 160 毫秒，在轉為 [i] 時，F_2 也稍微上升（從 2000Hz 升到 2200Hz），表示 [ʃ] 的發音部位本來就偏前，但是 F_1 緩緩下降（從 1000Hz 降到 450Hz）說明了舌位的升高。

總長度而言，圖 9b 中 [ʃ] 之後的元音 [i] 則比較短，只有 80 毫秒，而且從 [i] 到 [u] 並非緩緩的過渡，頻率值有陡降的趨勢（從 2000Hz 降到 900Hz）。再者，我們可以注意 [s] 和 [ʃ] 在聲學上另一個差別是：[s] 的 F_3（2500Hz）遠比 [ʃ] 的 F_3（3000Hz）還低，這可以從 [i] 轉換到 [u] 時，[ʃ] 的 F_3 有驟降（從 3000Hz 降到 2000Hz）可為證明。最重要的是：[ʃ] 的 F_3 很高，F_4 卻很低，兩者之間的差距頗為微小，這種現象很符合過去文獻的結果。歷來對於捲舌的聲學研究，趨於採用 F_3 及 F_4 為指標，認為捲舌音的特性是：F_3 與 F_4 之間的距離特別小，顯然是源於 F_3 的上升與 F_4 的下降之故（Stevens 1998, Dart & Nihalani 1999, Ohala & Ohala 2001, Ladefoged & Maddieson 1996）。以圖 11b 東勢客家話的 [ʃ] 為例，除了接近 [i] 時 F_3 有驟降之外，整個 F_3 並不低。[22]

此外，比較波蘭後齒齦音 [ʃ] 和 [ç] 的聲學特性，Dogil（1990）也發現捲舌摩擦音 [ç] 的 F_3 與 F_4 之間的差距比較小（表 2a）。[23] 我們也可以把前面圖

---

22 這裡的觀察與 Hamann（2003）不完全吻合，該文認為：低 F3 似乎是捲舌音共通特性，然而過去的文獻顯然不盡然如此，如 Lindblad（1980）的瑞典語摩擦音與（12b）相通，F3 不低（2900-3000Hz）。

23 根據 Hamann（2003），Halle & Stevens（1991）[1996] 也曾經比較過波蘭語的摩擦音，當時的研究成果並無法顯示捲舌擦音 [ʃ] 的 F3 與 F4 之間的距離比顎化音 [ç] 還小，於是 Dogil（1990）重做這個研究。

9 的共振峰圖示改以數字來表示，更可以看出東勢客家話的 [ʃ] 及 [s] 在 F_3 及 F_4 上的差距（表 2b）。

表 2：

	a. 波蘭語					b. 東勢客家話			
	ʃ		ç			ʃ		s	
	女	男	女	男		女	男	女	男
F_3	2865	2560	3055	2695		3246	2895	2638	2468
F_4	2995	2910	3550	3280		4284	3172	4025	3107
差距	310	350	495	585		938	277	1387	739

如果把這兩個語言的 [ʃ] 視為接近的語音，則以男性為例，[s, ç, ʃ] 的 F_3 及 F_4 之間的 Hz 差距關係為：

表 3：s ＞ ç ＞ ʃ　　（＞表「大於」，單位：Hz）

	s	ç	ʃ
F_4-F_3	738	585	350/277

換言之，捲舌音 [ʃ] 的 F_3 及 F_4 之間的差距最小，這樣的結果正好符合過去文獻對於捲舌摩擦音的描述（Stevens 1998；Dart & Nihalani 1999；Ohala & Ohala 2001；Ladefoged & Maddieson 1996）。

綜合前面的討論，我們發現：東勢客家話的 [ʃ] 與 [s] 之間在聲學特性上的差異，可從三個層面來檢視：（1）[s] 的頻率下限比 [ʃ] 還要高。（2）[s] 在 LPC 的噪音頻率峰點也比 [ʃ] 還要高。（3）[ʃ] 的 F_3 與 F_4 之間的差距比 [s] 還小，而且 [ʃ] 之後接 [i] 元音時，其 F_2 只有緩升的現象，說明其發音部位偏前。

（二）東勢客家話 [ʃ] 的聲學特性

以前一小節的發現為基礎，我們馬上要問的問題是：東勢客家話的 [ʃ] 是否在 [io]、[ip]、[ia] 等 [i] 介音的韻母之前有其聲學內部的一致性？換句話說，是不是在所有的情況下，東勢客家話的 [ʃ] 都維持著相同的聲學特性呢？試比較圖 12 的三個東勢客家話的語音共振峰圖示：

圖 12：　　a.「蛇」[ʃia]　　　　　　　b.「船」[ʃion]　　　　　　c.「濕」[ʃip]

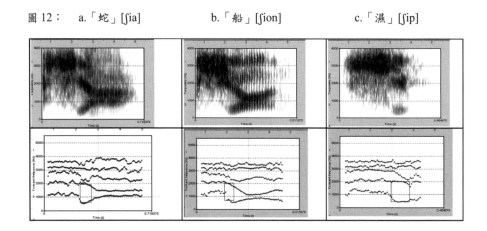

我們把焦點集中在三個地方：（1）發 [ʃ] 音時，頻率下限的反映。由於舌尖的往後，雖然摩擦點的通道狹窄，摩擦量增大，使受阻點與唇部之間的空間變大，因此頻率下限約在 2000Hz 左右。（2）[ʃ] 噪音之後，隨著過渡到 [i] 而見到元音的 F_2 由高點（2000Hz）往下降到 1500Hz 左右，F_1 從較低的 550Hz 往上逐步揚升到 1000Hz，其後是低元音 [a]。同樣的 [i] 現象出現在圖 12b 中，並且圖 12a 與圖 12b 的 [i] 由於為介音之故，比較短，分別為 68 與 59 毫秒。圖 12c 的 [i] 為主要元音，雖然位於入聲音節，長度也相對地增加，約為 89 毫秒。（3）圖 12a-c 中 [ʃ] 的 F_3 與 F_4 之間的差距都不大。

　　為了方便後面討論 [ʃ] 的顎化色彩，我們先留意 [ʃ] 與 [i] 之間的過渡或轉折：圖 12a-b 中，[ʃ] 與 [i] 的交接之處 F$_2$ 往下降（從 2000Hz 降到 1700Hz），表示：[ʃ] 逐漸轉到 [i]。同時，F$_1$ 則先降後升：先從 1000Hz 降到 550Hz，這表示 [ʃ] 的發音比 [i] 還要後面，所以 F$_1$ 比較高。轉折到 [i] 之後，舌位向前，F$_1$ 逐漸降低到 550Hz，正好是一般 [i] 元音的 F$_1$。此後，F$_1$ 又逐漸上升，因為 [i] 之後接的是低元音 [a]，舌位遠比 [i] 還要後面，所以 F$_1$ 上升，回到 1000Hz（這是低元音 [a] 的 F$_1$ 之所在）。不過，圖 12a-b 後面接的是介音，時間很短。介音在轉為主要元音時，F$_2$ 又馬上下降，F$_1$ 上升，是為典型的 [a] 與 [o] 的共振峰形式。

　　接著，我們想探問的是：[ʃ] 和 [s] 的區別是否呈現系統的差別？為了探討這個問題，我們研究相同情境下的 [s]。且看圖 13 中幾個與圖 12 幾乎成最小配對的字例：

圖 13：　　a.「寫」[sia]　　　　　　b.「箱」[sioŋ]　　　　　c.「息」[sit]

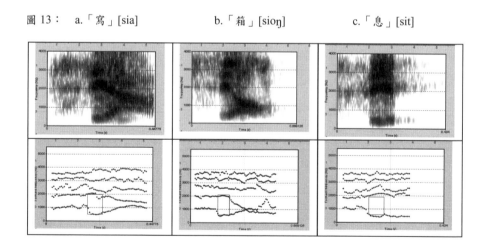

　　仔細比對圖 13 中的三個 [s] 的噪音共振圖示，我們發現：[s] 在 [i] 之前的 F$_1$ 及 F$_2$ 皆呈平行，在接 [i] 時，F$_2$ 往上提升（從 2000Hz 升到 2400Hz），F$_1$

往下降（從 1000Hz 降到 550Hz），分別透露了舌位的逐漸提高提前（因為後面是 [i] 介音）。比較之下，F₃ 則沒有明顯的下降之勢，使 F₃ 及 F₄ 之間維持相當的距離，可見 [s] 在 [i] 之前的聲學特性相當一致，這正是與 [ʃ] 差別最大之處。足以說明 [s] 和 [ʃ] 在類似的語境之中，其內部的聲學現象是一致的。

比較了 [s] 和 [ʃ] 在 [i] 之前的表現之後，我們想瞭解 [s] 和 [ʃ] 在其他元音之前的聲學現象。由於東勢客家話的 [ʃ]（及 [tʃ] 和 [tʃʰ]）除了 [i] 之外，唯一可以接的是 [u] 及 [o]：

圖 14：　　a.「書」[ʃu]　　　　b.「水」[ʃui]　　　　c.「稅」[ʃoi]

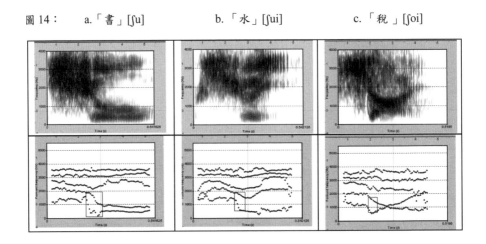

仔細觀察圖 14a-c 的共振峰圖示，除了圖 14c 之外，前面兩個圖形有個共同點：那就是 [ʃ] 與主要元音之間只有短暫的過渡轉折，沒有明顯的 [i] 色彩。但是圖 14c 的元音之後卻出現了少許的 [i] 色彩，使 F₁ 與 F₂ 有點從 [ʃ] 的尾端分別往上下拉開（見圖 14c 聲譜圖畫圓圈處），但這種顎化色彩的 [i]，應該看成 [ʃ] 到主要元音之間的過渡，或者是 [ʃ] 音的延長。至於圖 14a-b 僅可以看到 [ʃ] 的舌尖部位的偏前，而無法肯定 F₂ 之上升或 F₁ 之降低，表示在聲學上 [ʃ]並不具有強烈的顎化色彩。且以美語的 [ʃ] 做比較：

圖 15： a. shy [ʃai]　　b. show [ʃow]　　c. sheet [ʃit]　　d. 海陸「沙」[ʃa]

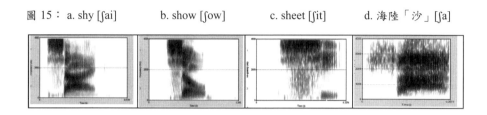

　　從前面（圖 15a-c）的聲譜圖可以很清楚地看到美語的 [ʃ]，後面不論是低元音 /a/（圖 15a）或中元音 /o/（圖 15b），都會帶有簡短的 /i/ 現象：下降的 F₂ 與上升的 F₁（圖中畫圈圈處），表示：美語的 [ʃ] 帶有顎化色彩，這是東勢客家話（圖 14a-b）所沒有的語音特性。臺灣桃園的海陸客家話允許沒有介音的 [ʃa]「沙」（圖 15d），仔細看，也沒有顎化色彩。[24]

　　為了更進一步說明 [i] 的徵性，我們特別列出與圖 14a「書」[ʃu] 只有在介音上存有語意差別的「收」[ʃiu] 和「壽」[ʃiu] 來做對比：

圖 16：　 a.　書 [ʃu]　　　　　b. 收 [ʃiu]　　　　　c. 壽 [ʃiu]

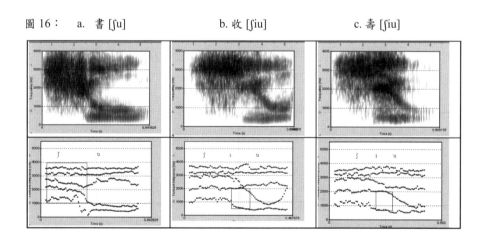

---

24 客家話捲舌擦音 [ʃ] 在 [a] 之前是否要標介音，各家看法不同。各方言之間的分布與音值，還需要進一步比較。目前我們蒐集到的有興寧、大埔（六個鄉鎮點）、詔安、海陸、與東勢的語音資料，只有少數大埔客家話有介音色彩，但是大埔內部各方言的差別很大。

從圖 16 的聲譜比較之中，最明顯的是「收」（圖 16b）與「壽」（圖 16c）的介音比較長而清楚。在圖 16a-c 的三個語音圖，最明顯的是 [ʃu]（圖 16a）的元音長度遠比圖 16b-c 的元音還要長，表示 [ʃu] 的元音占了整個韻母，從 [ʃ] 到 [u] 只有非常短暫的輔音與元音的過渡，[i] 的成分很少，應該只是 [ʃ] 往元音之間的過渡成分，並沒有明顯的顎化色彩。從實際的耳聽而論，圖 16b 與圖 16c 的音值和語音相同，均含有明顯的介音 [i]，成為典型的 [iu] 韻母，然而圖 16a 的韻母比較接近「孫」[sun] 的元音，只是其前的 [ʃ] 拉長，並沒有顎化現象。

迄今，我們以聲學為基礎，各自分析了東勢客家話 [ʃ] 和 [s] 的個別音值及聲學現象，發現兩者在捲舌指標上顯現了差別：[ʃ] 的 F_3 與 F_4 之間距離很小，有著顯著的捲舌特性。另方面，[ʃ] 只有在 [i] 作為主要元音或介音時，才會有明顯的顎化現象，在其他元音之前，則顎化並不顯著。

總結前面迄今的討論，我認為：（1）東勢客家話的 [ʃ] 與其說是個顎化音，不如說是個捲舌音，然而發音時舌尖並沒有實質的後捲，只是舌尖向齒齦後方隆起之時，帶動了舌面與齒齦之間的擦音，帶有國語或塔米爾語的捲舌特性，在聲學上這樣的發音其實也已經反映在噪音的共鳴之上。（2）[ʃ] 和 [s] 在發音部位及聲學共振峰上均有明顯的一致性差異。從 [ʃ] 的特性，可以延伸應用到 [tʃ] 與 [tʃʰ] 的聲學特性。但是 [ʒ] 由於具有濁音現象，我們還必須另外討論。

四、東勢客家話的 [ʒ]

除了 [tʃ, tʃh, ʃ] 之外，東勢和海陸客家話另一引人注目，並且還亟須定位與討論的是高元音 [i] 之前的零聲母 [ʒ]。依據楊時逢（1957：3）的敘述：「[ʒ] 是舌尖及面的通濁音，它的發音部位與 [tʃ] 同，但摩擦成分極輕，說快時全無摩擦，近乎半元音的 [i]。如「衣友野然云央勇」等是。在四縣話裡凡 [ʒ] 母（不

論快慢輕重）都一致讀成半元音 [i]，所以四縣話就不用 [ʒ] 母，而海陸讀 [ʒ] 的字，四縣都全為無聲母的起音字，用○號來代表。」。從現在的了解，這段話至少有兩個問題：第一，並非所有的臺灣四縣客家話都沒有 [ʒ]，至少南部的新埤、佳冬、高樹、長治等地區的四縣客家話就有和海陸客家話一樣只出現在前高元音零聲母位置上的語音；第二，[ʒ] 是個擦音（fricative），而不是阻擦音（affricate），所以 [ʒ] 不應該看成和 [tʃ] 有同樣的發音方式，而應該是看成與 [ʃ] 一樣的發音方式。

　　後面我將先討論語音學文獻對於 [ʒ] 的描述及看法，然後再細加探討臺灣各客家話前高元音零聲母位置上的語音特性，才回到我們的結論：臺灣各客家話出現在前高元音之零聲母位置上的語音，依據擦音的程度而定，大概徘徊在 [j] 和 [ʒ] 之間，前者的音值本質上是個滑音，和英語 year、yes、York、you、young、Yule 等語詞的第一個語音一樣。而後者則與英語的 usually 的第二個音節的輔音相同，是個摩擦濁音。

　　語言學裡用 [ʒ] 表示的輔音，最常見的是英語的 usual 裡第二音節的起首輔音（類於我們所說的聲母），它的發音部位應該是與 [ʃ] 相同，而不是與 [tʃ] 相同。[ʒ] 的發音部位是舌尖，以舌尖微微接觸後齒齦（postalveolar），形成狹小通道，讓從肺部送出來的氣流在此產生摩擦，與 [ʃ] 的差別僅在於聲帶的振動，例如波蘭語的 [ʒiɯ]「他活著」。由於東勢客家話 [ʒ] 的發音部位涉及舌面與後齒齦（如圖 6b），故在語音學上稱為舌面後齒齦摩擦音（lamino-postalveolar fricative）。[25]

　　有些文獻認為：發 [ʒ] 嘴唇要微微向前凸，略呈圓唇狀態。但是有些語音

---

25 另有一種 [ʒ] 的發音方式與舌尖比較有關，稱為舌尖後齒齦（apico-postalveolar）摩擦音，請回頭看本文前一小節之討論。

學家認為，[ʒ] 音的圓唇與否因語言而不同，例如英語、法語要圓唇，俄語則不然（見 Ladefoged & Maddieson 1996：148）。東勢客家話的 [ʒ] 在唇部發音上，介於這兩者之間，在 [u] 之前會有圓唇現象，在其他元音之前則並沒有明顯的圓唇。目前臺灣的客家話之中 [ʒ] 聲母只出現在海陸、饒平、東勢、詔安、卓蘭、永定與少部分南部四縣話，主要是出現在前高元音或介音 [i] 的零聲母位置上，如：

表 4

	東勢	饒平	詔安	海陸	四縣
醫	ʒi	ʒi	ʒi	ʒi	i
夜	ʒia	ʒia	ʒia	ʒa	ia
油	ʒiu	ʒiu	ʒiu	ʒiu	iu
陰	ʒim	ʒim	ʒim	ʒim	im
鹽	ʒiam	ʒiam	ʒiam	ʒam	iam

從音韻學的角度來看，這個只出現在前高元音之零聲母位置上的 [ʒ]，顯然和只出現在後高元音零聲母位置上的 [v] 一樣，都是源於高元音的向前延展而形成的語音現象。[26] 不過，就語音的音值而言，這個 [ʒ] 與分布的位置大有關係：在非高元音之前，[ʒ] 是個典型的濁擦音，與清音 [ʃ] 享有相同的發音部位。但是當 [ʒ] 出現在高元音 [i] 之前時，摩擦減弱，輔音性也降低，變成了滑音 [j]。從語音學來看，[ʒ] 有噪音頻率，沒有明顯的共振峰，而 [j] 正好相反，有明顯的共振峰，而沒有噪音頻率。

---

26 有關客家話 [v] 與 [ʒ] 的音韻現象，請參閱鍾榮富（1991）。

過去的文獻很少直接探討 [ʒ] 的語音，大都是把 [ʒ] 看成 [ʃ] 的清濁對應關係，不過 Ladefoged（2004：59）給了我們一張清晰的比較圖示，比較的對象正好是 [ʒ] 和 [ʃ]（圖 17a）：

圖 17： a. vision [ʒ]　v.s mission [ʃ]　　　　b. 東勢客家話的 [ʃ] 和 [ʒ]

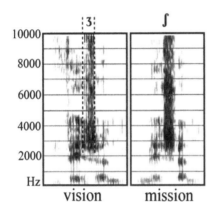

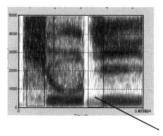

[濁音槓]

在文中，Ladefoged 特別強調兩者的區別在於 [ʒ] 有高頻直條紋（vertical striations）而 [ʃ] 則沒有。直條紋代表了聲帶的振動，沒有直條紋表示聲帶沒有振動。另一個可以看出 [ʒ] 是濁音的聲學特性是濁音槓（voiced bar），前面圖 17 中的 [ʒ] 帶有明顯的濁音槓，但是 [ʃ] 則沒有。透過在圖 17 的比對，可以看出 [ʒ] 和 [ʃ] 的差別在於聲帶的振動與直條紋，因為與此有關的聲學現象都明確地呈現在圖 17 的對照之中。同樣的聲學現象，也可以在東勢客家話的 [ʒ] 和 [ʃ] 之對比之中（圖 17b）看得出來。

後面是表 4 中各個客家方言與普通話 [i] 之前的零聲母的聲譜圖列：[27]

圖 18： [i] 及 [ʒi] 的聲譜比較

普通話　　海陸　　　詔安　　　饒平　　　東勢

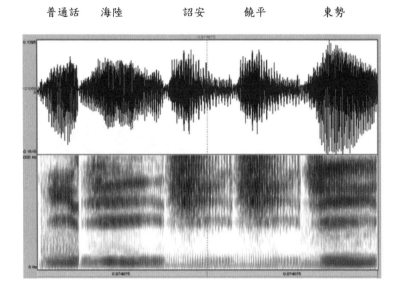

　　經過精細的對比，我們發現：四種客家話在 [i] 之前的 [ʒ]，都有明顯的直條紋，而且也都有明顯的濁音槓，表示聲帶的振動。不過，在這些客家話之中，[ʒ] 的濁音程度並非全然一致，而以海陸及東勢兩種客家話的聲帶振動特別明顯。比較之下，普通話的零聲母位置則僅有疏淡噪音，應該是個並不很顯著的喉塞音。接著，我們比較海陸與東勢兩種客家話的 [ʒ] 在 [i] 與 [a] 之前，是否會有摩擦程度不一的現象。先看 [a] 之前的 [ʒ]（圖 19a-b）：

---

27 採樣的聲音均為「醫生」的「醫」。匿名評審認為圖 18 中海陸的語圖像 [ji]，我想這是因為聲母部分的噪音亂紋比較疏淡而相對的共振峰比較明顯之故，如果比較圖 19d [ʒi] 則聲母部分的噪音摩擦現象會比較清楚。多年來，我一直主張把海陸的前高元音零聲母標為 [j]，但是語證不夠。本研究蒐集了海陸客家的重要語言學者或教師（共十位）的語音，個別差異很大。更詳細的比較研究，請參見鍾榮富（撰寫中）。

圖 19：　　　　「然」[ʒan]　　　　　　　　「有意」[ʒiu ʒi]

　　　　a. 東勢　　　　b. 海陸　　　　　　c. 東勢　　　　d. 海陸

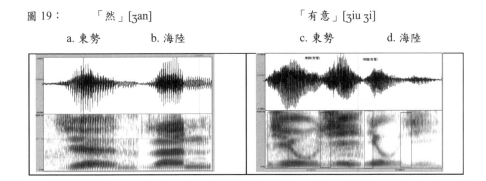

　　前面（圖 19a-b）是東勢與海陸兩種客家話的 [ʒan]「然」（取自「然後」），可以看出輔音具有 [ʒ] 的聲學特性。首先，噪音的頻率下限很低，分布在 2800Hz 左右，頗類於其相對的 [ʃ]；其次，輔音分布之處也有濁音槓的存在，反映出聲帶的振動與濁音的特性；第三，兩者的 [ʒ] 都有高頻的直條紋，只是海陸的高頻直條紋遠比東勢還要明顯；最後，和 [ʃ] 一樣，東勢和海陸客家話的 [ʒ] 由於只出現在 [i] 之前而帶有顎化色彩，使 F_2 呈由低往上升的走向，而 F_1 則從上往下降，結果讓 [ʒ] 與低元音 [a] 的過渡區有個極為短暫的 [i] 特性。這種 [ʒ] 特性只要是出現在 [a] 或 [o]（如 [ʒok]「藥」）的前面，都能很明確地判斷 [ʒ] 的音色，平時做田野調查時，很容易聽出 [ʒ] 的存在，不可能會錯。

　　但是當 [ʒ] 出現在 [u] 或 [i] 之前時，則摩擦比較輕，而偏向於 [j] 的滑音特性。依據 Pickett（1999）的聲學與聽力的實驗結果顯示：前滑音 [j] 與舌尖摩擦濁音 [ʒ] 的差別並不大。Pickett（1999：108）認為：前滑音 [j] 的產生起於舌頭和上顎之間形成狹道而產生摩擦，聲帶同時振動，但是同樣的發音部位與發音方式，也正好是 [ʒ] 產生的主要條件，這個看法與 Catford（2001：63）對於 [ʒ] 與 [j] 的產生完全一致。

　　現在我們就以東勢與海陸的「有意」[ʒiu ʒi]（圖 19c-d）的聲譜圖示為例，說明 [ʒ] 與 [j] 的語音特性。圖 19c 的兩個東勢音節總時長為 800 毫秒，其中前

一音節的 [ʒ] 有 130 毫秒，遠比一般的音段還要長。後一音節的 [ʒ] 僅有 70 毫秒。海陸的兩個音節（圖 19d）共有 640 毫秒，其中前一個 [ʒ] 有 60 毫秒，後一個 [ʒ] 有 70 毫秒。我們發現：這兩種客家話的 [ʒiu] 音節中的 [ʒ] 都兼具了聲母和介音的角色，所以比較長。而且，兩種客家話的 [ʒ] 有明顯的共振峰，其中以東勢客家話 [ʒ] 的第一和第二個共振峰都與高元音 [i] 沒有太大的區別，也沒有減弱，這可以從共振峰的稠黑帶狀可以看出來。海陸的 [ʒiu] 聲母前面還有少許的喉塞音存在，表示輔音與元音的過渡還存在了些許緩衝區。最重要的是兩者的摩擦都不強，所以在共振峰並沒有明顯的減弱現象。F_3 與 F_4 的起伏雖然表示了齒齦部位的摩擦現象，不過在圖 19a-b 中，並沒有弱化趨勢。這些觀察說明：東勢客家話 [i] 元音之前的 [ʒ]，滑音的成分遠大於摩擦音的成分。這種情況並不難理解，因為 [ʒ] 與 [j] 的發音部位，除了舌尖與齒齦後的接觸點距離大小不同而使摩擦程度有別之外，兩者的區別並不大。基於同步發音（co-articulation）的方便，在前高元音 [i] 之前，做好了發 [i] 的部位和方式，結果使 [ʒ] 的摩擦減低。

在我們蒐集的語音資料之中，也有人在 [i] 的前面保持濃重的摩擦而特別顯示了 [ʒ] 輔音的特色，這種現象在東勢和海陸都不難找得到。由此可見，[ʒ] 的感知（perception）和社會性因素可能也有很大的關係。[28] 在進一步瞭解這種分布之前，我們不預設立場，希望將來能有人從這方面做深入的研究。

總結迄今的討論，我們發現東勢、海陸、饒平、與詔安四種具有 [ʒ] 輔音的客家話之中，[ʒ] 都已經有逐漸衰退的現象，主要原因應該是 [ʒ] 的發音部位比較難掌握，特別是在高元音 [i] 之前，更難有明確的摩擦及輔音化的現象。

---

28 依據現有的觀察，越年輕的人越不會念 [ʒ] 輔音，年紀越大者或講的客家話越是道地的人，[ʒ] 的音色越能掌握。

在比較保守的海陸和東勢兩種客家話之中，[ʒ] 在非高元音之前更穩定，而在高元音 [i] 之前，其摩擦和輔音化的快慢或許與年齡或其他社會因素有關。

五、結語

　　本文探討了客家話分類的很重要指標之一，即所謂精莊與知章三等輔音在共時各種客家方言的語音與發音，這是過去研究客家文獻尚未嘗試的議題。雖然傳統聲韻學或方言學者，對於中古漢語音系從《切韻》一書以來的語音發展，特別關切精莊與知章三等聲母的分合，而且也往往舉客家話為例證，可見客家話在精莊與知章三等聲母合讀 [ts, tsʰ, s]，或分別讀成 [ts, tsʰ, s] 與 [tʃ, tʃʰ, ʃ, ʒ] 的分別上，不但具有共時方言語音劃分的重要性，也關係著中古語音的擬構問題。

　　本文從發音部位與發音方式，先討論世界上其他語言的描述，然後回頭細看東勢客家話的摩擦音，特別是 [ʃ] 與 [ʒ] 的發音方式，發現過去文獻上使用「舌葉音」、「舌尖後音」或「舌尖面」等名詞來描述，固然足以讓讀者區分 [ʃ] 與 [ʒ] 與國語的 [ʂ, ʐ]（「舌尖硬顎」），然而方言之中沒有 [ʃ] 與 [ʒ] 者，總難以確切掌握這兩個摩擦語音的實際發音過程。從本文的討論之中，我們瞭解：東勢客家話摩擦音 [ʃ] 與 [ʒ] 的發音過程，是把整個舌面提升，與齒齦後方形成狹小的通道，讓氣流產生摩擦，並沒有明顯的舌尖後捲，也沒有強烈的顎化現象。簡而言之，是個捲舌大於顎化的摩擦音。至於濁音 [ʒ] 在發音部位上與其清音配對 [ʃ] 完全一樣，不同的只在於聲帶的振動與聲門的閉合。而且，[ʒ] 只出現在前元音 [i] 開始的零聲母音節的聲母位置上，因此應該不是音位性的語音，僅僅只是音韻規律帶來的語音變化之結果。另外，客家話中的 [ʒ] 也已經在逐漸衰退之中，除了非高元音之前的 [ʒ] 還明顯地保存摩擦及輔音特性之外，其他常見於前高元音之前的 [ʒ] 其實已經逐漸弱化成滑音。

其次，我們也以同樣的研究方法，先探討世界上其他語言的捲舌摩擦音的聲學現象，然後從聲學的角度去逐一印證我們對於東勢客家話 [ʃ] 與 [ʒ] 的發音問題。結果發現：東勢客家話的 [ʃ] 與 [ʒ] 與世界上其他語言的捲舌摩擦音很相同，指標在於噪音的頻率下限低於 [s]，且 F_3 與 F_4 的距離不大，這正好是文獻上認為是捲舌音的特性。

以前面得到的幾點發現為基礎，未來還值得更進一步探索的是：文獻中用 [ʂ] 來標注興寧（饒秉才 1998），其音值是否異於 [ʃ]？還是一如 Hamann（2003）能一改波蘭語之文獻，把 [š] 改為 [ʃ] 呢？另一個值得關心的是前高元音零聲母在各客家方言中讀音擺盪在 [j]、[ʒ]、與 [z] 與零聲母間，如：[29]

表 5：各客家方言的前高元音零聲母

例字	東筦	秀篆	揭西	賀縣	興寧	陸豐	大埔	增城	河源	陸川	上猶	海陸	詔安	饒平	東勢
野	za	zia	ʒa	ja	ʐa	ja	ʐa	ʒa	ia	ja	jia	ʒa	ʒa	ʒa	ʒa
醫	zi	zi	ʒi	ji	ʐi	ji	ʐi	ʒi	ji	ji	ji	ʒi	ʒi	ʒi	ʒi

這樣的標音差異是實際語音實際的差別呢？還是其他因素？透過聲學的分析，或許這些問題會獲得比較完美的分析。

---

[29] 臺灣客家話為個人的調查，其他客家方言語料，請參見謝留文（2003）及其內所徵引之文獻。

參考文獻

丁邦新，1998，《丁邦新語言學論文集》。北京：商務印書館。

王　力，1980[2006]，《漢語史稿》。北京：中華書局。

史存直，2002，《漢語音韻學論文集》。上海：華東師範大學出版社。

江俊龍，1996，《臺中東勢客家方言詞彙研究》。國立中正大學中國文學研究所碩士論文。

_____，2003，《大埔客家話研究》。國立中正大學中國文學研究所博士論文。

江敏華，1998，《臺中縣東勢客語音韻研究》。國立臺灣大學碩士論文。

何大安，1988，《規律與方向：變遷中的音韻結構》。臺北：大安出版社。

吳宗濟、林茂燦主編，1989，《實驗語音學概要》。北京：高等教育出版社。

呂叔湘，1991，《未晚齋語文漫談》，後收入《語文雜記》，頁215-288。北京：生活・讀書・新知三聯書店。

呂嵩雁，2004，《臺灣客家話的源與變》。臺北：五南出版社。

李新魁，1979，〈論近代漢語照系聲母的音值〉，《學術研究》6期，後收入《李新魁語言學論集》，頁163-176。北京：中華書局。

_____，1984，〈近代漢語介音的發展〉，《音韻學研究》第一輯，頁471-484。北京：中華書局。

周同春，2003，《漢語語音學》。北京：北京師範大學出版社。

唐作藩，1987，《音韻學教程》。北京：北京大學出版社。

袁家驊，2001，《漢語方言概要》，第2版。北京：語文出版社。

張光宇，1996，《閩客方言史稿》。臺北：南天書局。

郭錫良，2005，《漢語史論集》。北京：商務印書館。

陳秀琪，2000，〈中古精莊知章母在客語的演變〉，宣讀於「第四屆客方言研討會」（梅州）。

楊時逢，1957，《桃園客家方言》，史語所集刊二十二本。臺北：中央研究院歷史語言研究所。

楊劍橋，2005，《漢語音韻學講義》。上海：復旦大學出版社。

溫昌衍，2006，《客家方言》。廣州：華南理工大學出版社。

董同龢，1987，《漢語音韻學》。臺北：文史哲出版社。

謝留文，2003，《客家方言語音研究》。北京：中國社會科學出版社。

鍾榮富，1991，〈論客家話的 [v] 聲母〉，《聲韻論叢》，第三輯，頁 435-455。臺北：學生書局。

_____，1997，《美濃鎮誌語言篇》，頁 1317-1477。高雄：美濃鎮公所出版。

_____，2004，《臺灣客家語音導論》。臺北：五南出版社。

_____，（撰寫中），〈客家話 [i] 之前的零聲母：語音與音韻的考察〉。

饒秉才，1998，〈《客家研究導論》中的客家語言存疑〉，《客家方言研究》（第二屆客方言研討會論文集），頁 419-432。廣州：暨南大學出版社。

Anderson, Joseph, 1985, *The organization of phonology*. New York: Academic Press.

Bailey, T. Grahame, 1937, *The pronunciation of Kashmiri*. London: Royal Asiatic Society.

Bhat, Roopkrishen, 1987, *A descriptive study of Kashmiri*. Delhi: Amar Prakashan.

Blevins, Juliette, 2004, *Evolutinary phonology*. Cambridge: Cambridge University Press.

Bolla, Kalaman, 1981, *A conspectus of Russian speech sounds*. Budapest : Hungarian Academy of Science.

Borden, Gloria J., Katherine S. Harris & Lawrence J. Raphael, 1994, *Speech science primer : Physiology, acoustics, and perception of speech*（3rd edition）. Baltimore: A waverly Company.

Catford, John, 2001, *A Practical introduction to Phonetics*.（2nd edition）Oxford: Oxford University Press.

Ćavar, M. Ewa, 2004, *Palatalization in Polish: An Interaction of Articulatory and Perceptual Factors*. Potsdam: University of Potsdam dissertation.

Chao, Yuenren, 1948, *Mandarin primer*. Cambridge, MA: Harvard University Press.

_____, 1968, *A grammar of spoken Chinese*. Berkeley and Los Angeles: University of California Press.

Cheng, Chin-chuan, 1973, *A synchronic phonology of Mandarin Chinese*. The Hague: Mouton.

Clements, G. N., 1985, "The Geometry of Phonological Features". *Phonology Yearbook* 2.223-252.

Dart, Sara & Paroo Nihalani, 1999, "The articulation of Malayalam coronal stops and nasals". *Journal of the International Phonetic Association* 29.2: 129-142.

Dogil , Grzegorz, 1990, *Hissing and hushing fricatives : A comment on non-anterior spirants in Polish*. Mannuscript, Stuttgart University.

Fleming, Edward S., 2002, *Auditory representations in phonology*. New York: Routledge.

Halle, Morris & Kenneth N. Stevens, 1991, "The postalveolar fricatives of Polish". *Speech Communication Group working Papers* 7:77-94. Cambridge: Research Laboratory of Electronics, MIT. Also in *Speech Production and Language: In Honor of Osamu Fujimura*, 1997, ed. by Shigeru Kiritani, Hajime Hirose & Hiroya Fujisaki, 177-193. Berlin & New York: Mouton de Gruyter.

Hamann, Silke, 2003, *The phonetics and phonology of retroflexes*. Utrecht: LOT Press.

Hayes, Bruce, Robert Kirchner and Donca Steriade,（eds）, 2004, *Phonetically based phonology*. Cambridge: Cambridge University Press.

Hayward, Katrina, 2000, *Experimental phonetics*. London: Longman.

Hein, J. M. And Kenneth Stevens, 1961, "On the properties of voiceless fricative consonants". *Journal of the Acoustical Society of America* 33:589-596.

Hume, Elizabeth, 1994, *Front vowels, coronal consonants and their interaction in nonlinear phonology*. London: Garland.

Keating, Patricia, 1991, "Coronal places of articulation". In Caroline Paradis & Jean F. Prunet （eds）. *The special status of coronals: Internal and external evidence,* 29-48. San Diego: Academic Press.

Kellar, Ashok R. & Pran Nath Trisal, 1964, "Kashmiri word phonology: A first sketch". *Anthropological Linguistics* 6.1:13-22.

Ladefoged, Peter & Ian Maddieson, 1996, *The sounds of the world's languages*. Cambridge: Blackwell.

Ladefoged, Peter & Wu, Zhongji, 1984, "Places of articulation: An investigation of Pekingese fricatives and affricates". *Journal of Phonetics* 2: 267-278.

Ladefoged, Peter, 2003, *Phonetic Data Analysis: An Introduction to Fieldwork and Instrumental Techniques*. Oxford: Blackwell.

_____, 2004, *Vowels and consonants: an introduction to the sounds of languages* (2nd edition). Oxford: Blackwell.

Laver, John, 1994, *Principles of phonetics*. Cambridge: Cambridge University Press.

Lindblad, Per, 1980, *Svenskans sje- och tje-ljud i ett Allmänfonetisk Perspektiv*. Travaux de l'Institut de Linguistique de Lund 16. Lund: Gleerup.

Maddieson, Ian, 1984, *Patterns of sounds*. Cambridge: Cambridge University Press.

McCarthy, John, 1988, "Feature geometry and dependency: a review". *Phonetica* 45.2-4:84-108.

Ohala, M. & Ohala, John, 2001, "Acoustic VC transitions correlate with degree of perceptual confusion of place contrast in Hindi". *To Honour Eli Fischer-Jørgensen: Festschrift on the Occasion of Her 90th Birthday, February 11th, 2001*,ed. by Nina Grønnum & Jørgen Rischel, 265-284. Travaux du Cercle linguistiquede Copenhague 31. Copenhagen: C. A. Reitzel.

Ohde, Ralph N & Donald J. Sharf, 1992, *Phonetic anlysis of normal and abnormal speech*. London: Macmillan.

Pickett, J. M., 1999, *The Acoustics of Speech Communication: Fundamentals, Speech Perception Theory, and Technology*. Boston: Allyn & Bacon.

Roca, I. and Wyn Johnson, 1999, *A Course in Phonology*. Oxford: Blackwell.

Sakthivel, Subbiah, 1976, *Phonology of Toda with vocabulary*. Annamalaingar: Sri Velan Press.

Shalev, Michael, Peter Ladefoged & Peri Bhaskararao, 1994, "Phonetics of Toda". *PILC Journal of Dravidian Studies* 4:19-56.

Steriade, Donca, 1994, "Complex onsets as single segments: the Mazateco pattern". *Perspectives in Phonology*, ed. by Jennifer Cole & Charles W. Kisseberth, 203-291. Stanford: CSLI.

Stevens, Kenneth, 1998, *Acoustic phonetics*. Cambridge: The MIT Press.

Stevens, Kenneth N., & Sheila E. Blumstein, 1975, "Quantal aspects of consonant production and perception: A study of retroflex stop consonants". *Journal of Phonetics* 3.4:215-233.

Švarný, Oldřich, & Kamil Zvelebil, 1955, "Some remarks on the articulation of the cerebral consonants in Indian languages, especially in Tamil". *Archiv Orentální/ Oriental Archive: Quaterly Journal of African and Asian Studies* 23:374-407.

Trask, R. L., 1996, *Historical linguistics*. London: Arnold.

Wang, William S-Y., 1979, "Language change: a lexical perspective". *Annual Review of Anthropology* 8:353-371.

_____, 1969, "Competing changes as a cause of residue". *Language* 45:9-25.

Wierzchowska, Bożena, 1980, *Fonetyka I Fonologia Języka Polskiego*. Wrocław: Zakład Narodowy im. Ossolińskich.

後龍海陸客家話的語音變異 [*]

黃菊芳、江敏華、鄭錦全

一、前言

苗栗縣是臺灣四縣客家話非常集中的使用區，縣內濱海的後龍鎮則是以閩南語為強勢語的地區。經由家戶語言調查得知，後龍鎮還有不少以海陸客家話作為家庭語言的住戶，這些居民通常也熟稔四縣客家話及閩南語。本文探討處於弱勢的海陸客家話在後龍鎮如何保持其本身的發音特色，又在怎樣的環境下產生變異，變異的發生與苗栗地區的四縣客語及後龍鎮的強勢閩南語有什麼程度的相關？究竟後龍的海陸客家話與新竹的海陸客家話差異在哪裡？本文除前言外，首先概述後龍鎮的語言分布，其次描寫後龍海陸客家話的語音，然後討論後龍海陸客家話與新竹海陸客家話的異同，並針對一般海陸客家話讀舌葉音的部分深入討論，再比較後龍海陸客家話與新埔四縣客家話的變異現象，最後是結語。

---

* 本文原刊登於《臺灣語文研究》，2012，7 卷，1 期，129-150。因收錄於本專書，略做增刪，謹此說明。作者黃菊芳現任國立中央大學客家語文暨社會科學學系副教授；江敏華現任中央研究院語言學研究所研究員；鄭錦全現任國立臺灣師範大學華語文教學系講座教授。

二、後龍鎮語言地理分布概況

　　苗栗縣後龍鎮位於後龍溪的下游，後龍舊稱「後壠」，過去是平埔道卡斯族生息的地方。約於十七世紀開始，漢人大量移墾，原住民的文化及語言大量流失，近幾年在尊重多元及母語教育的提倡下，本地的原住民對於自身文化的保存意識逐漸升高。不過原住民語言的使用仍快速萎縮，家庭語言使用以閩南語及客語為主，原住民語只有少數老人家還有使用。根據《後龍鎮誌》（尹章義、黃明田 2002：86-112）所述，移墾本地的漢人有閩南人也有客家人，閩南人以福建泉州府安溪人及同安人為多，客家人則多半來自廣東惠州府的陸豐縣及嘉應州鎮平縣。本文參考中央研究院「閩客語典藏計畫」與國立交通大學「四溪計畫」合作執行的後龍鎮語言分布調查成果，該計畫在後龍鎮執行完成11,454 戶的語言別確認。所完成的家戶語言共計有閩南語 10,240 戶，四縣客語 812 戶，海陸客語 248 戶，大埔客語 2 戶，南島語 18 戶，其他如印尼語及無法聯繫以確認其使用語言的共計 134 戶。後龍鎮分里居民的家戶語言使用統計如表 1。

表 1：後龍鎮居民家庭語言統計表

村里名	調查戶數	閩南語	客語			南島語	印尼語	其他
			四縣	海陸	大埔			
大山里	576	560	0	0	0	0	0	16
大庄里	1439	1383	22	28	0	2	0	4
中和里	249	475	6	15	0	0	0	1
中龍里	321	317	1	2	0	0	0	1
水尾里	379	379	0	0	0	0	0	0
北龍里	553	548	0	3	0	0	0	2
外埔里	421	417	0	0	0	0	0	4

表 1：後龍鎮居民家庭語言統計表（續）

村里名	調查戶數	閩南語	客語			南島語	印尼語	其他
			四縣	海陸	大埔			
秀水里	257	257	0	0	0	0	0	0
東明里	544	515	24	0	0	0	0	5
南港里	487	449	4	33	0	0	0	1
南龍里	530	473	0	36	0	0	0	21
埔頂里	866	782	60	2	0	1	0	21
校椅里	406	183	187	57	2	14	1	7
海埔里	397	397	0	0	0	0	0	0
海寶里	389	384	0	0	0	0	0	5
復興里	235	191	20	17	0	0	0	7
新民里	441	404	17	0	0	0	0	20
溪洲里	764	738	16	5	0	0	1	4
福寧里	286	257	3	26	0	0	0	0
龍坑里	487	357	103	19	0	0	0	8
龍津里	242	242	0	0	0	0	0	0
豐富里	453	96	349	2	0	1	3	2
灣寶里	484	481	0	3	0	0	0	0
小計	11454	10240	812	248	2	18	5	129

　　閩南語是後龍的強勢語言，後龍鎮 23 個里除了校椅里及豐富里以外，閩南語的使用家庭都高居各里之冠。

　　根據該計畫調查所建立的資料庫，我們將後龍鎮全鎮的語言分布繪製如圖 1。圖中圓形標示閩南語，倒三角形標示四縣客語使用家庭，正三角形標示海陸客語使用家庭，十字標示其他，旋轉 90 度的三角形標示大埔客語，正方形標示南島語，透過地理資訊系統的建置（ESRI 2009），可以清楚顯示後龍鎮各里語言分布的調查結果。

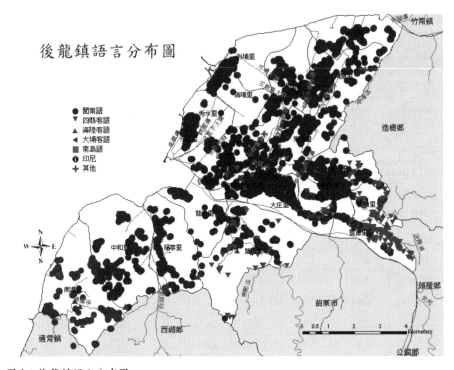

圖1：後龍鎮語言分布圖

　　我們將閩南語、四縣客語、海陸客語的地理分布分別用三張簡圖呈現：圖
2、圖3、圖4，透過檢視這三張分布圖，可以更清楚看出海陸客語在後龍地區
相對弱勢的地理分布，也可理解閩南語及四縣客語勢必對這裡的海陸客語產生
強烈的影響。

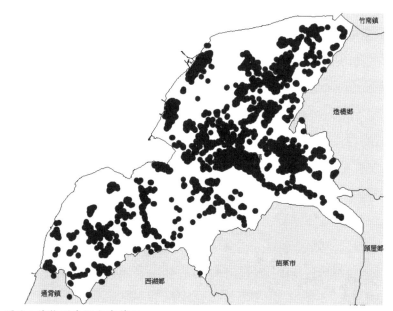

圖2：後龍閩南語分布簡圖

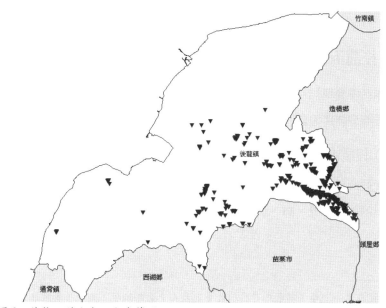

圖3：後龍四縣客家話分布簡圖

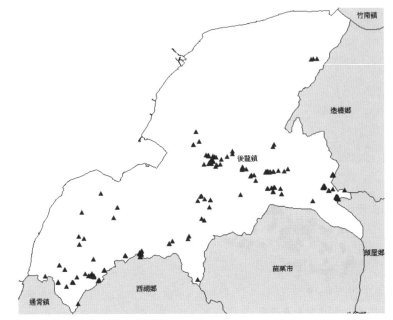

圖 4：後龍海陸客家話分布簡圖

三、後龍海陸客家話的音韻描寫及特色

　　本節將簡單描寫後龍海陸客家話的音韻，並與新竹海陸客家話作比較，以了解後龍海陸客家話的語音特色。[1]

（一）後龍海陸客家話的音韻描寫

　　後龍海陸客家話的聲母、韻母、聲調分別列入表2、表3、表4，作為下文探討的依據。聲、韻、調根據《方言調查字表》（1981）的格式整理。

---

1 本研究為控制變項，要求所尋找的發音對象為中老年齡層，並世居本地且家中仍以海陸客家話為主要溝通語言。

1. 後龍海陸客家話聲母

表 2：後龍海陸客家話聲母表

發音方法／發音部位		塞音		塞擦音		鼻音	擦音		邊音
		不送氣	送氣	不送氣	送氣				
雙唇	重唇	p	pʰ			m			
	例字	包冰	皮病			尾忘			
	輕唇						f	v	
	例字						福分	碗會	
舌尖	舌尖前			ts	tsʰ		s		
	例字			子走	村坐		鎖雙		
	舌尖	t	tʰ			n			l
	例字	刀等	同定			泥難			梨流
舌面前				tɕ	tɕʰ	ȵ	ɕ		
例字				井酒	請錢	人軟	先寫		
舌根		k	kʰ			ŋ			
例字		歌經	苦裙			瓦外			
喉							h		
例字							海血		

說明：含零聲母（∅，例字「安」、「有」）共計 21 個聲母。[ts, tsʰ, s, ŋ] 聲母後接 i 時顎化唸成舌面前音 [tɕ, tɕʰ, ɕ, ȵ]，本文採嚴式標音，以便討論。

2. 後龍海陸客家話韻母

表 3：後龍海陸客家話韻母表

	陰聲韻					陽聲韻			入聲韻		
音標	ɿ	a	o	i	u	ɿm	ɿn	aŋ	ɿp	ɿt	ak
例字	指字	家沙	多餓	句杯	土初	針深	蒸真	坑硬	濕汁	直失	客石
音標	e	ia	io	ai	au	am	an	oŋ	ap	at	ok
例字	街齊	寫斜	靴茄	矮泥	包交	男鹹	難滿	講忘	答鴨	辣殺	落角

表 3：後龍海陸客家話韻母表（續）

		陰聲韻				陽聲韻				入聲韻	
音標		ua		oi	eu	em	on	uŋ	ep	ot	uk
例字		瓜誇		賠來	頭走	含森	看歡	通風	垃浙	發割	木福
音標				ui	iu	im	en	iaŋ	ip	et	iak
例字				碎鬼	留九	林金	冰等	平頸	急入	墨色	壁蓆
音標				ioi	ieu	iam	in	ioŋ	iap	ut	iok
例字				kʰioi（累）	扣狗	鹽險	根親	放兩	葉粒	骨出	藥腳
音標				uai			un	iuŋ		it	iuk
例字				怪筷			滾順	共雄		筆日	六玉
音標							ion	uaŋ		iet	
例字							全軟	梗脛		熱切	
音標							ien			uat	
例字							變棉			刮	
音標							iun			uet	
例字							近忍			國	
音標							uan				
例字							關款				

說明：（1）陰聲韻 18 個，陽聲韻 22 個，入聲韻 20 個。
　　　（2）成音節鼻音 2 個：m（例字：母）、ŋ（例字：魚、五）。
　　　（3）共有 62 個韻母。

3. 後龍海陸客家話聲調

表 4：後龍海陸客家話聲調表

調類	陰平	陽平	上聲	陰去	陽去	陰入	陽入
後龍海陸	53	55	24	11	33	<u>55</u>	<u>32</u>
例字	包鮮豬	銅籃櫥	飽火主	報凍線	大換害	百節七	白木合

說明：聲調共計 7 個。

（二）後龍海陸客家話的特色

後龍海陸客家話的特色可以從其與新竹海陸客家話[2]的比較中，得到清楚的認識，以下分別從聲韻調三方面討論。

聲母方面，與新竹海陸相比，後龍海陸的聲母數少了四個，都是舌葉音：[tʃ, tʃʰ, ʃ, ʒ]。

韻母方面，後龍海陸與苗栗四縣[3]的韻母相同，而與新竹海陸的韻母有較大的差異，主要差異歸納如表5。

表5：後龍海陸與新竹海陸韻母相異表

後龍海陸	新竹海陸	例字	說明
ɿ	i	指試時	都出現在塞擦音及擦音之後
ɿm	im	針深審	同上
ɿn	in	真陳身	同上
ɿp	ip	汁濕十	同上
ɿt	it	質直失	同上
e	ai	解街雞	
eu、ieu	au、iau	朝燒表廟搖	出現在各發聲部位，只有舌尖前邊音不變，但例字少
u	iu	周醜酬收手	都出現在塞擦音及擦音之後
i	ui	杯肥味會胃	都出現在雙唇及唇齒音之後

表5效開三宵韻字需要加以說明，新竹海陸與後龍海陸的對應關係可以歸納出幾條規則：

（1）唇音字後龍海陸讀 [eu]，新竹海陸讀 [iau]，例字如「標飄苗廟」；

（2）齒音字較複雜，後龍海陸一律讀 [eu]。新竹海陸有兩套系統，一套讀 [iau]，例字如「焦樵消小笑」，屬中古的精系字；另一套讀 [au]，例字如「朝超招燒少紹照」，屬中古的知系和章系字；

（3）舌面前、舌根和喉音字，後龍海陸讀 [ieu]，新竹海陸讀 [iau]，例字如「饒擾嬌橋妖搖」，屬中古的日曉影喻母字及見系字。

以聲調而言，後龍海陸與新竹海陸完全相同，與苗栗四縣差異頗大。表6將各腔調的調值並列，以便比較。

表6：後龍海陸、新竹海陸、苗栗四縣調值表

調類	陰平	陽平	上聲	陰去	陽去	陰入	陽入
後龍海陸	53	55	24	11	33	<u>55</u>	<u>32</u>
新竹海陸	53	55	24	11	33	<u>55</u>	<u>32</u>
苗栗四縣	24	11	31	55		<u>32</u>	<u>55</u>

除了聲母及韻母呈現差異外，新竹海陸客家話的名詞詞綴一律使用 [ə]，而後龍海陸客家話則使用 [e]，與苗栗四縣相同，但聲調表現與新竹海陸相同。

綜合而言，後龍海陸在聲母和韻母的表現與苗栗四縣相似，而聲調的使用則與新竹海陸相同，呈現有趣的現象。其中舌葉音的丟失引起我們的興趣，我們就所有的齒音發音詞彙，深入分析後龍海陸客家話舌葉音丟失的現象。觀察丟失的現象是否完全，或者仍在部分詞彙保留舌葉音，保留的情形又是如何？而後龍海陸客家話處在閩南語的強勢包圍下，是不是受閩南語的影響而出現變異？這些都很值得深入討論。為了將焦點集中，並且與已經調查過的新竹新埔地區的弱勢四縣客語比較，本文將仍以齒音及四縣客語的零聲母部分為主要討論對象。

四、後龍海陸客家話舌葉音的丟失現象

　　我們假設新竹海陸客家話是後龍海陸客家話的早期形式，經由對後龍海陸客家話的音韻描寫，發現處於閩南語及苗栗四縣客家話包圍的語言環境下，後龍海陸客家話的聲調與新竹海陸客家話完全相同，在聲母及韻母的部分則明顯受到兩大強勢語言的影響，最明顯的是丟失一套舌葉音。本節依據後龍海陸客家話發音人所有可以唸出的齒音字歸納，區分聲、韻、調，以新竹海陸客家話作為比較參照，後龍海陸客家話與新竹海陸客家話在齒音部分的發音差異可以分四類討論：（1）聲、韻、調全同；（2）聲、韻異，調同；（3）聲母異，韻、調同；（4）聲、調同，韻異。論述過程將與苗栗四縣客家話比較，分析後龍海陸客家話處在接觸的環境下，其語音的變異現象。

（一）聲、韻、調全同

　　後龍海陸客家話與新竹海陸客家話齒音字發音全同的相配韻母有：

[ŋ, a, e, o, ai, oi, ui, u, au, eu]

[am, em, an, on, en, un, aŋ, oŋ, uŋ]

[ap, et, ut, ak, ok, uk]

[i, ia, iu]

[im, iam, in, ion, ien, iaŋ, ioŋ, iuŋ]

[ip, iap, it, iet, iak, iok, iuk]

共計 43 個。例字整理如表 7。

表 7：後龍海陸與新竹海陸客家話齒音同音字例表 [4]

	ɿ		a
ts	資	ts	
tsʰ	辭慈飼自次	tsʰ	茶差察
s	字事絲思私師斯施是士仕	s	
	e		o
ts	姊	ts	早左裏做
tsʰ	齊	tsʰ	坐草錯造座
s	洗細婿	s	嫂鎖
	ai		oi
ts	再債	ts	
tsʰ	在差彩採猜	tsʰ	材才菜
s		s	賽
	-ui		u
ts		ts	租組
tsʰ	摧	tsʰ	粗初楚
s	雖隨	s	素
	au		eu
ts		ts	走奏
tsʰ	抄操鈔吵炒	tsʰ	
s		s	搜愁
	am		em
ts		ts	
tsʰ		tsʰ	
s	衫	s	森

4 新竹海陸客家話過去的調查研究顯示 [ts, tsʰ, s] 後接 [i] 不會顎化讀 [tɕ, tɕʰ, ɕ]，但我們的調查發現，目前的中老年人口都有顎化的現象，因此根據新埔實際調查取得的語音探討。

	an		on
ts	贊讚	ts	
tsʰ	泉殘燦餐	tsʰ	
s	山刪散產	s	酸痠
	en		un
ts	爭增贈	ts	尊遵
tsʰ	層	tsʰ	村寸
s	生省星甥	s	存孫巡純
	aŋ		oŋ
ts		ts	壯葬
tsʰ	層	tsʰ	藏倉闖滄床創撞狀
s	生省星甥	s	桑
	uŋ		ap
ts	宗粽	ts	□（意指很壯）
tsʰ	窗聰叢	tsʰ	插雜
s	鬆	s	
	et		ut
ts	擇側	ts	卒
tsʰ	測策	tsʰ	
s	色塞	s	
	ak		ok
ts	摘	ts	作桌
tsʰ	拆	tsʰ	
s		s	
	uk		i
ts		tɕ	
tsʰ	族	tɕʰ	妻徐臍取趣
s	速	ɕ	西需死四

	ia		iu
tɕ	借	tɕ	皺酒
tɕʰ	斜謝	tɕʰ	秋泅袖
ɕ	寫邪	ɕ	修秀
	im		iam
tɕ	浸	tɕ	尖佔
tɕʰ	侵尋	tɕʰ	簽籤暫漸
ɕ	心	ɕ	
	in		ion
tɕ	精進	tɕ	
tɕʰ	清青親戚秦情盡靜	tɕʰ	全
ɕ	先新辛薪信性	ɕ	
	ien		iaŋ
tɕ	煎薦	tɕ	井
tɕʰ	錢千遷前剪淺賤濺	tɕʰ	清青請
ɕ	先線仙宣選	ɕ	醒姓
	ioŋ		iuŋ
tɕ	獎將蔣醬	tɕ	
tɕʰ	搶像	tɕʰ	松從
ɕ	祥想相箱鑲詳象匠	ɕ	
	ip		iap
tɕ		tɕ	接
tɕʰ		tɕʰ	
ɕ	集習輯	ɕ	
	it		iet
tɕ	績責積	tɕ	節
tɕʰ	七漆	tɕʰ	切絕
ɕ	息席析惜	ɕ	雪

	iak		iok
tɕ		tɕ	削
tɕʰ	蓆	tɕʰ	
ɕ		ɕ	
	iuk		
tɕ	足		
tɕʰ			
ɕ	宿淑俗		

這些與新竹海陸客家話讀音相同的字，若不論聲調，其聲韻也與苗栗四縣客家話相同。

（二）聲、韻異，調同

後龍海陸客家話與新竹海陸客家話聲母及韻母不同，聲調相同的字例整理如表8。

表8：後龍海陸與新竹海陸客家話齒音聲韻異調同字例表

聲母＼韻母	後龍：新竹
後龍：新竹	ɿ：i
ts：tʃ	指址志製智致痣至紙治
tsʰ：tʃʰ	遲齒治
s：ʃ	屎始示視市誓時
	ɿ：e
ts：tʃ	
tsʰ：tʃʰ	
s：ʃ	勢世

聲母＼韻母	後龍：新竹
	ɿn：in
ts：tʃ	正真貞徵珍蒸鎮震振整政證症
tsʰ：tʃʰ	稱陳塵程
s：ʃ	晨升身成紳臣誠神承聖勝盛
	ɿm：im
ts：tʃ	針枕

韻母＼聲母	後龍：新竹
tsʰ : tʃʰ	深
s : ʃ	審慎甚
	u : iu
ts : tʃ	晝州洲周咒
tsʰ : tʃʰ	臭抽籌醜
s : ʃ	收仇手守首受壽授
	eu : au
ts : tʃ	朝招照早
tsʰ : tʃʰ	超潮趙朝
s : ʃ	少燒
	eu : iau
ts : tɕ	焦醮
tsʰ : tɕʰ	柴
s : ɕ	消銷宵宵蕭逍小笑

韻母＼聲母	後龍：新竹
	ɿt : it
ts : tʃ	質織職
tsʰ : tʃʰ	姪直值植
s : ʃ	失實式識室釋食
	ɿp : ip
ts : tʃ	汁□（餿水）
tsʰ : tʃʰ	
s : ʃ	濕十

　　這些後龍海陸客家話的聲韻與新竹海陸客家話不同而聲調相同的字例，其聲與韻都與苗栗四縣客家話相同。

（三）聲母異，韻、調同

　　我們歸納整理後龍海陸客家話和新竹海陸客家話聲母的對應關係如表9。

表9：後龍海陸與新竹海陸客家話 [ts, tsʰ, s] 與 [tʃ, tʃʰ, ʃ] 對應字例表

後龍：新竹	a	後龍：新竹	on
ts：tʃ	遮蔗者	ts：tʃ	磚專轉鑽
tsʰ：tʃʰ	車查	tsʰ：tʃʰ	川穿傳賺串
s：ʃ	蛇射社	s：ʃ	船
	u		aŋ
ts：tʃ	豬煮諸朱珠株祖阻主蛀注註	ts：tʃ	
tsʰ：tʃʰ	初箸住處鼠助除楚	tsʰ：tʃʰ	程鄭
s：ʃ	樹書數疏輸薯蜍訴手	s：ʃ	聲城
	ui		uŋ
ts：tʃ	最追	ts：tʃ	中鍾終腫眾
tsʰ：tʃʰ	隊罪	tsʰ：tʃʰ	充衝重蟲銃
s：ʃ	垂水瑞碎	s：ʃ	
	oi		oŋ
ts：tʃ	嘴	ts：tʃ	帳仗長張裝章樟彰
tsʰ：tʃʰ	財	tsʰ：tʃʰ	昌丈長腸廠唱
s：ʃ	睡歲稅	s：ʃ	商傷上常賞
	an		at
ts：tʃ	展戰	ts：tʃ	
tsʰ：tʃʰ		tsʰ：tʃʰ	徹
s：ʃ	扇善	s：ʃ	設舌蝕
	un		ut
ts：tʃ	準准	ts：tʃ	
tsʰ：tʃʰ	伸春	tsʰ：tʃʰ	出
s：ʃ	唇損順	s：ʃ	術

後龍：新竹	ak
ts：tʃ	隻
tsʰ：tʃʰ	尺赤
s：ʃ	石

後龍：新竹	uk
ts：tʃ	竹燭祝
tsʰ：tʃʰ	
s：ʃ	叔熟

　　觀察表 8 和表 9，新竹海陸客家話的舌面前高元音 [i] 和舌面前半高元音 [e]，後龍海陸客家話在齒音字的部分，都與舌尖前高元音 [ɿ] 結合，與苗栗四縣客家話相同。而舌面央低元音 [a] 及舌面後高元音 [u] 和舌面後半高元音 [o] 前的聲母較容易產生變異，以後龍海陸客家話的齒音字而言，[a, u, o] 前接的聲母從舌葉音 [tʃ, tʃʰ, ʃ] 轉讀為舌尖前音 [ts, tsʰ, s]。

　　表 9 所列齒音字裡後龍海陸客家話與新竹海陸客家話在聲母部分相異的這些字，其聲母與苗栗四縣客家話相同。此外有三個塞擦音和擦音對應的字例「醋瘦悶」，一個擦音與舌葉音對應的字例「試」，整理如下：

後龍：新竹	ɿ	eu	on
tsʰ：s	醋	瘦	悶
後龍：新竹	ɿ：i		
s：tʃʰ	試		

　　「醋瘦悶」此三字，後龍海陸的聲母與苗栗四縣相同，「試」字苗栗四縣有兩讀 [tsʰ] 和 [s]，因此也可以說與苗栗四縣相同。

（四）聲、調同，韻異

　　最後我們討論後龍海陸客家話齒音字裡與新竹海陸客家話聲母及聲調相同，但韻母不同的例子。這一類只有一個字例：

後龍：新竹	ɿ：o
s	梳

「梳」的聲母和韻母也與苗栗四縣相同。

（五）小結

　　透過與新竹海陸客家話及苗栗四縣客家話的比較，後龍海陸客家話的聲母及韻母表現與苗栗四縣客家話相同，聲調則與新竹海陸客家話相同。根據《後龍鎮志》（尹章義、黃明田 2002），本地家庭仍說海陸客家話的人口泰半來自廣東惠州府海豐（後來析出陸豐）縣。也就是說後龍海陸客家家庭的祖先與新竹縣的海陸客家人口源自相近的地區。我們因此假設，後龍海陸客家話的音韻結構異於新竹海陸客家話的原因，與後龍鎮的強勢閩南語及苗栗縣的強勢四縣客家話有密切的關係。透過與新竹海陸客家話的比較可以發現，後龍海陸客家話聲母部分少了一套舌葉音 [tʃ, tʃʰ, ʃ, ʒ]。

　　本研究設計所有新竹海陸客家話發舌葉音的字詞，整理後龍海陸客家話使用者的相關詞彙發音，研究發現舌葉音完全沒有出現在這些與舌葉音相關的詞彙裡。假設新竹海陸客家話是後龍海陸客家話的原貌，則移民後龍的海陸客家話已經完全丟失舌葉音，而且在聲母和韻母的變異與苗栗四縣客家話相同。目前以中老年人口為調查設定對象，調查結果顯示，這些仍習用海陸客家話的發音人，其聲調維持與新竹海陸客家話相同，但聲母及韻母以目前所有與齒音相關的調查詞彙觀察，幾乎與苗栗四縣客家話完全一致。

　　新竹海陸客家話的舌面前高元音 [i] 和舌面前半高元音 [e]，後龍海陸客家話一律讀舌尖前高元音 [ɿ]，與苗栗四縣客家話相同。而舌面央低元音 [a] 及舌面後高元音 [u] 和舌面後半高元音 [o] 前的聲母較容易產生變異，以後龍海陸

客家話的齒音字而言，[a, u, o] 前接的聲母從舌葉音 [tʃ, tʃʰ, ʃ] 轉讀為舌尖前音 [ts, tsʰ, s]。

五、後龍海陸客家話與新埔四縣客家話的比較

我們如果將後龍海陸客家話舌葉音完全丟失的現象，拿來與新竹縣新埔鎮的弱勢四縣客家話相比較，會發現一些有趣的地方。新竹縣新埔鎮的強勢語言是海陸客家話，四縣客家話的使用家庭比例不到 5%，在這個環境下，新埔四縣客家話出現了一套舌葉音，情形正好與後龍的海陸客家話相反。不過新埔四縣客家話出現的舌葉音並不完全與新埔鎮的海陸客家話相同，而有其自身的演變特色，我們的研究顯示（黃菊芳、江敏華 2010），較不容易與舌葉音結合的韻母出現在 [a, u, ui, an, un, uŋ, oŋ, ut, ak] 這些韻母，而新埔四縣客語舌葉濁擦音 [ʒ] 的產生首先發生在韻母 [ian, iam, iet] 之前。這些現象與後龍海陸客語完全丟失舌葉音，且韻母完全與苗栗四縣客語相同的演變相反，我們相信這些變異是因為語言接觸而產生。

我們進一步要問，為什麼新埔四縣客語的演變較為複雜，而後龍海陸客家話這個變體卻相對單純？假設兩地的移民時間差不多，後龍的強勢語是閩南語，新埔則是海陸客家話。以語言接觸的頻繁而言，新埔四縣客家話應該與海陸客家話更接近，因為所有使用四縣客家話的人口大部分也都使用海陸客家話與人溝通。以接觸的頻繁觀察，新埔四縣的聲母和韻母應該與新埔海陸更相近，但事實不然。這裡有兩個問題要解決，第一個問題在於，以閩南語為強勢語的後龍，為什麼海陸客家話的聲母和韻母趨同於苗栗四縣客語，我們在中老年發音人身上卻還觀察不到明顯受閩南語的影響？第二個問題在於，以海陸客家話為強勢語的新埔，四縣客家話的變異不如後龍單純，為什麼？

本文初步的看法認為，後龍海陸客家話的舌葉音完全丟失不只與苗栗四縣

客語相關，也與當地的閩南語相關，因為不論是閩南語還是四縣客語，都沒有舌葉音，海陸客家話處在這樣的環境下，自然容易丟失舌葉音。比較有意思的是，後龍海陸客家話的韻母表現竟然也完全與苗栗四縣客家話相同，就韻母而言，後龍海陸客家話所呈現的變異現象與閩南語的關係不大，卻與苗栗四縣客家話關係密切，這使我們暫下一個結論：就語音而言，親屬語言之間的影響大於非親屬語言。[5] 此外，從微觀的地理分布來看，後龍鎮四縣客家話和海陸客家話的分布區域相對緊密（可參考圖 2、圖 3、圖 4），因此仍熟稔海陸客家話的中老年人口的語音演變方向與四縣客家話關係較大。

關於第二個問題：為什麼以海陸客家話為強勢語的新埔鎮，四縣客家話的變異不如後龍鎮單純？本研究初步認為關鍵在「舌葉音」。在類似的接觸環境下，新埔四縣客家話的變異不如後龍客家話的變異單純，其主要原因便在於聲母由少變多（新埔四縣客家話的聲母多出一套舌葉音 [tʃ, tʃʰ, ʃ, ʒ]），而韻母由單純變複雜（如新埔四縣客語韻母多了 [iau] 韻和 [au] 韻）。不論是新埔四縣客家話還是後龍海陸客家話，這些弱勢語言的語音變異極可能是透過一個個詞擴散而來的。[6] 其中新埔四縣客家話處在海陸客家話的環境下，舌葉音的發音偶有矯枉過正的現象，這些不規則可以視為音變的動態過程。而後龍海陸客家

---

5 Dixon 在其《語言興衰論》第二章的第二個註釋裡提到：「英語在香港一直以來是優勢語言，絕大多數人都在努力學習英語，但是除了借詞之外，英語對粵方言的影響似乎微乎其微。與此不同的是，官話在臺灣是最具聲望的語言，而閩南語被壓制了四十多年，兩種語言之間有著深刻的相互影響，因此他們變得更加相似。（羅仁地，私人交流）」（頁 8），筆者認為這個現象也可以視為親屬語言之間的影響大於非親屬語言的例子。

6 「詞彙擴散理論」告訴我們，音變對於詞彙的影響是逐漸的。整個音變是一個在時間上以變化詞彙的多寡為標誌的連續過程。只要任何觀察或記錄是在這個變化過程中做出的話，都會有詞彙上的不規整的現象出現，有變的也有不變的。當所有該變的詞都變了，表示已處於音變的動態過程結束之後的已變階段。（王士元 1979，收錄於 2010《王士元語音學論文集》）

話處在閩南語及四縣客家話的環境下，已經完全丟失舌葉音，從詞彙擴散的角度觀察，那麼目前我們在後龍海陸客家話所觀察到的丟失舌葉音現象，應該可以視為在接觸的環境下，音變已完成的靜態階段。

假設上述討論成立，我們大概可以解釋為什麼目前研究者發現的各類型臺灣四縣與海陸接觸所產生的變體之多樣（羅肇錦 2000；鄧盛有 2000；黃怡慧 2004；鍾榮富 2006），主要發生在以海陸客家話為強勢語而四縣客家話處於弱勢的區域，變異發生的關鍵是舌葉音。

六、結語

19 世紀末、20 世紀初的語言學家索緒爾（Ferdinand de Saussure）告訴我們，地理的差異是時間造成的（Saussure 1910-1911 屠友祥 2007 中文版）。而社會語言學家拉波夫（William Labov）則提醒我們，語言的變異無處不在（Labov 1994）。探討語言的演變並找出其中的演變規律是語言學者關注的焦點之一。本文經由家戶語言的調查，並從微觀的角度出發（鄭錦全 2005），探討目前大家都很關注的客家話的地域變體接觸演變的現象。經由研究，我們得到初步的看法：就語音而言，聲調系統相對穩定，而親屬語言之間的影響大於非親屬語言。

透過與新竹海陸客家話及苗栗四縣客家話的比較，我們發現後龍海陸客家話的聲母及韻母表現與苗栗四縣客家話相同，聲調則與新竹海陸客家話相同。與新竹海陸客家話比較，後龍海陸客家話在聲母部分沒有 [tʃ, tʃʰ, ʃ, ʒ]，韻母部分與唇音結合的 [ui] 韻轉變成 [i] 韻、與喉音結合的 [ai] 韻轉變成 [e]，與齒音結合的 [iau] 轉讀 [eu]，名詞後綴異於新竹的 [ə] 而讀 [e]。新竹海陸客家話的舌面前高元音 [i] 和舌面前半高元音 [e]，後龍海陸客家話在齒音字的部分，都與舌尖前高元音 [ɿ] 結合，與苗栗四縣客家話相同。而舌面央低元音 [a] 及舌

面後高元音 [u] 和舌面後半高元音 [o] 前的聲母較容易產生變異，以後龍海陸客家話的齒音字而言 ，[a, u, o] 前接的聲母從舌葉音 [tʃ, tʃʰ, ʃ] 轉讀為舌尖前音 [ts, tsʰ, s]。

　　經由討論，我們認為目前研究者發現的各類型臺灣四縣與海陸接觸所產生的變體之所以多樣，主要發生在以海陸客家話為強勢語而四縣客家話處於弱勢的區域，造成多種多樣變異發生的主要關鍵是海陸客家話的舌葉音。

參考文獻

中原週刊社客家文化學術研究會編，1992，《客話辭典》。苗栗：中原週刊社。

中國社會科學院語言研究所編輯，1981，《方言調查字表》。北京：商務印書館。

尹章義、黃明田編著，2002，《後龍鎮誌》。苗栗：苗栗縣後龍鎮公所。

王士元，2010，《王士元語音學論文集》。北京：世界圖書出版公司。

費爾迪南・德・索緒爾（FERDINAND DE SAUSSURE），屠友祥譯，2007，《索緒爾第三次普通語言學教程》1910-1911（TROISIÈME COURS DE LINGUISTIQUE GÈNÈRALE）。上海：上海人民出版社。

黃怡慧，2004，《臺灣南部四海客家話的研究》。國立高雄師範大學臺灣語言及教學研究所碩士論文。

黃菊芳、江敏華，2010，〈臺灣新埔四縣客語舌葉音的產生〉，IACL-18 & NACCL-22 Conference（國際中國語言學學會第18屆年會暨北美洲漢語語言學第22次會議）。Cambridge：Harvard University。

詹益雲編，2003，《海陸客語字典》。新竹：詹益雲。

鄭錦全，2005，〈臺灣語言地理分布微觀〉，《中央研究院94年重要研究成果》，頁90-93。臺北：中央研究院。

鄧盛有，2000，《臺灣四海話的研究》。國立新竹師範學院臺灣語言與語文教育研究所碩士論文。

鍾榮富，2006，〈四海客家話形成的規律與方向〉。《語言暨語言學》7（2）：523-544。臺北：中央研究院語言學研究所。

羅伯特・迪克森（Dixon, R. M. W.），朱曉農、嚴至誠、焦磊、張偲偲、洪英譯，2010，《語言興衰論》（The Rise and Fall of Languages）。北京：北京大學出版社。

羅肇錦，2000，〈臺灣「漳州客」的失落與「四海話」的重構〉，《宗教、語言與音樂》，頁267-284。臺北：中央研究院民族學研究所。

ESRI（Environmental Systems Research Institute），2008, ArcGIS 9.3. Software.

Labov, William, 1994, *Principles of Linguistic Change:Internal Factors*. Cambridge: Blackwell.

語言接觸下的方言變遷：
以臺灣的詔安客家話為例[*]

陳秀琪

一、前言

　　「語言接觸」是歷史語言學富饒興味的課題。19 世紀當歷史比較法在西歐達於鼎盛之時，有兩位德國的語言學家提出了針鋒相對的理論：馬克斯穆勒（Max Müller 1871）說：「世上沒有混合語言（Es gibt keine Mischsprache）」；雨果舒哈特（Hugo Schuchardt 1884）說：「世上沒有完全不混合的語言（Es gibt keine völlig ungemischte Sprache）」，其中關於語言接觸的議題，引起了廣泛的討論（Thomason & Kaufman 1988）。隨著洋涇濱（pidgin）和克里歐（creole）語言研究的深入，因接觸而產生的語言變化已經成為歷史語言學不可分割的一部分。福克斯（Fox 1995）在論述「親族樹」[1]（stammbaum）的觀念時提到：「親族樹的語言發展觀太過狹隘，而且常被證

* 本文原刊登於《語言暨語言學》，2006，7 卷，2 期，頁 417 - 434。因收錄於本專書，略做增刪，謹此說明。作者陳秀琪現任國立中央大學客家語文暨社會科學學系副教授兼系主任。

1 Fox（1995）舉英語為例說：「根據一般的 stammbaum，現代英語來自中古英語，而中古英語又從古英語衍生而來，古英語是從原始日耳曼語分枝出來，而原始日耳曼語又是從原始印歐語衍生而來。但我們知道，英語並不是像這樣全部都直接來自於原始印歐語。英語在歷史發展過程中曾受到不同語言的影響：有的可能源於直接接觸，比如企爾特語、挪威語和諾曼第法語；或者間接從其他語言的借字而來。」

實是錯誤的；從許多語言改變的證據來看，語言接觸才是語言變化的主要決定因素」。語言之間的相互競爭，造成語言的新生和死亡，無論是新生或死亡，其間的過程，豐富了歷史語言學的視野，讓我們看到更多語言演變的類型。語言接觸的涵義是指一個語言社區中，具有相當數量的雙語人口 [2]（Crowley 1997）。要讓真正的語言接觸發生，一定要有大量的人口使用兩種以上語言。臺灣的詔安客家話就是在這種情況下經歷了可觀的變化。

　　清代來臺的移民中，來自漳州的詔安客，主要分布在宜蘭、桃園、臺中、雲林等地區。然而，多年來在週邊強勢語言的影響下，其分布範圍日益萎縮，目前只剩雲林縣的二崙鄉和崙背鄉擁有較多且集中的詔安話人口，其次是桃園縣大溪鎮南興村的黃姓家族，其餘地區只剩下少數老年人會說詔安話。雖然祖先同樣來自漳州的詔安，由於處在不同的語言環境，彼此的語言發展遂不相同。這些地區的語言現象，為語言接觸的研究提供了豐富的素材。二崙、崙背是閩南話包圍下的客家方言島，語音與詞彙都明顯呈現「閩南化」的趨勢；南興村與四縣客家話接觸頻繁，音韻特徵逐漸趨同於四縣客家話。本文根據筆者在二崙、崙背與南興的田野調查資料，分別從語音和詞彙兩方面，探討相同的語言在不同的語言環境中所產生的語言變遷。

二、語音的滲透

　　高度的語言擴散或滲透，會導致雙語人口大幅增加。這種雙語階段，往往是語言替換的先聲，也是語言產生變化的開始。二崙、崙背與南興有個相同的

---

2 Crowley（1997）認為：世界上有很多雙語和多語社會，然而，單單只是因為社會是多語或雙語這個狀況，並不表示語言接觸很頻繁，因為只有在社會中有許多操雙語或多語的人口，我們才稱作語言接觸。例如比利時承認法蘭德斯語及法語為官方語言，但是語言接觸並不頻繁，因為 85% 的人口只說法蘭德斯語，其餘只會說法語，他們都不會說對方的語言。

地方：都屬於雙語區，有相當數量的雙語（或者多語）人口。二崙、崙背的詔安客大多同時會說閩南話和詔安客家話；南興的黃姓家族，除了詔安客家話之外，也大多能以四縣客家話與四縣客交談。[3] 日子久了，詔安話不但充滿外來成分的滲透，內部音韻系統也起了變化。由於接觸環境的不同，兩個地區的詔安話呈現不同的風貌。本節主要討論語言接觸對語音產生的影響，比較兩處詔安話的差異，及詔安話與週邊語言的關係。語言接觸對語音產生的影響，主要表現在特殊音位的吸收、原有音位的減少、原有音位的合併等三方面。

（一）特殊音位的吸收

1. 崙背話的 b- 聲母

濁音聲母 b- 是崙背、二崙的詔安話（以下通稱為崙背話）最為特殊的地方。一般客家話沒有 b- 聲母，包括原鄉的詔安話也沒有 b- 聲母。崙背話 b- 的產生來自內外因素的結合，除了高元音擦音化（u-→ v-→ b-）的內部音變之外，受當地閩南話說話習慣的感染，才是最主要的原因。b- 聲母分布在中古微母和匣、影、喻母的合口字，這些字在其他客家話念成 v-（或 f-）聲母。也就是說，其他客家話念 v- 聲母的字，崙背話一律念成 b- 聲母。由於崙背、二崙地區的詔安客，與當地閩南人有密切的接觸，他們幾乎都是使用詔安話和閩南話的雙語人，於是把閩南話音韻系統中的 b- 聲母帶進自己的語言，用說 b- 聲母的習慣，替換原來的 v- 聲母的字。雖然從音變的機制來說，v- 的合口成分促使唇齒音 v- 變成雙唇的 b-；不過，維繫這個變化的原動力，還是來自閩南話 b- 聲母的牽引。底下是崙背話念 b- 的例字，同時列出閩南話及南興、苗栗客家話以資比較：

---

3 南興和二崙、崙背的情況一樣，詔安客家話幾乎退居為家庭語言，只在家裡或親族的聚會才說客家話，出外以說閩南話或四縣客家話為多。

表1：崙背話的 b- 聲母

	崙背	閩南	南興	苗栗
舞	bu^3	bu^3	vu^3	vu^3
文	bun^2	bun^2	vun^2	vun^2
萬	ban^6	ban^6	van^6	van^5
物	but^8	but^8	vut^8	vut^8
味	bi^6	bi^5	mui^6	mi^5
微	bi^2	bi^2	mui^2	mi^2
委	bi^3	ui^3	vui^3	vi^1
碗	ban^3	uã^3	van^3	von^3
胃	bui^6	ui^6	vui^6	vi^5
圓	bien^2	ĩ^2	ven^2	ien^2

　　崙背的早期形式應與南興一致。從南興看崙背，我們可以看到三種情況：首先是 v → b 的音近變化（舞、文、萬、物）；其二是方言內部 v → b 規律的擴大（委、碗、胃、圓），這些字閩南話不讀雙唇音，來自詔安客家話內部 v → b 的轉換習慣；第三種是 m → b 來自閩南話的直接借用（味、微）。不管是哪一種情況，其變化的動力都來自週邊的閩南話。

　　附帶一說，張屏生（2001）調查的石門鄉武平客家話，也有 b- 聲母的產生，其語言環境與崙背話相同。李存智（1994）調查的通宵客家話有濁音 g- 聲母，產生的原因同樣來自與閩南語的接觸。福建省漳州地區的南靖客家話，同樣處在閩南語的強勢環伺之下，根據筆者的調查，有部分 v- 聲母的字也開始替換成 b- 聲母。不同地域、不同人群的同類語言接觸，產生相同的語言變化，這是個有趣的語言現象。

2. 崙背話止攝字的 -u 元音

　　客家話止攝開口字普遍念 -i 或 -ɹ 元音。崙背話的精、莊組字與眾不同，念成 -u 元音，所以崙背話的止攝字有 -i、-ɹ、-u 三種元音。這種情況恰與閩南話相同，若非與閩南話的接觸，很難解釋此類特殊的音變。

表 2：止攝字的 -u 元音

	崙背	閩南	南興	四縣
斯	su^1	su^1	sɹ^1	sɹ^1
資	tsu^1	tsu^1	tsɹ^1	tsɹ^1
私	su^1	su^1	sɹ^1	sɹ^1
姊	tsi^3	tsi^3	tsi^3	tsi^3
四	si^3	Si^5	si^6	si^6
寺	si^6	si^6	sɹ^6	sɹ^6
司	si^1	si^1	sɹ^1	sɹ^1
子	tsu^3	tsu^3	tsɹ^3	tsɹ^3
使	su^3	su^3	sɹ^3	sɹ^3
事	su^6	su^6	sɹ^6	sɹ^6

　　根據筆者的調查，崙背的 -u 有少數老年人念 -ɹ，可見 -ɹ 是原來較早的音讀。上表的對應關係是崙背、閩南的 -u：南興、四縣的 -ɹ；此外還有兩組共有的的 -i（姊、四）。閩南話精組字念 -i 的轄字比客家話多，「寺，司」最能看出崙背話與閩南話的關係。按兩組的對應，四縣、南興念 -ɹ，崙背和閩南話應該念 -u，但都念成 -i，「寺、司」念成 -i 非客家話系統內的音讀，崙背和閩南話這種相同的「異於常態」，就是來自語言接觸所產生的語音現象。

3. 崙背話效攝的 -io

　　客家話效三的韻母大體可以分為三種類型：全部念 -iau（海陸客家話）

或 -eu、-ieu（四縣客家話）；或念 -iu 和 -eu（秀篆客家話）；只有崙背特立獨行念成 -io。從比較法的觀點來看，客家話效三的共同起點是 -iau，元音高化之後，再產生後續的變化。根據筆者在漳州地區的調查，當地客家話為 -iu、-eu 類型，所以我們可以排除崙背的 -io 是從 -iau → -io 變化而來的可能性，它的前一個階段應該和南興相同（-iu、-eu）。南興的幫、精、見組字念 -iu，其餘聲母字念 -eu；崙背都合流為 -io，與閩南話一致。

表 3：崙背話效攝的 -io

	崙背	閩南	南興	四縣
表	pio³	pio³	piu³	peu³
蕉	tsio¹	tsio¹	tsiu¹	tseu¹
笑	sio³	ts'io⁵	siu³	Seu⁵
召	tʃio⁶	tsio⁶	tseu⁶	tseu⁶
燒	ʃio¹	sio¹	seu¹	seu¹
橋	k'io²	kio²	k'iu²	k'ieu²
搖	ʒio²	io²	zeu²	ieu²

崙背和二崙的效三字存在內部差異，另有一部分人效三字都念成 -iu[4]，這可以說明崙背話曾有過 -iu 的階段，-io 是後期與閩南話接觸所新生的音韻結構。

4. 遇攝的 -u 和 -i

遇攝三等的魚、虞兩韻，一般客家話念 -i 和 -u，秀篆念 -y。同樣來自秀篆的崙背話和南興話，知、章組有不同的發展：以秀篆的 -y 為起點，崙背話

---

4 效三字念 -iu 以當地的李姓家族為多，-io 則以廖姓家族為主。

發展成 -i，南興話發展成 -u。雖然從內在的音變機制來說，這兩種演變方向都合理，但是來源相同卻有不同的發展方向，應該與周邊的語言環境有關。南興的詔安客與四縣客接觸頻繁，四縣話魚、虞韻的知章組都念成 -u，影響南興話的知章組也往 -u 發展。至於推動崙背話遇三的知章組往 -i 發展的力量，應當來自附近閩南話部分知章組字念 -i 的影響。

表 4：遇攝的 -i 和 -u

	崙背	閩南	南興	四縣
豬	$t\int i^1$	ti^1	tsu^1	tsu^1
除	$t\int$'i^2	ti^2	ts'u^2	ts'u^2
箸	$t\int$'i^6	ti^6	ts'u^6	ts'u^6
鼠	$t\int$'i^3	ts'i^3	ts'u^3	ts'u^3

　　南興話的知章組聲母按照規律應該念成 tʃ- tʃ'- ʃ-，在四縣話的影響下，如今都變成平舌音 ts- ts'- s-。

5. 南興話的陰入調值

　　詔安話的 -k 尾已經消失，-k 尾消失後的入聲字，陰入字仍保留入聲調，陽入字併入去聲調。南興話的陰入調值有 $\underline{24}^5$（-ø）和 2（-p、-t、-ø），秀篆與崙背的陰入調值只有 $\underline{24}$，顯然南興的 2 調值是後來產生的。陽入調值南興與秀篆都是 3，崙背是 $\underline{32}$。四縣話的陰、陽入調值為 2、5，南興話受四縣話的影響，把陰入的上升促調 24 改成低平促調 2，使陰、陽入聲的調型相同。以下列出相關方言的入聲調值：

5　調值下方加一條橫線，代表入聲調值。

表 5：入聲的調值

		秀篆	崙背	南興	四縣
陰入	-p、-t	<u>24</u>	<u>24</u>	<u>2</u>	<u>2</u>
	-ø			<u>24</u>、<u>2</u>	
陽入	-p、-t	<u>3</u>	<u>32</u>	<u>3</u>	<u>5</u>
	-ø	33	55	55	

南興話的 <u>24</u> 調值只保留在少數幾個 -k 尾消失的陰入字，如「脊、惜、隻、尺、隔、桌、角」，代表較早階段的陰入調值，這類字由於入聲字的特徵已經消失，故較不受四縣話陰入調值的影響。另一類 -k 尾消失的陰入字調值為 2，這是受 <u>24</u> → 2 規律的感染。

（二）原有對立音位的減少

秀篆有 -e 和 -ɛ 的對立音位，據筆者的調查，其他的漳州客家話也都如此。崙背的 -ɛ 有逐漸高化的趨勢，-e 和 -ɛ 的對立模糊，雖然仍能聽出些許的差異，但不足以歸為兩個對立的音位。南興的 -e 和 -ɛ 已經明顯流成 -e。兩地的差別，在於不同的語言環境所致：閩南話有 -e、-ɛ 兩個音位，支持崙背話的 -ɛ 保留久一些；而四縣話只有 -e 一個音位，加速南興話 -e、-ɛ 的合流。

表 6：-e、-ɛ 音位的合流

	崙背	南興	四縣	例字
流一、流三 咸四	-e（~-ɛ）	-e	-e	狗猴廖
				點念碟
山三、山四 曾一、梗四	-e			件演顯舌
				登等則
				聽頂定踢

　　閩南話 -ɛ 元音所屬音韻系統與崙背話不同，轄字範圍也不同，崙背話是受閩南話「有 -ɛ 音位」的影響，非閩南話 -ɛ 元音轄字的音讀借入。崙背話流、咸攝的 -e，仍有 -ɛ 元音的痕跡，與山、曾、梗攝的 -e 還有些許的區別，南興話已經完全一致。

（三）原有音位的合併

　　客家話中古精莊知章組聲母的歸併，可以分成三種類型，[6] 詔安客家話有 ts- ts'- s- 和 tʃ- tʃ'- ʃ- 兩套聲母，閩南話和四縣客家話都合併成一套 ts- ts'- s-。崙背話和南興話原屬於詔安話類型，由於受語言接觸的影響，當地實際的語言狀況有兩種：老年人所說的詔安話有兩套滋絲音，年輕一代正處在 tʃ- tʃ'- ʃ- 向 ts- ts'- s- 合併的過程。

表 7：滋絲音的合併

	崙背	閩南	南興	四縣
紙	tʃi³	tsua³	tʃɿ³	tsɿ³
屎	ʃi³	sai³	ʃɿ³	sɿ³
視	ʃi⁶	si⁶	ʃɿ⁶	sɿ⁵
針	tʃim¹	tsiam¹	tʃɿm¹	tsɿm¹
汁	tʃip⁷	tsiap⁷	tʃɿp⁷	tsɿp⁷
失	ʃit⁷	sit⁷	ʃɿt⁷	sɿt⁷

---

6 客家話中古精莊知章組聲母的歸併，可以分成三種類型：（一）精組和莊組、知二組合併念 ts-、ts'-、s-，知三組和章組合併念 tʃ-、tʃ'-、ʃ-，如長汀、連城、清流、詔安、平和、南靖、大埔、饒平、興寧、五華、豐順、翁源、臺灣的東勢、楊梅、關西、過嶺、二崙、崙背等地。（二）精莊知章組合流念 ts-、ts'-、s-，如寧化、上杭、永定、梅縣、蕉嶺、惠陽、新豐、連平、浮源、始興、曲江、臺灣的苗栗、美濃等地。（三）多數知章組和精莊組合流念 ts-、ts'-、s-，少部分知章組歸入端組念 t-，如武平、武東。詳見拙作（2002：85-101）。

	崙背	閩南	南興	四縣
證	tʃin³	tsiŋ⁵	tʃʅn³	tsʅn⁵
主	tʃi³	tsu³	tsu³	tsu³
少	ʃiu³	sio³	seu³	seu³
摺	tʃiap⁷	tsi²⁷	tsap⁷	tsap⁷
扇	ʃen³	sĩ⁵	sen³	san⁵
舌	ʃet⁸	tsi²⁸	set⁸	sat⁸
掌	tʃoŋ³	tsioŋ³	tsoŋ³	tsoŋ³

南興依韻母結構的不同，聲母形式分成兩種：當 -i 在原來的音韻系統為主要元音，即中古止、深、臻、曾、梗（文讀）等攝，聲母 tʃ- tʃ'- ʃ- 向四縣話的 ts- ts'- s- 靠攏，連帶牽動元音的變化，產生 tsʅ、tʃʅm、tʃʅn 的音節結構，雖然聲母仍有 tʃ- tʃ'- ʃ- 的色彩，但是從元音 -i → ʅ 的變化，可以看出聲母 tʃ- tʃ'- ʃ- 正在進行變化。當 -i 為介音或音節結構中沒有 -i 的情況下，即中古假、遇、效、流、咸、山、宕、梗（白讀）、通等攝，聲母 tʃ- tʃ'- ʃ- 直接變成 ts- ts'- s-。南興正處於 tʃ- tʃ'- ʃ- 和 ts- ts'- s- 合併過程的中間階段，可以為語音的歷史提供詳細的演變內容，同時也是觀察語言接觸的好材料。

三、詞彙的融合

上文論述的語音變化，牽涉到整個音位的改變，屬於突變的方式。詞彙的借用則不然，大部分從詞彙的某個成分逐漸產生變化，少數屬於詞彙的直接移借。臺灣詔安話的詞彙變遷比語音的變化豐富許多，崙背話詞彙的變化類型又比南興話要多樣。對照原鄉秀篆的詞彙，崙背、南興有許多詞彙與秀篆相同但與一般客家話不同。這些與一般客家話不同的詞彙，往往與閩南話相同。可見臺灣詔安客家話早在原鄉就與閩南話有密切的來往，遷徙來臺之後，持續與鄰

近閩南話接觸，故崙背的詞彙有濃厚的「閩南化」味道。南興話接觸的四縣話，由於仍在客家話的大家庭中，詞彙的改變不大。底下把來自語言接觸產生的詞彙變遷分成兩大類：一是兩方言融合的合璧詞，二是詞彙的完全移借。

（一）合璧詞

　　這裡討論的合璧詞，包括詔安話與閩南話（詔閩型）、詔安話與四縣話（詔四型）兩種類型，依照不同的時間、地區產生的語言接觸分成前後兩期：前期是發生在大陸詔安地區的第一次閩客接觸，這是秀篆、崙背、南興共有的特殊詞彙，他們異於一般客家話卻同於閩南話；後期指遷徙來臺之後的第二次閩客接觸（崙背地區），與第一次詔四接觸（南興地區）。

1.「著」和「倒」的用法

　　一般客家話的「著」當動詞或副詞念 $t\int$'ok[8]，例如著獎、著驚。「倒」[7]當助詞念 to[3]，例如尋倒、寒倒。崙背話沒有這樣的區別，不論是動詞、副詞或助詞都說成 $t\int$' ɔ[6]（著），沒有「倒」to[3] 的用法，詞彙的使用習慣與閩南話的著（tio[28]）驚、寒著（tio[28]）相同。

表 8：「著」和「倒」的用法

	崙背	閩南	南興	四縣
吃驚	著驚	著驚	著驚	著驚
中獎	著獎	著獎	著獎	著獎

---

7 關於「倒」的用字，學界或有寫成「著」，惟其韻和調不合實際語音。成都、南昌、梅縣有相似的用法，例如著涼在成都說成「涼倒」，南昌說成「冷倒」，梅縣說成「凍倒」，皆採用「倒 tau」字。語料來自北京大學中國語言文學系語言學教研室（1995：456）。

	崙背	閩南	南興	四縣
找到	尋著	尋著	尋倒	尋倒
聽到	聽著	聽著	聽倒	聽倒
受寒	寒著	寒著	寒倒	寒倒

　　秀篆與南興、四縣的使用習慣一致，崙背的一律使用「著」，明顯是受了崙背地區閩南話的影響。

　　2. 去、□ mai3 和忒的用法

　　表示食物或器具壞掉了，崙背用「壞去」，把食物吃完，或把東西丟棄，崙背說成「食□ mai³」、「□ tin³ □ mai³」。這兩種語境南興沒有分別，詞尾都以「忒」來修飾。

表9：去、莫 mai³ 和忒的用法

	崙背	閩南	南興	四縣
壞掉	壞去	壞去	壞忒	壞忒
丟棄	□ tin³ □ mai³	□ tan⁵ □ sak⁷	□ tep⁸ 忒	□ tep⁸ 忒
吃完	食□ mai³	喫了	食忒	食忒

　　崙背的「去」和「□ mai³」讓人很容易與閩南話聯想在一起，雖然「丟棄、吃完」閩南話不用 mai³ 修飾，但 mai³ 是閩南話「無愛」的合音，崙背話取其「不要」的語意，用來指稱將東西丟棄，以及把食物吃完不要剩餘。由於秀篆也有相同的用詞，「壞去」和「食□ mai³」屬於前期第一次詔閩接觸的詞彙變遷。「忒」是大部分客家話的習慣用法，南興受四縣話的影響，用「忒」取代原來的「去和□ mai³」，這是後期詔四接觸的結果。

3. 副詞「真、足、傷、頭」與「當、忒、盡」的用法

　　不同的語言接觸會產生不同的語言變化，這種現象在崙背與南興表示「很、太、最」意思的用詞上非常鮮明。程度副詞在日常生活的使用頻率較高，也就最容易受語言接觸的影響。為了釐清屬於前期或後期的語言接觸，我們與秀篆的詞彙做對照。

表 10：副詞「真、足、傷、頭」和「當、忒、盡」的用法

	秀篆	崙背	閩南	南興	四縣
很熱	好熱	真熱 足熱	真熱 足熱	當熱	當熱
很多	好多	真多 足多	真多 足多	當多	當多
太小	忒細	傷細	尚細	忒細	忒細
最多	頭多	頭多	傷濟	盡多	盡多

　　上表程度副詞使用習慣的改變，都屬於後期的詔閩、詔四型，顯現不同的語言接觸特色。崙背用「真 tsin^1、足 tsiu^6」表示「很」的意思，明顯與閩南話有關，閩南話「足 tsiok^8」入聲尾略去之後，與崙背的 tsiu6 相當接近；南興話用的是四縣話慣用的「當」。客家話普遍用「忒」表示「太」的意思，崙背與眾不同，借用閩南話的「傷 sioŋ^1」來表示太的意思。由於已經借用了閩南話的「傷 sioŋ^1」，所以崙背話表達「最」的意思，仍沿用與秀篆相同的「頭」；南興脫離原系統的「頭」，用「盡」來表示，應該是習染了四縣話的語言習慣。

4. 仔尾詞「子」和「仔」

大體上來說，崙背很少仔尾詞，只有少數詞彙有仔尾詞「子 tsu3」，[8] 與秀篆相同，據筆者的調查，漳州地區其他的客家話也都如此。南興不但全面有仔尾詞，還把原來的「子 $ts\gamma^3$」改成與四縣相同的「仔 e^3」。

表 11：仔尾詞「子」和「仔」

	秀篆	崙背	南興	四縣
釦子	鈕子 $n\epsilon u^3 ts\gamma^3$	鈕子 $neu^3 tsu^3$	鈕仔 $neu^3 e^3$	鈕仔 $neu^3 e^3$
兔子	兔子 $t'u^3 ts\gamma^3$	兔子 $t'u^3 tsu^3$	兔仔 $t'u^3 e^3$	兔仔 $t'u^3 e^3$
青蛙	蜗子 $kuai^3 ts\gamma^3$	蜗子 $kuai^3 tsu^3$	蜗仔 $kuai^3 e^3$	蜗仔 $kuai^3 e^3$
李子	李子 $li^3 ts\gamma^3$	李子 $li^3 tsu^3$	李仔 $li^3 e^3$	李仔 $li^3 e^3$
女兒	妹子 $moi^3 ts\gamma^3$	妹子 $moi^6 tsu^3$	妹仔 $moi^6 e^3$	妹仔 $moi^5 e^3$
小牛	牛子 $\eta iu^2 ts\gamma^3$	牛子 $\eta iu^2 tsu^3$	牛子 $\eta iu^2 ts\gamma^3$	牛子 $\eta iu^2 ts\gamma^3$
梨子	梨 li^2	梨 li^2	梨仔 $li^2 e^3$	梨仔 $li^2 e^3$
稻禾	禾 $b\mathfrak{o}^2$	禾 $b\mathfrak{o}^2$	禾仔 $vo^2 e^3$	禾仔 $vo^2 e^3$
扇子	扇 $\int\epsilon n^3$	扇 $\int en^3$	扇仔 $san^3 e^3$	扇仔 $san^6 e^3$
繩子	索 $s\mathfrak{o}^7$	索 $s\mathfrak{o}^7$	索仔 $so^7 e^3$	索仔 $sok^7 e^3$
桌子	桌 $ts\mathfrak{o}^7$	桌 $ts\mathfrak{o}^7$	桌仔 $tso^7 e^3$	桌仔 $tsok^7 e^3$
蚊子	蚊 mun^2	蚊 mun^2	蚊仔 $mun^2 e^3$	蚊仔 $mun^1 e^3$
豬	豬 $t\int y^1$	豬 $t\int i^1$	豬仔 $tsu^1 e^3$	豬仔 $tsu^1 e^3$
牛	牛 ηiu^2	牛 ηiu^2	牛仔 $\eta iu^2 e^3$	牛仔 $\eta iu^2 e^3$
鴨	鴨 ap^7	鴨 ap^7	鴨仔 $ap^7 e^3$	鴨仔 $ap^7 e^3$

---

8 崙背仔尾詞「子」的音讀，當地有 $ts\gamma^3$、tsu^3、tsi^3 三種，其中以 tsu3 的分布最普遍，故本文以 tsu3 為主。根據當地年長者以念 $ts\gamma^3$ 為多，尤其是不會說閩南語的老年人，以及對照秀篆的「子」念成 $ts\gamma^3$，可知仔尾詞「子」的音讀早期應該是 $ts\gamma^3$。後來受閩南話的影響，漸演變為 tsu3，年輕人尤為明顯。

	秀篆	崙背	南興	四縣
蜜蜂	蜂 p'uŋ¹	蜂 p'uŋ¹	蜂仔 p'uŋ¹ e³	蜂仔 p'uŋ¹ e³
牛寶寶		牛□ ŋiu² iãu⁶		

崙背詞尾加「子」有兩種類別，一為仔尾詞，如釦子、李子；另一種指年紀較小的動物，如「鴨子、牛子」，意指小鴨子、小牛。出生不久的各種動物寶寶，崙背用「□ iãu⁶」形容，如牛寶寶 ŋiu² iãu⁶、豬寶寶 tʃi¹ iãu⁶。其他地區沒有這種用法，iãu⁶ 的來源有待考證。

5. 其他合璧詞

上述四種語言接觸產生的合璧詞，涉及的詞彙層面比較廣；另外還有一部分單一不成系統的詞彙改變，雖然語料較為零散，但從中仍可清楚看到語言接觸的痕跡，各具語言特色。底下把它們合列在一起。

表 12：其他合璧詞

	崙背	閩南	南興	四縣
月亮	月娘 ŋiet⁸ ŋioŋ²	月娘 ge⁷⁸ niũ²	月光 ŋiet⁸ koŋ¹	月光 ŋiet⁸ koŋ¹
豬食槽	豬槽 tʃi¹ ts'o²	豬槽 ti¹ tso²	豬兜 tsu¹ teu¹	豬兜 tsu¹ teu¹
女婿	阿郎 a¹ loŋ²	囝婿 kia³ sai⁵	婿郎 se³ loŋ²	婿郎 se⁵ loŋ²
鼻子	鼻 p'ĩ⁶	鼻仔 p'ĩ⁶ a³	鼻公 p'i⁶ kuŋ¹	鼻公 p'i⁵ kuŋ¹
舌頭	舌 ʃet⁸	喙舌 ts'ui⁵ tsi⁷⁸	舌嫲 ʃet⁸ ma²	舌嫲 sat⁸ ma²
雨鞋	雨鞋 bu³ he²	靴管 hia¹ koŋ³	靴管 hio¹ koŋ²	水靴筒 sui³ hio¹ t'uŋ²
吃晚飯	食暗頓 ʃit⁸ am³ tun³	喫暗頓 tsia⁷⁸ am⁵ təŋ⁵	食暗 ʃɿt⁸ am³	食夜 sɿt⁸ ia⁵

	崙背	閩南	南興	四縣
吃不下	食毋會落 ʃet⁸ m̩² boi⁶ lɔ⁶ （ʃet⁸ moi² lɔ⁶）	喫艙落 tsia²⁷ bue⁶ lo²⁷	食毋落 ʃɿt⁸ m̩² lo⁶	食毋落 sɿt⁸ m̩² lok⁸
抽煙	食薰 ʃit⁸ fun¹	喫薰 tsia²⁷ hun¹	食薰 ʃɿt⁸ fun¹	食煙 sɿt⁸ ien¹
辣味	□辣 hiam¹ lat⁸	□ hiam¹	辣 lat⁸	辣 lat⁸
娘家	外家 ŋuai⁶ ka¹	外家 gua⁶ ke¹	妹家 moi⁶ ka¹	妹家 moi⁵ ka¹
幫忙	鬥相共 teu³ sioŋ¹ k'uŋ⁶	鬥□共 tau⁵ sã¹ kaŋ⁶	搢手 t'en⁶ su³	搢手 t'en⁵ su³
尼姑	菜姑 ts'oi³ ku¹	菜姑 ts'ai⁵ ko¹	齋嬤 tsai¹ ma²	齋嬤 tsai¹ ma²
聽不懂	聽無 t'en¹ mo²	聽無 t'iã¹ bo²	聽毋識 t'en¹ m̩² sɿ⁷	聽毋識 t'aŋ¹ m̩² sɿ⁷
下面	下下 e¹ ha¹	下骹 e⁶ k'a¹	下頭 ha¹ t'eu²	下背 ha¹ poi⁵
相同	共款 k'uŋ⁶ k'uan³	共款 kaŋ⁶ k'uan³	共樣 k'uŋ⁶ zoŋ⁶	共樣 k'iuŋ⁵ ioŋ⁵

　　「月亮」客家話大部分說「月光」，崙背和秀篆說「月娘」，與閩南話相同。南興則與四縣相同說成「月光」。四縣話將盛裝食物的器皿叫做「兜 teu¹」，如飯盒叫做「飯兜」，南興借用這種名稱，把裝豬食的槽子也叫做「豬兜」。把女婿叫做「阿郎」是漳州地區客家話的特色，南興受四縣影響，改用「婿郎」。一般客家話鼻子叫做「鼻公」，漳州客家話的鼻子有個共同的特色：鼻化、不加後綴成分。鼻化成分的來源，推測與閩南話有關係。閩南話在「鼻」後加仔尾詞，這一點與客家話有很大的區別，客家話有「耳公、鼻公」，以及動物的「蝦公、蟻公」，而這些帶「公」詞尾成分的詞，漳州客家話說成「耳子、鼻、蝦、蟻子」。南興的「鼻公、舌嬤」帶有後加成分，足見語言接觸會使原來的語言特色漸趨模糊。崙背沒有把鞋子叫做「靴」的習慣，南興的「靴管」來自四縣的「水靴筒」，管和筒都可用來形容圓筒狀的物體。

秀篆、崙背都在三餐的詞尾加「頓」，客家話少有這種用法。「吃不下」客家話叫做「食毋落」，崙背借用閩南話「喫膾落」的構詞方式，說成「食毋會落」。「抽菸」客家話普遍叫做「食菸」，崙背和南興都說成「食薰」，漳州客家話普遍如此，這是前期在原鄉就已經受閩南話的影響。崙背的「□辣 hiam¹ lat⁸」是頗具代表性的閩客合璧詞，□ hiam¹ 來自閩南話，辣來自客家話。「娘家」客家話普遍以妹子的家──「妹家」來稱之，詔安客家話與閩南話相同都以「外家」稱之，屬於前期語言接觸的結果，南興後來改說「妹家」，是後期詔四型詞彙。「互相幫忙」崙背叫做「鬥相共」，和閩南話的「鬥□共」使用相同的動詞「鬥」。客家話「下面」的構詞形式是「下」字前置，如下背、下頭，崙背的「下下 e¹ ha¹」，借用閩南話「下 e¹」的音讀，再加上客家話原有的「下 ha¹」，成為非常有趣的閩客合璧詞「下下 e¹ ha¹」。「聽不懂」崙背叫做「聽無 t'en¹ mo²」，語用習慣和閩南話的「聽無 t'iã¹ bo²」一致。「吃素」閩南話叫做「喫菜」，客家話叫做「食齋」，所以「尼姑」在崙背叫做「菜姑」，在南興叫做「齋嬤」，顯見不同的語言環境會造成不同的語言發展。「相同」崙背叫做「共款」，南興叫做「共樣」，「款」和「樣」閩客之間有清楚的分野。

（二）完全移借

在語言接觸的持續影響下，詞彙的消長明顯，合璧詞的下一個階段，就是完全移借外來詞彙，原來的詞彙走上死亡。詞彙的完全移借要比合璧詞更具方言特色，崙背借進的詞有濃厚的閩南話味道；南興仍處在客家的環境中，故其詞彙的改變仍不出客家話的語言習慣。底下列出完全移借的例子。

表 13：完全移借的詞彙

	崙背	閩南	南興	四縣
吹牛	臭彈 tʃ'iu³ t'an⁶	臭彈 ts'au⁵ tuã⁶	歕雞頦 p'un² kie¹ koi¹¹	歕雞頦 p'un² kie¹ koi¹
玉米	番麥 fan¹ ma⁶	番麥 huan¹ be²⁸	包粟 pau¹ siu⁷	包粟 pau¹ siuk⁷
豬舌頭	豬舌 tʃi¹ ʃet⁸	豬舌 ti¹ tsi²⁸	豬利頭 tsu¹ li⁶ t'eu²	豬利頭 tsu¹ li⁵ t'eu²
東西	物件 mi³ k'ien⁶	物件 mĩ⁶ kiã⁶	東西 tuŋ¹ si¹	東西 tuŋ¹ si¹
兒子	後生 heu⁶ saŋ¹	後生 hau⁶ sẽ¹	阿子 a¹ tsɿ³	賴仔 lai¹ e³
年輕人	少年 ʃio³ nen²	少年 siau⁵ lien²	後生仔 heu⁶ saŋ¹ e³	後生仔 heu⁶ saŋ¹ e³
男生	囝子 kien⁶ tsu³	囝 kiã³	細賴仔 se³ lai⁶ e³¹	細賴仔 se⁵ lai⁵ e³
風箏	風吹 fuŋ¹ ts'e¹	風吹 hoŋ¹ ts'e¹	紙鷂仔 tʃɿ³ zeu⁶ e³	紙鷂仔 tsɿ³ ieu⁵ e³
不可以	毋會使 moi² sai³	𣍐使 bue⁶ sai³	做毋得 tso³ m̩² tet⁷	做毋得 tso⁵ m̩² tet⁷
和	佮 ka⁶	佮 ka²⁷	佬 lau¹	佬；同 lau¹；t'uŋ²
放置	囥 k'oŋ³	囥 k'əŋ⁵	放 pioŋ⁶	放 pioŋ⁵

「吹牛」一般客家話叫做「歕雞頦」，崙背借用閩南話的「臭彈」。「玉米」客家話歸為粟類，叫做「包粟」，閩南話歸為麥類，崙背借其「番麥」的名稱。南興借進四縣對豬舌頭特有的稱呼——「豬利頭」。崙背對「東西」的說法很特別，叫做「物件mi³ k'ien⁶」，當來自閩南語的「物件mi³ kiã⁶」。崙背的「兒子、

年輕人」叫做「後生、少年」，明顯借自閩南話，與一般客家話的「賴仔或阿子、後生人」差別很大。稱「男生」為「囝子」是漳州客家話的特色，南興已改用四縣的「細賴仔」，不過小男嬰仍叫做「囝仔」，可見早期是用「囝」代表男的性別。把風箏叫做「紙鷂」是客家詞彙的特色，可惜崙背已改用閩南話的「風吹」。崙背的「不可以」叫做「毋會使 moi² sai³」，moi² 是「毋會 m̩² boi⁶」的合音，借用閩南話的用詞習慣，與四縣的「做毋得」差別很大。「放置」一般客家話叫做「放」，崙背說「囥」，與閩南話的「囥」相近。客家話也有「囥」的用詞，但為藏起來的意思，與崙背的「囥」不同。

四、結語

　　語言接觸由淺到深可以分為多種程度，例如因文化交流而產生的移借現象，任何語言都可能發生。因此有必要對「語言接觸」採取比較嚴格的定義。在這方面，柯羅里的說法比較簡要精當：語言接觸是由大量雙語人口來體現的。由於詔安客家話在臺灣是個弱勢族群，他們都是柯羅里筆下進行語言接觸的雙語人口。較顯著的變化見於二崙和崙背，這裡的詔安話已明顯「閩南化」，詞彙如此，語音亦復如此。如果比較詔安話和四縣、海陸客家話在臺灣的發展情況，會發現詔安客家話變化劇烈，而四縣、海陸相對穩定。換句話說，語言接觸是語言變化的重要決定因素。

　　語言接觸產生的語言變遷，可以從不同的層面做探討，語音和詞彙的表現方式有所不同。詔安客家話語言接觸所產生的語音變化大多成系統，雖然變化的速度較慢，不過只要一經形成，就能穩定的發展，最後形成一個有規則的語音變化。詞彙的借用則屬於表層的變化，只要有接觸，就非常容易引起詞彙的相互借用，進而產生詞彙擴散的離散式音變。從逐漸滲透形成的合璧詞，進而完全移借取代原來的詔安詞彙，當相互借用的成分成為共同用語之後，後代

子孫往往難以分辨原來的分際,例如「吵架」,閩南話、崙背話、四縣話都是說成「冤家」,究竟是客借自閩,或是閩受客的影響,抑或閩客共有的詞彙,實難加以認定。語音則不然,每種語言的語音都是有系統的結構,所以語音的變化有跡可尋,可以藉音韻的比較得知演變的脈絡。崙背與當地閩南話三百多年來的語言接觸,詞彙的滲透比語音激烈許多。如果一位不懂客家話的外地人聽崙背人講客家話,會以為他們說的是不大標準的閩南話。由於數量多且內容繁瑣,上文列出的只是部分從閩南話借入的詞彙。漳州客家話較接近閩西客家話,來臺初期與粵東系統的客家話有溝通上的障礙。然而,時至今日,南興鄉親與四縣鄉親講起話來已親切許多,南興受四縣語言接觸之影響可見一斑。語言的走向死亡,大約只要三代的時間,以目前崙背、二崙地區的情況來說,雖然老、中年普遍會說詔安話,但卻只有少部分孩童會說,或許在四、五十年後,詔安客家話將走入歷史。

參考文獻

北京大學中文系語言學教研室編，1995，《漢語方言詞匯》。北京：語文出版社。

吳安其，2004，〈語言接觸對語言演變的影響〉。《民族語文》1：1-9。

李如龍、張雙慶主編，1992，《客贛方言調查報告》。廈門：廈門大學出版社。

李存智，1994，〈四縣客家話通霄方言的濁聲母「g」〉。《中國文學研究》8：23-38。

張屏生，2001，〈臺北縣石門鄉武平腔客家話的語音變化〉。《聲韻論叢》11：217-242。臺北：學生書局。

許寶華、宮田一郎，1999，《漢語方言大詞典》。北京：中華書局。

陳秀琪，2002a，《臺灣漳州客家話的研究：以詔安為代表》。國立新竹師院碩士論文。

＿＿＿＿，2002b，〈中古精莊知章母在客語的演變〉，《客家方言研究》，頁85-101。廣州：暨南大學出版社。

詔安縣地方志編纂委員會，1999，《詔安縣志》。北京：方志出版社。

黃雪貞，1995，《梅縣方言詞典》。南京：江蘇教育出版社。

趙元任著，丁邦新譯，1980，《中國話的文法》。香港：中文大學出版社。

劉綸鑫，1999，《客贛方言比較研究》。北京：中國社會科學出版社。

謝永昌，1994，《梅縣客家方言志》。廣州：暨南大學出版社。

羅美珍，2000，〈論族群互動中的語言接觸〉。《語言研究》3：1-20。

羅肇錦，1990，《臺灣的客家話》。臺北：臺原出版社。

＿＿＿＿，1994，《臺灣客家話的結構與應用》。臺北：洪葉文化出版社。

Bynon, Theodora, 1997, *Historical Linguistics*. Cambridge: Cambridge University Press. Crowley, Terry. 1997. *An Introduction to Historical Linguistics*. Auckland and New York: Oxford University Press.

Fox, Anthony, 1995, *Linguistic Reconstruction: An Introduction to Theory and Method*. New York: Oxford University Press.

Thomason, Sarah Grey, and Terrence Kaufman, 1988, *Language Contact Creolization and Genetic Linguistics*. Berkeley: University of California Press.

Trask, Robert Lawrence, 1997, *Historical Linguistics*. New York: Oxford University Press.

變遷中的方言研究：
以臺灣饒平客家話為觀察對象[*]

徐貴榮

一、前言

目前在臺灣的客話大致可分四縣、海陸、饒平、大埔、詔安、永定等次方言腔調，其中以四縣話和海陸話為骨幹，饒平則散布在各地，沒有形成一個鄉鎮的聚落。如果說客話在臺灣是「隱形話」，那饒平客話是客話中的「隱形話」，因為在一般客家聚落中，不易聽到饒平客話，到底有多少人使用饒平客話，也無所知悉。（徐貴榮 2005：4）

臺灣饒平客話，為來自清初廣東省饒平縣元歌都移民所說之語言，元歌都亦即今日廣東省饒平縣上饒地區，至今該地仍說著饒平客話。饒平客家人來臺已歷近三百年歷史，但因散落各地，沒有形成一個較大的鄉鎮聚落，經過族群接觸及互動之後，成了變動中的方言。據文獻資料及筆者的田野調查，在變動中，語言接觸的結果，至今還能「語言維持」者，只存桃、竹、苗等縣市的客

---

[*] 本文為「2011 年族群、歷史與文化亞洲聯合論壇：當代客家之全球發展學術研討會」論文，中央大學客家學院主辦，2011 年 10 月發表，後刊登於《新生學報》，2013，第 11 期，頁 15-36。收入於徐貴榮著《饒平客家調查與語言論輯》，2018，頁 193-213，臺北：五南圖書公司出版。作者徐貴榮現任國立中央大學客家語文暨社會科學學系兼任助理教授、桃園市新楊社區大學講師兼客家文化學程召集人。

家庄中及臺中東勢地區還有老一輩能說饒平客家話，在語言維持者當中大多有「雙語或多語」現象，更有大部分的人已「語言轉移」，在桃園、苗栗地區成了「四縣客」，在新竹地區成了「海陸客」，在臺北、臺中、及中部平原的饒平客家人早已成為「福佬客」。

筆者為饒平客話之研究者，近年為研究方言之變遷，即選定臺灣客話中甚為弱勢、分散之方言——饒平客話為研究對象，採用田野調查、語音比較之方法，對其語音為範圍，除深入臺灣 10 個饒平聚落，分別找 60 歲以上耆老，紀錄其語音、詞彙，並依據其族譜記載來臺原鄉，分兩年期間，赴大陸饒平縣上饒 6 個地區，採錄語音、詞彙，藉以研究臺灣各地、臺灣與原鄉其間之差異，期能找出變遷之因素、結果，研究出其類型，並推測其未來之走向。

二、源流

臺灣饒平客話來自清初廣東省饒平縣客家移民所說之語言。根據饒平客家族群之族譜所載，都來自當時的饒平縣元歌都，元歌都亦即今日廣東省饒平縣上饒地區。

根據《饒平縣志》[1]（1994：1004）的記載：

「廣東饒平縣只有北部靠近大埔縣（純客家話地區）、福建平和縣（閩方言、客家方言兼有地區）的上善、上饒、饒洋、九村、建饒等鎮及新豐鎮的大部分鄉村、韓江林場食飯溪村、漁村等地都說客家方言系統的客家話，使用人口 17 萬多，約占全縣人口的 19 %。其他中部、南部約有 80% 都說閩南系統的潮汕話」。

---

1 《饒平縣志》1993.5 初稿，1994.5 修正稿，1994.12 由廣東人民出版社出版。

　　此上善、上饒、饒洋、九村、建饒等鎮及新豐鎮的大部分鄉村、韓江林場食飯溪村、漁村等地都屬今日的上饒地區，大都屬清代的元歌都[2]範圍（圖1）。

圖1：饒平縣圖及臺灣饒平客家原鄉位置

資料來源：採自 2004 年饒平客家文化研習營研習手冊，頁 74。

---

2 原稱「弦歌都」，清朝因避康熙帝「玄燁」之諱而改名元歌都，所以臺灣饒平移民族譜所記載的為「元歌都」。

三、臺灣饒平客家分布

（一）福佬客

根據吳中杰（1999）的碩士論文資料，饒平福佬客分布相當廣闊，臺灣除東部及南部外，幾乎包含了臺灣北、中、彰、雲、嘉等縣市。

1. 臺北地區

清代時期移民臺灣的饒平客裔有以下記載，臺北市內湖的饒平陳姓乃最早進入該區的漢人，建立頂陳、下陳二聚落；中崙一帶，也有饒平劉姓入墾。臺北縣北部潮州府有饒平許姓，後來多數遷往中壢過嶺。西部有饒平劉姓的「劉和林」與永定胡姓的「胡林隆」合組二大墾號開墾五股觀音山腳水泉豐沛的地帶；也有饒平劉姓在八里上岸，三代以後才遷往中壢芝芭里（筆者按：先遷往龜山，再遷關西，後遷芝芭里）；泰山鄉十四個世居大家族中，饒平林姓是其中之一；三峽隆埔里也有劉姓入墾，留有「劉厝埔」（應是劉屋埔）地名，原為饒平劉姓所居；新莊三山國王廟的主任管理員連勝時（1998年63歲）說連姓等祭祀國王的家族也屬饒平客裔，目前已沒有人會說客語，但祭祀時仍請桃竹苗八音團演奏。

2. 中部地區

臺中縣豐原市有饒平林、劉、詹姓，后里鄉有詹姓，潭子鄉有林、劉、詹姓，東勢也有林、劉、詹姓，石岡鄉黃、林、劉、詹姓入墾，但都未標明村落或地點，只有東勢石角地區仍有少數能說饒平話者。

彰化市內有饒平賴、沈，北門口饒平賴氏家族，日據時代出現了一位名作家賴和，他在1979年詩作中寫道：

「我本客屬人，鄉音竟自忘；悽然傷懷抱，數典愧祖宗」。

可見日據時期的彰化市區客屬已不會客語了，到目前也多半否認自己是客籍身分。員林鎮有張（最大）、黃、盧、朱、劉入墾，鎮內有「大饒」（大埔、饒平二縣合稱）等祖籍地名，溪湖鎮有巫、施，田中有黃、劉姓入墾田中央，大村鄉有饒平吳，永靖鄉有饒平陳（最大）邱、吳、巫、朱、涂、胡、詹等姓入墾，本鄉世居大家族共計 19 個，祖籍饒平客家者 10 個。謝英從（1991）的調查指出「彰化永靖鄉的聚落發展過程，自墾拓迄今的家族幾乎都來自廣東饒平」。二水鄉、北斗鎮有黃姓入墾；二林鎮留有「大饒庄」等祖籍地名；田尾鄉有張、詹、邱、嚴姓，該鄉有「饒平厝」等祖籍地名；竹塘鄉第一大姓為饒平詹姓，部分直接來自饒平，部分來自苗栗卓蘭，客籍詹姓遍布全鄉，惟各聚落內皆未超過半數，其中以溪墘村最多，占 47%。

臺中縣客家移民跟彰化縣有密切關係，如石岡鄉饒平劉、黃姓是從彰化員林入墾的，而新社鄉饒平劉姓來自彰化永靖，東勢鎮饒平劉姓來自彰化社頭。東勢鎮三山國王廟分香自員林及溪湖，而東勢地區許多人每年回員林掃墓，[3] 東勢地區居民仍說潮州腔客語，因此可確證彰化潮州府移民絕大多數屬於客籍，而非福佬人。

3. 雲嘉地區

雲林元長鄉新吉村至今仍以饒平邱姓為主，棘桐鄉有「饒平厝」；「新街五十三庄」聯庄以大埤鄉新街三山國王廟為中心，幾為客家聚落，也有劉、邱、林入墾；「前粵籍九庄」以饒平劉（最大）、賴、詹、黃姓為多。

嘉義縣大林鎮北部、溪口鄉東半部、民雄鄉寮頂村、梅山鄉圳北村、屬於「新街五十三庄」聯庄的範圍，以饒平張、劉、郭、曾、邱、林姓為主；新港鄉北側有曾、郭姓入墾，民雄鄉饒平更多，街上有周、許、徐、劉等姓，市北

---

3 參看吳中杰著《臺灣福佬客分布及其語言研究》頁 33，引自曾慶國〈彰化縣三山國王廟〉，1998.5 再版，彰化縣政府出版。

有周姓，東南有賴姓，南側有劉、賴、張、熊姓，西南側有張、賴、許、郭、劉等姓；太保市有詹、張姓。現在這些饒平客家後裔，多已成福佬客，只存一些信仰、稱呼，如「龍神」、「伯公」，如「阿婆」、「孺人」、「舅姆或親屬、數字、打招呼、禁忌語」等。

（二）目前仍能說饒平客話的地區

根據筆者調查平鎮《三槐堂王姓族譜》[4] 記載：

13 世王克師，於雍正三年（1725），偕宗姪王仕福由淡水上陸，初至新莊。雍正六年（1782），入墾南崁，三子仕甲遷安平鎮南勢庄（今平鎮市南勢、金星等里）並建宗祠名為「植槐堂」。

另有同宗王廷仁[5] 更早於康熙 55 年自饒平到鹿港上陸，墾殖彰化，其後裔分傳至中壢、平鎮，為北勢王景賢來臺祖。

綜觀饒平各姓族譜記載及發音人的口述，桃竹苗饒平客家分布與墾殖，多非初墾。大都在臺北八里、新莊先住過一段時間，再遷新竹，回遷桃園縣。或臺北遷北桃園南崁、龜山，由北而南再遷南桃園。或在臺灣中、南部幫傭或開墾，由南而北，再移居卓蘭、新竹、桃園等地區開墾。

目前仍能說饒平客話者，只存桃園、新竹、苗栗及臺中縣東勢地區，桃園縣有劉、詹、許、陳、黃、羅、袁、王、邱、張等姓。新竹縣也有許、陳、鄧、周、林、劉、鄭等姓，苗栗縣有劉、詹、黃等姓，臺中東勢有劉姓。

---

4 平鎮南勢三槐堂，王克師派下族譜，王年六先生提供。克師生於康熙 43 年，卒於乾隆 32 年，享年 64 歲，生三子，長仕洋、次仕種、三仕甲。

5 王廷仁來臺事蹟，同事王興隆老師提供族譜，為其之來臺祖，王克師之同宗叔父，家族世居中壢下三座屋，家族今說四縣客語。

　　目前所了解，臺灣的饒平客家話大都以「姓氏」為「聚落點」的呈現，沒有形成「面」的分布，較大的聚落為竹北市六家地區的林姓，卓蘭鎮老庄的詹姓。目前還會說饒平客話者雖不少，不過流失嚴重，只有家族及家庭之間的長者使用，二十歲以下仍能說饒平客話者，大概只有在新竹、卓蘭老庄可以找到些許。故目前所知還在使用饒平客家話的方言點，大致如下，其他姓氏的饒平後裔都不會說饒平客家話了！

1. 桃園縣：有中壢市芝芭里劉屋、興南庄詹屋、過嶺許屋、三座屋張姓，新屋鄉犁頭洲陳屋，平鎮市王屋，觀音鄉新坡許屋，八德官路缺袁屋等七個姓氏聚落。

2. 新竹縣：有竹北六家林屋，芎林上山村林屋，芎林紙寮窩劉屋，關西鎮鄭屋、鄧屋、許屋、陳屋，六福村陳屋，新埔鎮周屋、林屋，湖口鎮周屋等九個姓氏。

3. 苗栗縣：有卓蘭鎮詹屋，西湖鄉二湖的劉姓。

4. 東勢鎮：石角劉屋。

四、研究參考之文獻

　　或許因為人口占全縣比例太少，過去沒有引起語言學者的注意，以致沒有較多的文獻資料以茲查詢。不過近十年來，臺灣方面，由於客家委員會於2001年6月成立之後，於2005年開始舉辦客語認證，「四海大平安」等五腔並列，新竹教育大學臺語所、中央大學客語所研究客語畢業者增多，饒平客語之能見度擴增，海峽兩岸總計可參考的文獻，大陸有：詹伯慧〈饒平上饒客家話語言特點說略〉（1992）、《饒平縣志》〈第三十一篇　方言第二章〉（1994）等兩篇。臺灣則如雨後春筍，研究成果相繼問世。早期的楊國鑫（1993）、涂春景（1998）、吳忠杰（1999）等相關文獻外，以饒平客話為主題的研究，還

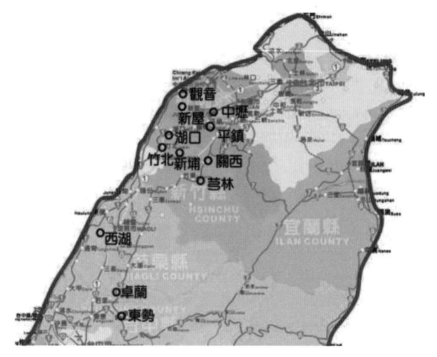

圖 2：臺灣目前仍能說饒平客家話的分布點
資料來源：採自哈客網路學院

有呂嵩雁（1993）、林伯殷（2005）、羅月鳳（2005）、朱心怡（2007）、林
賢峰（2007）、劉泳鴛（2008）、張美娟（2010）、張夢涵（2010）、楊昱光
（2011），其餘筆者（2002a、200b、2002c、2003a、2003b、2004、2005a、
2005b、2006a、2006b、2007a、2007b、2007c、2008a、2008b、2010、2011）
連續發表，其中包括碩士論文《桃園饒平客話研究》2002a、博士論文《臺灣
饒平客話音韻的源與變》2007、專書《臺灣饒平客話》2005b。

五、語言特色

　　饒平客家是有別於四縣、海陸系統的客家話，因與福建省詔安縣、廣東省大埔縣相鄰，反與這兩縣有一些共同的音韻特徵，又因近潮汕話，又受潮汕話的滲透。臺灣饒平客家話歷時的發展，和其他客語的發展有其內部的一致性，若與中古音韻《廣韻》對應，可發現以下主要特色，和梅縣及惠州系統的客家話有顯著的不同。

（一）聲母

1. 章組少數字讀〔f〕，如：唇 fin^5、水 fi^2、稅 fe^2、睡 fe^7。
2. 見組溪母今讀〔 k^h 〕，如：褲 k^hu^2、窟 k^hut^4、去 k^hiu^2、起 k^hi^2、殼 k^hok^4。
3. 影組云母今讀〔v〕，如：雨 vu^2、圓 $vien^5$、園 $vien^5$、遠 $vien^2$、縣 $vien^7$。

（二）韻母

1. 止攝開口三等「鼻」字，在中壢市芝芭、興南和卓蘭等地讀鼻化韻 $ph\tilde{i}^7$。
2. 山攝合口一等桓韻曉、影組、三等仙韻章組少部分字讀 an，不讀 on。如：歡 fan^1、碗 van^2、腕 van^2、磚 $tsan^1$。
3. 山攝合口一等桓韻見組讀 uan，不讀 on。如：罐 $kuan^2$、觀 $kuan^1$、館 $kuan^2$。
4. 山攝合口三等知章日組讀 en，傳 $t\int^hen^2$、船 $\int ien^5$、軟 ηien^1。
5. 蟹攝二等皆佳二韻「並匣影」母字讀 e，如：排 p^he^5、牌 p^he^5、稗 p^he^7、鞋 he^5、蟹 he^2、矮 e^2。
6. 明母和蟹攝四等讀 i。如：埋 mi^5、買 mi^1、賣 mi^7、泥 ni^5。
7. 蟹、梗二攝四等端組部分字及梗攝二等「冷」字，其主要元音為 e，不讀 ai、a。低 te^1、底 te^2、啼 t^he^5、弟 t^he^1、犁 le^5、聽 t^hen^1、廳 t^hen^1、頂 ten^2、冷 len^1。

（三）聲調

饒平聲調歷時的發展，和其他客語聲母的發展，內部有部分一致性，如古次濁上部分今讀陰平，古全濁上部分今讀陰平。但古清上、去二聲合併成陰上聲，古濁上和濁去合併為今讀陽去聲。

苦 k^hu^2 ＝褲 k^hu^2　　　把 pa^2 ＝霸 pa^2　　　董 $tuŋ^2$ ＝棟 $tuŋ^2$

杜 t^hu^7 ＝度 t^hu^7　　　市 si^7 ＝侍 si^7　　　道 t^ho^7 ＝盜 t^ho^7

六、臺灣饒平客話的分組研究

廣東饒平客話雖然南北及東西部有局部語音差異，但總體而言，呈現一致的局面，臺灣饒平客話則呈現多元面貌，筆者（2008：18-19）延續（2002）的研究方式，先依聲調，次依聲母，末依韻母，將之分成 ABC 三組研究。

（一）依聲調

芝芭、興南、平鎮、新屋、八德、卓蘭等六個方言點調值相同，但新屋、八德比其他四個方言點多出一個「超陰入」，有七個聲調；過嶺、新坡、芎林、竹北六家、[6] 湖口、關西等方言點相同，故宜分三組，為分組之主要依據。

調名		陰平	陰上	陰去	陰入	陽平	陽去	陽入	超陰入
調號		1	2	4	5	7	8	9	
調值	A	11	31	2	53	55	5		
	B	11	31	2	53	55	5	24	
	C	11	53	2	55	24	5		

---

6 竹北六家「陽去」調值和「陽平」相同，只在連讀產生變調才出現「陽去」調，因此本調只有五個調類。

調名	陰平	陰上	陰去	陰入	陽平	陽去	陽入	超陰入
例字	圈	犬	勸	缺	權	健	杰	屋
調號標法	k^hien^1	k^hien^2		k^hiet^4	k^hien^5	k^hien^7	k^hiet^8	vu^9

（二）次依聲母

　　芝芭、興南、平鎮、八德、卓蘭等五個方言點沒有舌葉音。新屋、過嶺、新坡、竹北六家、芎林、湖口、關西等五個方言點有舌葉音，可分為兩組。

（三）末依韻母

　　古止、深、臻、曾開口三等知、章系韻母，芝芭、興南、平鎮等三個方言點相同，過嶺、新坡、竹北、芎林、湖口、關西卓蘭等五個方言點相同。但古宕、江、通等攝陰入聲，新屋、八德兩點沒有收 -k 尾的韻母，聲調變成「超陰入」現象則一致，故也可分三組。

（四）依據上列三項聲、韻、調的不同和特性，本文將方言點分為三組

A組：中壢市芝芭里劉屋（以下稱「芝芭」）、中壢市興南詹屋（以下稱「興南」）、平鎮市南勢王屋（以下稱「平鎮」）、卓蘭鎮老庄詹屋（以下稱「卓蘭」）等四個方言點。

B組：新屋鄉犁頭州（今稱頭州）陳屋（以下稱「新屋」）、八德市霄裡官路缺袁屋（以下稱「八德」）等兩個方言點。

C組：中壢市過嶺許屋（以下稱「過嶺」）、觀音鄉新坡許屋（以下稱「觀音」）、竹北市鹿場里六家林屋（以下稱六家）、芎林鄉上山村林屋、紙寮窩劉屋（以下稱芎林）、[7]關西許、鄭、鄧姓（以下稱「關西」）、湖口長岡嶺周屋（以下稱「湖口」）等九個方言點。

七、變遷中的臺灣饒平客話類型

（一）變遷中的語言接觸

1. 語言變化

語言是一個不變動的結構，語言的結構改變，一般多在兩種情況下進行。一種是語言內部的分化，另一種是外部的、語言間或方言間的接觸。語言內部分化的原因很多，包括了因人口的移動所造成的地理上的隔離，或是社會的分化，如不同的階層、年齡群、兩性差異、婚姻關係等，所帶來的同一語言社群之內語言上的變異。語言或方言的差異越大，接觸的時間越久，所造成的結構變化越發顯著。因此要研究語言的結構變化，我們必須對內部的分話語外部接觸二者，同時進行考察（何大安 2004：4）。

語言的變化由兩種截然不同的因素引起，其一是由語言自身內部規律的作用而引起的演變；其二是由外部接觸而產生的變化而引起的演變。自身演變的是語言內部結構的變化，速度慢，它的變化主要反映在語言結構上，包括語音、語法、詞彙，這種變化可稱為自然的變化，又稱常規變化（normal change）。由語言接觸引起的變化，一般而言比前者來得快，來得猛，其變化不僅在語言本身上，還體現在使用功能上，這類變化可稱接觸變化，又稱非常規變化（non-normal change）（袁焱 2001：1）。

接觸，是使語言發生結構變遷的一個重要因素（何大安 2004：77）。今天的漢語方言，無論是哪一支或哪一個方言，都不敢說是孤立地從它的母語

---

7 芎林說饒平客話的有「上山村」及「紙寮窩」兩個方言點，兩者相距二公里，上山村主要為林姓，紙寮窩為劉姓，建有祠堂。另中壢市有三個方言點，各有不同的方言的特色，故以「里名」稱之。竹北林姓饒平語音，分散一里以上，來源也有不同，其內部有歧異，六家在歷史上具有特色，故本文以「六家」稱之，其他各點都以「鄉鎮名」稱之。

直接分化下來的。在漢語的發展過程中，分化與接觸是交互進行的（何大安 2004：95）。在民族的交往中，語言接觸首先涉及的總是詞彙系統，詞語的借詞是最初步的基本反應（袁焱 2001：37-38）。但詞彙要靠語音來體現，所以也可以從語音的角度來觀察語言影響的先後（袁焱 2001：37-38）。

2. 語言遷就

臺灣饒平客話居地分散，而且以宗族群聚方式散落於其他方言之間。於是在多語的社會環境下，在語言接觸中，人們可能會在某些場所、對某種人或某種話題時，選擇共同語言；反之，在不同族群的互動中，可能會選擇特定的語言來面對不同的人，也會學習強勢語言以面對周圍使用強勢語言者，形成語言遷就，一方面向對方的語言產生聚合，促進彼此溝通；一方面又想維持本身的認同感，背離對方的語言。

3. 語言接觸與遷就的影響

任何兩個語言 A、B 相互接觸之後，可能產生三種變化：一是雙方同時保留下來，形成所謂的「雙言」現象，二是 A 最後取代 B，三是 B 最後取代 A（黃宣範 2004：257）。二和三顯示的是 AB 兩種語言當中，有一種語言死亡。

語言的衰退從語言社會學的角度觀之，第一，它大量的引進外語的詞彙，反應語言的殖民化；第二，語言的死亡，常常退縮到只用於某一種情境，如家庭。[8] 因此，語言接觸與遷就後造成的影響，可產生三種變化：

1. 語言影響，雖可語言維持，但造成語言結構的變化。
2. 語言兼用，形成雙語現象。
3. 語言轉用，造成語言死亡，而有不同的面貌。

因此在筆者的調查比較中得到，現今廣東饒平縣上饒客話三百年來也在逐

---

8 本段文字錄自黃宣範著《語言、社會與族群意識》頁 261 之重點節錄。

漸變遷之中，但速度緩慢，臺灣饒平客話則較快速。臺灣饒平客家人在社會交往的環境中會說各種社會語，成為雙語或多語者；但昔時較為注重語言傳承者，家中長老或家長會告誡新媳婦：「入門三日要學會饒平話」。但一方面，又有放任者，即隨著新媳婦而語言轉換，語言即逐漸死亡。

（二）語言維持及其語例

將兩岸饒平客話對比之後，主要的表現在聲調上，臺灣 ABC 組聲調雖不同，但聲韻都能完整地語言維持及保留語言特點如下。

1. 章組少數字讀 f，如：水 fi^2、稅 fe^2、睡 fe^7、脣 fin^5。

2. 蟹開二「皆佳」二韻部分字讀 e。如：牌 p^he^5、鞋 he^8、蟹 he^4、排 pe^5。

3. 蟹開四端精見組多數字讀 e。如：低 te^1、弟 t^he^1、犁 le^5。

4. 山合口一等桓韻曉、影組、三等仙韻章組少部分字讀 an。如：歡 fan^1、碗 van^2。

5. 蟹攝二等明母和蟹攝四等泥母少數字今讀讀 i。如：買 mi^1、賣 mi^7、泥 ni^5。

6. 山攝合口一等桓韻見組讀 uan，不讀 on。如：罐 $kuan^2$、觀 $kuan^1$、館 $kuan^2$。

7. 詞彙：

　（1）眽：看 $\eta a\eta^2$

　（2）疾：痛 ts^hit^8

　（3）阿嬤：祖母 $a^{11}ma^{24}$

　（4）阿嬸：叔母 $a^{11}zim^{55}$／$a^{11}sim^{55}$

　（5）心婦：媳婦 $sim^1p^he^1$

　（6）薰：菸 fun^1

　（7）嗷：哭 vo^2

　（8）心色：趣味 sim^1set^4

（9）跍起：起床 $t^hai^5k^hi^2$

（10）遞：提、拿 t^he^7。

（三）少量變遷，大部分方言點尚能語言維持及其語例

　　經兩岸饒平客話對比之後，臺灣 ABC 組只有部分完整的語言維持及保留語言特點，但部分點已語言轉移，只保留聲調，形成共同的變遷。

1. B 組新屋、C 組：「精莊知章」分「精莊」、「知章」兩組聲母。但 A 組、B 組八德「精莊知章」都合成一套說成「精莊」。

2. A 組卓蘭、B 組、C 組：唇齒古曉匣合口字讀 f、v，如：血曉$fiet^4$、縣匣 $vien^7$，A 組其他點分讀 $hiet^4$、ien^7。

3. A 組卓蘭、芝芭、B 組、C 組：云母讀 v，如：遠 $vien^2$。C 組過嶺讀 $ʒien^2$，A 組平鎮、興南讀無聲母 ien^2。

4. A 組卓蘭、B 組、C 組：溪母字讀送氣 k^h。A 組芝芭、平鎮、興南部分字讀 h，部分字仍讀 k^h，「褲、窟」等少數字讀 k^h。其他 A 組平鎮、C 組竹北、芎林除了「去」讀 hiu^2。

5. A、B 組：古四等元音完全保留讀 ε，如：天 $t^hɛn^1$，其他組都有 i 介音，天 t^hien^1。

6. A 組卓蘭、B 組：古山攝三、四等無 i 介音，如：袁 ven5、面 men^2、錢 ts^hen^5，卓蘭甚至比上饒地區保存得更多，C 組說：袁 vien5、面 $mien^2$、錢 ts^hien^5，C 組過嶺、新坡說：袁 ʒien5、面 $mien^2$、錢 ts^hien^5，，A 組芝芭、平鎮說：袁 ien5、面 $mien^2$、錢 ts^hien^5。

7. A 組卓蘭、B 組新屋：山合三知章組元音讀 e，最為完整。C 組六家、芎林除了「磚」讀 $tʃan^{11}$、「轉」讀 $tʃan^{53}$ 以外，其他如：穿 $tʃ^hen^{11}$、船 $ʃen^{55}$、說 $ʃet^2$ 完整保留。

8. B 組：「宕、江、梗、通」四攝清聲母或部分次濁聲母入聲，沒有 -k 韻尾，

今讀存在一個「超陰入」（徐貴榮 2002），調值是中升 24 的舒聲韻，同於詔安。「宕、江、梗、通」四攝清聲母或部分次濁聲母入聲，沒有 -k 韻尾，今讀存在一個「超陰入[9]」，調值是中升 24 的舒聲韻。如：宕攝「腳」kio^{24}，江攝「桌」tso^{24}、梗攝「惜」sia24、通攝「屋」vu^{24}。

（四）大量變遷，只有少部分方言點能語言維持及其語例

1. A 組卓蘭、B 組新屋：心、邪、從、崇母讀塞擦音，如：碎心 ts^hui^2、醒心 $ts^hiaŋ^2$、象邪 $ts^hioŋ^7$、字從 ts^hi^7 仍讀塞擦音，其他方言點都改讀擦音，與周圍客語無異。

2. B 組：古效山咸三攝四等韻讀 ε 元音，如：跳 $t^hεu^2$、點 $tεm^2$、天 $t^hεn^1$，其他點效、咸攝全改讀 ia，跳 t^hiau^2、點 t^hien^2，山攝改讀 ie，天 t^hien^1，和周圍客語相同。

3. B 組新屋：咸開二匣母部分讀 e 元音，如：咸 ham^5。其他方言點元音全改讀 a，讀成 ham^5。

4. C 組六家、芎林紙寮窩，A 組平鎮、興南：遇攝三等見影精組大部分極少數泥來母今讀 iu，只剩除極少數點的極少字。如：C 組六家、A 組平鎮、興南「去」讀 hiu^2，C 組芎林紙寮窩「去鬚」兩字讀 k^hiu^2、siu^1 外，全部改讀 i。如：A 組卓蘭，去讀 k^hi^2，其他點都讀成 hi^2，而「鬚」讀成 si^1，與四縣、海陸無異。

5. B 組：山開二見及幫影組部分讀 e 元音，如：閒 hen^5、慢 men^7、八 pet^2。其他組改讀 a 元音成為閒 han^5、慢 man^7、八 pat^2。

6. C 組關西湖肚（楊昱光 2011：66）：許姓 su^2，其他點，包括關西旱坑、過嶺之許姓，都改說 hi^2，只剩在祭祀祖先時才聽得到 su^2 的發音。[10]

---

9 「超陰入」一詞首見筆者碩士論文《臺灣桃園饒平客話研究》，2002，頁 47、126、188。另見筆者《臺灣饒平客話》，2005，頁 70、279。中華民國聲韻學會於國立高雄師範大學主辦之「第八屆國際暨第二十一屆全國聲韻學學術研討會」該研討會中，張屏生之論文（2003.10~381）亦曾提出「超陰入」之名稱。

（五）臺灣饒平客話的個別類型

臺灣饒平客話在語言接觸與遷就後造成的影響，產生了語言的變化，除了語言已經轉換者外，至今尚能說饒平客話包括雙語、多語者，經過上列變遷結果之綜合，約有下列四類型。

1. 類原型（與上饒音韻相同）

此類型存於 A 組卓蘭、B 組，並非完全沒有變遷，只是比較之後，較能與現在上饒客話相對應。

（1）古四等元音完全保留讀 ε，如：天 $t^h\varepsilon n^1$。

（2）唇齒古曉匣合口字讀 f、v，如：血曉 $fiet^4$、縣匣 $vien^7$。

（3）古山攝三、四等無 i 介音，如：袁 ven^5、面 men^2。

（4）心、邪、從、崇母讀塞擦音，如：碎心 ts^hui2、醒心 $ts^hiaŋ^2$、象邪 $ts^hioŋ^7$、字從 $ts^h\dot{i}^7$ 仍讀塞擦音。

（5）山合三知章組元音讀 e，如：穿 $tʃ^hen^1$、船 $ʃen^5$、說 $ʃet^4$。

（6）古效山咸三攝四等韻讀 ε 元音，如：跳 $t^h\varepsilon u^2$、天 $t^h\varepsilon n^1$、點 $t\varepsilon m^2$。

2. 類詔安型

（1）此類型存於 B 組，雖然八德的「精莊知章」聲母已合為一套「精」組，但主要特徵仍然存在：

（i）「宕、江、梗、通」四攝清聲母或部分次濁聲母入聲，沒有 -k 韻尾，今讀存在一個「超陰入」，調值是中升 24 的舒聲韻。如：通攝「屋」讀為 vu^{24}，而不讀 vuk^{21} 或 vuk^{24}；宕攝「索」（繩子）讀為 so^{24}，同於詔安。

---

10 根據許姓大族譜編者許時烺先生所提供的錄音。

（ii）和詔安話客家話最明顯的不同，在於入聲調值的不同，除了「超陰入」之外，陰入韻尾收 -p、-t 和所有陽入韻尾收 -p、-t、-k 的調值，都和一般饒平客家話相同，也沒有詔安話的「超陽入」。與饒平客家話的陰入今讀低短調，如：鐵 tiet²¹；陽入讀高短調，如：合 hap⁵。濁聲母及部分次濁聲母今讀陽入聲仍有 -k 尾，仍讀陽入調，如：鑊 vok⁵、綠 liuk⁵；也和詔安沒有 -k 尾，如：鑊 vo⁵⁵，變成高平調有所不同。

（2）此類型存於 A 組之「聲調」，陰平、上聲、去聲、陽平四個聲調相同。

3. 類四縣型

此類型存於 A 組芝芭、興南、平鎮，皆在桃園南區四縣腔客語區內，主要的特徵在於：「精莊知章」聲母合併成一套讀精組 ts-，及其所配合的深、臻、曾、梗（白讀）等四攝韻母。

（1）「精莊知章」聲母合併成一套讀精組 ts-。

借 tsia2	粗 tsʰu1	罪 tsʰui7	酸 son1	卒 tsut4	（精）
註 tsu2	轉 tson2	池 tsʰï5	陣 tsʰïn7	摘 tsak4	（知）
莊 tsoŋ1	楚 tsʰu2	爭 tsaŋ1	曬 sai2	直 tsʰït8	（莊）
遮 tsa1	暑 tsʰu2	屎 sï2	磚 tsan1	祝 tsuk4	（章）

（2）開口止攝三等精知莊章組，深、臻、曾、梗（白讀）等四攝主要元音讀舌尖元音 ï。

紫 tsɿ²	智 tsɿ²	痔 tsʰɿ⁷	紙 tsɿ²	視 sɿ⁷	（止）
蟄 tsʰït⁸	針 tsïm¹	深 tsïm¹	執 tsïp⁴	十 sïp⁸	（深）
珍 tsïn¹	陳 tsʰïn⁵	真 tsïn¹	實 sït⁸	臣 sïn⁵	（臻）
徵 tsïn¹	職 tsït⁴	蒸 tsïn¹	升 sïn¹	式 sït⁴	（曾）
貞 tsïn¹	逞 tsʰïn²	整 tsïn²	適 sït⁴	誠 sïn⁵	（梗）

（3）原 v 聲母大部分字讀成無聲母。如：縣 ien7、運 iun7、羊 ioŋ5。

（4）「仔尾詞」的讀音為 e³¹，與四縣相同。

4. 類海陸型

此類型存於 C 組，大致都在新竹地區，朱心怡（2007）提出新竹饒平與海陸客話的比較。筆者以為因新竹地區以說海陸腔客語居多，饒平聲母「精莊知章」分「精莊」、「知章」兩組聲母 ts-、tʃ 與海陸相同；韻母效攝三等及四等，幫精見曉影組讀 iau，知莊章組讀 au，如：笑 siau²、朝 tsau¹；合口一等蟹攝灰韻幫組部分字、三等非、曉、影組；止攝影組 讀 ui。如：杯 pui¹、位 vui⁷、都「海陸」同韻，也因此有人以為饒平極像海陸，所以在新竹海陸客語區饒平話音韻也保留較完整，有些不知不覺被海陸同化而不自知。此類型最明顯的表現在連讀變調上及「仔尾詞」的讀音上。

（1）連讀變調的規則陽平要變調的卻不變調

C 組陽平調值與海陸相同為高平 55，連讀變調的規則，後接陰類調時前字變成高降 53，如：頭家 tʰeu⁵⁵ᐟ⁵³ ka¹¹、頭擺 tʰeu⁵⁵ᐟ⁵³ pai⁵³、圓桌 vien⁵⁵ᐟ⁵³ tsok²；後接陽類調則變成中平調 33，如：頭前 tʰeu⁵⁵ᐟ³³ tsʰien⁵⁵、零件 len⁵⁵ᐟ³³ kʰien24、銅鑊 tʰuŋ⁵⁵ᐟ³³ vok⁵ 銅鑊。本組過嶺、新坡、苎林、關西等地陽平後接任何調都不變調，讀如海陸的高平調 55，加上饒平客話的某些音韻類似海陸，詞彙又受海陸影響所有使人聽起來像海陸。

（2）陰入應變為陽入，有些有變，有些不變

陰入連讀變調應變為陽入、竹北逢陽聲類前不變調，同於海陸的變調；而陽入應不變調的，卻逢陽聲類前變調 2，讀如海陸。苎林只差在陽入接「上聲」與竹北相反外，其他類型與竹北相同，此乃在廣大海陸區域，連帶影響到連讀變調。

（3）「仔尾詞」的讀音 3 ə⁵³，類似海陸的 ə⁵⁵，應是受到海陸的影響，因為上

饒地區的「仔尾詞」讀音為 tsi^{53}（子）。

5. 類大埔型

此類型只發生在 A 組卓蘭，因其位在東勢鄰鎮，居民往來密切，語音受其影響，尤其在詞彙借入更多及其自有的詞彙。大要於下：

（1）「精莊知章」合成一套聲母，形同四縣腔客語，但「精莊」聲母逢細音 i 不顎化，「知章」聲母逢細音卻接近顎化，和東勢大埔話語音的走向極為相同。如：智 tɕi^{31} 深 tɕʰim^{11} 式 ɕit^{2}。（徐貴榮 2006b、2005b：270）

（2）止攝開口三等精莊知章組，深、臻、曾、梗（白讀）等四攝，主要元音讀舌尖元音 i：紫 tsi^{31} 蟄 tsʰit^{5} 珍 tsin^{11} 徵 tsin^{11} 貞 tsin^{11}。

（3）具有東勢大埔詞彙：仰脣（怎樣）、勞瀝（謝謝）、較少的「仔尾詞」。

（4）自有詞彙：□ kun^{55}（遠指、那），如：□位、□儕。雞团（中雞）kie11giã^{53}。

扣除上述三項，卓蘭饒平音韻特點其實比 B 組更具類原型，「倈子、妹子」更保留了原「仔尾詞」的讀音，四等山攝沒有 i 介音也比上饒客話多。

八、大陸上饒地區客話的變遷

（一）大陸上饒地區客話的變遷

上饒客話兩三百年來，也逐漸受他語的影響滲透，尤其是南方的潮汕話；其次是普通話，主要在詞彙方面。

1. 受潮汕話的滲透

潮汕話的優勢，數百年來，陸續滲透上饒客語，饒平地區受閩南潮汕話的影響，由南部地區逐漸雙語，範圍逐漸擴大。丘逢甲在臺灣失陷後，清光緒 25 年（西元 1899 年）到內地周遊各地，曾到饒平當時的省城三饒鎮遊覽作了

《抵饒平作（二首）》，收錄在嶺雲海日樓詩鈔卷六（己亥稿下）內，詩中透露今語言已完全「福佬」潮汕語的三饒，當時語言是客家話，其中一首云：

鼓角聲何處？殘碑不可尋。田功迫秋急，山氣入城深。

舊俗仍高髻，遺民半客音。驅車來訪古，空作繡衣吟

顯示一百多年前，饒平縣城三饒鎮還是說客家話的，現在已經完全說潮汕話了。

（1）知組字今讀端組字：摘 tiak^5、珍 tin^{11}、診 tin^{53}、鎮 tin^{53}、召 tiau^{24}、兆 tiau^{24}。

（2）通攝明母少數字元音為 o：蒙 moŋ^{55}、夢 moŋ^{24}，上饒受潮汕話的影響。

（3）次濁上聲讀陰平的字例減少很多。

（4）詞彙：親屬稱謂詞，阿嬤、阿嬸，月娘、合（連接詞，和）等，新豐的王姓稱自己姓 hen^{55}，都是潮汕用語。

2. 受普通話的影響

（1）蟹攝二等：如排 p^{h}ai^{55}、住 tʃu^{24}。

（2）效攝一等部分字讀 au，不讀 o：毛 mau^{11}、島 tau^{53}、導 tau^{24}、稻 tau^{24}、腦 nau^{53}、逃 t^{h}au^{55}、靠 k^{h}au^{53}。

（3）詞彙：謝謝 tshia^{24} tshia^{24}。

3. 臺灣多元腔調保留語言原貌

臺灣客語呈現多元樣貌，可分三組，主要在聲調的差異。很多人以為是饒平客話到臺灣因散落各地才分裂成今日多元樣貌。其實以筆者之研究，恰與之相反，臺灣饒平客話雖受周圍語言影響，但上饒客話也日漸變化，受他語的滲透。

若從多元的聲調談起，劉俐李（2004）認為：

「單字調指音節單念時的調值，是研究聲調系統的基礎，歸納特定音系的聲調系統往往以單字調爲據。連讀變調是音節組合時各單字調的型態和組合模式，是單字調的動態」。

「造成單字調和連讀變調差異的因素，和調類分化合併的步伐不同致異有關。單字調在靜態層，連讀變調在動態層；單字調是讀現調，連讀變調是組合調，二者既有聯繫又相對獨立。單字調變化快而連讀變調變化慢，或者單字調變化慢而連讀變調變化快（通常是前者）。於是單字調呈現的是變化後的模樣，而連讀變調呈現的是變化前的模樣」。

「王士元也認爲『連讀變調常常比較保守，因爲其中保存了在單字調中已失去的差異』」。[11]

上饒客家話是臺灣饒平客家的祖地，經過了一一比對（徐貴榮 2008），很清楚地瞭解到，以饒洋爲中心的上饒各地客家話單字調，到目前爲止，與臺灣C組一致，可見清朝之初，在整個上饒地區，就有這一股優勢腔調，經過兩百多年的擴展、同化，周圍不同聲調逐漸與之合併同化，弱勢的向強勢的靠攏，少數的向多數靠攏，於是單字調變化快，形成今天一統的局面。但是連讀變調變化慢，保留未變之時的型態，呈現出聲調的底層。也就是說：在清朝初年，饒平人移居臺灣之時，這股優勢腔已存在，移居到今新竹地區、過嶺，成爲C組。上饒東北端的嶺腳方言點聲調，是爲B組，南端新豐鎮西邊的墩

---

11 以上三段文字，各出自劉俐李《漢語聲調論》頁 120、242、95。

上、新葵與處在東南山區的建饒鎮，絕不是今日的樣貌。至少反應移居臺灣之時，不是今天模樣，上饒的北部陰入原形應是 24 調，而從新豐鎮變調沒有陰入後字變調的情形來看，新豐鎮的陰入原始即是 2，同於優勢腔。經過兩三百年來，周圍的逐漸向優勢腔靠攏，入聲 24 變成 2，陽平 53 變成 55，去聲 55 變成 24，上聲 31 變成 53，形成今日大一統的局面。這些地區的人，都移居到桃園、卓蘭。嶺腳陳姓百九公之後在新屋，袁姓在八德，保留單字調至今，成為 AB 組。

不然以 B 組而言，都來自嶺腳的陳姓、袁姓，分居新屋與八德兩地，至今語音相同，而原鄉嶺腳村本調已和臺灣不同，只有在連讀變調出現後字變調和 B 組相同的聲調；嶺腳村近日也喪失了「超陰入調」，只有在連讀變調時後字變調呈現中升的「陰入」調。

另外，A 組芝芭、興南，C 組關西街路等，將古四等讀成洪音 a 的音韻，如：尿 nau⁷、料 lau⁷、寮 lau⁷、點 tam²，（張夢涵 2010：85）筆者以為是畬族的語音特徵（徐貴榮 2010）。丘逢甲到山城的三饒（舊饒平縣治），看到婦女頭髮是梳著高高的「鳳凰髻」，人們說的語言是「半客音」。所謂「半客音」即饒平客話，語言含有大量古越語，是客家話中保存較多南方古漢語的一支，與今梅縣客家區相對漢化客語比較，一般梅縣客家人都聽不懂。所謂「舊俗仍高髻」指的是畬族婦女的「鳳凰髻」，丘逢甲當時看到三饒人這個打扮，直覺就認為三饒人是今畬族「遺民」。[12] 而今饒平話說「女」為 ŋiu²，「女兒」稱為

---

12 《嶺雲海日樓詩鈔》丘逢甲所撰，其弟瑞甲、兆甲編輯，初印於 1913 年，1919 年重版一次；1936 年門人鄒魯復取前刊本手加釐定，又附入先前未選集中的零篇若干，即逢甲之弟瑞甲所輯的「選外集」，仍名為《嶺雲海日樓詩鈔》印行，共收作品千餘首，自乙未（1895）內渡起至辛亥（1911）南京臨時政府成立止，以年為序，計分 13 卷。《嶺雲海日樓詩鈔》（簡體字版），上海古籍出版社 1982 年版。《嶺雲海日樓詩鈔》（繁體字版），臺灣省文獻會 1994 年出版，本詩在第 113 頁。另本本資料來源見：半山客網站。

「ŋiu²」為鳳坪畬話的說法（吳中杰　2004：97），即是畬語留下的一個證據。況且今日饒洋鎮還有一個畬族自治村，還有四個畬族地名叫「上山中大下車」，但今日這些畬族底層語音全然已消失，臺灣饒平客話仍然保留。

　　如此，語言真相呼之已出，A 組和新豐、建饒、上饒凹下相似型態，B 組和上饒的北端嶺腳型態相同，C 組和上饒一致。所以，現存的臺灣三組是饒平客家話原貌。到臺灣之後，所有饒平人都受到臺灣周圍環境的影響，在新竹者受到海陸腔的影響，在中壢、平鎮者受到四縣話的影響。在卓蘭受到四縣、大埔話的影響，逐漸和原鄉日益走遠，形成今日紛雜的面貌。

（1）古上饒地區從新豐到上善這條峽谷，必有一股像現在這樣的優勢腔，這種優勢腔逐漸同化周遭新豐、嶺腳等少數腔調者。這種當時優勢腔調移居臺灣 C 組新竹、中壢過嶺、觀音新坡地區，和上饒共同保留。

（2）今日上饒：單字調逐漸向優勢腔靠攏，原貌保留在連讀變調中。

（3）臺灣三組：保留古饒平客語聲調原貌，嶺腳腔移居臺灣，保留在臺灣 B 組新屋、八德中。新豐、上饒等地保留在臺灣 A 組中。

（4）連讀變調在臺灣反而少數受周圍方言四縣或海陸話影響，是後來的新型態。（徐貴榮　2008a：206）

九、結論

　　客家話之中的饒平話，因為離海最近，較早來臺發展，卻分散於泉州、漳州的閩人區，以及後來的嘉應州、惠州的客家之中，於是饒平客家人的根據地，漸漸被漳州人、泉州人、嘉應州四縣人、惠州海陸人所取代，語言也逐漸被轉換、同化，如臺北、臺中、彰化地區原說饒平客話的變成說閩南話，新竹地區說饒平客話的變成說海陸話，桃園、苗栗地區說饒平客話的變成說四縣話。

　　在此種狀況下，兩三百年來，臺灣饒平客話受他種語言的影響，除了「福

佬客」之中尚有極少留存饒平客話底層語音或詞彙（陳嬿庄 2003）外，目前尚能說饒平客話者，大多受他種方言之影響，形成了各種類型，例如「類四縣型」，其周邊即是說四縣話的族群，分布在中壢周圍；「類海陸型」即是周邊說海陸話者，分布在新竹地區；「類大埔型」，即與東勢說大埔話相鄰的苗栗縣卓蘭地區；而饒平與詔安兩縣相鄰，許多語音相同，「類詔安型」，在原鄉應已是原貌，不然，同屬 A 組的桃園、卓蘭，相隔百餘公里，至今聲調怎會相同？「類原型」則找到極多的饒平客話原貌。

至於今日大陸饒平客話，三百餘年來則受潮汕話不斷的滲透，再加上北方官話的逐漸影響，也產生「值」的改變，「量」的減少，臺灣饒平客話多元類型的表現，雖是語言接觸，造成變遷的結果，但聲調的多元，應是百年前饒平客話的原貌。

大陸原鄉饒平客話因居民聚居集中，且目前仍為當地之社會語言，使用活絡，近期尚未瀕臨危急。而臺灣饒平客話因為居地分散，所以擋不住他種方言的洶洶來襲，陸續被各個擊破而變遷失落。目前在廣大的饒平移民後裔中，除了苗栗縣卓蘭老庄聚落較聚集外，原來六家也是非常聚集的聚落，但近年高鐵通車，周圍站區重劃，高樓林立，原有聚落已迅速崩落，其他地區也面臨如此狀況。

語言消失本來是自然的生態，饒平客話的變遷，正在快速進行之中，行政院客家委員會每年舉辦的客語認證自 2005 年開辦以來，不論初級或中高級考試，每次報名人數都不足 100 人，不加搶救已將來不及。饒平客話傳承了閩西客話的源頭，保留了許多古音與特色，因此可說是一顆語言的活化石，據筆者訪查所知，目前 20 歲以下會說饒平客話者，新竹只剩橫山劉姓兩人，卓蘭詹姓約有 10 人，未來走向，將加速靠向周邊語言，或改說國語，如何使饒平人積極搶救自己的語言文化，是重要課題，若任其快速消失，將非常可惜。

參考文獻

王福堂，1999，《漢語方言語音的演變和層次》。北京：語文出版社。

江俊龍，1996，《臺中東勢客家方言研》。國立中正大學中國文學研究所碩士論文。

＿＿＿＿，2003，《兩岸大埔客家話研究》。國立中正大學中國文學研究所博士論文。

朱心怡，2007，《新竹「饒平」與「海陸」客話音韻比較研究》。中央大學客家語文研究所碩士論文中央大學客家語文研究所碩士論文。

何大安，2004，《規律與方向：變遷中的音韻結構》。北京：北京大學出版社。

吳中杰，1999，《臺灣福佬客分布及其語言研》。國立師範大學華語文教學研究所碩士論文。

＿＿＿＿，2004，《畬族語言研究》。國立清華大學語言研究所博士論文。

呂嵩雁，1993，《臺灣饒平方言》。臺私立東吳大學中國文學研究所碩士論文。

＿＿＿＿，1999，《閩西客語音韻研究》。國立臺灣師範大學國文研究所博士論文。

林伯殷，2005，〈芎林腔饒平客語〉。《新竹文獻》23：67-78。新竹：新竹縣政府出版。

林賢峰，2007，〈饒平客語變調對韻律形成及句法結構、語意表述的意義：以臺灣新竹六家林屋為例〉，《第七屆客方言國際學術研討會論文》。香港：中文大學主辦。

袁　焱，2001，《語言接觸與語言演變》。北京：民族出版社。

涂春景，1998，《苗栗卓蘭客家方言詞彙對照》。臺北：國家文化藝術基金會贊助發行。

徐貴榮，2002a，《臺灣桃園饒平客話研究》。新竹師範學院臺灣語言與語文教育研究所碩士論文。

＿＿＿＿，2002b，〈漳潮片的客語分區芻議：從臺灣饒平客家話音韻談起〉，發表於「第五屆客方言與首屆贛方言研討會」論文，江西南昌大學主辦。會後收入於《客贛方言研究》頁14-26。香港：靄明出版社，2003.12。

_____，2002c，〈桃園中壢、平鎮、八德地區的饒平客家話語言特點〉。《臺灣語言與研究期刊》4：103-116。新竹師院臺語言與語文教育研究所編印。

_____，2003a，〈桃園饒平客家的來源與分布調查〉。《客家文化研究通訊》5：114-130。 國立中央大學客家研究中心編印。

_____，2003b，〈桃園新屋陳姓饒平客家話的「超陰入」〉，「第八屆國際暨全國第二十一屆聲韻學研討會」論文，高雄師範大學。收入《聲韻論叢》第 14 輯，頁 163-185。臺北：中華民國聲韻學會出版，2006.12 出版。

_____，2004，〈桃園觀音崙坪客家話的語言歸屬〉，「全國第二十二屆聲韻學研討會」論文，臺北市立師範學院主辦。收入《聲韻論叢》第 15 輯，頁 219-246。臺北：中華民國聲韻學會出版，2007.12 出版。

_____，2005a，〈臺灣饒平客家話的調查及其語言接觸現象〉。《臺灣語言與研究期刊》6：64-80。新竹師院臺語言與語文教育研究所編印。

_____，2005b，《臺灣饒平客話》。臺北：五南圖書公司。

_____，2006a，〈桃園平鎮客家話及其語言接觸〉，「關懷平鎮、立足桃園學術研討會」論文，臺北商業技術學院主辦，收入《桃園平鎮地區文學與文化學術研討會論文集》。臺北：亞旂股分公司出版，2007。

_____，2006b，〈卓蘭饒平客家話特點：兼談客話 ian 和 ien 韻的標音爭議〉，「2006 年全國聲韻學教學研討會暨工作坊」（第二十四屆全國聲韻學研討會）論文。高雄：中山大學主辦。

_____，徐貴榮，2007a，〈以饒洋鎮為中心的饒平客家話語音特點〉，「第七屆客家方言國際學術研討會」發表論文，香港中文大學主辦。

_____，2007b，〈從兩岸饒平語連讀變調比較，以探究其聲調原貌〉，「2007 饒平客家語言與文化研討會」論文，新竹饒平客家文化學會主辦。新竹：新竹文化局。

_____，2008a，《臺灣饒平客話音韻的源與變》。新竹教育大學臺語言與語文教育研究所博士論文。

_____，2008b，〈由閩客方言及畬語論證古漢語四等為洪音 a 的擬測〉，「第廿六屆全國聲韻學學術研討會」論文，彰化師範大學國文系主辦。

_____，2010，〈饒平客話的畬話成分〉，「第九屆客家方言國際學術研討會」發表論文。北京：中國社會科學院主辦，2010.10.21 發表。

＿＿＿＿＿，2012，〈客語古章組聲母擦音讀脣齒擦音 f 的現象探討〉，「第十屆「客家方言」學術研討會」論文，四川成都資訊工程學院文化藝術學院（龍泉校區）主辦，2012.9.19。

徐瑞珠，2005，《苗栗卓蘭客家話研究》。高雄師範大學臺灣語言及教學研究所碩士論文。

陳淑娟，2002，《桃園大牛欄閩客接觸之語音變化與語言轉移》。國立臺灣大學中國文學研究所博士論文。

陳秀琪，2002，《漳州客話研究：以詔安為代表》。國立新竹師範學院臺灣語言與語文教育研究所碩士論文。

＿＿＿＿＿，2006，《閩南客家話音韻研究》。國立彰化師範大學中國語文博士論文。

陳嬿庄，2003，《臺灣永靖腔的調查與研究》。國立新竹師範學院臺灣語言與語文教育研究所碩士論文。

張美娟，2010，《新竹饒平客語詞彙研究》。國立中央大學客家語文研究所碩士論文。

張夢涵，2010，《關西饒平客家話調查研究：以鄭屋、許屋為例》。國立中央大學客家語文研究所碩士論文。

黃金文，2001，《方言接觸與閩北方言的演變》。臺北：臺灣大學出版委員會。

黃宣範，2004，《語言、社會與族群意識》。臺北：文鶴出版有限公司。

詹伯慧，1992，〈饒平上饒客家話語言特點說略〉。《中國語文研究》10：153-158。

楊國鑫著，1993，《臺灣客家》。臺北：唐山出版社。

楊昱光，2011，《關西湖肚饒平客語研究》。國立中央大學客家語文研究所碩士論文。

劉俐李，2004，《漢語聲調論》。南京：南京師範大學出版。

鄭國勝主編，1998，《饒平鄉民移居臺灣記略》。香港：香港文化傳播事務所。

劉泳鴛，2008，《饒平客家說唱音樂之研究》。國立新竹教育大學音樂教育研究所碩士論文。

饒平縣志編輯委員會，1994，《饒平縣志》。廣州：由廣東人民出版社出版。

藍小玲，1999，《閩西客家方言》。廈門：廈門大學出版社。

羅月鳳，2005，〈臺灣臺中縣東勢鎮福隆里「饒平語」再探〉，「第 38 屆國際漢藏語學術研討會」論文，福建廈門大學主辦。

三槐堂王氏族譜王克師派下編輯委員會主編，1993，《三槐王氏族譜王克師派下族譜王克師派下祭祀公業發行》。發行者：祭祀公業，發行人：王興申。

來臺祖從源公支派下裔孫編輯委員會編印，1999，《河間堂詹氏族譜》。

詹氏族譜編輯委員會，1972.12，《苗栗縣卓蘭鎮詹氏族譜》。

許氏裔孫編輯委員會編印，許時烺編撰，1994，《過嶺高陽堂許氏大族譜》。

劉氏大族譜編輯委員會，1988，《彭城堂劉氏大宗譜》。

桃園新屋犁頭洲，《始祖百九公陳氏族譜手抄本》，陳永海先生（已逝）提供。

桃園八德市官路缺《袁氏宗祠重修志》，袁芳湧先生提供。

臺灣東勢客家話的派生詞研究 [*]

江俊龍

一、前言

　　本文從詞彙學的角度，將一般所謂帶詞頭或帶詞尾的詞，進一步做更細緻的分析，剔除含有實詞義的詞頭和詞尾，而將語義虛化的詞綴和詞根所構成的複音節詞，稱為派生詞。

　　本文以臺灣東勢客家話為研究對象。因其相對於共同語而言，有更豐富的詞綴；同時，就客家話內部來說，東勢客家話所呈現的派生詞用法，亦有獨特之處。

　　全文大綱為：一、前言。二、派生詞及其鑑別。三、東勢話派生詞的類型與分析。四、東勢話派生詞與古漢語的聯繫。五、東勢話派生詞與現代漢語共同語的比較。六、結論。

二、派生詞及其鑑別

　　現代漢語詞形的劃分，可以根據詞根與詞綴的組合情形分為單純詞、派生詞、複合詞三種，這就是一般所採取的三分法分析架構。

* 本文原刊登於《臺灣源流》，2001，21 期，頁 124-139。因收錄於本專書，略做增刪，謹此說明。作者江俊龍現任國立中央大學客家語文暨社會科學學系副教授。

　　單純詞是由一個詞根所成，詞的音節數可以只有一個，也可以更多；複合詞是由兩個或兩個以上的詞根結合而成的詞；派生詞則是由一個詞根加上一個或一個以上的詞綴而成立的詞，如：孩子、孩子們、[1]老虎、第一、石頭等是。

　　派生詞既是包含了一個或一個以上的詞綴，對於何謂「詞綴」？顯然是一個關鍵的課題。派生詞詞綴的鑑別，往往不能只根據一個原則就確認下來，須根據幾個原則進行多方面的分析。

　　現在先介紹幾種前人的說法，再做歸納。

（一）趙元任（1980：118-120）

　　中國話的詞頭只是很小的一類。它們不完全是虛語位，因為除了「阿」以外，在別處的功能都是實語位，而且不是輕聲。

1. 詞頭「阿」：這是唯一不能用作實語位的詞頭，不能作為一個詞或複合詞的一部分。

2. 詞頭「老」：這個語位是個實字，作形容詞或副詞用，也是個姓。

「老」字當詞頭，有下列幾種用法：

（1）動物名

（2）親屬排行稱呼

（3）用在單姓之前作為稱呼

3. 詞頭「第」：「第」（連用）當實語位的時候，用處並不多，比如：「門第」、「次第」（同義複合詞）。當詞頭用時就跟數目字合成序數，例如：「第一」、「第二」、「第三」。

---

1 說見湯廷池（1988：11）。湯先生還舉了幾個例子，本文沒有列入，它們是：前天、大前天、上週、上上週。筆者認為「前」、「大」、「上」並未完全虛化，這幾個詞暫時看作主從式複合詞。關於派生詞詞綴的虛化問題，後面還會討論。

4. 詞頭「初」：作實語位時，「初」得連用，當「開頭」講，像：「起初」、「初等」、「初級」、「月初」、「初次」。作詞頭用時，「初」字用在一個月的日子上，比方：「初一」、「初二」、「初三」……「初十」。

中國話的詞尾是虛語位，絕大多數是輕聲，用在詞的後頭，表示詞的文法功能。他不但跟詞頭在位置上不同，而且是輕聲，甚至有的是不成音節的，像捲舌詞尾「儿」。詞尾在文章裡跟語彙上都比詞頭用得多。一個詞的詞尾，跟詞組的詞尾或所謂語助詞不同。前者是詞的一部分，而後者只能跟整個詞組成一句話連在一起。

（二）張壽康（1985：13，46，52）

詞素可按在詞中所賦予的意義的不同，分成實詞素和虛詞素兩種。「子」和「兒」在「噴子」、「畫兒」這類詞中是貢獻了語法意義的詞素，叫作虛詞素（「兒女」中的「兒」和「母子」中的「子」是實詞素）。

1. 虛詞素成為詞類的標誌，具有附加意義。

2. 虛詞素成為變詞手段並標誌詞類。

（三）程祥徽、田小琳（1992：180-181）

在一個自由語素或半自由語素前面或後面加上一個「附加成分」，就形成附加式構詞。這個「附加成分」的位置，或一定在前，或一定在後，所以它是個不自由語素。前加成分有「老、阿、初、第」等。後加成分有「子、兒、頭」，它們的語法意義是加在別的語素後，構成名詞，是名詞的一種標誌。「兒」有時有小稱、愛稱的意思，「子」有時可以附加貶義。還有一些附加成分，是實語素虛化了的語素。例如：性、家、員、手、式、網等等，這些語素構詞性很強，可以形成大量新詞，有些是雙音節的，也有不少是三音節以上的。

（四）房玉清（1992：54）

根據語素在詞中的不同作用，可以把它分為詞根、詞頭和詞尾。體現詞的基本意義的語素叫詞根；粘附在詞根前頭，表示某種附加意義的語素叫詞頭；粘附在詞根後頭，表示某種附加意義的語素叫詞尾。把詞頭或詞尾粘附在詞根上的結構方式叫附加式。

（五）張嘉驊（1994：162）

從共時的角度來看，我們認同「語義虛化」、「粘附在詞根之後」是為現代漢語後綴判斷的主要標準，儘管嚴格地說，這其間仍存在著程度上的問題。我們也以為後綴的判斷得注意它的虛義類型，像「然」就只有表狀貌、作形容詞標誌的虛義成分才能稱之為後綴，其餘實義的或虛義的「然」都不是後綴。至於附加意義，語音輕讀以及高度能產性等，只能是後綴判斷的參考條件，而非必要標準。

整個來看，所謂「詞綴」，不論是前綴、中綴（姑且不論中綴是否成立）、後綴，都是一種附加成分或輔助的成分，而且是虛詞素。我們非常同意，詞綴的資格必須接受較為嚴格的過濾，應該避免將「類前綴」、「類後綴」、「構形後綴」一類所形成的詞納入派生詞的體系，[2] 以免導致收詞太濫，模糊了語言的本質。

---

2 呂叔湘（1989：127）：「有不少語素差不多可以算是前綴或後綴，然而還是差點兒，只可稱為類前綴和類後綴。類前綴有可、好、難、準等；類後綴有員、家、人、性、化等。說它們作為前綴和後綴還差點兒，……是因為它們在語義上還沒有完全虛化，有時候還以詞根的面貌出現。例如：人員、專家、各界、物品、器物、器具、物件等等」。張嘉驊（1994：103, 105）：「類後綴之所以獲得我們的認可，在於它反映了語言中存在的漸變現象。類後綴的成員如『者』、『家』、『性』、『化』等，正處於由實向虛演化的過程，一方面在某種程度上既保留著與原義相關的意義，一方面在

　　我們也強調，詞綴的分析，必須做深入細部的觀察。同樣是以「初」起頭的詞，「初等」、「初級」不是派生詞，因為它們的「初」還保留「開頭」的原義；「初一」、「初二」才是派生詞。同理，「全然」、「仍然」不是派生詞，因為其中的「然」保有「如此」義，「油然」、「悍然」則是派生詞。

　　綜合前人的看法，可以得知：派生詞詞綴的鑑別標準，並非單一，更非絕對。我們認為「語義虛化」和「附著於詞根，與之結合成詞」仍是最主要的準則，而前者存在著程度上的問題，[3] 必須盡量求其嚴。其次，「有附加意義」、「具有標誌詞類的作用」[4] 和「能產性高」可做為次要的條件，前者如「老張」、「老李」是一種對熟人的稱呼法，帶有親切感；中者比如「阿＋□」有標誌名詞的語法功能；至於後者只能當作次要條件的理由是：能產性不是詞綴才有的屬性。[5] 至於「語音輕讀」一項，由於在使用國語者的口中，輕聲已逐漸消失不用，再者，現代漢語許多方言之中並沒有輕聲，是以不列為派生詞詞綴的鑑別標準。

　　下一節，我們將以此為原則，對東勢話的派生詞進行討論。

某種程度上又具有虛化的性質。在現代漢語裡，它們的確是比較特殊的一群。」張嘉驊採用詞形的三分法架構（單純詞、複合詞、派生詞），認為「在詞形結構要求較為明確的劃分下，不妨把標準置於類後綴所帶有的實義之上，將類後綴構成的詞歸入複合詞類型」。對於類前綴，亦當作如是觀。有關構形後綴（了、著、過、們）的處理，目前還是當作助詞看待，不是真正的詞綴，詳見張嘉驊（1994：105-106）。

3 詳見張嘉驊（1994：99）。

4 此處參考了張壽康（1985：46）的意見。

5 請參閱張嘉驊（1994：77）。

三、東勢話派生詞的類型與分析

（一）帶前綴的派生詞

1. 阿：以親屬稱謂詞為最典型的分布環境。[6]如：阿爸、阿伯、阿伯姆、阿舅、阿姑、阿哥、阿姨……。「阿」也可以放在人名之前，如：阿枝〔a33 ki35〕、阿娥〔a35ŋ o113〕、阿進達〔a33 tsin44 t'at5〕……；東勢話的「阿」不能後接姓氏，所以沒有「阿張」、「阿李」的說法。

2. 老：語義虛化之後的「老」，一般用於對平輩親屬的稱呼，如：老弟、老妹、老弟嫂、老妹婿、老公……。動物名有一部分是用派生詞表示的，如：老虎、老虎嬤、老鼠、老鴉、老蟹……。東勢話的「老」也不能後接姓氏，沒有「老張」、「老李」的用法。

3. 第：放在數詞前表示序數。如：第一〔t'i44 ʒit32〕、第二〔t'i44 ŋi53〕、第十〔t'i44 ʃip5〕，但百、千、萬不說「第百、第千、第萬」，而是說第一百〔t'i44 ʒit32 pak32〕、第一千〔t'i44 ʒit32 ts'ien33〕、第一萬〔t'i44 ʒit32 van53〕。

---

6 關於前綴「阿」的來源，竟成（1994）提出了一些看法，首先是「前綴『阿』在漢語及與其相鄰的藏緬語乃至阿爾泰諸語言裡，都是廣泛存在的。……關於『阿』的討論，應當放在更高的層次上進行。」他指出：「跟漢語一樣，在藏緬語中，a 的最典型用法就是用於親屬稱謂詞」。據此，若說「阿」的作用都是表示親密的，那也不盡然，「漢語粵方言中『阿』並不表示親暱；而吳方言中『阿土』、『阿鄉』、『阿鳥』之類則是蔑視甚至侮辱性的。」他在文章第 91 頁中提出：a 的作用主要在於使詞雙音節化，理由是：（1）在親屬稱謂詞中，我們把表直系關係的「父母兄妹」4 個詞看作是初始的，而把其它的當作後起的。結果發現前一類詞的詞根全是單音節的，加上前綴 a 之後，便構成一個雙音節詞。（2）不少情況下，單說帶前綴 a，合說則不用。比如現代漢語吳方言中有「阿爹（父）」、「阿姆（母）」，合在一起時則說成「爺娘」。……（3）帶前綴 a 的雙音節詞，常可能換成另一種形式的雙音節詞。……如「阿姐」＝「姐姐」，「阿哥」＝「哥哥」，……。反過來說，有些不能用單音節形式，又不能用重疊式使詞雙音節化的詞，則一定要保留前綴 a 如：「阿瞞」≠「瞞」，「阿斗」≠「斗」，……作者最後從分布、構詞作用、年代關係以及語音上的證據，認為：「中古的前綴『阿』應當來自上古的前綴『有』」。

4. 初：原來表示舊曆每月的前十天，現在已漸漸擴大到新曆的使用上。如：初一〔ts'u35 ʒit32〕、初二〔ts'u33 ŋi53〕、初三〔ts'u33 sam33〕等。

5. 打：這是現代漢語相當典型的前綴，東勢話中也有不少例子。比如：打毋見〔ta31 m113 kien53〕（不見、遺失）、打嘴鼓〔ta31 tʃoi44 ku31〕（聊天、打屁）、打賭〔ta31 tu31〕、打算〔ta31 son53〕、打早等。

（二）帶後綴的派生詞

1. 牯：「牯」的應用很廣泛，語義泛化、虛化的程度也很高，要特別注意的一點是：帶有「雄性」意義的「牯」，不能視作後綴，[7]像「牛牯」、「狗牯」……之屬，本文均視作主從式複合詞，只不過國語的「公牛」、「公狗」是修飾語前置，客家話則是修飾語後置、中心語在前，這樣的複合詞更合乎「主從式」的名稱。真正用後綴「牯」構成的派生詞有：大石牯、賊牯……。

2. 公：「公」一般也是表示「雄性」的詞義，如：貓公、雞公、鴨公等；還有一種表示「大」的詞義，如：手指公、腳趾公、碗公，這兩類的詞不能當作派生詞，因為它們都還有著明顯的詞彙意義。詞綴「公」在客家話中虛化得很徹底，像：蟻公、蝦公、雷公、太陽公、籗公、鼻公、耳公等都是標準的派生詞。

3. 嫲：相對於前面兩個詞素，「嫲」有「雌性」的義涵，如：牛嫲、狗嫲、貓嫲、豬嫲、雞嫲等，或是對女性的貶稱，如：癲嫲、懶屍嫲、鶴佬嫲等，以及有「大」義的「刀嫲」，都不算派生詞。帶虛詞素的派生詞有：舌嫲、笠嫲、勺嫲、蝦嫲、蝕嫲……。

---

7 羅肇錦（1988：219）已提出相同的意見。

4. 哥：「鸚哥」、「蛇哥」、「猴哥」、「老虎哥」（蠅虎）的「哥」沒
有詞彙意義，只有語法意義，故為派生詞。但是「豬哥」是用來配種的
公豬，它的「哥」有實義；另外貶義詞「契哥」的「哥」指男性，也有
實詞義，所以都不是派生詞。

5. 頭：可做為名詞標誌的，比如：石頭、灶頭、斧頭、骨頭、額頭、日頭、
鎖頭、鑊頭、店頭、肩頭、症頭、時頭[8]……都是派生詞。另一種有「地
方、所在」義的「頭」，如：馬頭（碼頭）、渡船頭等，以及有「大」
義的「鑊頭」，[9] 不列入派生詞。

6. □：東勢音〔e33〕。置於姓氏之後，有表示親切感的附加意義。如：
陳□（tʃ'in113 e33）、張□〔tʃoŋ33 e33〕、林□〔lim113 e33〕……。

7. 婆：標誌動物的名稱，不帶有性別的區分。比如：鷂婆（鷹的一種）、
蝠婆（蝙蝠）。

8. 得：東勢音〔tet32〕。虛詞素「得」表示「某種情況之發生」。[10]如：
好得〔ho31 tet32〕（幸好）、使得〔si31 tet32〕（可以）、曉得〔hiau31
tet32〕（懂、會）、記得〔ki44 tet32〕、盼得〔p'an44 tet32〕（捨得）。

9. 背：東勢音〔poi53〕。主要是構成帶方位詞的派生詞，如：上背（上面）、
下背（下面）、〔ti33〕背（裡面）、〔ŋo44〕背（外面）、後背（後面）。

---

8 東勢話有說「日時頭」（白天）、「暗晡時頭」（晚上）、「朝晨時頭」（早上）、
「當晝時頭」（中午）、「下晝時頭」（下午），都是由兩個詞所構成的詞組。在口
語裡，雖然也有「暗晡頭」、「當晝頭」的說法，我們將之視為詞組的縮略，是一種
節縮語，不以單個派生詞處理。

9 東勢話「鑊頭」是指炒菜鍋，單音詞「鑊」才是一般的湯鍋。

10 王力（1988：394-395）：「真正的詞尾『得』字是在唐代產生的」，「是由原來的『獲
得』意義轉化為『達成』，由『達成』的意義更進一步的虛化，而成為動詞的詞尾。」

四、東勢話派生詞與古漢語的聯繫

　　東勢話的派生詞與古代漢語的傳承聯繫，有詞形、詞義完全相關的，也有僅以詞幹與古漢語聯繫的，下面約略舉幾個例子為證：

（一）詞形、詞義完全與古漢語聯繫的派生詞

使得：古代文獻中出現這個詞，義為「可以、做得」。今苗栗地區的四縣客家話「做得」一詞，即「可以」的意思，亦即東勢話常用的「使得」。《京本通俗小說・碾玉觀音》上：「要好趁這個遺漏人亂時，今夜就走開去，方纔使得」；《雙美奇緣》第四回：「張媒婆道：『老爺裁鑒不差。媒婆就去，自然一說便成。只是媒婆還要進內見見夫人』吳翰林道：『這也使得。』」

老公：東勢話和國語今都有用以指稱「丈夫」，古代漢語中亦有例證，如：《古今雜劇・鴛鴦被》：「我今日成就了你兩個，久後你也與我尋一個好老公。」

老鼠：做為「鼠」的通稱，「老」當前綴，國語和東勢話都有相同處。《南史・齊宗室（蕭）赤斧傳》附蕭穎達：「預華林宴，酒後於座辭氣不悅。沈約因勸酒，欲以釋之。穎達大罵約曰：『我今日形容，正是汝老鼠所為，何忽復勸我酒』」。

老鴉：國語義為烏鴉，唐・李賀《歌詩篇・美人梳頭歌》：「纖手卻盤老鴉色，翠滑寶釵簪自不得。」宋・楊萬里《誠齋集・後苦寒歌》：「三足老鴉寒不出，看雲訴天天不泣。」東勢話與此處用詞相同。

（二）詞幹與古漢語聯繫的派生詞

鷂婆：《七修類稿》：「紙鳶俗呼鷂子者，鷂乃擊鳥，飛不太高，擬令紙鳶之不起者。」

篾公：小口大肚的竹籠。「篾」，《集韻》：「魯水切，盛土籠也。」[11]

钁頭：鋤頭。《說文‧金部》：「钁，大鉏也。從金。矍聲。」《廣韻》見
　　　諸入聲樂韻居縛切，與東勢話音義俱合。

五、東勢話派生詞與現代漢語共同語的比較

就歷時的觀點來看詞綴由實到虛的演變情形，可以更清楚的界定派生詞，
以詞素「頭」為例：

現代漢語共同語的詞素「頭」除了保留「頭顱」這個最早的義項之外，另
有多種引申義，如：「最上」
義、「首領」義、「計數之詞」、
「物體頂端或末梢」等義項。
做為派生詞詞綴的「頭」，其
來源據張嘉驊（1994：55-57）
指出，應與「物體頂端或末梢」
這一引申義有著較為直接密切
的關係。圖 1 為現代漢語虛詞
素「頭」虛義類型及其源流：

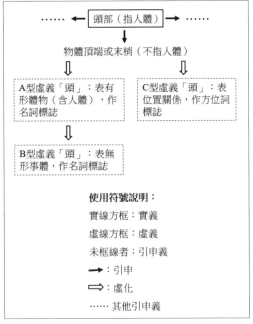

圖 1：現代漢語虛詞素「頭」虛義類型及其源流

---

11 引自《客話辭典》第 365 頁。

　　東勢話的詞素「頭」和共同語比較起來，引申義的內容並不一致。有「地方、所在」義、「大」義、「量詞」、[12]「物體頂端或末梢」、「對人的貶稱」等義項，[13] 而虛詞素的「頭」和共同語一樣，也是從「物體頂端或末梢」這一義項虛化而來，虛化後有如圖 1 中的 A 型虛義「頭」，做為有形體物的名詞標誌，例如：灶頭、斧頭、骨頭、日頭等是；B 型的例子不多，目前只發現「症頭」一詞；東勢話並未往共同語 C 型虛義「頭」的方向虛化，不做為方位詞的標誌；[14] 但是卻產生一種方言本身獨有的 C 型詞綴──做為時間詞的標誌，即「時頭」一詞。這是從「有形的部位」慢慢虛化成為表示「時間的時段」，共同點都在於相對於「整體」而言。所以，東勢話的詞綴「頭」，其來源與虛義類型應如下：

---

12 東勢話的量詞「頭」，其後所接的名詞條件與國語不同，前者只能後接植物類名詞，如一頭花、兩頭樹、三頭蔥……；後者則接部分動物名，如：一頭牛、一頭獅子……。國語和東勢話動、植物名稱所搭配使用的量詞，大致對應如下：

	國語	東勢話
動物	隻、頭、條、匹……	隻、尾
植物	棵	頭

13 何耿鏞（1965：492）舉出大埔客家話的後綴「頭」所表示的意義比較複雜，有（a）某些名詞後面的「頭」不表示什麼具體意思。（b）表示剩餘的意思。（c）含有「額外添加一點兒」或者是「整數之外的一零小數目」的意思。（d）含有不夠尊重或鄙視的意思。（e）放在某些植物名詞的後邊，含有「成片」（數量多）的意思。（f）放在表示處所的詞的後邊，含有「在……那個地方」的意思。（g）動詞＋頭。本論文採用較嚴格的定義，認為上文中只有 a 項才是為派生詞，其它各項均視作實詞素「頭」所引申的義項，仍有詞彙意義，不是派生詞。

14 國語帶後綴「頭」的方位詞，如：「上頭」、「裏頭」、「外頭」……，東勢話用後綴「背」構成，有：「上背」（上面）、「下背」（下面）、「ti33 背」（裏面）、「o44 背」（外面）、「後背」（後面）等。

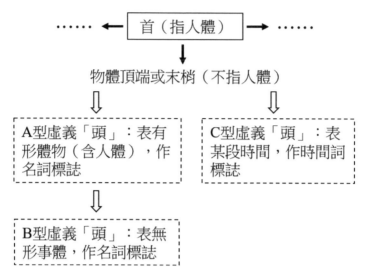

圖 2：東勢話的詞綴「頭」來源與虛義類型

　　詞綴的比較，東勢話和共同語之間的「同」，有很大的一部分表現在前綴上。阿－、老－、第－、初－、打－，兩者都有互通之處。國語「阿」的用法較為後起，顯然是吸收了方言的用法，表現出更為親切的意味，如：阿姨、阿爸。不過，這種構詞法尚未普及到每一個親屬稱謂上。

　　仔細觀察，兩者前綴「阿」的使用其實是同中有異的。在組合關係的搭配上，稱呼平輩或晚輩，國語（閩南語亦然）、東勢話都可以接單名，如：阿美、阿雪⋯⋯；但是國語不能接雙音節名，比如：阿大龍、阿書宇、阿南鈞等，只見諸東勢話。

　　比較能展現東勢話特色的，還是帶後綴的派生詞。東勢話的後綴相當豐富多樣，所構成的派生詞如：蟻公、賊牯、笠嬤、蛇哥、時頭、鷂婆⋯⋯，最能突顯東勢話或客家方言的特色。

　　前人的研究指出，[15] 客家話中有一個獨有的中綴「晡」。

筆者對此持保留的態度，理由是：

1. 語義虛化的程度不高：

「晡」在唐朝就有泛指晚間的用法，杜甫《杜工部草堂詩箋》：「絕島容煙霧，環洲納曉晡。」《文選》宋玉〈神女賦序〉中更有「晡夕」一詞，義指傍晚。在東勢話當中，有「暗晡」一詞，義為晚上。以上所舉的「晡」字，都是有實詞義的。東勢話的「暗晡頭」，其實是「暗晡時頭」的縮略，「時頭」才是派生詞，整個的意思是「晚上的時候」。因此，「暗晡頭」並無中綴。即使是「今晡日」（今天）、「昨晡日」（昨天）的「晡」，其原先的語義並未消失。事實上，東勢話的「今晡日」、「昨晡日」也可以省略「日」字，說成「今晡」、「昨晡」。

2. 能產性（衍生力）不強：

「暗晡頭」以詞組看待，剩下的例子只有「今晡日」、「昨晡日」。

3. 是為孤例：

在東勢話的系統中，僅此一個「晡」字可插入詞中，就整個詞彙系統而言，這樣的安排顯得突兀了些。

4. 中綴存在的可議性：

漢語究竟有無中綴，同前尚在討論的階段，學界並無定見。如無充分的證據，實不宜率爾立論。

5.「晡」字的爭議：

東勢話唸「暗晡」的「晡」，音〔pu33〕，與四縣客家話同，詞形用「晡」，沒有疑議；但「今晡日」、「昨晡日」的「晡」卻唸作〔pi35〕，與其它客家話不同，是否另有他義，不得而知。

---

15 比如羅肇錦（1988：89）。

最後一點要談的是：國語裡對人的姓氏暱稱，一般用加前綴的方式，如：老張、小林……東勢話則不然，一般都加後綴表示親暱，如：張〔e33〕、林〔e33〕……。

六、結論

從以上的介紹當中可知：客家話的派生詞有其豐富性和特殊性。本文運用現代詞彙學中有關派生詞的理論架構，分析客家話中被籠統稱作帶詞綴的語法現象，過濾出真正的派生詞。至於被排除在派生詞資格之外的那些帶有同形詞尾（仍有實詞義）的詞，如：牛牯、狗牯、貓公、鴨公、雞嬤、鑊頭等，則歸入主從式（或稱偏正式）複合詞的範圍，其修飾語後置，這是東南方言普遍的現象之一。

目前所見的客家方言辭典，各詞條的解釋內容，多半是關於詞義的，有關客家話派生詞的詞形結構問題，尚未受到編寫者的重視，將來的辭典編寫，或可結合這方面的研究成果，相信對整個詞彙系統的解釋將更為完整。

參考文獻

中原週刊社客家文化學術研究會，1992，《客話辭典》。苗栗：臺灣客家中原週刊社。

王　力，1988，《王力文集第九卷：漢語史稿》。濟南：山東教育出版社。

何耿鏞，1965，〈大埔客家話的後綴〉，載《中國語文》，第 6 期。

＿＿＿＿，1992，〈古代漢語單音詞發展為複音詞的轉化組合〉，載《廈門大學學報：哲社版》，第 1 期。

＿＿＿＿，1993，《客家方言語法研究》。廈門：廈門大學出版社。

呂叔湘，1981，〈張志毅「簡明同義詞典」序〉，收入《呂叔湘文集》，第 4 卷。北京：商務印書館。

＿＿＿＿，1989，〈漢語語法分析問題〉，收入《呂叔湘自選集》。上海：上海教育出版社。

＿＿＿＿，1993，《呂叔湘文集第一卷：中國文法要略》。北京：商務印書館。

呂嵩雁，1993，《臺灣饒平方言》。東吳大學中國文學研究所碩士論文。

房玉清，1992，《實用漢語語法》。北京：北京語言學院出版社。

竺家寧，1994，〈論詞彙學體系的建立〉，收入《陳伯元先生六秩壽慶論文集》。臺北：文史哲出版社。

張嘉驊，1994，《現代漢語後綴及其構詞問題之研究》。國立中正大學中國文學研究所碩士論文。

張壽康，1957，〈略論漢語構詞法〉，載《中國語文》，六月號。

＿＿＿＿，1985，《構詞法和構形法》。武漢：湖北教育出版社。

張衛東，1991，《客家文化》。北京：新華出版社。

竟　成，1994，〈也談漢語前綴「阿」的來源〉，載《華東師範大學學報（哲學社會科學版）》，第 3 期。

符淮青，1985，《現代漢語詞匯》。北京：北京大學出版社。

游汝杰，1992，《漢語方言學導論》。上海：上海教育出版社。

湯廷池，1979，《國語語法研究論集》。臺北：學生書局。

＿＿＿＿，1988，《漢語詞法句法論集》。臺北：學生書局。

程祥徽、田小琳，1992，《現代漢語》。臺北：書林出版有限公司。

黃弗同，1988，《理論語言學基礎》。武昌：華中師範大學出版社。

黃景湖，1987，《漢語方言學》。廈門：廈門大學出版社。

趙元任，1980，《中國話的文化》。香港：中文大學出版社。

趙克勤，1994，《古代漢語詞彙學》。北京：商務印書館。

劉叔新，1990，《漢語描寫詞彙學》。北京：商務印書館。

蔣紹愚，1989，《古漢語詞彙綱要》。北京：北京大學出版社。

羅肇錦，1988，《客語語法（修訂再版）》。臺北：學生書局。

_____，1989，《瑞金方言》。臺北：學生書局。

_____，1990，《臺灣的客家話》。臺北：臺原出版社。

_____，1991，〈閩客方言與古籍訓釋〉，收入《聲韻論叢：第三輯》。臺北：學生書局。

_____，1992，《國語學（第二版）》。臺北：五南圖書出版公司。

_____，1996，〈四縣客語附著成分結構〉，收入《「臺灣客家語概論」講授資料彙編》。臺北：臺灣語文學會。

宜蘭壯圍詔安客家話的音韻及詞彙特點試析[*]

吳中杰

清代宜蘭地區的漢人主要來源是漳州府移民，而其中又以來自漳浦、詔安、平和、南靖四個縣份者為多。[1] 其中詔安、平和、南靖的移民，均包含相當數量的客家人。[2] 和臺灣其他地區的漳州客家一樣，平和、南靖客話罕見使用情況，[3] 宜蘭縣清代移民後裔殘存的是詔安客話。

關於宜蘭的詔安客話及其語用情況，此前已見若干陳述。出身冬山鄉的語言學家李壬癸先生曾為文表示，到他祖父還會說詔安客語，他的父親會聽不會說，但拜祖先時所用祭文一定以詔安客語來唸。李壬癸先生自己則完全不會聽和說客語。[4] 由此推算，冬山鄉珍珠里簡李姓宗族的詔安客語流失約在日治晚

---

* 本文原刊登於《臺灣語文研究》，2009a，3 期，頁 215-237。因收錄於本專書，略做增刪，謹此說明。作者吳中杰現任國立高雄師範大學客家文化研究所副教授。

1 潘英：《臺灣平埔族史》，（臺北：南天書局，1996），頁 502。

2 莊初升、嚴修鴻：〈漳屬四縣閩南話與客家話的雙方言區〉，《福建師範大學學報》1994 年 3 期，頁 81-87，94，1994。

3 吳中杰：〈臺灣漳州客家與客語〉頁 481，收入《第四屆客方言研討會論文集》（廣州：暨南大學出版社，2002），頁 475-488。然而桃園觀音鄉崙坪羅氏所說的客語異乎當地的海陸話，羅屋人認為自己說的是一種「饒平話」，但其祖籍為「平和縣大埔鄉庵邊上屋」，屬臺灣更罕見的平和客語。

4 李壬癸：〈從李氏族譜看宜蘭縣民的遷移史和血統〉，《臺灣史研究》第 2 卷第 1 期，1995。

期。而據洪惟仁的研究,另一處詔安客語的使用點:礁溪鄉三民村的賴姓,則遲至 1950 年代才不再普遍使用。1980 年代晚期的礁溪「只剩六七十歲的極少數老人會說客家話」。[5]

行及 21 世紀,一般都認為宜蘭詔安客家話目前已經消失,但近年吳敏顯卻撰文說道:「壯圍鄉忠孝村的姓游仔底,是一個詔安秀篆客游姓的單姓聚落,該地的游林屘女士還會說詔安秀篆客家話。[6]」筆者於 2005 年 5 月及 6 月、2006 年 3 月、2007 年 3 月,前往當地實查,發現吳氏所言無誤,而且不止游林屘,庄中一位超過 90 歲的老者也會說,可惜已中風。而游林屘的長子、長女,也都會說一部分。此外還有游景源、游象勝會講數十個詞彙。

過去對於臺灣詔安客家話的研究,都集中在雲林二崙、崙背或桃園大溪、八德;[7] 雖然詔安客話應該曾是宜蘭地區甚為通用的語言,但是宜蘭的詔安客話從未見完整描述,此點無論對於詔安客話的研究,或是清代宜蘭客家移民的研究,皆屬缺憾。本文將以游林屘女士(2008 年 76 歲)為主要發音人,整理出共時音系,並和中古音系做比較,同時臚列壯圍跟各地(福建秀篆、桃園大溪、雲林崙背)詔安客話,以及臺灣最通用的四縣客家話的異同,指出該方言點的特殊詞彙、構詞乃至音變現象,並說明壯圍詔安客話的山攝開口四等讀細音,在漢語古音理論上的意義。最後討論宜蘭詔安客話的殘留和轉用情形。

---

5 洪惟仁:〈消失的客家方言島〉頁 189,收入氏著《臺灣方言之旅》,(臺北:前衛出版社,1992)頁 184-191。

6 吳敏顯:〈宜蘭河岸的客家莊——六結姓游仔底〉,《宜蘭文獻》第 60 期,頁 85-91,2002。吳敏顯係壯圍鄉老鄉長吳鳳鳴之子,且為資深記者退休,熟諳鄉情。

7 張屏生:〈雲林縣崙背鄉詔安腔客家話的語音和詞彙變化〉,《臺灣語文研究》第 1 卷 1 期,頁 69-89,2003。呂嵩雁:〈臺灣詔安方言研究〉,2008。陳秀琪:《臺灣漳州客家話的研究——以詔安話為代表》。新竹師範學院臺灣語言與語文教育研究所碩士論文,2002。洪惟仁:〈簡介臺灣長樂及詔安客話——記五個衰亡的客家方言點〉,頁 174-175。收入氏著《臺灣方言之旅》,頁 165-176。

一、壯圍詔安客話的語音系統

　　以下分別自聲母、韻母與聲調，敘述壯圍詔安客話的語音系統，並歸納其特性。音標採用臺灣語文學會之臺灣語言音標方案（TLPA）。唯舌尖塞擦音及擦音的部分有所調整，以符合實際讀法之 ts-, tsh-, s-, z- 來表示。

（一）聲母

　　p 不夫 ph 怕別 m 門望 f 風紅 b 員黃 t 多對 th 同道 n 南年 l 攔路 ts 酒節
　　tsh 村齊 s 小手 z 葉有 k 光矩 kh 開期 g 瓦日 h 後曉 0 鴨挨

（二）韻母

　　i 米耳 u 補讀 a 耙白 ia 姐謝 ua 瓜瓦 o 果鑊 ai 帶大 ui 堆去 uai 乖外 oi 來海
　　e 雞炊

　　au 飽交 io 腳甌 eu 兜後 iu 廟肉 iau 條尿

　　am 南衫 iam 鹽閹 em 點（～鐘）im 林錦

　　an 山歡 ien 磚轉 uan 款關 en 慢年 in 錢春 un 本分 on 安短

　　ang 生硬 iang 平井 ong 幫王 iong 量搶 iung 龍松 ing 供虹 ung 共蕹

　　ng 東雙 m 吳魚 iaunn 么（物之小者）

　　ap 合甲 iap 粒葉 ep 狹澀 ip 汁習 iuh 笠十

　　at 達襪 iet 舌血 uat 刮闊 et 得跌（賭）it 結北 ut 骨窟 ot 渴脫

（三）聲調

　　（1）陰平 [11/12] 酸冰 （2）陰上去 [31] 苦怕 （4）陰入 [12] 室六 （5）陽平 [53] 時仁 （7）陽上去 [55] 用事 （8）陽入 [5] 食月

（四）說明

　　以下我們試著將壯圍詔安客話的發音特色予以歸納，並與其他相關方言作

幾項初步比較。

1. 聲母 f-：上齒咬下唇的動作較不明顯，有時較接近雙唇清擦音，尤其是「水、花」等字，類似屏東高樹、佳冬客語的唸法。

2. 聲母 b-：相當於福建詔安客話的 v- 聲母，在壯圍讀 b-，是因為此方言點被有 b- 而無 v- 的閩南語包圍，習染其發音習慣而來。

3. 聲母 g-：相當於一般客語中跟洪音搭配的 ng-，而 gi- 則相當於跟細音搭配的齦顎鼻音聲母 ngi-，也因為屬閩南語所闕如，在壯圍被發音成閩南語既有的 g-。

4. 韻母 -o：在秀篆分別讀 -oou 跟 -uoo，壯圍因為遵守二個後元音不可同時出現的共存限制，所以簡化為 -o；但和四縣話相比，其實際音質偏高，介乎 -u 跟 -o 之間，與崙背一致。

跟中元音 -o,-e 搭配的韻母 -oi,-on,-ot,-eu，屬閩南語所闕如，往往被發音成閩南語既有的 -uai,-uan,-uat,-io，但兩者還不至於完全相混，變成同樣的音位。

一般客語中讀 -ung 的字，壯圍大量地讀成舌根成音節鼻音的 ng，可謂深受閩南語影響。同理，-iung 也是閩南語缺乏的韻母，在壯圍往往發音成 -ing。

物之小者說 iaunn5，不只用法特殊，語音形式上也是本方言罕見之鼻化韻。廣東潮州話有個加強形容細小的詞尾 niuh55，很小的椅子說 inn-24 kiann-24 niuh55，潮州分支的海南閩語說 niauh11[8]，音義均接近壯圍，乃詔安客語中之潮州閩語成分。

韻母 -iuh 來自 -ip 之弱化；阻塞不明顯，但仍保留唇音 -u 和短促喉塞成分 -h。

---

8 詹伯慧，《現代漢語方言》，頁 74（臺北：新學識出版中心，2001）。

陰平本調兼讀低平和低升調，如「聽」字，有時讀 11、有時讀 12，未有特定條件。低升調並非小稱變調，因為除了名詞「兵、刀」以外，形容詞「酸、香」的單字調也讀低升調。詔安客話按照地理分布，本就有二種陰平調值。官陂、崙背和饒平上饒一樣，陰平本調讀低平 11。秀篆[9]、八德讀低升調 12 或 13。壯圍的陰平本調有二讀，顯示過渡時期的並存現象。試比較中國東北的時雨站話中年層的陰平調有 423 和 44 兩讀，對此游汝杰氏的解釋是：該方言的「調值正在演變中」。[10]陰平讀低升調時，調型和陰入一致；只是當陰入收 -p,-t 尾時較為短促。此種陰平、陰入調型的趨同，也見於桃園大溪詔安話。與之平行的現象是陽去、陽入皆為高平調，只是當陽入收 -p,-t 尾時較為短促。陽去、陽入調型的趨同乃至合併，也見於福建寧化客家話。

在連讀變調方面，陰平在前字位置一律讀低平調 [11]，陰入在前字位置一律讀高平調 [5]，陰上去 [31] 逢後字是降調型的 [53] 或 [31] 時，變讀為中平調 [33]；同理，陽平 [53] 逢後字是降調型的 [53] 或 [31] 時，變讀為高平調 [55]。如果用優選理論的限制式來表示，可書寫如下：

*Adjacent T[-rising]

亦即不可以有相鄰的二個降調。

如同洪惟仁（1992：173）對崙背詔安客話的描述，壯圍也有固定調輕聲 11，輕聲的前字不變調，如「來」單字音 loi53，在「擎（拿）來」時說 khia53 loi11。

---

9 李如龍、張雙慶，《客贛方言調查報告》（廈門：廈門大學出版社，1992）。

10 游汝杰，〈黑龍江省的站人和站話〉頁 244。收入《著名中年語言學家自選集：游汝杰卷》（合肥：安徽教育出版社，2003），頁 236-248。

二、壯圍詔安客話的聲韻調：以中古音系為基準

（一）聲母

中古聲母在現今壯圍詔安客話的主要讀法如下：

幫 p- 滂 ph- 並 ph- 明 m- 非 p-/f- 敷 ph-/f- 奉 ph-/f- 微 m-/b- 端 t- 透 th- 定
th- 泥 n- 來 l- 知 t-/ts- 徹 th-/tsh- 澄 th-/tsh- 精 ts- 清 tsh- 從 tsh- 心 s- 邪 s- 莊
ts- 初 tsh- 崇 tsh- 生 s- 章 ts- 昌 tsh- 船 tsh- 書 s- 禪 s- 日 gi- 見 k- 溪 kh- 群
kh- 疑 g- 曉 h-/f- 匣 h-/f- 影 0- 云 zi-/bi- 以 zi-/bi-

非組少數字讀重唇，如「斧 pu2、夫 pu1、分 pun1、飯 phon7」。而 b- 相當於
秀篆之 v-，如云母合口「園」秀篆讀 vien5、壯圍詔安客話 bin5。知組少數字
讀舌頭音，如「知 ti1、涿 tu4、塚 thng2」。泥、來一般不混，但有個別例子
泥母讀 l-，如「暖 luan1」。

知、章組三等福建秀篆、桃園八德、宜蘭礁溪詔安客話讀舌葉音，而壯圍
詔安話沒有舌葉音，只讀舌尖音。然而知、章組三等字在壯圍往往是沒有介音
的讀法，證明早期曾經有過舌葉音，和細介音互斥，因而吞沒了細介音；雖然
後來這些舌葉音轄字，改讀較為無標的（unmarked）舌尖音聲母，但這些字現
在的無介音讀法，仍然和三等其他聲母轄字的有介音讀法不同。

章組少數字讀 f-，如「水 fi2、睡 fe7、稅 fe7、脣 fin5、船 fin5」。溪母在饒平、
詔安客家話一般只讀 kh- 不讀 h-/f-，而壯圍「苦」有二讀：「艱苦」讀 khu2、「苦
瓜」讀 fu2，如同四縣話說法。以母三等苗栗四縣讀 i- 的字，壯圍讀摩擦成分
更強的 zi-，音質接近桃園大溪詔安話、及屏東高樹大路關四縣客語。

（二）韻母

中古韻母在現今壯圍詔安客話的主要讀法如下：

果攝一等不分開合，大都讀 -o；少數字讀 -ai，如「我大個」。泥母「糯」

受鼻音聲母影響，讀成音節的 nng3。三等「茄」讀 -iu。「糯」的音變過程如下：

「糯」　no → nu → nunn → nng

　　假開二讀 -a、假開三讀 -ia，但章組「車蛇社」讀 -a。假合二讀 -ua，其中「瓦」四縣讀 nga2，壯圍讀含介音的 gua2，如同海陸話。

　　遇合一多讀 -u，遇攝一部分鼻音字「吳五女魚」四縣讀舌根 ng 的成音節，壯圍和其他各地詔安客話一樣，發雙唇 m 的成音節。遇合三在福建詔安、平和客語原鄉讀撮口 -y 韻母。一山之隔的廣東饒平、大埔客語則讀 -iu 或 -i。如同「education」的第二音節，法語讀 -y，英語卻讀 -ju 一樣。試以「蘆萁（作燃料用之蕨類）」為例，詔安 ly5 ky5，饒平 liu5 kiu5，大埔楓朗 li5 ki5，臺中東勢 lu1 ki1。臺灣各地的詔安客話都沒有 -y 韻母，官陂、秀篆讀 -y 的遇合三轄字，臺灣詔安客話唸法眾多，如「豬」壯圍和崙背 -i、龍潭銅鑼圈賴屋 -ii；而「箸珠書煮數薯」等字，壯圍一般讀 -i；至於「句」讀 -iu、「去、渠（他）」讀 -ui 則和崙背不一致，因為崙背此三字皆讀 -ui，值得注意。

　　本文調查得知，從詔安官陂外遷到該縣的金溪鄉（今名紅星）進水村、平和縣山格鎮白樓仔的張廖氏，已有「去渠」讀 -ui 的現象，因此這種變化，不像陳秀琪（2002：11，89，120；2006：421-2）所說，是來臺之後才發生的，而是在離開官陂外擴到漳州其他地點時，就已經產生了。

　　蟹開一讀 -oi 或 -ai，而 -oi 是閩南語缺乏的韻母，壯圍處在閩南語強勢環境下，此一韻母往往被發成 -uai，例如「開」四縣讀 khoi1，壯圍讀 khuai1。「賴」四縣讀 lai3，壯圍、礁溪十六結詔安客話讀 loi7。蟹開二見母皆韻讀 -ai，未如霞葛、崙背讀 -oi。佳韻多讀 -e，鼻音明母「埋買賣」讀元音更高的 mi，為各地詔安客話共通特色，應是元音逐步高化而來：

「埋」 mai（四縣）→ me（卓蘭）→ mi（壯圍）

蟹開三四多讀 -e，蟹合一讀 -ui，而「外」讀 -uai，如同東勢客話。蟹合三「脆稅」讀 -e。

止開三壯圍一般讀 -i，「蟻」四縣讀 ngie3，壯圍仍讀 gi7。「師」崙背讀 su1，但壯圍讀 sui1。止合三多讀 -ui，但「嘴吹睡」讀 -e。云母「圍」壯圍讀 bi5，相當於四縣讀法 vi5，合口介音的唇音性質表現在聲母上。

效開一讀 -o，鼻音明母「毛、帽」讀元音更高的 mu，印證鼻音牽動元音逐步高化，繼而變為成音節的想法：

「帽」 mou（景寧畬話）[11] → mo（四縣）→ mu（壯圍）→ hm（秀篆、崙背）

效開二讀 -au，效開三分讀 -io（招燒韶舀）和 -iu（廟蕉笑），宵韻在雲林二崙讀 -io、崙背讀 -iu，但非絕對。效開四「條尿」讀 -iau，異乎其他詔安話的 -eeu 讀法。

流開一讀 -eu，而 -eu 是閩南語缺乏的韻母，處在閩南語強勢環境下，此一韻母往往被發成 -io，如「甌」。常用字如「頭」有時讀 -eu，有時讀成 -io。崙背詔安客話、高雄杉林客語有類似現象。流開三讀 -iu。

咸開一二讀 -am/-ap，但二等「狹」讀 hep8。而「鹹」讀 hiam5，行為如同四等的優勢讀法 -iam。崙背「鹹」讀 hem5，仍然相當於該方言四等的優勢讀法 -em。四縣話則不然，「鹹」讀 ham5，符合一二等一般讀法，並非例

---

11 本文畬話語料俱引自游文良：《畬族語言》。福州：福建人民出版社，2002。以下不再贅述。

外字。壯圍咸開三四讀含有細介音的 -iam/-iap 為主，如「鐮釀閹甜店帖疊點（～心）」。少數不含細介音的如「點（～鐘）tem2」、「添 tham1」、「跕 tat4」。崙背咸開三四讀沒有介音之 -em/-ep 的比例則更高，並不相同。

深開三壯圍一般讀 -im/-ip。和崙背不同的是，少數入聲字開始弱化了；阻塞不明顯，但仍保留唇音和短促成分，如「十 siuh8」、「笠 liuh8」。這種音變也廣見於贛語、浙江畬話。日本語深開三入也讀成 -iu，如「十 dziu」。

山開一端泥精組讀 -an/-at，見曉影組讀 -on/-ot。而 -on/-ot 是閩南語缺乏的韻母，處在閩南語強勢環境下，此一韻母往往被發成 -uan/-uat，如「寒 huan5」、「割 kuat4」。山開二多讀 -en/-et，如「八間閑莧慢」；這些字四縣讀 -an/-at。山開三四比較參差，一部分讀如崙背無介音的 -en/-et，如「剪天田電年」；其次是有介音的 -ien/-iet，如「舌歇鐵節」；還有一類直接拿介音當作主要元音，讀作 -in/-it，跟臻開三同形式，如「便綿棉錢線扇別喝牽結」。這種讀法跟其他各地詔安客話的 -en/-et 很不一樣，是壯圍客方言的一大特色。以宜蘭常見地名用字「結」為例，壯圍閩南語讀 kat4、礁溪閩南語讀 ket4，而壯圍客方言卻讀細音的 kit4，和周邊方言都不同，是其內部自身的語音演變所致。

山合一在四縣話讀 -on/-ot，壯圍多數字也讀 -on/-ot，但曉影組讀 -an/-at，如「碗」四縣讀 von2，壯圍 ban2。山合二「還」在苗栗有二讀：han5（還有）、van5（還原）；然而壯圍如同其他饒平、詔安客家話，只有 ban5 一讀。山合三四比較參差，秀篆多數字讀 -ien/-iet，知章組因為跟舌葉音搭配，吞沒介音變成 -en/-et，唯有在見溪群母舌根塞音（不含疑母）之後，讀成撮口介音的 -yen/-yet。壯圍沒有舌葉音及撮口介音，照理只有 -ien/-iet 讀法，如「磚轉血」。但更多的字讀 -in/-it，拿介音當作主要元音，如「船拳圓員冤園遠月（～娘）」，此現象和山開三四平行。

　　臻開一「根」、臻開三「筋巾斤近」秀篆都讀 -yn，壯圍仍讀開口的 -in。一等匣母「痕」讀 fin5，此種讀法也見於四縣話「劃一條痕」、東勢話「霞痕（晚霞的痕跡）」時的讀音；其聲母的 f- 讀法，反映更早的階段帶有合口介音之痕跡。三等「銀」字有二讀，「一個銀（一塊錢）」讀 gun5，「銀行」讀 gin5。此字秀篆讀 ngyn5、崙背讀 ngun5。臻開三多數字壯圍讀 -in/-it，臻合一三讀 -un/-ut，但「物」讀 mi7、「春」讀 tshin1、「脣」讀 fin5、「熨」讀 bit4。「物」的讀音可用閩南語 minnh8 的借入來解釋，如「買東西」壯圍說「買物 mi1 mi7」。「春」來自秀篆之讀法 -yn，撮口音變成齊齒音。「脣」字聲母的 f- 讀法，反映更早的階段帶有合口介音之痕跡。「熨」字多數漢語方言收 -n 尾。但有部分方言此字收同部位之入聲尾 -t，其他聲韻條件則不變，符合《廣韻》物韻紆物切的讀法，如閩南語讀 ut4。若由贛語南昌話的形式 yt4 出發，元音破裂變成 uit，摩擦加重變成 vit，習染閩南語發音習慣變成 bit，此一連串的音變過程應當如下：

　　「熨」紆物切 yt（南昌）→ uit → vit → bit（壯圍）
　　　　　　　　　　　　　 → ut（廈門）

　　宕攝一等讀 -ong/-o，入聲 -k 尾丟失。三等讀 -iong/-io，但知、章組沒有介音，如「長著上勺」讀 -ong/-o，來母「涼兩（～個）」讀 long，也丟失介音，原因詳後。

　　江攝二等讀如宕開一之 -ong/-o，少數字讀如通合一，由於通合一在壯圍往往不讀 -ung，而是舌根成音節的 ng，使江攝少數字也跟著讀成音節的 ng，如「雙 sng1」。此外，「捉」字在海陸、饒平客家話、各地畬話皆讀如通合一之 tsuk4，但壯圍和四縣話一致，讀如宕開一之 tso4。

　　曾開一四縣話讀 -en/-et，曾開三讀 -in/-it，但在壯圍不分一、三等如「等凳北賊，睉識食翼」都讀 -in/-it，一等少數常用字如「得」tet4、tit4 兼讀，似是一等以往讀 -e 的殘留證明。

　　梗開二白讀 -ang/-a、文讀 -en/-et，其中「擇（～菜）」說徒落切的 tho8，應該歸入宕開一之轄字。「冷」四縣話讀 lang1、壯圍讀 len1，既是方言差異，也是文白差異。「額」讀 nga4，不若四縣、崙背讀有介音之 ngia(k)4。梗開三四白讀 -iang/-ia、文讀 -in/-it，但知、章組沒有介音，如「聲隻炙赤石」讀如梗開二之 -ang/-a；梗開四舌尖音組往往也沒有介音，讀如梗開二之 -en/-et，如「零 len5」，少數常用字如「聽」then1、thin1 兼讀，似是 -en 韻母朝向 -in 變化的先端。

　　通合一舒聲字如「紅蕹」讀 -ung，或是如「楝桶礱粽總蔥舂工公冬」讀舌根成音節鼻音的 ng，這種語音變化屢見於深受閩南語影響的客家方言點，如嘉義溪口饒平客把「公」讀 kng1、崙背詔安客話「東風公」都讀 -ng（洪惟仁，1992：173-6）。筆者發現贛語（如安義）、江西畬話也都有此種音變。通合一入讀 -u，如「屋沃 bu4」，而鼻音明母「木、目」讀 mu4，並未形成例外；不像崙背已經變為成音節鼻音了：

　　　　「目」　muk4（四縣）→ mu4（壯圍）→ hm4（秀篆、崙背）

　　通合三舒聲字如「龍」讀 -iung，這是閩南語缺乏的韻母，壯圍處在閩南語強勢環境下，此一韻母往往被發成 -ing，如「供（養豬）king1」。通合三入讀 -iu，如「六肉浴」。知、章組沒有介音，如「塚蟲鐘種銃叔熟」讀如通合一之 -ng/-u，知母「竹」有二讀：「新竹」讀 tsu4、「竹筍」讀 tsiu4，反映知、章組三等早期仍有介音，只是後來因為跟舌葉音搭配，吞沒了介音，才會讀如通合一。

（三）聲調

中古聲調在現今壯圍詔安客話的分合表現如下：

部分次濁上歸陰平，如「滷買暖冷」；部分全濁上歸陰平，如「坐旱近上」。

清去歸陰上，即江佩瓊（1999）所稱之「陰仄」調。[12] 根據辛世彪的研究，清去歸陰上的客家方言包含江西石城，福建永定下洋、詔安、平和，廣東饒平上饒、豐順湯坑、大埔縣之楓朗、雙溪、大東、光德、平原等地；[13] 除了石城以外，大致相連成片。

濁上除了一部分字歸陰平之外，多數仍歸陽去，即江佩瓊所稱之「陽仄」調。[14] 入聲 -k 尾雖然丟失，卻不影響調類分合。次濁入分讀陰入和陽入，如「六肉」是陰入，「月熱」是陽入。

三、壯圍詔安客話和相關方言之比較

（一）壯圍和各地（秀篆、大溪、崙背）詔安客話的共通性

各地詔安客話最大的共通性是不對稱的五個韻尾：有 -m, -n, -ng, -p, -t，入聲 -k 尾卻丟失。陳秀琪（2002）認為，江西安義贛語也是有這五個韻尾，-k 尾弱化為喉塞音，語音形式上頗類詔安客話，二者應該有方言和移民的雙重關係。然而細察安義語料，可發現曾攝及梗攝文讀與宕江通攝無別，都收 -ng 及喉塞尾，這和詔安同類轄字收 -n/-t 尾大不相同，因為詔安遵循客語普遍的規律：

---

12 江佩瓊，〈閩粵邊客話方言記略〉頁 468，收入《鴻江族譜》（福建平和：華夏平和鴻溪江氏淵源研究會，1999）頁 463-468。

13 辛世彪，《東南方言聲調比較研究》（上海：上海教育出版社，2004）頁 14，139。

14 同註 12。

-ng,-k → -n,-t / -i,e___

亦即前元音搭配舌根韻尾時，韻尾前化，變成舌尖部位發音；而安義贛語並不如此，所以二者僅有表面上的相似而已。

再說移民關係。根據筆者調查，漳州客家人絕大多數祖溯汀州，少數來自江西（例如平和九峰曾姓，標榜贛省「南豐衍派」，有移居桃園蘆竹、雲林斗南等地者），但並未出現任何來自安義的宗族。因此前述推論，在方言學上和移民史上皆難以成立。

壯圍不使用四縣、海陸、東勢客話的「老公」，而稱為「丈夫 tshong1 pu1」，「夫」字讀重唇。妻子則稱為「夫娘 pu1 giong5」。「娶妻」不說四縣話的「討 tho2」，而用「度 thu7」，「度」有「帶」的意思。「女婿」不說四縣話的「婿郎 se3 long5」，也非漳泉閩語的「囝婿 kiann2 sai3」，而是說「阿郎 a1 long5」；這和潮汕閩語 a1 nng5 的說法一致。

「月亮」多數客家話說「月光 ngiet8 kong1」，壯圍和其他各地詔安客話一樣，說「月娘 git8 giong5」，和漳泉閩語的 gueh8 niunn5 說法一致。

壯圍和其他各地詔安客話的共通詞彙：例如「山頂」說「山崠 san1 tng2」、「推」讀陰入的 su4，饒平 suk4，閩南語 sak4，四縣話讀陰上的 sung2。「十幾個」說「十外個 siuh8 guai7 kai2」，說法同於饒平、東勢客話及閩南語。四縣客話則說「十過個」。「說話」饒平、詔安等客家話都說「講事」，壯圍也說 kong2 si7。「洗澡」說「洗浴 se2 ziu8」或「洗膆身 se2 bu1 sin1」。「杯子」說「甌仔 io1 tsi2」，io1 相當於饒平的 eu1，閩南語 au1。「一塊餅」說「一兜餅 zit4 teu1 piang2」，福安畬話亦然。「便宜」說單音詞「便 phin5」，相當於畬背及饒平的 phen5。「勤勞」說 khim7，同於饒平、秀篆、畬背客語及豐順畬話。「粥濃」謂之「竭 khit8」，同於饒平、詔安客語及廣

州粵語；異乎四縣的 neu5。「痛」說「疾 tshit8」，成語中本有「痛心疾首」
的用法。汀州、贛州及饒平、大埔、詔安客家話、福州閩語普遍都說「疾」。

「大蒜」叫「葫頭 fu5 theu5」、「蒜苗」叫「葫 fu5」，這和詔安霞葛、
雲林崙背一致；四縣客話只說「蒜頭」和「蒜仔」，廣東饒平上善客語、豐順
畬話則兩者並包，說成「葫蒜」和「葫蒜仔」。《玉篇》有載：「葫，大蒜。」
《本草綱目》有載：「（陶）弘景曰：今人謂葫為大蒜。（李）時珍曰：大蒜
出胡地，故有胡名。」可見詔安客話的以葫為蒜，文獻上本有根據。

（二）壯圍和四縣客話的比較

壯圍和北部四縣、海陸客家話共用詞彙有「菠菜」說「角 e 菜 ko4 e
tshoi2」。「芥菜」說「大菜 thai7 tshoi2」。「擇（～菜）」說徒落切的 tho8。「豬
餺」說「汁 tsip4」。「銹」說「鹵 lu1」。「住」說「邸 tai2」。「暖和」說「燒
暖 sio1 luan1」等。「埔」字四縣說送氣的 phu1，但壯圍說不送氣的 pu1，如
同海陸、東勢話。

詔安客話和四縣客話的性別詞綴表現亦有差異。例如四縣把岩石說成陽性
的「石牯 sak8 ku2」，壯圍只說中性的「石頭 sa8 theu5」；四縣把螞蟻說成陽
性的「蟻公 ngie3 kung1」，壯圍只說中性的「蟻仔 gi7 tsi2」；四縣把蛇說成
陽性的「蛇哥 sa5 ko1」，壯圍只說中性的「蛇 sa5」；四縣把溪哥說成陽性的
「鮊哥 phak8 ko1」，壯圍只說中性的「溪鮊 khe1 pha8」；四縣把舌頭說成陰
性的「舌嬤 sat8 ma5」，壯圍只說中性的「舌 siet8」；四縣把乳房說成陰性的
「nen3 ku1」，壯圍只說中性的「nen3」。相反地，四縣把月亮說成中性的「月
光 ngiet8 kong1」，壯圍則說陰性的「月娘 git8 giong5」。有時則是陰陽性一
致但詞綴不同，如「斗笠」四縣、海陸、豐順說「笠嬤 lip8 ma5」，壯圍和其
他贛南、饒平、詔安客話一樣，說「笠婆 liuh8 pho5」。當然，詔安客話和四
縣客話也還是有部分詞綴相同的詞項，如「薑嬤 kiong1 ma5」。

（三）壯圍和秀篆詔安客話的比較

「媳婦」多數粵、臺客話說 sim1 khiu1，是從畬話之形式「新婦 sin1 phiu1」音變而來（sin phiu → sim phiu → sim khiu）。粵、臺饒平客話說新姘 sin1 phe1 或 sen1 phe1。而壯圍則說「阿嫂 a1 so2」；和秀篆詔安客話一致。如果加上小稱詞綴「仔 tsi2」，就變成「童養媳」的意思。這和漳泉閩語的「新婦 sim1 pu7」指媳婦，加上小稱的「新婦仔 sim1 pu7 a0」指童養媳，具有相同的構詞方式。福建順昌畬話的「弟媳婦」也說成「阿嫂仔 a1 sou2 tsue2」。

「玉米」多數客語說「包粟 pau1 siuk4」，崙背說「番麥 fan1 ma8」，是從閩語 huan1 meh8 轉音過來的。壯圍則說「裡仁 li1 zin5」，和秀篆詔安客話一致。

「廁所」多數客語說「屎缸 sii2 kong1」，而壯圍則說「渣缸 tsha1 kong1」，和福建詔安、廣東饒平、新竹關西大旱坑饒平客話說法一致。苗栗卓蘭饒平客話說「渣下 tsha1 ha1」。

「忘記」壯圍說 tham1 phiong2，秀篆 them1 phiong2，本詞項第二音節之聲母各地客語說法分歧，秀篆和東莞清溪說送氣的 ph-、長汀和六堆說不送氣的 p-、梅縣、武平、翁源說鼻音的 m-。

「漂亮」壯圍說「精 tsiang1」，同於崙背、苗栗說法，而不說秀篆、福安畬話的「俏 tshiau2」，或梅縣的令 liang3。

「澆菜」說「沃菜 bu4 tshoi2」，和秀篆說法 vu4 tshoi2 一致。這和廣東客語通用的「淋菜 lim5 tshoi3」不同。

壯圍把「物之小者」稱 iaunn5，如「小雞」說 ke1 iaunn5、「小桌子」說 tso4 e iaunn5；不只用法特殊，語音形式上也是本方言罕見之鼻化韻。秀篆、官陂、崙背都有相似說法。但崙背通常指牛羊等家畜之小者，不用來指桌子等物件之小者。豐順畬話此詞說 ngiau5，鼻音成分在聲母。潮汕、海南閩語表小

義的名詞後綴niuh、niauh，方言字寫作上「幼」下「子」的合體[15]，無論就語音、詞義、以及地緣關係看，跟詔安客語 iaunn5、豐順畬話的 ngiau5，具有密切的關係。

（四）壯圍和桃園（大溪、八德）詔安客話的比較

「兒子、女兒」崙背說「囝仔 ken2 tsu2、妹仔 moi7 tsu2」，然而壯圍和大溪一樣，說成「阿子 a1 tsi2、阿女 a1 m2」。陽平本調在饒平上饒、詔安秀篆、桃園大溪都讀高平調 55；壯圍卻和詔安官陂、霞葛、雲林崙背一致，都讀高降調 53。陰平本調在饒平上饒、詔安官陂、霞葛、雲林崙背都讀低平調 11；壯圍卻和八德一致，讀低升調 12。山開三四中壢三座屋多讀 -an/-at，壯圍說 -in/-it，兩地語音演變方向不同。壯圍陰平讀低升調時，調型和陰入一致；只是當陰入收 -p,-t 尾時較為短促。此種陰平、陰入調型的趨同，也見於桃園大溪詔安話。以母三等苗栗四縣讀 i- 的字，壯圍讀摩擦成分更強的 zi-，音質接近大溪詔安話同類轄字之讀法。

（五）壯圍和崙背詔安客話的比較

福建詔安客話的 v- 聲母，在壯圍和崙背都讀 b-，是因為此二方言點皆被有 b- 而無 v- 的漳泉閩語包圍，習染其發音習慣而來。[16] 聲母 v- 轉讀 b- 的客家話，見諸報導者尚有臺北石門武平話、[17] 苗栗卓蘭老庄饒平話。[18] 客語中跟

---

15 詹伯慧，《現代漢語方言》（臺北：新學識出版中心，2001）頁 74。

16 吳中杰，〈從比較的觀點看臺灣客語聲母的演變〉，收入《第四屆國際客家學研討會論文集：宗教、語言與音樂》（臺北：中央研究院民族所，2000）頁 367-378。

17 張屏生，〈從閩客方言的接觸談語音的變化：以臺北縣石門鄉的武平客家話為例〉收入《第 7 屆國際暨第 19 屆全國聲韻學學術研討會論文集》（臺北：政治大學，2001），頁 327-341。

18 呂嵩雁，〈臺灣饒平方言〉（臺北：東吳大學中文研究所碩士論文，1993）。

細音搭配的齦顎鼻音聲母 ngi-，也因為屬閩語所闕如，在壯圍被發成閩語既有的 gi-。崙背偶見此一現象，例如「鑷仔」說 giap4 ba2，也是由 ngi- 轉 gi-。不過這種音變在壯圍已成普遍規律，崙背則限於個別例子。

有別於四縣、東勢客話的「夥房 fo2 fong5」，海陸、豐順的「五虎下山 ng2 fu2 ha1 san1」，壯圍把同家族共居的合院稱為「大家屋 thai7 ka1 bu4」，類似崙背之「大屋下 thai7 bu4 ha1」。「電話」壯圍讀「電事 then7 si7」，崙背讀 then7 su7，這是因為「說話」詔安客家話說成「講事」，「電話」也就讀成「電事」了。

「你」秀篆、饒平說 ngi5，而官陂、霞葛、雲林崙背詔安客話，及新竹關西永定話都說 hen5，雖是同源詞，語音形式上卻差別很大。崙背客屬三大家族分別來自官陂（鍾、廖）及秀篆（李），但第二人稱只使用官陂說法 hen5，秀篆說法 ngi5 顯然被同化，消失無蹤。壯圍詔安客屬為秀篆游姓，仍保持 ngi5（去鼻化為 gi5）的說法，實屬難能可貴。

「你」客語海陸話及饒平話、潮州揭西、詔安秀篆說 ngi5，而四縣話讀成音節鼻音 n5 或 ng5，是原本的鼻音聲母 ng，加上高元音 -i 後，所形成的韻化輔音。但有些客方言第二人稱為 h- 聲母說法，如臺灣詔安話（二崙、崙背）hen5，永定話（竹窩 han5，粗坑、拱仔溝 hen5），東勢話 hng5，福建武平 heng5，永定 hm5\hn5\hng5，上杭 hng5，廣東大埔（百侯）hen5，江西大庾 he2 等。過去少有人提及客語中帶有 h- 的第二人稱，但 Norman（1982）、張光宇（1996：152）都注意到了福建西北部的閩贛過渡語邵武話人稱代詞的特殊，第一人稱為 hang3，第二人稱 hen7，第三人稱 hu3；三種人稱都是 h- 聲母說法。更擴大來看，湖南醴陵贛語第三人稱是 ha1，也是人稱有 h- 讀法的例子。

我們把上述客語跟邵武話聯繫起來，就可以發現其第二人稱說法跟邵武話接近（二崙、崙背詔安話，粗坑、拱仔溝永定話；但在語音細節上，邵武話 h-

聲母發音較靠近舌根）。這一面說明邵武話的人稱現象絕非孤立，又可見到臺灣部分客語的特殊人稱，來源上可以追溯到閩西、江西客語甚至贛語。

　　將張光宇（1996）的「氣流換道」理論延伸，容或能為上述人稱 h- 讀法做出解釋。一般客語的鼻音讀法 ng5，氣流從鼻腔出來。若使部分氣流改由喉腔同時出來，就成了東勢的 hng5，h- 和 -ng 相拼時，中間產生央中弱元音，進而變成部位相近的 -e 元音，即是武平之 heng5，由於 -e 元音部位在前，促使 -ng 向前移動變為 -n，這便形成臺灣詔安話（二崙、崙背）之 hen5，甚至該地有些人說成 hien5，部位在後面的 h- 搭配前面的 -e，中間產生了 -i- 介音。演變的極致是江西大庾之 he2，韻尾 -n 消失，氣流完全出於口腔，不再有鼻音成分，至此氣流完全「換道」：由鼻腔更改為口腔發出。此音變過程圖示如下：

ngi（秀篆）>ng（四縣）>hng（東勢）>heng（武平）>hen（官陂）
>hien（崙背）>he（大庾）

　　現今崙背年輕人對於米食製品的稱呼相當陌生，只有老人記得米食「粄 pan2」類之稱呼，中年以下不甚知悉。壯圍老輩對米食有細緻的區分，例如：

挨粄 e1 pan2（做粿）、
紅印龜粄 fung5 zin2 kui1 pan2（紅龜粿）、
烏草 e 粄 bu1 tsho2 e pan2（艾粄、草仔粿）、
甜粄 thiam5 pan2（甜粿）、
菜頭粄 tshoi2 thio5 pan2（蘿蔔糕）、
菜包 tshoi2 pau1（豬籠粄）、
滿餈 man1 tshi5（餈巴、麻餈）。

其中「養」為從母字，壯圍讀送氣音，閩南語則否。可見這些詞項並非直接來自強勢閩方言之說法。

（六）閩客合璧詞

壯圍詔安客話往往以客家話的發音，套用閩南語的構詞方式，來形成新的閩客合璧詞。例如：

詞義	壯圍客話	四縣客話	閩南語
流眼淚	流目屎 liu5 mu4 si2	出目汁 tshut4 muk4 tsiip4	流目屎 lau5 bak8 sai2
蘿蔔嬰	菜頭總 tshoi2 theu5 tsng1	蘿蔔苗 lo5 phet8 meu5	菜頭總 tshai2 thau5 tsang2
打電話	敲電事 khau1 then7 si7	打電話 ta2 thien3 fa3	敲電話 kha3 ten7 ue7
知道	知影 ti1 ziang2	知 ti1	知影 tsai1 iann2
颱風	風颱 fung1 thai1	風搓 fung1 tshai1	風颱 hong1 thai1
暴雨	西北雨 se1 pit4 bu2	斗雨 teu2 i2	西北雨 sai1 pak4 hoo7

四、壯圍詔安客話的特殊性

（一）特殊詞彙

一般詔安客話的「太（～多）」說「忒thet4」，但壯圍說「thang2」。一般「晒穀場」說「炙穀坪 tsia4 ku4 phiang5」，但壯圍說「圍坪 bi2 phiang5」。「摘」一般客家話說 tsak4，但壯圍說 lo1；廣西陸川客語「拿」也說 lo1，應

是同一詞語。「抱（～小孩）」一般客家話說「攬 nam2」，但壯圍說「攙 tsham2」，此種說法同於景寧畬話。「蕎頭」壯圍說「蕗仔 lo5 tsi2」。

「雜貨店」壯圍說「蓋仔店 kuai2 tsi2 tiam2」，不同於閩南語的「kam2 ma2 tiam3」。「蓋仔 kuai2 tsi2」的原義指的是「竹製的涼帽」，在福建詔安霞葛、秀篆，也有把涼帽稱為「蓋仔 koi2 tsi2」的說法；保暖的毛帽才說成「帽仔 hm7 tsi2」。韻母 -oi 和 -uai 的轉換很容易理解，例如「開、外」苗栗讀 khoi1, ngoi3，壯圍讀 khuai1, guai7。壯圍的「雜貨店」說法特殊，是由「帽子店」擴大意義而來。

「田事」一般客家話說「事 se7」，壯圍亦然。「說話」饒平、詔安等客家話都說「講事」，壯圍也說 kong2 si7。因此「事」字壯圍有二讀。泛指一般的事情，壯圍以同字異讀並用的方式表達，稱為「事事 se7 si7」。同字異讀並用構詞法在漢語方言中屢見不鮮，如閩南語「接接 tsih4 tsiap4（接待）」、茶陵贛語「話話 va7 xua7（說話）」等。

（二）特殊構詞

四縣話能產性最高的只有一種小稱「e」，秀篆也只有一種小稱「仔 tsii2」，崙背讀 tsu2。壯圍卻有二種小稱並存：

「仔 tsi2」後綴：「阿嫂 a1 so2+ 仔 tsi2（童養媳）」、「蕗 lo5+ 仔 tsi2（蕎頭）」、「甌 io1+ tsi2（杯子）」、「磚 tsien1+ tsi2（磚頭）」、「瓠 phu5 + tsi2（瓠瓜）」

「仔 tsi2」後綴再次構詞：「蓋仔店 kuai2 tsi2 tiam2（雜貨店）」、「男仔人 lam5 tsi2 gin5（男人）」

「e」後綴再次構詞：「瓠 e 仁 phu5 e zin5（瓠瓜子仁）」、「塚 e 埔 thng2 e pu1（墳地）」、「桌 e 么 tso4 e iaunn5（小桌子）」、「烏草 e 粄 bu1 tsho2 e pan2（艾草糕）」、「角 e 菜 ko4 e tshoi2（菠菜）」。

在秀篆當地，「瓠瓜子仁」就叫 phu5 tsii2 rhin5，小稱後綴再次構詞不會變成 e 形式。這是壯圍在構詞上的特殊之處，並且「e」讀固定調輕聲 11。若考慮桃園大溪詔安話普遍以「e」為小稱詞綴，則壯圍的二種小稱並行的現象，極可能是秀篆和大溪兩者的混合。睽諸移民過程，宜蘭游氏來自詔安秀篆，先在桃園龜山新路坑開基，第二代以後才搬至壯圍，也符合這樣的論斷。

（三）特殊音變

來母「樑」照理讀 liong5，實際上讀 giong5。可能因為受閩南語影響，n-/l- 不分，誤讀為 niong。客家話 n- 逢細介音會讀成齦顎鼻音 ngi-，聲母又似閩南語那般去鼻化，最後變成了 gi-。（li- → ni → ngi- → gi-）類似地，「籠」也讀鼻音 nng5，音變過程當是 lung → lng → nng。

「師傅」的「師」四縣、海陸、東勢都唸舌尖元音 sii1，崙背讀 su1，但壯圍讀雙元音的 sui1。試比較「事」四縣說 sii7，崙背讀 su7，但壯圍讀 si7，如此之對應關係看來，壯圍「師」應該讀 si1。至於 sui 讀法，是介於 su 和 si 的語音形式。

「婦人」一詞詔安客話說「夫娘人 pu1 ngiong5 ngin5」。壯圍將音節連併，說成 piong5 gin5。福建華安畬話有類似說法 poong1 ngin5。

農曆正月二十的「天穿日」，一般客語說 thien1 tshon1 ngit4，但壯圍說 then1 tshong1 git4，應當是「穿」的 -n 韻尾，受到後字「日」的齦顎鼻音聲母 ngi- 影響，部位後化為 -ng，讀如「倉」字。

「裡頭」壯圍說 ki1 theu5，同於詔安秀篆、平和大溪。本詞項第一音節的來源，可以從方言比較得到解釋。江西的客家話、贛語、畬話，以及閩西長汀、武平等地之客家話，都有一個普遍的音變現象，即來母邊音逢細音轉讀同部位塞音聲母。廣東客語此種音變雖非普遍，但也零星出現，例如梅縣「裡 ti1」。這個規律可以表示如下：

l- → t- /＿-i

回頭來看「裡頭」一詞，梅縣和臺灣四縣說 ti1 poi3 tu2，第一音節應當就是「裡」，因為「裡」屬來母上聲，次濁上歸陰平，所以聲調符合。該字屬止開三，因此韻母讀 -i 音也符合。聲母的 t- 則起自來母逢細音讀塞音的規律。至於壯圍說法 ki1，韻、調都和四縣一致，只有聲母不同。然而 t- 讀為 k- 的聲母後化現象，在其他語言中並非罕見，例如南島語：

詞義	夏威夷語	其他南島語
一（數字）	ka	ita（排灣）
芋頭	kalo	tai（魯凱）
禁忌	kabu	tabu（東加）

以夏威夷語為據，[19] 跟其他南島語比較起來，有一串聲母鏈移的規律：p- → t- → k- → ʔ-（喉塞）。閩南語的「拿」有 theh8 和 kheh8 二種說法，應該也起於聲母後化。前述四縣客家話的「媳婦」說 sim1 khiu1，來自畬話「新婦 sin1 phiu1」之音變（sin phiu → sim phiu → sim khiu），一方面是相鄰唇音的異化，另一方面何嘗不是聲母後化所造成？所以壯圍的 ki1，當是兩次音變後的結果：

「裡」 li → ti （來母逢細音讀塞音）→ ki （聲母後化）

---

19 Pukui, M. K. & Elbert, S. H. 1992. *New Pocket Hawaiian Dictionary*. Honolulu: University of Hawai'i Press.

　　「青苔」壯圍讀 tshiang1 tshoi5，是由於前字「青」的 tsh- 起同化作用，使後字「苔」的 th- 變成 tsh-。類似的音變例子還有新屋把「七層塔（金不換）tshit4 tshen5 thap4」讀作 tshit4 tshien5 tshap4；佳冬把「瘌癀絕代 ko1 mo1 tshiet8 thoi3」讀成 ko1 mo1 tshiet8 tshoi3，都是前字塞擦音 tsh- 同化了後字塞音 th- 的結果。

　　比較特殊的是來母「涼兩（～個）」讀 long，雖然罕見於臺灣，但在中國大陸的客、贛、官、畬話等方言裡，都可以找到相關的例證，說明來母逢三四等細音時，容易產生二種音變，要不是保留邊音丟失細介音，就是保留細介音丟失邊音，邊音和細音有一定程度的互斥現象：

客家話：四川新都老派「了」liau2、（這裡）liang2；新派「了」iau2、（這裡）
　　　　iang2。

贛語：平江、修水、安義、余干「兩（～個）」讀 ioong2；「兩（銀～）」宜
　　　豐讀 loon2，余干 loong2。

官話：東北官話時雨站話「綠」有 loy3、iei3 二讀。

畬話：景寧、福安「兩（～個）」讀 iong2，「領」iang1，「聯（縫衣）」
　　　ion1。

　　韓國語漢字音凡遇來母細音，變為零聲母，如「列」讀 yeol，「律」yul，「呂」yeo。

　　排灣語中，「五」一般讀 lima，但屏東春日鄉歸崇、七佳讀為零聲母的 ima。

　　歐洲語言亦有類似現象。例如法語的「ll」有純邊音、邊細共生、僅存細音的三種讀法並存：

純邊音 /l-/：elle（她）

邊細共生 /li-/：colliere（項圈）

僅存細音 /i-/：billet（車票）

同源詞跨語言的比較也能得出相同結果；仍以「車票、單子」為例：

純邊音 /l-/：　bill（英語）

邊細共生 /li-/：bilhere（葡語）

僅存細音 /i-/：　billet（法語）

　　張光宇曾提到山西永濟等漢語方言的邊音和撮口音相斥的現象，於是「呂 ly2」讀為零聲母的 y2；[20] 他的解釋是在發音上，邊音展延而撮口音集中，因而互斥。邊音跟齊齒音都有展延性質，兩個同質的音段一起出現也會發生變化，以符合音韻學上之「義務屈折原則 Obligatory Contour Principle，OCP」。所以，不只是邊音和撮口音（l+y）相斥，邊音跟齊齒音（l+i）也有一定程度的互斥，總的來說就是「邊細互斥」。從這個角度，可以充分理解客家話中的近指詞，為何分做二大類：

邊細共生 /li-/：lia2（廣東惠陽、四川新都老派、臺灣海陸話、東勢話）

僅存細音 /i-/：　ia2（四川新都新派、臺灣四縣話）

亦即海陸話的近指詞 lia2，經過邊細互斥的音變，成為四縣話的形式 ia2。前文所述及之來母邊音逢細音轉讀同部位塞音（l- → t- /__-i）的規律，也可以看作是「邊細互斥」的效應下，所驅動的一種音變模式。

---

20 張光宇，〈論條件音變〉，《清華學報》新 30 卷 4 期，2000，頁 427-475。

五、壯圍詔安客話的重要性

壯圍詔安客話目前使用人數極少，已經到了瀕危語言中的「殘存或轉用」階段，[21] 並且地理位置孤懸臺灣東北部一隅，然而方言現象重要且特殊，不容忽視。本文提到過的即包括：

陰平本調有二讀，乃是崙背／八德兩種聲調形式的過渡。

鼻音明母「毛、帽、木、目」讀高元音的 mu，不像秀篆、崙背已經變為成音節鼻音 hm，壯圍還在前一個音變階段，這可為「成音節鼻音來自鼻音搭配高元音的音節」之想法，提供有力之佐證。反之，壯圍泥母「糯」受鼻音聲母影響，讀成音節的 nng3，又比崙背的 nu3 讀法在演變上快。

咸開二「鹹」讀 hiam5，行為有如同攝四等。

深開三壯圍少數入聲字開始弱化；阻塞不明顯，但仍保留唇音和短促成分，如「十 siuh8」、「笠 liuh8」。

山攝三四等無論開合，往往拿細介音當作主要元音，讀作 -in/-it，跟臻開三同形式。

臻合三「熨」讀入聲 bit4，異於四縣話舒聲的 iun3。

江攝少數字讀如通合一，唸成音節的 ng，如「雙 sng1」。

「大蒜」叫「葫頭 fu5 theu5」。

「媳婦」說「阿嫂 a1 so2」。

「你」如同秀篆、饒平說法 ngi5（壯圍去鼻化為 gi5），異乎官陂、崙背說法 hen5。

泛指一般的「事情」，壯圍以同字異讀並用的方式表達，稱為「事事 se7 si7」。

---

21 戴慶廈，〈瀕危語言的年齡言語變異〉頁 271，收入《言語與言語學研究》（武漢：崇文書局，2005），頁 268-275。

　　四縣話能產性最高的只有一種小稱「e」，秀篆也只有一種小稱「仔 tsii2」，崙背讀 tsu2。壯圍卻有以上的二種小稱並存。

　　「玉米」崙背說「番麥 fan1 ma8」，是從閩南語 huan1 meh8 轉音過來的。壯圍則說「裡仁 li1 zin5」，和秀篆詔安客話一致。同樣地，「裡頭」崙背說「內底 nui7 te2」，是從閩南語 lai7 te2 轉音過來的。壯圍說 ki1 theu5，和秀篆詔安客話一致。

　　來母「涼兩（～個）」讀 long。

　　在這些重要現象當中，最富有古音理論上的意義者，即山開四等讀細音。因為趙則玲、鄭張尚芳說：「景寧畬話四等字無 [i- 介音]，混同於二等，跟前期中古音接近，而（梅縣）客家話有 [i- 介音]」。又說「畬話比（梅縣）客家話四等字帶 [i- 介音] 的語言層次要早，因為到中古音後期──中唐至五代四等字才出現介音增生的現象。」[22] 臺灣學者許時烺引用此一說法，藉以強調饒平話的山開四等讀洪音，是饒平話比四縣話保存更多古音的最好證明。[23] 對於這樣的觀點，我們提供另一個角度來思考：

　　首先是畬話、饒平客話（卓蘭老庄）、詔安客話的山開四和山開三，語音形式上並無不同，仍然是山開三、四合流的模式，就這點來說，跟一般梅縣或四縣客話本質上絕無二致：

---

22 趙則玲、鄭張尚芳，〈浙江景寧畬話的語音特點〉頁 17，《民族語文》第 6 期，2002。

23 許時烺，《語言活化石：饒平客家話的電子書》（中壢：中平國小 94 年度資優教育「饒平客家研究專題」http://host.cpes.tyc.edu.tw/~team76/，2005）。

話	畲話	老庄	崙背	三座屋	壯圍	四縣話
山開三錢	tshan5	tshen5	tshen5	tshan5	tshin5	tshien5
山開四前	tshan5	tshen5	tshen5	tshan5	tshin5	tshien5

我們可以對於詔安類型的客家話山開三四轄字讀法給予一個定義性敘述：

「山開三四基本讀法都是 -ien/-iet，並無分別。但三等知章組因為曾有（或現在仍有）舌葉音吞沒細介音，所以出現讀洪音 -en/-et 的現象。四等端精組（含泥來）的舌尖聲母也發生了吞沒細介音的條件音變，所以也出現讀洪音 -en/-et 的現象。」

若說山開四讀洪音是存古，那麼山開三讀洪音也算是存古嗎？我們不能只看四等沒有細介音，就說是古音的保留，當我們把三等也一併納入考量，則會發現畲話、饒平客話、詔安客話之三、四等是一起演變的，要不是兩者同時有細介音，就是兩者因為條件音變而失去了細介音，不能分割開來，光擷取片面就做出過度之解釋。

　　再者，觀察詔安客話的三個次方言山開四之語音形式：崙背 -en、三座屋 -an、壯圍 -in；如果要為這三個次方言構擬出共同來源，那麼只有一種可能：*-ian。易言之，山開四仍帶細音，而非洪音。即便單以壯圍詔安客話山開四之內部差異（-en, -ien, -in）來構擬，還是得到包含細介音的 *-ien 形式。幸虧有了壯圍詔安客話的發現，山開三四讀如臻開三 -in 之特殊現象才被揭露，從而解決了「山開四讀洪音是否為古音留存」的重大爭議。

六、詔安客話在宜蘭的存滅

　　透過本文的敘述，我們知道清代宜蘭地區曾經有許多口操客語的漳州客家

人前來墾拓，例如員山鄉大湖地區，就有 13 個詔安客屬家族密集分布。但時至 200 多年後的今天，宜蘭能說詔安客語的人已經所剩無幾。

　　詔安客話在宜蘭的消失不是突然的，而是漸進的。我們可以看老族譜中使用的地名來印證：比如宜蘭縣史館所藏之《黃龍湖公派下家譜》，其祖籍地的小地名有「樹下」、「伯公」、「墩上」、「員屋」等字樣；熟悉閩、客兩種方言的人就會知道，客家話會用「樹下」，閩南話會用「樹仔跤（腳）」，而「伯公」這個詞彙是客家人用來稱呼土地公的；「墩上」客語指的是土堆上方，閩南話會說「墩仔頂」，用「頂」不用「上」，同樣地「員屋」屬客語詞，閩南語會用「厝」而不用「屋」等等。從這些用字可以判斷，黃龍湖公派下本來應該是說詔安客話。

　　本文卷首曾提及，李王癸先生所屬之冬山鄉珍珠里簡李姓宗族的詔安客語流失約在日治晚期，而員山鄉大湖底的可能在稍早的 1930 年代。歸納我們 21 世紀初年的調查瞭解，宜蘭地區詔安客話最晚消失的三個地點應該是：員山鄉蜊仔埤的黃姓、礁溪鄉三民村十六結的賴姓，和壯圍鄉忠孝村壯六的姓游仔底。

　　蜊仔埤黃屋筆者曾親自拜訪，當地人只能說少數幾個親屬稱謂，但很確定過世不久的上一輩人還講詔安客話。礁溪十六結的賴姓只剩二位超過 90 歲的老人會說，且其中一位早已隨兒子搬到臺北中和居住多年；留居當地的只有 1914 年生的賴灶鄰能說 50 個以上的詞彙，並且能發像海陸客話那樣清楚的舌葉音，可惜的是，想讓他回憶起更多的語彙卻有困難。

　　相形之下，壯圍姓游仔底的游林屘女士還能記得這麼多詔安客話的講法，就顯得十分突出。這是因為她 3 歲時，就被游屋抱養為童養媳，而她的公公游貽量漢文基礎深厚，堅持在家中一定都要講詔安客話，直到他 1992 年過世為止。游林屘一生忙於家庭及農事，極少出遠門，使得她的語言不易受外界影響。

有幾次訪問時間較長，詔安客話的鄉音迴盪，讓她的記憶湧現，她感覺到「阮家官（指游貽量）兮形體若出現佇面頭前」。然而這樣對詔安客話記憶清晰的案例卻屬鳳毛麟角、絕無僅有了。

　　本文最後要提出一個饒富趣味的課題：為何臺灣各地保存下來的漳州客家話，幾乎都是詔安客話（桃園觀音鄉崙坪羅氏之平和客語除外）？宜蘭也有許多平和、南靖的客家移民，為什麼最後的留存總是詔安客話，而非其他？這或許是由於詔安縣的客家比例相對於漳州其他各縣而言，算是最高的，客家意識及語言的保存性，也就較為強韌了。

圖1：作者（左）和發音人（右）合照
資料來源：作者提供。

參考文獻

江佩瓊，1999，〈閩粵邊客話方言記略〉，《鴻江族譜》，頁 463-468。福建平和：華夏平和鴻溪江氏淵源研究會。

呂嵩雁，1993，《臺灣饒平方言》。東吳大學中文研究所碩士論文。

＿＿＿＿，1995，《臺灣詔安方言稿》，未刊。

李壬癸，1995，〈從李氏族譜看宜蘭縣民的遷移史和血統〉。《臺灣史研究》2（1）。臺北：中研院臺史所籌備處。

李如龍、張雙慶，1992，《客贛方言調查報告》。廈門：廈門大學出版社。

吳中杰，1997，〈客語詔安話的歸屬及閩客語劃分標準的修訂〉，未刊。

＿＿＿＿，1999，《臺灣福佬客分布及其語言研究》。國立臺灣師範大學華語文教學研究所碩士論文。

＿＿＿＿，2000，〈從比較的觀點看臺灣客語聲母的演變〉，《第四屆國際客家學研討會論文集：宗教、語言與音樂》，頁 367-378。臺北：中央研究院民族所。

＿＿＿＿，2002，〈臺灣漳州客家與客語〉，《第四屆客方言研討會論文集》，頁 475-488。廣州：暨南大學出版社。

＿＿＿＿，2003，〈粵臺饒平客語異同比較及差異成因試析〉，1999 年發表於第 6 屆國際暨第 17 屆全國聲韻學研討會。臺北：臺灣大學中文系。修改後《客家研究輯刊》2003 年第 1 期刊登。

吳敏顯，2002，〈宜蘭河岸的客家莊：六結姓游仔底〉。《宜蘭文獻》60：85-91，宜蘭縣史館。

辛世彪，2004，《東南方言聲調比較研究》。上海：上海教育出版社。

洪惟仁，1992，《臺灣方言之旅》。臺北：前衛。

張光宇，1996，《閩客方言史稿》。臺北：南天。

＿＿＿＿，2000，〈論條件音變〉。《清華學報》30（4）：427-475。新竹：清華大學出版。

＿＿＿＿，2004，〈臺灣詔安客家話比較研究〉，《客家知識論壇：語言篇》，頁 43-55。臺北：行政院客家委員會。

張屏生，2001，〈從閩客方言的接觸談語音的變化：以臺北縣石門鄉的武平客家話為例〉，《第7屆國際暨第19屆全國聲韻學學術研討會論文集》，頁327-341。臺北：政治大學。

＿＿＿＿，2003，〈雲林縣崙背鄉詔安腔客家話的語音和詞彙變化〉。《臺灣語言研究》1（1）：69-89。臺北：臺灣語文學會。

張其昀，1982，《中文大辭典》。臺北：中國文化大學出版部。

陳秀琪，2002，《臺灣漳州客家話的研究：以詔安話為代表》。新竹師範學院臺灣語言與語文教育研究所碩士論文。

許時烺，2005，《語言活化石：饒平客家話的電子書》。中壢：中平國小94年度資優教育「饒平客家研究專題」http://host.cpes.tyc.edu.tw/~team76/。

莊初升、嚴修鴻，1994，〈漳屬四縣閩南話與客家話的雙方言區〉。《福建師範大學學報》3：81-87。福州：福建師範大學。

曾少聰，1994，〈客家話與閩南話的接觸：以平和縣九峰客話為例〉，《臺灣與福建社會文化研究論文集（一）》。臺北：中研院民族所。

游文良，2002，《畬族語言》。福州：福建人民出版社。

游汝杰，2003，〈黑龍江省的站人和站話〉，《著名中年語言學家自選集：游汝杰卷》，頁236-248。合肥：安徽教育出版社。

詹伯慧，1993，〈廣東省饒平方言記略〉。《方言》，頁129-141。

＿＿＿＿，2001，《現代漢語方言》。臺北：新學識出版中心。

趙則玲、鄭張尚芳，2002，〈浙江景寧畬話的語音特點〉。《民族語文》6：14-19。

潘　英，1996，《臺灣平埔族史》。臺北：南天書局。

戴慶廈，2005，〈瀕危語言的年齡言語變異〉，《言語與言語學研究》，頁268-75。武漢：崇文書局。

Norman, Jerry, 1982, *The Classification of the Shaowu Dialect*. Taipei: Monumenta Serica, 53.543-583.

Pukui, M. K. & Elbert, S. H., 1992, *New Pocket Hawaiian Dictionary*. Honolulu: University of Hawaii Press.

臺灣客家話動趨結構中與體貌有關的成分 *

江敏華

一、前言

　　漢語語法學中，詞組或句子的結構方式一般依照成分與成分之間的關係分為主謂結構、並列結構、偏正結構、動賓結構、動補結構與連謂結構等。其中的動補結構，簡單的說，就是兩個成分之間的關係為補充關係，亦即「組合中的前一項表示動作行為或性質狀態，後一項主要說明動作狀態的結果（劉月華等 2001：6）。「動趨結構」是動補結構的一個次類，動補結構中的第二個成分若為表示趨向的動詞，如漢語共通語的「上」、「下」、「進」、「出」、「回」、「過」、「起」等，即為動趨結構。動趨結構基本的語義是空間的位移，亦即人或物體通過某種動作，而在空間位置朝各種不同的方向移動的結果，以共通語為例，其中第一個成分為一般動詞，用以指出位移的方式（manner）或原因（cause），第二個成分為「上」、「下」、「進」、「出」、「回」、「過」、「起」等趨向詞（directionals），用以指出位移的路徑（path）。[1] 此外，由「來」、

* 本文原刊登於《語言暨語言學》，2013，14 卷 5 期，頁 837-873。因收錄於本專書，略做增刪，謹此說明。作者江敏華現任中央研究院語言學研究所研究員。

1 方式（manner）、原因（cause）和路徑（path）都是 Talmy（2000：25-27）所提出的位移事件的語義成分之一。Lamarre（2003）詳細介紹 Talmy 對位移事件的分析架構並以此探討漢語動趨結構的相關問題，讀者可以參看。

「去」這兩個分別表示近指和遠指的「指示」（deictic）詞與趨向詞所組成的「上來、上去、下來、下去」等也是趨向詞，稱為「複合趨向詞」。複合趨向詞中的指示詞是以說話者的所在為參照點的位移，而趨向詞則涉及客體（theme）在空間中朝各種不同的方向移動。在符號上，本文用 Dp（p=path）表示「上」、「下」、「進」、「出」等客觀位移路徑的「路徑趨向詞」，用 Dd（d=deictic）表示「來」、「去」等主觀參照的「指示趨向詞」，用 DpDd 表示由二者結合所構成的複合趨向成分，而 D（=directional）則用來概括以上三種不同的趨向成分。

　　客家話中，在「V Dp Dd」格式中出現的路徑趨向詞 Dp 有「阬（hoŋ5）」[2]、「落（lok8）」、「入（ŋip8）」、「出（tʃʰiut7/ tʃʰut7/ tsʰut7）」[3]、「轉（tʃion3/ tʃon3/tson3）」、「上（ʃioŋ5/ʃoŋ5/soŋ5）」、「下（ha5）」、「起（kʰi3/hi3）」、「過（ko5）」及「走（tseu3）」等。「V Dp Dd」格式中出現的指示趨向詞 Dd 則為「loi2 來」與「kʰi5/hi5 去」。在「V Dp Dd」格式中，客家話的 Dp 與 Dd 可以都出現，也可以省略其一；也就是說，客家話的動趨結構有「V Dp Dd」、「V Dp」與「V Dd」三種格式。

　　在客家話的動趨結構中，除了與位移事件結構中相關的成分外，客家話還可以在 V 與 D 之間插入一個與體貌（aspect）有關的成分。[4] 如：

---

2 本文客家話語料以漢字表示，除與正文直接相關的語素於漢字後加「國際音標＋數字調號（1 為陰平，2 為陽平，3 為陰上，5 為陰去，6 為陽去，7 為陰入，8 為陽入）」外，一般語料不於正文注出音讀。漢字用字一部分參考教育部「臺灣客家語常用詞辭典」（試用版）http://hakka.dict.edu.tw/hakkadict/index.htm，無適當漢字者，以「□（國際音標）」表示，並於文末附錄標示其釋義。

3 本文客家話讀音以「/」號分開者表客家話各腔調的不同讀音，原則上依次為東勢大埔腔、海陸腔及四縣腔客語的讀音，只標二音者表其中兩種腔調讀音相同，不再另行說明。

4 體貌（aspect）是現代漢語相當重要的型態範疇，相關研究可參考張雙慶編（1996）、胡明揚（1996）等。由於現代漢語及方言的體貌標記大多是由實詞虛化而來的，實與

（1）面瀝青走**緊**出來。（《東勢（六）》）[5]

　　　臉色發青的跑出來。

（2）佢馬上向<u>厥姆</u>該片<u>釘直</u>撞**寧**過去。（《海陸》）

　　　他馬上往他媽媽那邊直直地撞了過去。

　　東勢客家話的「緊」和海陸客家話的「寧」（nen3）[6] 都是表示動作持續的持續體標記。這種在 V 與 D 之間插入一個與體標記的現象雖然在其他漢語方言中也可以見到（Lamarre 2002, 2006），但具體的語法行為依方言而有不同，其性質和功能也還不十分明確，仍有深入探討的必要。本文打算考察臺灣客家話語料中出現的類似成分，藉由討論客家話中插在動詞與趨向詞之間與體貌有關的成分，探討客家話動詞與趨向詞的句法關係，中插成分在「動（V）-趨（D）格式」中的語法、語義性質，以及幾個相關結構的語法化演變途徑。

　　本文討論的客家話包含臺灣北部四縣腔、海陸腔、東勢大埔腔以及南部四縣腔，語料來源除個人調查訪問所得 [7] 外，也運用口語或書面文本的材料。文

虛之間往往是不能完全切割的連續體，本文所謂「與體貌有關的成分」除了包含已虛化完成的「體標記」，也包含由實詞虛化、但尚未完全虛化為純粹語法虛詞的表示動作或事件狀態的成分。

5 例句語料一律以漢字呈現，由於各種語料的用字頗不一致，為免讀者混淆，本文略依教育部「臺灣客家語常用詞辭典」（試用版）加以統一，漢字下用底線表示者，於附錄中以「國際音標＋數字調號」標註其音讀及釋義。例句中未標示出處者為個人田調所得，所有例句中之共通語釋義為筆者在發音人的協助下所修改或翻譯。

6 海陸、四縣客家話的持續體標記一般讀為 ten3，臺灣客家語文獻中經常寫作「等」，有些說話者會弱化為 nen3。《海陸》語料中，此持續體標記一律弱化為 nen3，並寫成「寧」字。為方便參照，本文下引語料將持續體標記 ten3 或 nen3 一律改寫為「等」。然不論「等」或「寧」，皆非其本字。

7 本文所用之田野語料，皆為五年多來陸續向四縣腔、海陸腔及大埔腔（東勢）客語母語使用者採訪得來，有些腔調的發音人並不固定。其中四縣腔發音人居住地以苗栗市及中壢市為主，海陸腔發音人居住地為楊梅及龍潭，大埔腔（東勢）發音人居住地為東勢，南部四縣腔發音人居住地為高樹及美濃。有幾位發音人已移居或經常往來大臺北地區，並兼能使用臺灣國語或臺灣閩南語，但皆能以純熟的客家語溝通。

本材料的來源包括：

（一）《臺中縣民間文學集》中的《東勢鎮客語故事集》一至七冊，（以下簡稱《東勢》）這是由胡萬川主編、東勢文化工作者所采集記錄、保留珍貴口語的長篇語料，七冊共 189 則故事。《東勢》所表現的是臺中縣東勢鎮大埔腔的客家話。

（二）也是由胡萬川主編，當地文化工作者所采錄的《桃園縣民間文學集》中的客語故事，包括《龍潭鄉客語故事》、《新屋鄉客語故事》及《楊梅鎮客語故事》（以下分別簡稱《龍潭》、《新屋》及《楊梅》）共 91 則故事。《龍潭》、《新屋》及《楊梅》反映的客家話以海陸腔為主。

（三）《客家口語經典劇‧李文古》[8]（以下簡稱《李文古》），其前身為民國 50 年代風行高屏地區一時的廣播劇「李文古客家笑科劇」，民國 53 年由作曲家呂金守及出身萬巒鄉的李文光兩位先生灌製、惠美唱片出版，後由聲鼎文化事業公司重新發行。《李文古》反映臺灣南部四縣腔客家話，該語料目前只有聲音資料，本文所用文字為筆者請母語者轉錄。

（四）《海陸客語短篇故事選集》（以下簡稱《海陸》），為作者詹益雲先生為推展海陸客語羅馬拼音，蒐集報章雜誌中膾炙人口、感人生動有趣、充滿智慧的故事作為藍本，再以海陸客語編譯而成的故事選集。《海陸》共三集，第一集為純羅馬拼音，無漢字，第二集為第一集的漢字本再加上兩篇故事，第三集為漢、羅對照。三集（一、二兩集的故事多為重複）共 28 篇故事。《海陸》的語言基礎為新竹縣的海陸客家話。

---

8 根據記載，李文古是明末清初廣東梅縣的文士，明亡後抱著沉重的家國之痛，不事滿清，怠於科考，是一個不攀附權貴的客家硬頸子弟。然因秉性聰明，滑稽幽默，遂有嬉笑人生、玩世不恭之名。在臺灣客家民間故事中，李文古便常以多才滑稽並帶有一些戲謔習性的機智人物型態出現。

　　（五）《錢有角》，為李得福先生所創作的當代客語短篇小說，原多刊載於《六堆風雲》及《客家雜誌》，後集結成書。全書十篇皆以客語發音為思考，運用客家生活中常聽到的對話呈現，同時也加入大量瀕臨失傳的話語、俗諺，因此雖為書面語料，但口語性很強。《錢有角》的語言基礎也是臺灣南部四縣腔客家話。這些語料的語言基礎不盡相同，為擴大語料的取材，在語言現象沒有明顯差異時會綜合使用，但必要的時候也會說明語料所反映的方言差異。

　　本文除前言外，第二節先介紹「動（V）- 趨（D）格式」中與位移事件有關的語法成分在客家話中的表現，第三節討論「動（V）- 趨（D）格式」中出現的與體貌有關的成分，包括與持續貌有關的「緊（kin3）」/「等（ten3）」；與動作實現或完成有關的「倒（to3）」；動作完成、事物脫離或消失的「忒（thet7/phet7）」；以及與嘗試、短時、瞬時有關的「啊（a5）」。第四節則為結論。

二、「動（V）- 趨（D）格式」中與位移事件有關的語法成分

　　如前言所述，臺灣客家話在「V Dp Dd」格式中出現的路徑趨向詞 Dp 有「䟘」、「落」、「入」、「出」、「轉」、「上」、「下」、「起」、「過」、「走」等，指示趨向詞 Dd 則有「來」和「去」。「䟘」本意為「起而上」之意，專指起床。在東勢客家話中，「䟘」是相當於「起」的主要路徑趨向詞（Dp），後面可直接接指示趨向詞（Dd）。但在四縣、海陸客家話中，「䟘」主要仍作「起床」義的主要動詞，與「起」或「起來」連用，後面通常不直接加 Dd。「䟘起來」前面還可以再加上表示方式的動詞，如「跋 䟘 起來」、「企 䟘 起來」等，此時「䟘」與「起」同義，「起」似乎可以分析為與「䟘」等同的路徑趨向詞。

　　「落」在客家話中有「進」與「下」兩意。「落」作主要動詞所構成的「落來」、「落去」，主要作為「進來」與「進去」之意，但「落」作為 Dp 所構

成的「V 落 Dd」或「V 落」通常必須依賴上下文才能判斷其為「進」或「下」。如「跪落去」、「跍落去」主要為「跪下去」與「蹲下去」之意,而「跌落糞坑」、「放糖落去」兼具「進」、「下」兩義,「行落店肚」則只有「進」義。

「入」、「出」、「轉」、「上」、「下」、「起」、「過」大略相當於現代漢語共通語的「進」、「出」、「回」、「上」、「下」、「起」、「過」。就位移的方向來說,客體由外部往二維或三維空間內部移動有「落」與「入」兩種表達方式,客體由下往上移動有「跳」與「起」兩種表達方式,客體由上往下移動則有「落」與「下」兩種表達方式。其中或許涉及客語次方言或個人選擇差異,詳細情形還有待進一步的探討。

客家話「走」作動詞的本義為「跑」,但有時也只有快速離開或離開之意,不一定有跑的動作,如「走忒」經常用於快速離開之意,而沒有跑的動作;「毋得走」或「走毋開」是「離不開身」的意思。「走」的離開義除了作為主要動詞,也作為兩個動作成分中的第二個成分,構成「V 走」的格式。「走」雖然沒有指示具體的位移路徑,但「V 走」的語義也與位移事件有關,表示由說話的場景中離開或消失,因此本文將「V 走」也視為動趨式的一種,屬於「V Dp」格式。[9]

「V Dp Dd」格式中,由於 Dp 和 Dd 各可以省略,因此,客家話「動(V)-趨(D)格式」共有「V Dp Dd」、「V Dp」與「V Dd」三種格式。此外,可以充當 Dp 成分的位移趨向詞除了作為「V Dp Dd」格式中的趨向成分外,也可以作主要動詞使用,後接 Dd,指示位移的路徑和參照點,但不言明位移的方式或原因。Dp 的各種具體用例如下表所列,表中加「*」者,不但文字語料未發現,田野調查也表明其為不合法:

---

9 在某些漢語方言中,「走」在動趨式中與來、去的表現平行,則「走」屬於指示趨向詞 Dd。

	「V Dp Dd」	V Dp	V Dd	Dp 作主要動詞 +Dd
䟒 / 䟒起	搬䟒來 / 跋䟒起來	企䟒	吹來	䟒來 /* 䟒去
落	拿落來 / 跪落去	跳落	鑽來	落來 / 落去
入	踏入來 / 行入來	駛入	歃來	入來 / 入去
出	跳出來 / 走出去	飆出	飆來	出來 / 出去
轉	拿轉來 / 擛轉去	拿轉	寄來	轉來 / 轉去
上	爬上來 / 裝上去	燒上	行去	上來 / 上去
下	瀉下來 / 傳下去	洩下	追去	下來 / 下去
起	擛起來	□（ien5）起		起來 /* 起去
過	拂過來 / 撞過去	躍過		過來 / 過去
走	騎走去	流走		* 走來 [10]/ 走去

　　由於「動（V）- 趨（D）格式」所表示的是空間位移事件，與空間位移事件相關的成分包括：（1）通常由動詞 V 所表現的位移方式或位移原因；（2）通常由趨向詞 Dp 所表現的位移路徑；（3）致移事件（agentive motion）和非致移事件（nonagentive motion）[11]中位移的客體；以及（4）位移的起始點和（5）位移的終結點等。其中位移的客體和位移的終結點在「V Dp Dd」格式中的位置，在漢語方言中往往有不同的表現。以客家話來說，位移的客體除了用處置式介詞組置於動詞前外，主要出現在 V 與 Dp Dd 之間，如：

（3）　早早就**牽牛出來**放佢食草。（《李文古》）
　　　　一大早就把牛牽出來吃草。

---

10 臺灣客家話「走來」中的「走」為「跑」義，與 Dp 中的「離開」義不同。
11 關於致移事件和非致移事件的詳細說明，請參見 Lamarre（2003：3）。

（4）樹頂**跌幾下**粒蓮霧**落來**。

　　　樹上掉下幾個蓮霧來。

或 V Dp 與 Dd 之間，如：

（5）我**毋識**聽倒有麼儕敢**歕**雞頦，講佢能夠從泥合實**唒出**一粒穀**來**

　　　（《海陸》）

　　　我不曾聽說有什麼人敢吹牛說他能夠從土中長出一粒穀來。

（6）結果係做**毋得**，最後**惹出**幾大事情**來**。（《新屋》）

　　　結果是行不通的，最後惹出很大的事情出來。

例（3）的位移事件屬致移事件，例（4）屬於「非致移事件」，而位移的賓語都位於 V 與 Dp Dd 之間。至於賓語置於 V Dp 與 Dd 之間的也能見到，但除了例（5）這樣仍保有若干空間位移義的之外，許多都已是動趨結構的抽象用法，亦即趨向詞由原本具體的空間位移義，延伸至抽象的、主觀認知的位移。

　　至於位移的終結點，則主要出現在 VD 之後，如：

（7）**該**上段這位方**行出來**大林埔**該**位方買。（《東勢（六）》）

　　　（從）山上走出來，到大林埔的地方買。

（8）緊講就緊**跋上來**岸項。（《錢有角》）

　　　一邊說一邊爬到岸上來。

或 V Dp 與 Dd 之間，如：

（9）佢**行出**屋外背來。

　　　他走出屋外。

（10）這滿擎佢**拂落**該山**下去**，係<u>毋</u>係該錢銀兩儕來分。（《新屋》）

　　　（我們）現在把他甩到山下去，是不是（所得的）銀錢我們

　　　兩人來平分。

　　例（7）、（8）、（9）都是自移事件，位移的終結點可以位於 VD 之後，也可以位於 V Dp 與 Dd 之間，例（10）是致移事件，位移的終結點置於 V Dp 與 Dd 之間。此外，致移事件若同時有位移的客體與位移的終點，則位移客體位於動詞後，位移終點則在趨向詞後面，不過這種情形比較少見：

（11）新娘扛茶出廳下，<u>仰般無喊偃食茶呢</u>？（《李文古》2.1）

　　　新娘把茶端出客廳，怎麼沒有叫我喝茶呢？

三、「動（V）- 趨（D）格式」中與體貌相關的成分

　　如前言所述，客家話的動趨結構中，除了與位移事件相關的成分外，還可以在 V 與 D 之間插入一個與體貌有關的成分。本文所蒐集的語料中，客家話出現在「動（V）- 趨（D）格式」中與體貌有關的成分有（1）持續體標記「緊（kin3）」或「等（ten3）」；（2）完成體標記「倒（to3）」；（3）語意大略相當於現代漢語共通語「掉」的「□（phet7）」與「忒（thet7）」，以及有嘗試、短時、瞬時意義的「啊」或「下」。以下分別討論。

（一）持續體標記

1. 東勢客家話的「緊（kin3）」

東勢大埔腔客家話的持續體標記為「緊（kin3）」，和臺灣海陸、四縣客家話用「等（ten3）」不同。「緊（kin3）」可以置於 V 與 D 之間，上文例（1）即為其例，本節重覆如（12），另補充兩例：

（12）面瀝青走緊出來。（《東勢（六）》）

　　　臉色發青的跑出來。

（13）佢斯行緊走咧。（《東勢（六）》）

　　　他就趕快離開了。

（14）煮飯个就……水桶挓緊去，杓嫲弇緊兩兜粄。（《東勢
　　　（四）》）

　　　煮飯的（人）就把水桶挑去，水桶裡面用水瓢蓋著兩塊米做
　　　的點心。

例（12）是「V-緊-Dp-Dd」的例子，例（13）與（14）分別是「V-緊-Dp」與「V-緊-Dd」的例子，可見東勢客家話「動（V）-趨（D）格式」的三種形式都可以在 V 與 D 之間插入持續體標記「緊（kin3）」。

東勢客家話「緊（kin3）」的用法很廣，放在動詞後時，可以表示進行（動態持續）或持續（靜態持續）：

（15）佢著緊衫，睹好門打開來。

　　　他正在穿衣服，門就開了。

（16）你先**坐緊**，我倒茶給你喝。

　　　你先坐著，我倒茶給你喝。

此外，「緊（kin3）」也跟四縣、海陸客家話一樣，可以放在動詞前作狀語使用，表示連續，約相當於現代漢語共通語的「一直」，如：

（17）<u>吾等</u>緊行，行到<u>這下</u>還<u>吂</u>行到位。

　　　我們一直走，走到現在還沒走到目的地。

以及由連續義發展而來的習慣、經常以及進行義：[12]

（18）<u>莫再跈人</u>該時代<u>毋</u>到哪，<u>逐個人</u>都緊去看電影。

　　　別再跟不上時代了，（現代）每個人都經常去看電影。

由於「緊」既可以放在動詞前作狀語使用，又可以放在動詞後作體標記，上述「V 緊 D」的結構便似有兩種不同的分析法。例（12）-（14）中的「緊 kin2」，如果分析為動詞「出來」、「走」和「去」之前的狀語，那麼即意味著東勢客家話的動趨結構，在動詞和趨向詞之間可以插入副詞。這雖然在漢語方言間較為少見，但似乎也不無可能。東勢客家話經常在 V 與 Dp-Dd「轉來」、「轉去」之間插入副詞「倒」，有表示「往相反方向」的意味：

---

12 客家話動詞前的「緊（kin3）」用法很廣，其發展與演變非本文討論重點，在此只能點到為止。

（19）該布袋就拿來**搵倒轉來**攬緊。（《東勢（四）》）

　　就把那個布袋拿來翻過面套住

　　不過，這與東勢客家話動結式可中插少數副詞的情況（江敏華 2007）類似，可能只是一種熟語性質的習慣性用法而已。

　　此外，更重要的是，透過與其他客家話或漢語方言的比較，可以確認東勢客家話的「緊（kin3）」屬於動詞後的成分。與臺灣海陸、四縣等客家話比較，臺灣海陸、四縣等客家話相當於東勢客家話「V- 緊（kin3）-D」的成分，在海陸、四縣客家話中為「V- 等（ten3）-D」：

（20）兩條本地狗，尾仔拂啊拂，**行等過來**。（《海陸》）

　　兩條本地狗，尾巴搖啊搖的走了過來。

而「等（ten3）」只能放在動詞後表示進行或持續，而沒有動詞前作狀語的用法。海陸、四縣客家話也有「緊（kin3）」，但它只能出現在動詞前作狀語，而不能出現在動詞後表示進行體或持續體。這樣的現象反映在「動（V）- 趨（D）格式」中，便只有「V- 等（ten3）-D」的結構，而沒有「V- 緊（kin3）-D」。另一方面，據張洪年（2007），香港粵語也以「緊」作為進行體標記，並且也有「V- 緊 -D」格式，而粵語的「緊」並沒有見到動詞前的用法，因此可以間接支持本文將「緊（kin3）」分析為體標記的做法。綜上所述，東勢客家話中「V- 緊（kin3）-D」格式中出現的「緊（kin3）」，應當如海陸、四縣客家話中的「等（ten3）」一樣，分析為動詞後的體標記。

　2. 四縣、海陸客家話的「等（ten3）」

　　「等（ten3）」是臺灣四縣、海陸客語的持續體標記，也是客家話最典型、

分布最廣的持續體標記。「等（ten3）」也可以置於「動（V）-趨（D）格式」中，形成「V- 等（ten3）-D」的結構。上文例（2）與（22）都是這種結構。以下再舉幾例：

（21）狂風呵呵滾，水點嗶力八辣，**落等下來**。（《海陸》）

狂風呼嘯，水珠劈哩啪啦的落了下來。

（22）佢拿**等**一隻大大个信袋落來。（《海陸》）

他拿著一個大大的信封下來。

（23）米酒頭一大口一大口，像灌土狗仔樣緊灌**等下**。（《海陸》）

將米酒頭一大口一大口，像灌螻蛄一樣一直灌下去。

（24）先生也毋係盡好生活个人，看倒該蘆枝結，也做得做菜，透路**摘等轉**。（《楊梅》）

（那位）老師也不是生活很富裕的人，看到那蕨葉嫩芽可以做菜，就沿路摘了回去。

（25）你仰便所項緊**撞等去嘜**？（《李文古》2.2）

你為什麼往廁所裡衝進去呢？

（26）車仔停好，車門一打開，該法國麵包會搞人个香味，登時就**鑽等來**（《海陸》）

車子停好車門一打開，那法國麵包撩人的香味，馬上就傳了過來。

以位移事件來說，前文的例（2）、（20）與這裡的例（25）是自移事件，例（22）-（24）是致移事件，例（21）與（26）則是非致移事件。以「動（V）-

趨（D）格式」的三種不同形式來說，前文的例（2）、（20）與這裡的例（21）
（22）為「V-等 -Dp-Dd」格式，例（23）、（24）為「V-等 -Dp」格式，例（25）、
（26）則為「V-等 -Dd」格式。海陸、四縣客家話「V-等 -D」的使用十分普
遍，以《海陸》為例，不計重複者至少在 30 例以上。「動（V）-趨（D）格式」
的三種形式也都可以在 V 與 D 之間插入持續體標記「等（ten3）」。

　　不過，下例中「凴等來」的「來」並沒有空間趨向義，客家話「凴」也
不能直接加 Dd 構成「*凴來」（表示「靠（過）來」之意）的動趨式：

（27）你做對中，佢做唇頭，偓會**凴等來**。（《李文古》2.2）
　　　你（睡）中間，他（睡）旁邊，我會靠著。

林立芳（1996）指出梅縣方言表現動作行為正在進行或動作造成的狀態的持續
有「V+ 等來」這樣的形式，例（16）的「等來」也是屬於這樣的結構，「等來」
本身是一個體標記。不過，林（1996）也提到，「等來」一般不能插在動詞與
賓語之間；遇到動賓結構時，「等來」只能拆開，變成「V 等 X 來」的格式，
如「講等話來」、「看等書來」、「行等路來」等。我們認為，「V+ 等來」
格式原來也是由「V+ 等 +Dd」演變而來的，由於「來」的虛化，由原有的表
示主觀參照指示詞的作用，轉變為將動作或狀態帶往「前景」（foreground）
的「前景化」（foregrounding）功能，[13]「V- 等 - 來」結構中的動詞便不再局
限於表示位移的方式或原因，而可以是一般的動作動詞「看」、「講」等。也
由於「來」字的虛化，與「V 等來」結構中動詞的「泛化」，「來」最後成為

---

13 「前景」相對於「背景」，其概念源自於繪畫，指畫家將其要表現的藝術形象凸顯
　　出來以吸引觀者注意，其他人或物則構成背景。「前景化」是文體學及認知語言學
　　中常用的術語。

只是附屬於「等」後面表達體貌的成分，只有在遇到動賓結構時，雖然「來」的語義仍是虛化的，但會保有原來未虛化前的語序。

（三）「V- 緊（kin3）-D」及「V- 等（ten3）-D」的性質

1. 連動式還是動趨式？

上面我們雖然肯定東勢客家話的「緊（kin3）」和海陸、四縣客家話的「等（ten3）」都各是該客家話的持續體標記，並且可以插在「動（V）- 趨（D）格式」中，不過，對於「V- 緊（kin3）-D」或「V- 等（ten3）-D」結構中「緊（kin3）」和「等（ten3）」的性質，仍有許多值得討論的地方。首先必須提出一個問題：動趨結構中為什麼要插入持續體標記？如果說客家話「緊（kin3）」或「等（ten3）」相當於現代漢語共通語中的「著」，「行緊出來」或「行等出來」是否相當於共通語中的「走著出來」？如果是的話，它是否應該分析為連動式，而不是動趨式？

本文認為，客家話中「行緊出來」或「行等出來」並非相當於現代漢語共通語中的「走著出來」的形式，「V- 緊（kin3）-D」或「V- 等（ten3）-D」結構也並非連動式。共通語連動式「V1- 著 -V2（=D）」（走著出來）的特點是 V1 和 V2 的主語相同，語義重心在 V2，「V1 著」是 V2 的伴隨狀態，表示方式，且為自主性動作。因此，「V1- 著 -V2（=D）」所構成的位移事件必須是自移事件，[14] 致移事件因 V1 和 V2 的主語相同不必然相同，非致移事件因「V1 著」並非自主性動作，都無法形成「V1 著 V2（=D）」的結構。試把例（22）、（23）的致移事件中的「V- 等（ten3）-D」改成共通語的「V1 著 V2（=D）」：

---

14 事實上，也並非所有自移事件的「動（V）- 趨（D）格式」都可以形成「V1- 著 V2（=D）」。

（28）a. 他拿著一個大大的信封下來。

　　　b. * 他從書櫃上層拿著一個大大的信封下來。

（29）* 米酒頭一大口一大口，像灌螻蛄一樣一直灌著下。

　　例（28a）在共通語裡，只能指主事者（agent）拿著一個大信封從高處（走）下來，但不能指主事者不移動，而從高處拿一個大信封下來的情境（如例28b），因為前者「下來」的主語與「拿信封」的主語相同都是指「他」，而後者「下來」的語義指向受事者「一個大大的信封」。例（29）也是致移事件，「灌下」的語義就相當清楚，「灌」的主語是隱性的某人，賓語是米酒頭，而「下」的語義只能指向賓語，亦即「米酒頭」因「灌」這個動作而往下流。例（28b）和（29）不合法，都是由於 V1 和 V2（=D）的主語不同，不能進入「V1- 著 V2（=D）」的連動式。但臺灣客家話可以允許「拿緊（kin3）落來」或「拿等（ten3）落來」造成相當於（28b）的非連動式：

（30）佢佇書櫃上層拿等一個大大个信封落來。
　　　≅他從書櫃上層拿著一個大大的信封下來。

可見「V- 緊（kin3）-D」或「V- 等（ten3）-D」格式與連動式在致移事件用法上的不同。

　　再看非致移事件，如果把例（26）非致移事件中的「V- 等（ten3）-D」改成共通語的「V1- 著 V2（=D）」，也會形成不合法的句子：

（31）* 車門一打開，那法國麵包撩人的香味，馬上就**鑽著來**。

（31）不合法的原因，應該是由於非致移事件中位移的客體是無生命的事物，無法形成自主性動作，因此無法構成連動式。但客家話非致移事件可以構成「V-緊（kin3）-D」或「V-等（ten3）-D」格式，尤其《海陸》語料由於部分故事描述性很強，例子極多，以下再舉兩例：

（32）警察嗶嗶滾个聲佇遠遠个位所就緊歕等來。（《海陸》）

　　　警察的哨子聲從遠遠的地方就一直吹過來。

（33）火燒等上，燒到楝□（ʃin5），燒到廟兩片廂房全身。（《海陸》）

　　　火往上燒去，燒到屋楝，燒到廟兩邊的全部廂房。

因此，由非致移事件中「V-緊（kin3）-D」或「V-等（ten3）-D」的用法，也可以看出它和連動式「V1著V2（=D）」的不同。

　　此外，還有一個現象也可以說明「緊（kin3）」的用法與連動式中的「著」不同。東勢客家話表示靜態持續的「緊」可以換成相當於共通語「住」的「核（het8）」，據發音人表示，語義並沒有太大的改變。表現在連動式，相當於「V-著VP」的結構，可以用「緊（kin3）」，也可以用「核（het8）」：

（34）a. 佢好企緊食東西。

　　　b. 佢好企核食東西。

　　　　他喜歡站著吃東西。

東勢客家話雖然「緊（kin3）」和「核（het8）」都可以用在連動式「V-著VP」結構中，但卻只有「緊（kin3）」能夠進入「V D」格式，「核（het8）」

並不能進入「V D」格式中成為「V- 核（het8）-D」的結構。可見「V- 緊（kin3）-D」結構和「V1- 著 -V2（=D）」的連動式結構仍有本質上的不同。

2.「緊（kin3）」或「等（ten3）」的性質

客家話由「緊（kin3）」或「等（ten3）」所構成的「V- 緊（kin3）-D」或「V- 等（ten3）-D」格式既然不是連動式而是動趨式，那麼「緊（kin3）」或「等（ten3）」在這些格式中仍然是持續體標記嗎？或僅僅是一個「動（V）- 趨（D）格式」中用來表示動詞與趨向詞關係的「動趨結構標記」？

Lamarre（2002）指出漢語中有不少方言可以或必須用某種形式「X」來連接動詞和後置趨向成分，形成「動詞 +X+ 趨向成分」的格式。就來源來說，這個中插的「X」往往與本方言裡的動相補語或體標記同源，但就其語法功能來說，方言間表現出相當大的差異；「X」雖與體標記同形，但在該格式中的語義與該體標記的用法不一定相同。例如河北冀州話一般動詞和指示趨向詞（Dd）之間通常加入「嘮」，與共通語表完成的「了1」同形也同源，如「送嘮去」、「拿嘮來」等，然而冀州話在「V-Dd」之間的「嘮」其實是傀儡補語「了」的弱化形式，在動詞後置趨向成分裡代替一般帶有具體空間移動意義的趨向補語 Dp（Lamarre、劉淑學 2001；Lamarre 2002）。漢語方言「動詞 +X+ 趨向成分」中的「X」形式在各方言中的語法性質會因它在方言中使用的句式、功能與語法化程度等而不同。這一小節我們要來討論客家話「V- 緊（kin3）-D」或「V- 等（ten3）-D」中「緊（kin3）」或「等（ten3）」的性質。

客家話中「V- 緊（kin3）-D」或「V- 等（ten3）-D」中「緊（kin3）」或「等（ten3）」不同於冀州話中分析為傀儡補語的「嘮」，最大的差異在於冀州話「嘮」由於在動詞後置趨向成分裡替代了路徑趨向詞 Dp 的位置，因此並沒有「*V- 嘮 -Dp-Dd」的格式，只有「V- 嘮 -Dd」（「V 嘮來」或「V 嘮去」）。而客家話的「緊（kin3）」或「等（ten3）」可以出現在「V-Dp-Dd」、「V-Dp」

或「V-Dd」格式，可見它並不是傀儡補語。本文認為，「V-緊（kin3）-D」或「V-等（ten3）-D」中「緊（kin3）」或「等（ten3）」仍然保留其持續體標記的性質。前面已經說明「V-緊（kin3）-D」或「V-等（ten3）-D」可以用於自移事件、致移事件和非致移事件，但仔細檢驗它可以使用的句式，卻發現它仍有其限制。「等（ten3）」可以用於帶賓語的「V-等（ten3）-O-D」的格式中，如：

（35）偓行落店肚，睄好看倒一隻大師傅拿**等**一盤正焙好**个**麵包**出來**。（《海陸》）

　　　我走進店裡，正好看到一個麵包師傅拿著一盤剛烘焙好的麵包出來。

例（35）的「V-等（ten3）-O-D」可以改成帶「摎」或「同」的處置式：

（36）偓行落店肚，睄好看倒一隻大師傅**同**一盤正焙好**个**麵包**拿等出來**。

然而，並不是所有的「V-等（ten3）-D」都可以出現在處置式中：

（37）a. * 佢就**同**（或**摎**）一隻大大个信袋**拿等落來**。

　　　b. * 佢就**同**一隻大大个信袋**拿緊落來**。

例（37）所有發音人都感覺並不通順，語意不明，與例（36）的可接受度差別很大。本文認為，這是由於「V-緊（kin3）-D」或「V-等（ten3）-D」描寫的是眼前的位移，敘述的當下位移事件正持續進行著。例（36）由於有「睄好

看倒」（正好看到）這樣的語境，位移事件正在眼前進行，因此可以使用「V-等（ten3）-D」。例（37）由於「就」的出現，整個句子描述的是已然的事件，與持續的語義有所衝突，因此並不合法。[15]

「V-緊（kin3）-D」或「V-等（ten3）-D」也不能用於表「未然」的祈使句中：

（38）a. *該碗盤拿緊出來。

　　　　把那些碗盤拿出來。

　　　b. *盤仔拿等出來。

　　　　把盤子拿出來。

不能用於用「無（mo2）」否定的否定句中：

（39）a. *佢無同該碗盤拿緊出來。

　　　　他沒有把那些碗盤拿出來。

　　　b. *佢無同盤仔拿等出來。

　　　　他沒有把盤子拿出來。

不能出現於可能式中：

---

15 上文例（13）東勢客家話「佢 tsŋ1 行緊走啊」的例子似乎也是帶「就」的已然句。不過，仔細觀察上下文的語境，可以知道該句所描述的「離開現場」的位移尚未完成，因為講述者緊接著敘述主角在「離開現場」的途中遇到一位有身孕的婦人，而又展開一段對話和故事情節。

（40）a. *該隻碗拿毋緊出來。

　　　那個碗拿不出來。

　　b. *該个碗拿毋等出來。

　　　那個碗拿不出來。

　　本文認為，共通語中與「V- 緊（kin3）-D」或「V- 等（ten3）-D」格式最接近的是「V- 了 -D」格式，也就是類似「走了出來」、「拿了下來」這樣的形式。Lamarre（柯理思）（2002）引大河內康憲（1997）對普通話「V 了 Dp Dd」格式的限制，指出它不能用在祈使句，很少用在帶「了 2」的已然陳述句，不能用在帶「沒」的否定句、可能式、帶賓語的句子等，其句式限制與客家話「V- 緊（kin3）-D」或「V- 等（ten3）-D」格式的限制十分類似。劉月華（1998：46-47）則指出「V- 了 -D」格式有如下的幾個特點：

　　1. 動詞前常有描寫性的狀語。

　　2. 當動詞表示說話（敘述）時已經實現的動作時，較少這樣用。

　　3. 不能有「V+Dp+ 了 +N+Dd」[16] 的結構出現。

　　客語「V- 緊（kin3）-D」或「V- 等（ten3）-D」格式也同樣具有這些特點，尤其第一個特點十分顯著，本文所舉例（1）、（22）、（23）、（25）都有相當生動的描寫性狀語。

　　對共通語「V- 了 -D」格式中「了」的性質，學界目前似仍無定論，討論的焦點大多集中在「了」是否仍具完成義。劉月華（1998：46）討論趨向補語前的「了」時，指出「它管轄的是前面的動詞，其功能是敘述性的，敘述某一動作正在實現」，此說將趨向補語前的「了」與表完成的「了1」或表已然的「了

---

16 劉月華（1998）寫作「V+『上』類字 + 了 +N『來 / 去』」結構，其中「『上』類字」
　　即「上、下、進、出」等路徑趨向詞 Dp。

2」分開。根據此描述,「V-了-D」格式中的「了」正是一個表示動作進行或持續的標記。共通語在動趨式中表動作正在實現為何用表完成的標記「了」不在本文討論範圍,[17] 但客語在動趨結構中用「緊(kin3)」或「等(ten3)」來表示動作正在實現,與這兩個形式在客語中作為持續體標記的用法是沒有衝突的。

本文認為,出現在「V-緊(kin3)-D」或「V-等(ten3)-D」格式中的「緊(kin3)」或「等(ten3)」仍保留持續體標記描述事件正在進行的性質。在 Comrie(1976)的「體(aspect)」系統中,持續體屬於「非完整體(imperfective)」,而動趨式的動詞後置趨向成分在用法上有一個重要的語義特點,就是它與動詞結合起來表達一種有內在終結點的「有界」(bounded 或 telic)事件,本質上屬於一種結果句式(沈家煊 1995)。屬「非完整體」的持續體標記和本質上屬於結果句式的動趨式在語義上似乎有所衝突(Lamarre 2006)。不過,非完整體是指觀察行為或事件的角度,亦即「觀察情狀的內部時間結構」,並不涉及該情狀是否具有內在終結點。與行為或事件是否有內在終結點有關的是 Vendler(1957, 1967)對動相(aktionsart 或 phase)的分類。Vendler(1967:97-121)把動詞依其時間關係分成四種情境類型,即活動情境(activity situation)、完結情境(accomplishment situation)、瞬成情境(achievement situation)以及狀態情境(state situation),其中狀態情境和動作情境沒有自然終結點,完結情境和瞬成情境都有內在終結點,而完結情境所指稱的是「有自然終結點的持續性動態動作」。根據這樣的分類,完結情境所表達的就是一種既有動作持續性,又具有內在終結點的「有界」事件。我們還

---

17 感謝其中一位審查人提供陳剛(1987)指出共通語中的「動-了-趨」式原來主要為吳方言的表達形式,是透過吳方言區作者的官話文學作傳播開來的。

可以觀察到，以共通語來說，雖同為結果句式，帶結果補語的動補結構較偏重在結果，通常不能與表進行的「正在」共現，但帶趨向詞的動趨結構大多可與表進行的「正在」共現：[18]

（41）a. * 我正在吃飽。

　　　b. ?? 我正在把蘋果吃完。

　　　c. ? 我正在把衣服洗乾淨。

（42）a. 他正在從屋內走出來。

　　　b. 他正在把桌子搬出來。

可見動趨結構雖同為結果句式，但動詞後置趨向成分與動詞之間的時間關係並不像結果補語與動詞之間的時間關係那樣緊湊，它可以用表進行或持續的成分強調動作的持續性。客語動趨結構中可以中插持續體標記也就不難理解。

　　客語「V- 緊（kin3）-D」或「V- 等（ten3）-D」格式與表進行或持續的語義並不衝突，還可以從它經常與表示連續或進行的動詞前的「緊（kin3）」共現看出，除前文例（23）、（32）外，以下再舉一例：

（43）𠊎就摎𠊎大部分个時間耗佇該，緊看時間像流水樣緊流等走。

　　　（《海陸》）

　　　我就把大部分的時間耗在那裡，看著時間像流水般一直流

　　　走。

---

18 感謝其中一位審查人提供龔千炎（2000：19-23）亦將動趨式歸入完結情境（accomplishment situation）（該文稱為終結情狀）並指出可以與「在」或「正在」共現。

（二）表示動作實現或完成的「倒（to3）」

除了「緊（kin3）」或「等（ten3）」之外，客家話還可以看到用表示動作實現或達成的「倒（to3）」[19]加在「動（V）-趨（D）格式」之間，如：

（44）<u>該細人仔</u>拿等刀仔盡危險，愛同佢**搶倒來**。

那個小孩拿著刀子很危險，要把它搶回來才好。

（45）佢老人家……<u>毋</u>信神，也<u>毋</u>信鬼，自然滴還好<u>毋</u>會相信這凶
刀<u>个</u>傳說，就撏這支刀仔**買倒來**。（《海陸》）

他老人家不信神也不信鬼，自然不會相信這凶刀的傳說，就
把這支刀子買回來。

根據田野調查以及文本分析的結果，與「V-緊（kin3）-D」或「V-等（ten3）-D」不同的是，「V-倒（to3）-D」格式中的「D」不但只有「Dd」而沒有「Dp」或「Dp-Dd」的形式，且「Dd」也只有「來」而沒有「去」；換句話說，所有的「V-倒（to3）-D」格式都是「V-倒（to3）-來」。

「倒（to3）」在客家話中作為動詞後置成分，表示動作的實現和成功，相當於共通語「到」、「見」等。「倒（to3）」的出現頻率很高，經常搭配的動詞包括「看」、「聽」、「尋」、「想」、「感覺」、「嚇」、「熱」、「冷」、「做」、「生」、「知」、「接」、「講」、「摸」、「踉」等，李詩敏、賴惠玲（2011：206-209）整理「倒（to3）」可以搭配的動詞包括認知

---

[19]「to3」在我們所使用的語料中經常被寫作「到」字，也有寫成「著」字的。但「to3」讀上聲，為與讀去聲的「到」區別，本文依方言語法著作的習慣寫成「倒」，但並不認為其為本字。下引語料時為方便參照也一律改寫成「倒」。引用語料中寫為「到」的皆為去聲。

類動詞、會面類動詞、情緒類動詞、投擲類動詞、感知類動詞及獲得類動詞，指涉完成貌。「倒（to3）」雖具有完成義，但嚴格說來，它並不是一個真正的體標記。首先，「V-倒（to3）」的後面可以再加上完成貌詞尾「le1」；其次，「V-倒（to3）」可以用在可能式，形成「買得倒」、「買毋倒」、「搶得倒」、「搶毋倒」；第三，「倒（to3）」可以進入 3.4 節要討論的「V-啊-結果／趨向」格式中的結果補語位置，成為「V-啊-倒（to3）」。這些語法行為顯示「倒（to3）」仍具有部分結果補語的性質，只不過它與動詞的結合面較廣，具有強制轉換事態類型的功能（李詩敏、賴惠玲 2011：203）。根據這樣的語法行為，客語的「倒（to3）」可以分析為一個典型的「動相補語標記（phase marker）」。

　　漢語方言「動詞+X+趨向成分」中「X」的形式往往與該方言裡的動相補語或體標記同形，其中尤其以表示動作實現或達成的動相補語或完成體標記為最大宗。如老北京話的「了」，河北冀州話的「唠」，河南獲嘉、滎陽話的變韻或變調，杭州話的「了」，江蘇淮陰話的「得」，紹興話的「得」，長沙話的「起」等，都與完成貌助詞有關（詳 Lamarre 2002）。客家話「V-倒（to3）-D」格式中的「倒（to3）」不能出現在 D 為複合趨向補語「Dp-Dd」的格式，這一點使我們懷疑「V-倒（to3）-來」中的「倒（to3）」是否和河北冀州方言的「唠」一樣，是一個在動詞後置趨向成分裡代替路徑趨向詞 Dp 的「傀儡補語」？[20] 不過，臺灣客語的「倒（to3）」和其他漢語方言中用完成貌標記來連接趨向成分的方言還是有所不同。首先，與許多用完成體標記來連接趨向成的方言不同，臺灣客家話的「V-倒（to3）-來」格式中的 V 必須是有傳遞、

---

20 Lamarre（2003：14-15）將冀州話的「唠」依照 Talmy（2000）分析為相當於趨向補語的「傀儡路徑衛星」（dummy Path Satellite）。

移送事物意義的動詞，如「買」、「借」、「送」、「領」，或是致移事件中表示位移方式的動詞，如「搶」、「鉤」、「撿」、「拿」等，與自移事件有關的動作動詞「走」、「行」、「飛」等不能構成「*走倒來」、「*跑倒來」等形式。[21] 其次，「V-倒（to3）-來」不能擴充為可能式，亦即沒有「*V得倒（to3）來」、「*V不倒（to3）來」的格式；也沒有用「無」的否定式，亦即沒有「*無V倒（to3）來」的格式，表示可能式和用「無」否定時都不能出現「來」。最後，「V-倒（to3）-來」格式中的的「倒（to3）」並非強制性成分，它可以省略成「V來」，語義並沒有太大的改變。

由「V-倒（to3）-來」格式中動詞V的限制，可知其中的「倒（to3）」仍具有原本的完成或達成義，與代替Dp成分的傀儡補語不同，可見尚未虛化成全然的虛補語。「V-倒（to3）-來」格式不能構成可能式和用「無」的否定式，則似乎和「來」的虛化有關。「來」除了表示以說話者所在為參照點的空間位移外，還發展出表示完成或實現的語義，李明（2004：302-305）指出趨向動詞「來」的語法化用法中，其中一種即是表示動作結果是可見、可感知的，是一種顯示說話者主觀情感或認識的主觀性用法，這點可以說明「V-倒（to3）-來」表示可能式以及用「無」否定時都不能出現「來」。「來」的虛化也往往和祈使語氣有關，這是由於「來」由空間意義轉化為以說話者為導向的祈使用法（連金發2006），也是一種主觀化用法（李明2004：302-303）。例（46）雖表達未然事件，但具祈使語氣，故可以用「來」。[22] 不過，「V-倒（to3）-來」

---

21 這個特點並不適用於所有的客家話，在19世紀客家話文獻《啟蒙淺學》中，與自移事件有關的動作動詞可以與「倒」構成「走倒來」和「飛倒來」（Lamarre 2006：274-275）。

22 例（46）為南部四縣客語使用者所提供，事實上，據該發音人表示，他的「V倒來」只能用於此類的祈使句式，而不能用於例（47）的已然句。這個現象是否為南、北四縣客語的方言差異，還有待進一步的研究。

格式中的「來」雖有虛化的傾向，但仍未完全失去其趨向義，我們發現，必須是往說話者方向位移的動詞才可用「V-倒（to3）-來」，因此並沒有「*賣倒來」。

有些用完成貌標記來連接趨向成分的方言，其動趨結構中的完成貌標記還可以用來引進狀態補語。臺灣客語中，四縣客語用來引進狀態補語的成分為去聲的「到（to5）」，與「倒（to3）」讀為上聲有別，東勢客語則用已經弱化成陰平的「to1」作為狀態補語標記（江敏華 2007：244-247）。目前所知似乎只有海陸客語可以用「倒（to3）」來引進狀態補語，但也可以用去聲的「到（to5）」，其語法分工還有待詳細的調查。上聲的「倒（to3）」與去聲的「到（to）」是否有演變的關係，也有待未來進一步研究。

（三）「忒（thet7）/□（phet7）」

客家話有一個大略相當於現代漢語共通語「掉」或「完」的形式，用以表示動作的變化、完成或事物的脫離、脫落或消失，此形式在東勢客家話中用「phet7」，在海陸、四縣客家話中用「thet7」，後者通常寫作「忒」。如「必忒（裂掉）」、「還忒（還掉）」、「割忒（割掉）」、「死忒（死掉）」、「罵忒（罵完）」、「讀忒六年小學（讀完小學六年級）」等。我們發現，「忒（thet7）/□（phet7）」也出現在「動（V）趨（D）格式」中的 V 與 D 之間：

（46）<u>厥个</u>細人無愛，同佢**抨**□（**phet7**）去咧。（《東勢（四）》）
　　　他的小孩不要了，把他丟掉吧。

（47）<u>厥</u>老弟用該腳鋤**摎佢改**一個窟，**摎佢埋忒去**。（《新屋》）
　　　他弟弟用鋤頭挖了一個坑，將他埋進去。

（48）佢噭到昏忒去。（《龍潭》）

他哭到昏過去。

（49）該個陳福德，老人家，行毋去，行到該半路田尾續死忒去。

（《楊梅》）

那個陳福德，是個老人家，走不動，走到半路竟然死掉了。

與「V- 倒（to3）-D」格式相似的是，「V- 忒（thet7）/ □（phet7）-D」格式中的「D」只有「Dd」而沒有「Dp」或「Dp-Dd」；與之不同的是，此格式中「Dd」只有「去」而沒有「來」。換句話說，所有的「V- 忒（thet7）/ □（phet7）-D」格式都是「V- 忒（thet7）/ □（phet7）- 去」。

「忒（thet7）/ □（phet7）」的句法性質顯示它也是一個動相補語標記，但似乎比上一小節討論的「倒（to3）」更虛化一些。「V- 忒（thet7）/ □（phet7）」的語法行為與動相補語標記相符的是：

1. 其後可以再加完成貌詞尾「le1」；

2. 它可以擴充為可能式，如「食得忒」、「食毋忒」；

3. 「V- 忒」中間可以加入表使動的「分佢（pun1 ki2）」，如「食分佢忒」、「賣分佢忒」；

4. 它可以進入下一小節要討論的「V- 啊 - 結果 / 趨向」格式，成為「V- 啊 - 忒（thet7）/ □（phet7）」，與另一個動相補語標記「倒（to3）」形成一個縱聚合（paradigmatic）；

5. 「忒（thet7）/ □（phet7）」與動詞的結合比結果補語廣，許多動作動詞都可以加「忒（thet7）/ □（phet7）」表示動作的變化、完成或事物的脫離、脫落或消失；甚至狀態動詞如「輕」、「瘦」、「紅」、「呆」、「燥」等也可以與「忒（thet7）/ □（phet7）」結合，表示性狀形容的

　　變化，能產性相當強，具有語法形式泛化的現象。

　　但與體標記相比，與動詞的結合卻又似有所限制，例如沒有「買忒」。至於與動相補語不同之處則在於，「忒（thet7）/□（phet7）」可以再加在一個動結式之後，如「捆死忒」（用棍棒毆打至死）、「打爛忒」（打破）、「煮綿忒」（煮爛）、「𩛢烏忒」（氣得臉色發黑）、「敲斷忒」、「揞睡忒」（哄睡）、「病死忒」等。就這個特點而言，「忒（thet7）/□（phet7）」已經具備語法化為體標記的特徵了。動相補語標記與體標記的界限有其模糊地帶，在其他方言中也能看到，如《啟蒙淺學》中的「開（hoi1）」可以進入可能式，又可以作為一個已虛化的完成體標記使用（莊初升 2007）。這也正是 Hopper（1991）討論語法化原理時所提出的「層次」（layering）[23] 原則的展現。

　　「V- 忒（thet7）/□（phet7）- 去」格式中的「去」也已經虛化，不再具有明確的空間趨向義，當「V- 忒（thet7）/□（phet7）- 去」中的「V」為狀態動詞時，「忒（thet7）/□（phet7）」不能省略，亦即「＊昏去」、「＊燥去」並不合法，必須說「昏忒去」、「燥忒去」，「去」在此似乎只是一個附加在「忒（thet7）/□（phet7）」之後加強語氣的成分，表示事情已完成且不可再逆轉。不過，「去」仍保有它作為指示趨向詞所具有的「遠離、消失」之意，因此在「V- 忒（thet7）/□（phet7）- 去」格式中的「V」皆有「從有到無，由動到靜，由現到隱」[24] 的語意，含有從無到有意味的動詞並不能與「忒（thet7）/□（phet7）- 去」合用，例如「＊光忒去」、「＊醒忒去」、「＊活

---

23 「層次」（layering）原則是 Hopper（1991）所提出的語法化特徵，大意是指某一用法語法化為新形式時，舊的用法不一定會消失，而是呈現新舊形式並存的現象。「忒（thet7）/□（phet7）」發展出體標記用法後，原有的動相補語標記用法並未消失，二種用法並存，可以視為「層次」原則的展現。

24 此原為連金發（1995）對閩南語時相詞（即本文的「動相補語」）「去」語意的觀察，李明（2004：305）則用「說話人不企望」或「表示動作結果不可見、不可感知」來解釋閩南語此類用法的語意。

忒去」並不合法，可見它尚未完全脫離原有的詞彙語意。對漢語「去」語法化的研究顯示，「去」的語法化可以發展出表示動作完成或事件結束的動相補語或完成貌標記，如「去」在中古漢語曾有標記完成體的功能（徐丹 2005），閩南語的「去」也已經虛化為表示狀態的改變已經完成的動相補語標記（連金發 1995；陳怡璇 2010）。客語在「V- 忒（thet7）/□（phet7）」之後的「去」用上面辨認動相補語標記的條件檢驗，雖然尚不能分析為一個動相補語標記，但它事實上也已經虛化成一個表示動作完成或事件結束的成分。東勢客家話「去」可以作為狀態補語標記使用（江敏華 2007：247-248），則是走上了另一條語法化道路。

（四）嘗試、短時、瞬時的「啊（a5）」

1.「V- 啊（a5）-D」與「V- 啊（a5）- 結（C）」

林立芳（1996）和侯復生（2002）都提到，梅縣話可以用插在動補或動趨中間的體助詞[25]「阿」來表示動作行為短暫的短時態，構成「V+ 阿 + 趨 / 結」的格式。臺灣客家話中，不論是東勢大埔、海陸和四縣腔客語都有豐富的「V+ 阿 + 趨 / 結」格式，其中「阿」讀去聲，以下寫作「啊（a5）」。以下先舉「V- 啊（a5）-D」的例子：

（50）過猴仔，文古，你樣恬恬對弓蕉園**哞啊出**嗄？（《李文古》1.2）

真奇怪，文古，你怎麼靜悄悄地從香蕉園裡冒出來呢？

（51）倕正**轉啊來**呢！又愛掃地泥洗便所？（《李文古》1.1）

我才剛回來耶！又要掃地洗廁所？

---

25 侯復生（2002）稱為動態助詞。

（52）阿清**頭**那**昂啊起來**一看，正知係老鄰舍。（《海陸》）

　　　阿清把頭昂起來一看，才知道是老鄰居。

（53）該刀背**搌轉來**一**敲啊去**，樹身就分佢採下來咧（《龍潭》）

　　　把那刀背轉過來一敲下去，樹幹就被他取下來了。

「V-啊（a5）-結（C）」的例子如：

（54）佢五月節有轉，**食啊飽晝**，緊觸觸仔走忒咧。（《海陸》）

　　　他端午節的時候有回來過，一吃完午飯，就匆匆忙忙的走了。

（55）（對話）文古：姆姆講𠊎又愛掃地泥又愛洗便所哇。

　　　叔叔：唉呀**毋使去**，阿叔正**洗啊淨**。（《李文古》1.2）

　　　文古：嬤嬤叫我要去打掃地板，又要洗廁所。

　　　叔叔：唉呀不用去，叔叔剛洗乾淨。

「V-啊（a5）-C」還包括一些常用的次類，也就是結果補語「C」的位置換成與動詞結合面較廣的動相補語「倒（to3）」、「忒（thet7/phet7）」、「等（ten3）」[26]等，形成「V-啊（a5）-倒（to3）」、「V-啊（a5）-忒（thet7/

---

[26] 可以進入這個格式的「等（ten3）」必須與「核（het8）」可互換，與之搭配的動詞必須具有具體行為一經進入起始點便失去動作性，形成一種相對靜止狀態的特性，如站、坐、戴、握、扶、放等姿態類或穿戴類動詞。作為持續體標記、與「核（het8）」不可互換的「等（ten3）」並不能進入「V-啊（a5）-C」格式。由於「等（ten3）」作為動相補語時與「het8」可互換，理論上應該可以找到「V-啊（a5）-het8」的格式，不過實際上多數發音人只選用「等（ten3）」作為常用的格式，「V-啊（a5）-核（het8）」不易自口語中發現，語料中「核（het8）」大量用於可能式，其他格式較少出現。「等（ten3）」與「核（het8）」是否具有某種分工，還有待進一步的調查研究。

phet7）」、「V-啊（a5）-等（ten3）」的格式。

（i）「V-啊（a5）-倒（to3）」

（56）姓楊<u>个</u>當<u>閼斯</u>走，走、走、走，矮凳<u>咧</u>徑啊倒，<u>跻</u>下去。（《新屋》）

　　那個姓楊的很生氣就走了，走著走著，被矮凳絆倒，就跌倒了。

（57）讀書<u>毋</u>讀書，坐啊倒都緊啄疴（《李文古》1.2）

　　讀書也不好好讀，一坐下來就一直打瞌睡。

（ii）「V-啊（a5）-忒（thet7/phet7）」

（58）董委員話講啊忒，馬上有隻當<u>紮礳</u><u>个</u>後生人<u>佇</u>後背<u>寧</u>搬出一張共樣尺寸<u>个</u>太師椅來。（《海陸》）

　　董委員話剛講完，馬上有一個健壯的年輕人從後面搬出一張一樣尺寸的太師椅來。

（59）海水燥啊忒，該底下使專專海魚，斯滿<u>坪</u>係（《新屋》）

　　海水一乾，海底下都是海魚，滿地都是。

（iii）「V-啊（a5）-等（ten3）」

（60）你<u>仰仔</u>企啊等像電信柱仔一樣欸喏？（《李文古》2.1）

　　你怎麼站在那裡像電線杆一樣呢？

（61）就擎轉來做桿仔使，該拿該清采按河壩唇項□（**tut7**）**啊**等

　　　<u>定</u>，該魚仔、蝦公全部食<u>毋</u>忒，就晒兜魚乾哦（《龍潭》）

　　　就（把竹子）抬回來做成抓魚的魚籠，把那魚籠拿到河邊隨

　　　便一插而已，那魚啊蝦啊就多到吃不完，就拿去晒成魚乾。

　　以上「V-啊（a5）-D/C」格式中的「啊（a5）」都有動作時間短暫的意味，強調該事件完成時間和說話時間之間的間隔很短，因而也有「剛剛」之意，如例（58）。如果帶有「V-啊（a5）-D/C」格式的句子後面緊接著敘述另一個事件，就會產生「一……就……」的語意，強調兩個連續事件之間的時間距離很近。因此「啊（a5）」表示「強調動補結構實現的時間短暫，而且緊接著就發生另一動作或情況」（林立芳 1996），余秀敏（2010）將之分析為「緊密先前貌」（immediate anterior），表示「與當下有關的過去行動（a past action with current relevance）。「緊密先前貌」也是由「短時」的核心語意發展出來的。

2. 幾種「啊（a5）」用法之間的語法化演變途徑

　　許多文獻（林立芳 1996；饒長溶 2001；侯復生 2002；賴維凱 2006；Lamarre 2006；余秀敏 2010）都提到客家話讀去聲的「啊（a5）」還有幾種不同的用法。以下整理幾個經常被提到的用法，並加上本文的例句，其中又以南部四縣「啊（a5）」的用法在臺灣客語中的表現最為豐富，以下五種用法只有南部四縣六堆客語可以同時見到。

（i）「（試）+V+（看）+啊」：表「V 看看」，嘗試某種動作，為嘗試體標
　　　記。「試」或「看」其中之一可省，「啊（a5）」之後有時可加上「e3」
　　　或「le3」的語尾助詞。「啊（a5）」不可省

（62）這係我自家種<u>个</u>茶，你試食看啊仔，係好茶呢。

　　　這是我家自己種的茶，你吃吃看吧，是好茶呢！

（ii）「V₁-V₁-啊」：表「V₁一V₁」，為暫時貌標記，連續而快速、輕微的動作。

（63）會落水咧，去同衫褲收收啊。

　　　快要下雨了，去把衣服收一收。

（iii）「V₁-啊-V₁」：也表「V₁一V₁」，為暫時貌標記，如「想啊想」為「想一想」，「看啊看」為「看一看」之意。[27]

（iv）「V-啊-（在）-O」：「啊（a5）」當介詞，後接處所、時間或方位，可以稱為「位移終點標記」（goal marker）。其中「在（the1）」可省略，在沒有介詞「在（the1）」的情況下，「啊（a5）」不可省。

（64）索仔仰又同佢**攀啊在樹頭頂項**呢？（《李文古》）

　　　怎麼又把繩子給吊到樹上去了呢？

（65）好好个一蕊花，將佢**插啊牛屎項**。（《錢有角》）

　　　好的好的一朵花，將它插在牛屎上。

「V-啊-（在）-O」不見於北部四縣和東勢客語中，在海陸客語中，僅找到一例：

---

27 另賴維凱（2006）指出南部六堆客家話的「V1-啊-V1」表「剛完成某一連續移動動作」，方位移動動詞如來、去、出、入、上、下、走、歸……，都可以以此用法放入，如「阿爸一下另入啊入，你毋係愛尋伊嗎？」（爸爸才剛進去，你不是要找他嗎？）此為南部四縣客語的特殊用法，臺灣其他客語目前並無發現此用法。

（66）佢拿起地泥下个劍，<u>掇佢頭</u>那頂<u>个</u>髻鬃割下來，**丟啊地泥下去**。（《海陸》）

　　他拿起地上的劍，把他頭上的髻割下來，丟到地上去。

（v）「V- 啊 -（到）- 狀態 / 程度補語」：其中「啊（a）」相當於共通語的狀態或程度補語標記「得」，是一個結構助詞。臺灣客家話的狀態補語標記在各次方言中存在些許差異，北部四縣客語用去聲的「到（to5）」，海陸客語用去聲的「到（to5）」或上聲的「倒（to5）」，東勢客語主要用弱化為平聲的「去（hi1）」或弱化為平聲的「到（to1）」（江敏華 2007：244-248），南部四縣客語則除「到（to5）」外，更使用大量的「啊（a5）」來連接動詞和狀態 / 程度補語。

（67）豺<u>毋罅</u>，還同人袋肉圓，**袋啊兩片袋仔項廣廣**。（《李文古》）

　　吃不夠，還將肉丸打包，放得兩邊口袋鼓起來。

（68）西北季風蓋大，將禾埕搭<u>个</u>篷布吹**啊颼颼滾緊響**。（《錢有角》）

　　西北季風很大，將禾埕上搭的篷布吹得颼颼響。

以上用法（i）至（iii）都與時間的短暫有關，從廣義的觀點看，嘗試體也是時間短暫或動作輕微下的產物，因此客家話的短時體和嘗試體都使用相同的標記。用法（iv）的基本功能是引進位移的終結點，引進時間的用法是由空間義引申而來的。用法（v）與用法（iv）關係密切，因為漢語方言引進位移終點

的標記經常發展出引進程度或狀態補語的功能，例如客家話的「到」既可作為位移終點標記，又作為狀態／程度補語標記。

　　Lamarre（2006）考察《啟蒙淺學》中的趨向補語時，也提到上述「啊（a5）」作為體貌標記、動作終結點標記和程度或狀態補語標記的用法，《啟蒙淺學》中相應的形式是「ha4（吓）」[28]，不同於有具體趨向意義的「ha1（下）」，其來源可能是動量詞「一下」。

　　Lamarre（2006）對「ha4（吓）」的語法化作了兩種假設，假設一認為「ha4（吓）」由動量詞變來的，其歷程如下：

　　　1　　　　　2　　　　3　　　　4　　　　　　　　5

　動量詞 ＞ 體貌標記 ＞ ？＞ 引進動作的終結點 ＞ 引進程度或結果狀態

Lamarre（2006）認為 1 ＞ 2 和 4 ＞ 5 的演變是非常自然的，至於由體貌標記演變為引進位移終點標記的第三階段發生了什麼，還需要進一步的考證。假設二則認為作為趨向補語的「ha4（吓）」由趨向動詞「ha1（下）」演變而來，需要加以合理說明的是其中語音變化的軌跡。

　　本文認同第一個語法化的假設。漢語方言的處所標記、體貌標記與程度／狀態補語標記往往有密切的關係，「啊」的發展也不應獨外於此。關於短時標記如何發展成引進位移終點標記的問題，本文認為其中的關鍵就在出現於動趨或動補結構中的「緊密先前貌」用法。短時態表示動作行為短暫的時間，在實際的語用上，往往是為了描述在短暫的動作時間後所接續發生的事而出現的，

---

28 「ha4（吓）」為去聲，因聲調標示法的不同，其第 4 調即本文第 5 調，以下皆改為「ha5（吓）」。

它相當於現代漢語共通語的「一……就……」，故又有「緊密先前貌」的分析。因此，作為一個體標記，雖然它基本的出現環境只是要放在動詞後即可，但客家話的短時態卻大量出現在 VR 和 VD 格式之中，可見描述動作的短時貌所達成的結果或位置，有其語義上的必然性。再從「V- 啊 - 來／去」格式來看，「來／去」是以說話者為參照點的指示詞（deictic），從廣義的觀點來看，它就是一個帶有說話者主觀意識的動作終結點。當 V 的論元結構中有處所賓語的要求，再加上短時貌在語義上必須交代動作所達成的結果或位置時，由「V- 啊」引出動作的終結點或許正是它必然的發展方向。Lamarre（2009）將漢語方言的終點標記依動詞和終點標記的融合程度以及標記本身有無「到達」類詞彙意義分成六類，「啊（a5）」作為位移終點標記屬第三類「終點標記與動詞詞根的界限比較明顯，也占一個音段，但無法和本方言裡明確表達到『終點』意義的詞彙形式聯繫起來」。漢語方言中屬這一類的標記有許多是在本方言中充當體標記或動相補語功能的形式，可見客家話用體標記引進位移終點並非孤例。

　　《啟蒙淺學》的短時態及相關用法讀「ha5（吓）」，梅縣及臺灣四縣客語的短時態及相關用法讀「啊（a5）」。事實上，「啊（a5）」即是「下」字。東勢客家話在故事集中有用「下」字表示短時貌（例 69）、嘗試貌（例 70）或緊密先前貌（例 71-72）的用法：

（69）皇帝**行過下**，該將軍就轉落去咧。（《東勢》（四））

　　　皇帝剛經過不久，那位將軍就回去了。

（70）啊你續無去**看下看**！**看下看**<u>厥等</u>兩公姐好啊毋好？（《東勢》

　　　（四））

　　　啊你怎麼沒去看一看！看一看他們兩夫妻好不好？

（71）「**隆**」**下落去**講，歸　天就光～光光，一尊　佛祖就在該面
　　　頭前。（《東勢》（四））

　　　「隆」的一聲掉下去，竟然整個天空光亮無比，一尊佛祖就
　　　在面前。

（72）恁泥<u>厥</u>這子孫呢，佢想<u>這</u>銅像愛來拿走，來掘走，**掘下走**就
　　　會掘倒金條啊！（《東勢》（七））

　　　這樣當他的子孫想要把這銅像來拿走、掘走時，一掘走就會
　　　掘到金條了。

　　因此，《啟蒙淺學》中的「ha5（吓）」，與梅縣及臺灣客家話中所見的「啊
（a5）」，應當可以確認為同源詞「下」。[29]

　　綜合本節的討論，本文認為客家話具有以下的語法化演變途徑：

動量詞「下」＞短時貌標記（含嘗試、暫時貌）＞緊密先前貌（V-
啊 D/C）＞引進動作的終結點＞引進程度或結果狀態

其中出現在動趨結構或動補結構中的「緊密先前貌」「啊（a5）」是由短時貌
標記演變為引進動作終結點或引進程度或結果狀態用法的關鍵，因其結構中的
D 或 C 本身即具有交代動作所達成的位置或結果的作用。臺灣客家話中，南
部六堆四縣客家話具有完整的語法化階段，五種用法都可以見到，而東勢客家

---

29 感謝審查人之一提示嚴修鴻（2001：45）也用「下」字標寫平遠客家話的〔a4〕，
　並指出「下」可以作為狀態補語標記，進一步證實本文討論的「啊」即是「下」字。
　審查人另指出吳福祥（2010）引嚴修鴻（2001）而指出平遠客語經歷了「趨向動詞
　＞趨向補語＞動相補語＞狀態補語標記」的語法化路徑，不過，該文指出平遠客家
　話「下」作為動相補語的用例似乎有誤，本文並未採用吳福祥（2010）的語法化路徑。

話則在體貌用法上仍保留「下」的讀音，能夠據此確認這些用法的「啊（a5）」即來源於「下」。

四、結論

　　本文利用田野調查與口語、書面語料結合的方式，對臺灣四縣、海陸、東勢客家話中的動趨結構進行第一手的描述與分析，並且揭示臺灣客家話在「動（V）-趨（D）格式」中可以出現幾個不同的與體貌有關的成分，這種「動+X+趨」結構並不見於臺灣閩南語，在臺灣共通語中也沒有完全可以對應的形式。本文全面探討這類格式的相關語法現象。藉由討論臺灣客家話中插在動詞與趨向詞之間類似體貌標記的成分，本文探討了客家話動詞與趨向詞的句法關係，中插成分的語法、語義性質，以及幾個相關結構的語法化演變途徑。

　　本文所探討的中插在動詞與趨向詞之間類似體貌標記的成分包括（一）與動作持續或進行有關的持續體標記「緊（kin3）」（東勢）與「等（ten3）」（四縣、海陸）；（二）與動作實現或完成有關的動相補語標記「倒（to3）」；（三）與動作完成、事物脫離或消失有關、語法性質介於動相補語標記與體標記之間的「忒（thet7）/□（phet7）」；以及（四）與嘗試、短時、瞬時意義有關的緊密先前貌「啊（a5）」。

　　關於持續體標記「緊（kin3）」與「等（ten3）」，本文透過自移事件、致移事件與非致移事件之間的句式比較，說明「V-緊（kin3）/等（ten3）-D」格式並非連動式「V1-著 V2（=D）」，而是一個中插持續體標記的動趨式，而共通語中與「V-緊（kin3）-D」或「V-等（ten3）-D」格式最接近的是「V-了-D」格式。本文也從 Vendler（1967：97-121）對動相（phase 或 aktionsart）的分類，說明持續體標記和有內在終結點的動趨式在語義上並沒有衝突。

　　有關「倒（to3）」與「忒（thet7）/□（phet7）」，本文分別從它們在「動（V）-趨（D）格式」中與 V 結合的限制，以及後接的 D「來」、「去」的語法化現象，探討二者虛化的程度，指出「倒（to3）」應該分析為一個典型的動相補語標記，而「忒（thet7）/□（phet7）」則兼具動相補語標記與體標記的特性，呈現出語法化原理中的「層次」（layering）原則。

　　在「啊（a4）」的分析上，本文探討它的多種用法所牽動到的體貌標記、動作終結點標記與程度/狀態補語標記之間的語法化問題，指出出現在「動（V）-趨（D）格式」中的「緊密先前貌」是由短時貌標記演變為引進動作終結點或引進程度或結果狀態用法的關鍵，並由東勢客家話的現象確認這些用法的「啊（a5）即來源於「下」。

　　就目前所知，不少漢語方言都有「動詞+X+趨向成分」的格式，其中「X」的形式各方言有所不同，但往往與該方言裡的動相補語或體標記同形，其中尤以表示動作實現或達成的動相補語或完成體標記為最大宗。臺灣客家話在「動詞+X+趨向成分」中的 X 則以持續體標記及由短時、嘗試發展而來的緊密先前貌為主要形式，表示動作實現或達成的動相補語在此格式中反而相當受限。此外，漢語方言中「動詞+X+趨向成分」中的 X 雖然往往與動相補語或體標記同形，但 X 在此格式中的作用依方言而有所不同，例如河北冀州方言的「唡」其實是傀儡補語（dummy satellite）「了」的弱化形式，在動詞後置趨向成分裡代替一般帶有具體空間移動意義的趨向補語 Dp。透過本文的分析可知，臺灣客家話出現在動詞與趨向詞之間類似體貌標記的成分大多仍保留原有的動相或體貌意義，尚未完全虛化為只有標示結構作用而沒有任何實意的「趨向補語標記」。這或許是南部漢語方言較常出現的類型（例如張洪年 2007：123 所描寫的香港粵語，其動詞和方向補語之間的「詞尾」還保留相當的體貌性質），不過現有的材料十分零星，也還缺乏細緻的描述，其具體的性質和

功能還不十分明確。本文在這方面的討論正可以為以後探討這些方言的類似現象奠定基礎。

　　本文的研究也發現，臺灣客語中幾個主要的腔調，如四縣話、海陸話與東勢話內部的語法差異還有許多值得探討的空間，北部四縣話與南部四縣話也存在不少尚未被發掘的語法差異，更遑論使用者和研究者更少的詔安話與饒平話。就本文研究的幾個語法成分來說，「緊（kin3）」在東勢客語中可以在動詞後作持續體標記，在四縣、海陸客語中則只能在動詞前表示「一直」之意。以「等（ten3）」來說，「等（ten3）」與「核（het8）」的選擇是個人習慣差異或涉及方言差異？南部四縣話較少使用「V- 等（ten3）-D」格式，相關句式如何表達？都還有待進一步的田野調查。以「倒（to3）」來說，「倒（to3）」作為狀態、程度補語標記的用法在海陸、四縣客語中有若干差異，其差異的具體情況如何，目前還沒有詳細的描寫和分析。四縣、海陸客語是否可用東勢的「去」作為狀態、程度補語標記，也未見討論。此外，南部四縣客語雖有「V倒來」，使用句式卻與其他客語不同，具體情況也有待進一步研究。最後，以「啊（a5）」來說，南部四縣客語與梅縣方言一樣，還可用於引進位移終結點和引進狀態 / 程度補語，臺灣其他客語卻未見此用法。這些語法差異，都有待未來進一步的調查、描寫和分析。

附錄

本文客語用字對照表（依筆劃順序排列）

客語用字	讀音	釋義
挨	khai1	用肩挑
挏	mak8	以棍棒擊打
□（ien5）	ien5	翻過來，把物體傾斜換方向扶起。
□（tut7）	tut7	插
毋	m2	否定詞，相當於「不」
毋罅	m2 la5	不夠
毋識	m2 shit7/m2 sit7	不曾
必	pit7	裂開
仰	ŋioŋ3	怎麼、為什麼
仰般	ŋioŋ3 pan1	怎麼、怎樣
企	khi1	站
佇	ti5	介詞，相當於「從」或「在」
吾等	（東勢）ŋa2 nen1	我們
改	koi3	掘
呢	ne2	表疑問語氣
定	thin6	而已
哇	va2	句末語氣詞
弇	kiem2	覆蓋
哺	pu2	指吐出的動作
徑	kaŋ3	行動時，被東西阻擋或絆倒
釘直	taŋ1 tʃhit8/taŋ1 tshit8	像釘子般直直的

客語用字	讀音	釋義
哱	put8	冒出、噴湧出
啄狗	tuk7 ku1	打瞌睡
採	tstai3	以手將某物自某處分出來
紮礸	tsap8 tsen5	健壯
莫	mok8	否定詞，相當於「不要」
這	lia3/ ia3	這
這下	lia3 ha5/lia3 ha6/ia3 ha5	現在
這滿	lia3 man1/ia3 man1	現在、這一次
逐	tak7	每一
無	mo2	否定詞，相當於「無」
厥	kia1	他的
厥姆	kia1 me2	他的母親
厥等	（東勢）kia1 nen1	他們
幾下	ki3 ha5/kia1	表數量，數個、好幾個之意
斯	（東勢）sŋ1	就
跋	pak7	攀爬
項	hoŋ5	指某部位之中或上
喏	no2	句末語氣詞，表疑問
搧	pien3	翻轉
跈	then2	跟隨
該	kai5	那
跮	toi1	跌倒

客語用字	讀音	釋義
寧	（海陸）nen1	用於處所詞後，表示「那邊」，或有將處所範圍局限起來或強調的意味。
敲	khau5	敲、擊打
滿坪	man1 phiaŋ2	滿地、到處
緊觸觸	（海陸）kin3 tʃhuk7 tʃhuk7	匆匆忙忙
麼儕	ma3 sa2	誰、什麼人
摎	lau1	與、和、跟
樑□（ʃin5）	（海陸）liong2 ʃin5	屋樑
頭那	theu2 na2	頭
擐	khuan5	提
歕	phun2	吐、吹氣的動作
閼	at7	生氣
續	sua5	竟然
飆	piau1/peu1	疾奔
个	kai1/kai5/ke5	結構助詞「的」
凴	pen5	靠在某件東西上
吂	maŋ2	否定詞，尚未、還沒
揞	em1	輕拍、哄

參考文獻

Chang, Song Hing（張雙慶）(ed.), 1996, *Dongci de Ti* 動詞的體 [*Aspects of Verbs*]. Hong Kong: T. T. Ng Chinese Language Research Centre, Institute of Chinese Studies, The Chinese University of Hong Kong.（In Chinese）

Chen, Gang（陳剛）, 1987, Shi lun "dong-le-qu" shi he "dong-jiang-qu" shi 試論 "動 - 了 - 趨" 式和 "動 - 將 - 趨" 式 [On the patterns of *verb* + 了 + *directional complement and verb* + 將 + *directional complement*]. *Zhongguo Yuwen* 中國語文 [*Studies of the Chinese Language*] 1987.4: 282-287.（In Chinese）

Chen, Yixuan（陳怡璇）, 2010, Taiwan Minnanyu zhun jumo zhuci "qu" de lishi yuyi fazhan 臺灣閩南語準句末助詞「去」的歷時語意發展 [The semantic development of Taiwanese Southern Min sentence-final particle Khi3]. *Taiwan Yuwen Yanjiu* 臺灣語文研究 [*Journal of Taiwanese Languages and Literature*] 5.1: 129-144.（In Chinese）

Chiang, Min-hua（江敏華）, 2007, Dongshi Kejiahua de dongbu jiegou chutan 東勢客家話的動補結構初探 [A preliminary survey of verb complement constructions in Dongshi Hakka]. *Journal of Chinese Linguistics* 35.2: 225-266.（In Chinese）

Comrie, Bernard, 1976, *Aspect*. Cambridge: Cambridge University Press.

Gong, Qianyan（龔千炎）, 2000, *Hanyu de Shixiang, Shizhi, Shitai* 漢語的時相、時制、時態 [*Phase, Tense, and Aspect of the Chinese Language*]. Beijing: The Commercial Press.（In Chinese）

Hopper, Paul J, 1991, On some principles of grammaticalization. *Approaches to Grammaticalization*, Vol. 1: *Focus on Theoretical and Methodological Issues*, ed. by Elizabeth C. Traugott and Bernd Heine, 17-35. Amsterdam and Philadelphia: John Benjamins.

Hou, Fusheng（侯復生）, 2002, Meixian fangyan weici houmian de "a" 梅縣方言謂詞後面的 ' 啊 '[The "a" after the predicates in Meixian dialect]. *Kejia Fangyan Yanjiu: Disijie Kefangyan Yantaohui Lunwenji* 客家方言研究：第四屆客方言研討會論文集 [*Studies in Hakka Dialects: Papers from the 4th Symposium on Hakka Dialects*], ed. by Dongyuan Xie, 332-343. Guangzhou: Jinan University Press.（In Chinese）

Hu, Mingyang（胡明揚）(ed.), 1996, *Hanyu Fangyan Timao Lunwenji* 漢語方言 體貌論文集 [*Essays on Aspect of Verbs in Chinese Dialects*]. Nanjing: Jiangsu Education Press.（In Chinese）

Hu, Wanchuan（胡萬川）(ed.), 1994-2003, *Dongshizhen Keyu Gushiji（Yi）~ （Qi）* 東勢鎮客語故事集（一）~（七）[*A Collection of Hakka Folktales, Dongshi Township, Vol. 1-7*]. Fengyuan: Taichung County Cultural Center.（In Chinese）

_____, 2000, *Longtanxiang Keyu Gushi* 龍潭鄉客語故事 [*A Collection of Hakka Folktales, Longtan Township*]. Taoyuan City: Taoyuan County Cultural Center. （In Chinese）

_____, 2003, *Xinwuxiang Keyu Gushi* 新屋鄉客語故事 [*A Collection of Hakka Folktales, Xinwu Township*]. Taoyuan City: Department of Cultural Affairs, Taoyuan County Government.（In Chinese）

_____, 2003, *Yangmeizhen Keyu Gushi* 楊梅鎮客語故事 [*A Collection of Hakka Folktales, Yangmei Township*]. Taoyuan City: Department of Cultural Affairs, Taoyuan County Government.（In Chinese）

Lai, Weikai（賴維凱）, 2006, Xuci "a" zi zai Liudui Keyuqu de gongneng ji yongfa 虛詞「啊」字在六堆客語區的功能及用法 [On the functions and usages of the function word "a" in Liudui Hakka area]. *Diliujie Kejia Yanjiu Yanjiusheng Xueshu Lunwen Yantaohui Lunwenji* 第六屆客家研究研究生學術論文研討會 論文集 [*Proceedings of the 6th Graduate Symposium on Hakka Studies*] 245-259. Taoyuan: Graduate Institute of Hakka Language and Literature, National Central University.（In Chinese）

Lamarre, Christine（柯理思）and Shuxue Liu（劉淑學）, 2001, Hebei Jizhou Fangyan "na bu liao zou" yilei de geshi 河北冀州方言「拿不了走」一類 的格式 [Potential constructions involving directionals in the Jizhou dialect]. *Zhongguo Yuwen* 中國語文 [*Studies of the Chinese Language*] 2001.5: 428-438. （In Chinese）

_____, 2002, Hanyu fangyan li lianjie quxiang chengfen de xingshi 漢語方言裡連 接趨向成分的形式 [An investigation of the various markers inserted between verbs and directionals in Han dialects]. *Zhongguo Yuwen Yanjiu* 中國語文研究 [*Studies in Chinese Linguistics*] 13: 26-44.（In Chinese）

_____, 2003, Hanyu kongjian weiyi shijian de yuyan biaoda – jianlun shuqushi de jige wenti 漢語空間位移事件的語言表達——兼論述趨式的幾個問題 [The linguistic coding of motion events in Chinese and a glimpse into the issues of directionals]. *Xiandai Zhongguoyu Yanjiu* 現代中國語研究 [*Contemporary Research in Modern Chinese*] 5: 1-18.（In Chinese）

_____, 2006, Lun shijiu shiji Kejiahua wenxian *Qimeng Qianxue* zhong suo jian de quxiang buyu 論十九世紀客家話文獻《啟蒙淺學》中所見的趨向補語 [Directionals in a 19th Century Hakka Textbook]. *Language and Linguistics 7.2*: 261-295.（In Chinese）

_____, 2009, Lun beifang fangyan zhong weiyi zhongdian biaoji de yufahua he juweiyi de zuoyong 論北方方言中位移終點標記的語法化和句位義的作用 [On the grammaticalization of goal markers in Northern Chinese dialects and the functions of the construction meaning]. *Yufahua yu Yufa Yanjiu*（*si*）語法化與語法研究（四）[*Studies in Grammaticalization and Grammar, Vol. 4*], ed. by Fuxiang Wu and Xiliang Cui, 145-187. Beijing: The Commercial Press.（In Chinese）

Li, Defu（李得福）, 2009, *Qian You Jiao: Kejia Xiangtu Wenxue* 錢有角：客家鄉土文學 [*The Money Has Horns: Hakka Nativist Literature*]. Pingdong City: Defu Li.（In Chinese）

Li, Ming（李明）, 2004, Quxiang Dongci "lai/qu" de yongfa ji qi yufahua 趨向動詞「來 / 去」的用法及其語法化 [On deictic verbs *lai/qu*（來 / 去）: their usage and grammaticalization]. *Yuyanxue Luncong vol. 29* 語言學論叢第 29 輯 [*Essays on Linguistics vol.29*], ed. by Center for Chinese Linguistics PKU, 291-313. Beijing: The Commercial Press.（In Chinese）

Li, Shimin（李詩敏）and Hui-ling Lai（賴惠玲）, 2011, Taiwan Keyu biao wanchengmao yu chixumao "zhe" zhi tantao – cihui yuyi yu goushi hudong de guandian 臺灣客語表完成貌與持續貌「著」之探討—詞彙語意與構式互動的觀點 [An analysis of the（im）perfectivity of *do2/den2*（著）in Hakka: interaction of lexical semantics and construction]. *Hanxue Yanjiu* 漢學研究 [Chinese Studies] 29.3: 191-228.（In Chinese）

Li, Wenguang, etc.,（李文光等）, 1999, *Kejia Kouyu Jingdianju: Li, Wengu Zaixian Jianghu* 客家口語經典劇 · 李文古再現江湖 [*Hakka Radio Drama: The Recurrence of Wengu Li*]. Pingdong: Shengding Co., Ltd.（In Chinese）

Lien, Chin-fa（連金發）, 1995, Taiwan Minnanyu wanjie shixiangci shi lun 臺灣閩南語完結時相詞試論 [A preliminary study on the completive phase markers in Taiwan Southern Min]. *Taiwan Minnanyu Lunwenji* 臺灣閩南語論文集 [*Papers from the 1994 Conference on Language Teaching and Linguistics in Taiwan, Vol. 1: Southern Min*], ed. by Fengfu Tsao and Meihui Tsai, 121-140. Taipei: The Crane Publishing Co., Ltd.（In Chinese）

_____, 2006, Li Jing Ji dongci fenlei han Dongxiang, geshi 《荔鏡記》動詞分類和動相、格式 [Verb classification, aktionsart, and constructions in the *Li Jing Ji*]. *Language and Linguistics* 7.1: 27-61.（In Chinese）

Lin, Lifang（林立芳）, 1996, Meixian fangyan dongci de ti 梅縣方言動詞的體 [The aspects of verbs in the Meixian dialect]. *Dongci de Ti* 動詞的體 [*Aspects of Verbs*], ed. by Song Hing Chang, 34-47. Hong Kong: T. T. Ng Chinese Language Research Centre, Institute of Chinese Studies, The Chinese University of Hong Kong.（In Chinese）

Liu, Yuehua（劉月華）, Wenyu Pan （潘文娛）, and Wei Gu （故韡）, 2001, *Shiyong Xiandai Hanyu Yufa （zengdingben）* 實用現代漢語語法（增訂本） [*The Practical Grammar of Modern Chinese （revised edition）*]. Beijing: The Commercial Press.

Liu, Yuehua（劉月華）, 1998, *Quxiang Buyu Tongshi* 趨向補語通釋 [*The General Interpretation of the Directional Complements*]. Beijing: Beijing Language and Culture University Press.（In Chinese）

Okochi, Yasunori（大河內康憲）, 1997, "Zou le jin lai" ni tsu i te " 走了進來 " について [On "Zou le jin lai"]. *Chiyuugokugo no shyosou* 中國語の諸相 [*Chinese Language in All Respects*], 161-174. Tokyo: Hakuteisha.（In Japanese）

Rao, Changrong （饒長溶）, 2001, Guanyu Kejia fangyan timao zhuci "a" 關於客家方言體貌助詞 "啊" [On the aspect particle "a" in Hakka dialects]. *Shaoguan Xueyuan Xuebao* 韶關學院學報 [*Journal of Shaoguan University*] 11: 1-4.（In Chinese）

Shen, Jiaxuan（沈家煊）, 1995, "Youjie" yu "Wujie" "有界" 與 "無界" ["Bounded" and "unbounded"]. *Zhongguo Yuwen* 中國語文 [*Studies of the Chinese Language*] 1995.5: 367-380.（In Chinese）

Talmy, Leonard, 2000, Toward a *Cognitive Semantics Vol. II: Typology and Process in Concept Structuring*. Cambridge: MIT Press.

Vendler, Zeno, 1957, Verbs and Times. *Philosophical Review* 56:143-160.

_____, 1967, *Linguistics in Philosophy*. New York: Cornell University Press.

Wu, Fuxiang（吳福祥）, 2010, Hanyu fangyan li yu quxiang dongci xiangguan de jizhong yufahua moshi 漢語方言裡與趨向動詞相關的幾種語法化模式 [Grammaticalization patterns related to the directional verbs in Chinese dialects]. *Fangyan* 方言 [*Dialect*] 2: 97-113.（In Chinese）

Xu, Dan（徐丹）, 2005, Quxiang dongci "lai/qu" yu yufahua – jian tan "qu" de ciyi zhuanbian ji qi jizhi 趨向動詞 "來 / 去" 與語法化──兼談 "去" 的詞義轉變及其機制 [Directional verbs "lai/qu" and grammaticalization: also on the semantic transformation of "qu" and its mechanism]. *Yufahua yu Yufa Yanjiu（er）語法化與語法研究（二）[Studies in Grammaticalization and Grammar, Vol. 2]*, ed. by Jiaxuan Shen, Fuxiang Wu and Beijia Ma, 340-358. Beijing: The Commercial Press.（In Chinese）

Yan, Xiuhong（嚴修鴻）, 2001, Pingyuan Kejiahua de jiegou zhuci 平遠客家話的結構助詞 [The structural particles in the Pingyuan Hakka dialect]. *Yuyan Yanjiu* 語言研究 [*Studies in Language and Linguistics]* 2: 37-47.（In Chinese）

Yu, Xiumin（余秀敏）, 2010, Keyu a shimao zhijian de guanxi tantao 客語啊時貌之間的關係探討 [Research on the relationships of aspects "a" in Hakka]. *Dibajie Taiwan yuyan ji qi jiaoxue guoji xueshu yantaohui lunwenji（shang）*第八屆臺灣語言及其教學國際學術研討會論文集（上）[*Proceedings of the 8th International Symposium on Taiwanese Languages and Teaching, vol. 1]*, 216-227. Miaoli: National United University.（In Chinese）

Zhan, Yiyun（詹益雲）(ed.), 2006, *Hailu Keyu Duanpian Gushi Xuanji* 海陸客語短篇故事選集 [*An Anthology of Hailu Hakka Short Stories]*. Hsinchu County: The Hailu Hakka Language Association of Hsinchu County.（In Chinese）

Zhang, Hongnian（張洪年）, 2007, *Xianggang Yueyu Yufa de Yanjiu（zengdingban）*香港粵語語法的研究（增訂版）[*A Grammar of Cantonese as Spoken in Hong Kong（revised edition）]*. Hong Kong: The Chinese University Press.（In Chinese）

Zhuang, Chusheng（莊初升）, 2007, Yibaiduonian qian Xinjie Kejia fangyan de tibiaoji "kai" he "li" 一百多年前新界客家方言的體標記 " 開 " 和 " 里 " [*The aspect markers "kai" and "li" in the early Hakka dialect of the New Territories*]. *Jinan Xuebao*（*Zhexue Shehui Kexueban*）暨南學報（哲學社會科學版）[*Journal of Jinan University*（*Philosophy and Social Sciences*）] 3: 148-209.（In Chinese）

臺灣海陸客家話處所介詞「TU5」的用法及來源：兼論持續體標記「TEN3」的來源*

江敏華

一、前言

　　臺灣客家話中，相當於漢語共通語「在」的字讀為〔tsʰoi1〕或〔tsʰai5〕，前者為「在」字的白讀音，表示存在，後面可以不接處所詞，如「無在」〔mo2 tsʰoi1〕（泛指不在某處，或指逝世、死亡）、「無人在」〔mo2 ȵin2 tsʰoi1〕（無人在家）；後者為「在」字的文讀音，用於「在場」〔tshai5 tshoŋ2〕、「在行」〔tshai5 hoŋ2〕、「自在」〔tshï5 tshai5〕等文讀詞彙。不過，〔tshoi1〕或〔tsʰai5〕並不是臺灣客家話最常用來表示存在的動詞，或是最常用來引介處所的介詞。臺灣客家話中，四縣客家話最常用來表示存在或用來引介處所的詞是「到」〔to5〕或〔tʰo1〕，如：

（1）hioŋ3 lui2 kuŋ1 ke5 tʰien1, m2 ho3 ＿＿ tʰai5 su5 ha1 ki5 i3.

　　　響雷公个天，毋好 ＿＿ 大樹下寄雨。

　　　打雷的時候，不要在大樹下躲雨。

* 本文原刊登於《中國語言學集刊》，2016，9 期，頁 95-120。因收錄於本專書，略做增刪，謹此說明。作者江敏華現任中央研究院語言學研究所研究員。

　　例（1）中的空格處雖然可以用本字為「在」的〔tshoi1〕，但北部四縣[1]更常用的是本字為「到」的〔to5〕或本字不明的〔tʰo1〕、〔tʰe〕、〔tʰi1〕或〔tsʰi1〕，部分地區的北四縣話還使用〔ti5〕。[2]南部四縣話主要使用〔tʰe1〕，此外還有〔tʰi1〕、〔tsʰi1〕、〔ke1〕等不同的形式。[3]〔tʰe1〕應與〔tʰo1〕同源，它可能是〔tʰo1〕的變體，因聲母偏前而元音前化，也可能是〔tʰo1〕與遠指代詞〔(k)e5〕的合音，此有待進一步的考證。

　　至於海陸客家話，則主要使用〔tu5〕或〔ti5〕，去聲低平調。新竹海陸客家話以〔tu5〕較常見，有時還弱化（促化）為〔tut8〕[4]，桃園或其他地方的海陸客家話則以〔ti5〕較常見。據我們所知，除了部分有海陸語言背景的北部四縣客家話以〔ti5〕為主要處所介詞外，其他四縣客家話的〔ti5〕幾乎只用在〔ti5 tuŋ1 oŋ1〕（在中央）、〔ti5 nai5 vi5〕（在哪裡）、〔ti5 ke5〕（在那裡）等固著於詞彙的用法。此外，據遠藤雅裕在新竹縣新埔鎮的調查，其新埔鎮詹姓發音人以〔tsʰo1〕（本字為「坐」）作為引介處所的介詞。[5]筆者另外還零星調查到〔tʃok7〕、〔tsʰok7〕、〔tsʰit8〕的用法。

　　海陸客家話用來引介處所的〔tu5〕／〔ti5〕（以下為求行文簡潔，記作

---

1 臺灣客語的四縣腔南北都有分布，由於語音、詞彙略有差異，故又分為北四縣和南四縣客語。前者主要分布於桃園及苗栗等地，後者主要分布於高雄、屏東的六堆地區。

2 〔ti5〕在北四縣客語的分布仍不十分明朗，部分的發音人表示從未使用這個詞，部分發音人則認為很常用。據筆者的片面了解，使用〔ti5〕為主要引介處所的介詞的發音人多在居住地或原鄉來源上有海陸語言背景。

3 〔thi1〕、〔tshi1〕、〔ke1〕等形式見徐兆泉（2009：272），但均未獨立成詞條。

4 〔tut8〕只有在語流很快的時候才會出現，促化是虛詞常見的弱化現象。客語類似的現象還有表疑問的「幾」〔ki3〕經常促化為〔kit7〕，否定情態詞「毋使」〔m2 sii3〕（不必）經常促化為〔m2 siit7〕，以及人稱代詞「自家」〔tshi6 ka1〕（自己）促化成〔tshit8 ka1〕等等。

5 此原為筆者與遠藤先生私下交流所得，後筆者亦曾赴新埔向詹姓發音人調查語料。

「TU5」）在民間創作的故事集中分別寫作「佇」與「適」，此為借用閩南語的用字，應非本字。《教育部客家語常用詞辭典》（網路版）則逕將其寫作「在」，與〔tsʰoi1〕、〔tsai5〕、〔tʰo1〕等形式的用字完全沒有分別。事實上，「TU5」不僅詞彙來源與「在」不同，其用法與漢語共通語的「在」也不完全相同，例如「TU5」後面一定要及物，接處所或時間詞；「TU5+處所詞」的介詞結構在動詞前有表示所從的意思；動詞後的「TU5+處所詞」有表示動態的、相當於「到」的意義等。這些都還沒有經過仔細的討論。本文討論海陸客家話引介處所的「TU5」，分析它作為存在動詞與作為引介處所的介詞時的句法行為與語法功能。漢語用來引介處所的介詞，在南、北方言中具有事件類型上的重要差異，在歷史語法中也曾發生過一些演變，本文從方言比較和歷史語法的觀點探討海陸客家話「TU5」的用法，除了呈現海陸客家話在漢語方言類型學上的特色外，還從語音和語法的對應證明「TU5」就是來源於魏晉南北朝大量用於「V+(O)+ 著 +L(ocation)」格式中的「著」字。此外，本文也從漢語方言宏觀性的類型比較中，提出以梅縣為代表的客家話持續體「TEN3」可能來源於處所詞語，與來源於處所指代詞、後演變為方位詞或方位後綴的「TEN1」有關的看法。

　　本文的語料來源包括作者實地的田野調查，以及來自客語文獻語料的證據。海陸文獻語料主要來自詹益雲（2006）《海陸客語短篇故事選集》（以下簡稱《海陸》）。《海陸》為作者詹益雲先生為推展海陸客語羅馬拼音，蒐集報章雜誌中膾炙人口、感人生動有趣、充滿智慧的故事作為藍本，再以海陸客語編譯而成的故事選集。《海陸》共三集，第一集為純羅馬拼音，無漢字，第二集為第一集的漢字本再加上兩篇故事，第三集為漢、羅對照。三集（一、二兩集的故事多為重複）共二十八篇故事。《海陸》的語言基礎為新竹縣的海陸客家話，其中相當於本文討論的「TU5」的成分寫作「佇」，拼為「dǔ」，共

出現 1454 次。下文為方便與田調語料對照，音標行改為〔tu5〕，漢字行則寫作「TU5」。[6]

本文除前言外，第二節先描述與分析「TU5」的各種用法，包括「TU5」作為動詞與在動詞前或動詞後作介詞的用法；第三節探討「TU5」的來源；第四節則探討客家話常見的持續體標記「TEN3」的來源，說明它與動詞後處所介詞「TU5」的關係；第五節則為結論。

二、「TU5」的用法

粗略地說，海陸客家話的「TU5」大致相當於漢語共通語的「在」，主要的功能是引介處所和時間，可以作為句中的主要謂語，也可搭配其他動作動詞，在動詞前或動詞後構成連動式或修飾動詞的介詞組。然而，「TU5」與共通語的「在」仍有很大的不同，這表現在作動詞時二者帶賓語的能力不同，以及當介詞時，「TU5」的語法功能遠比「在」來得廣。以下詳細介紹「TU5」的各種用法。

（一）「TU5」作動詞

海陸客家話的「TU5」可以單獨作動詞，表示主語所在位置，如：

（2）ki2 tu5/ti5 vuk7-ha1 nen1.

佢 TU5 屋下𡟬。[7]

他在家裡。

---

6 本文只改寫與討論對象相關的「TU5」，其餘用字為尊重原作者並方便他人引用，並未作用字的統一。

7 本文漢字下加底線者，表該字為訓讀或同音／音近字，非本字。本句的「𡟬」（nen1）為一處所方位後綴，下文還會討論。

「TU5」也可以用於否定，如：

（3）ki2 mo2 tu5/ti5 vuk7-ha1 nen1.

　　　佢無 TU5 屋下寧。

　　　他不在家。

不過，「TU5」與共通語的存在動詞「在」最大的不同，在於它作動詞的用法一定是及物的，因此沒有像共通語「他在不在？」或「他不在」這種作狀態動詞的用法，意即不能說：

（4）*ki2 tu5/ti5 mo2?

　　　* 佢 TU5 無？

　　　他在不在？

或：

（5）* ki2 mo2 tu5/ti5.

　　　* 佢無 TU5。

　　　他不在。

可見「TU5」的主要功能為引介處所，表達事物之所在位置，而非單純表達抽象的存在義。

（二）動詞前的「TU5+L+VP」格式

除了作主要謂語外，「TU5」更經常搭配其他動作動詞組，與其他動作

動詞組構成連動式中的其中一個成分，或形成修飾動作動詞的介詞組[8]，用來引進處所或時間。「TU5」後接處所或時間所形成的「TU5+L(ocation)」可以置於動詞組前，也可以置於動詞組之後。本節先討論置於動詞組之前的「TU5+L+VP」格式。

1. 表動作之所在：兼論「TU5 KAI2」的時體意義

「TU5+L」所形成的處所詞組在動詞組前有兩種用法，本節討論表「動作之所在」的用法，而這種用法又可以分為「所在的空間」和「所在的時間」兩種，後者就是世界上語言常見的由空間到時間的語法化現象。

「TU5」表示動作之所在，在空間上即動作進行的處所，相當於共通語動詞前的「在」，出現的格式為「TU5+L+VP」，如：

（6）tu5 lu5 heu3 nen1 thin2 ha1 loi2.

TU5 路口 <u>寧</u>停下來。（《海陸》三、2）

在路口處停下來。

（7）ʒan5 tshiaŋ1 ʒun2 tu5 lia3 tshim2 to3 ki2.

燕青雲 TU5 <u>這尋倒</u>佢。（《海陸》三、1）

燕青雲在這裡找到他。

---

8 漢語的介詞絕大部分都是從動詞演變而來的，並且許多介詞仍有同形的動詞用法並存於同一個共時系統中，二者不易完全分開。再加上動詞「在」除了可單獨作謂語外，其形式特點與介詞無異，都缺少形態的變化，例如沒有表嘗試的重疊，不能帶表示開始的「起來」，不能帶分別表持續、表完成與表不定過去的「著」、「了」、「過」等。因此，本文以下不特別區分「TU5」的詞性為動詞或是介詞。

（8）tu5 n̩it7 theu2 ha1 tsok7 set7 ma2.

　　TU5 日頭下捉虱嫲。（《海陸》三、1）

　　在太陽下捉虱子。

　　「TU5＋L＋VP」中的 VP 可以是動作具終結點的「有界」（telic）事件，如例（6）、（7），也可以是「無界」（atelic）的事件，如例（8）。

　　「TU5」在動詞前作介詞的用法基本上與共通語相同，除了表處所和時間以外，還可以用來表示範圍與界限。表時間或範圍、界限的用法，「TU5」經常與時間名詞或方位詞構成介詞組，常見的如「TU5…該下」（在…的時候）、「TU5…个時節」（在…的時候）、「TU5…裡肚」（在…裡）、「TU5…肚」（在…裡）、「TU5…以前」（在…以前）、「TU5…了後」（在…以後）、「TU5…之下」（在…之下）、「TU5…該量時」（在…的時候）、「TU5…个場合」（在…的場合）、「TU5…期間」（在…期間）等。

　　不過，漢語共通語的「在」可以不加處所而直接出現在動詞前，形成「在＋VP」的格式，此時的「在」是一個時體副詞，表示動作進行或狀態持續，[9]如：「他在看書」。海陸客家話的「TU5」正如其動詞用法一樣，後面一定要加處所，因此沒有「TU5＋VP」的形式。即使處所在句中並不是非出現不可的重要訊息，也必須使用遠指方位代詞〔kai2〕（相當於共通語「那裡」，以下寫作「KAI2」）來虛指。在許多句子中，「TU5 KAI2＋VP」用來表達動作發生處所的語義已很微弱，「TU5 KAI2」已有相當於時體副詞「在」的用法，表達的是動作進行或狀態持續。如：

---

9 Xiao and MacEnery（2003：57）區分「個體狀態」（individual-level state）和「階段狀態」（stage-level state），可以與時體副詞「在」共現的狀態持續主要是指後者（如「病」、「忙」、「生氣」等）。下文討論海陸客家話「TU5 KAI2」的狀態持續用法也是指「階段狀態」。

（9）ŋo6 poi5 ma6 sa2 tu5 kai2 piau6 ʒan1 ŋ6 tsï3 kʰuk8 mu5?

外背麼儕 TU5 KAI2 表演五子哭墓。（《海陸》二、13）

外面誰在表演五子哭墓？

（10）ki2 tʰaŋ5 to6 pu6 vok8 ə2「pu6 vok8！pu6 vok8！」tu5 kai2

kiau5, ki2 ti1 voi6 tʰien1 koŋ1 le3！

佢聽倒補鑊仔「補鑊！補鑊！」TU5 KAI2 噭，佢知會天光

咧！（《海陸》二、3）

他聽到補鑊鳥「補鑊！補鑊」地在叫著，他就知道天要亮了！

（11）lim2 vui2 ʒuk8……sim1 kon1 tu5 kai2 theu1 thio ŋ 5.

林惟煜……心肝 TU5 KAI2 偷暢。（《海陸》三、4）

林惟煜……心裡暗中高興著。

　　例（9）在敘述中已出現處所詞語「外背」（外面），動作發生處所已很明確，後面的「TU5 KAI2」對於指示處所的作用並不強，但若去掉「TU5 KAI2」，由於缺少對於動作狀態的描述，語句並不通順。因此「TU5 KAI2」所表達的主要是動作進行的持續狀態，可視為由處所義向表進行的時體副詞演變的過渡階段。例（10）中的動作事件主要靠聽覺感知，發生處所並不明確，也並非重要訊息，反而是主語藉由聽到「補鑊仔」（白腹秧雞）叫聲的時間，推論天亮的時間點，因此此句「TU5 KAI2」所表達的時間進行義更甚於處所義，已經可以視為表進行的時體副詞了。例（11）的「心肝」在人體中，「偷暢」（暗中高興）則是一種心理活動，此句主語所表達的事件其發生處所亦非重點，「TU5 KAI2」很明顯地是指事件發生的時點或時段，表達內心世界某一狀態持續的過程，「TU5 KAI2」在此為表狀態持續的時體副詞。

「TU5 KAI2」表達動作進行或狀態持續，從下面這兩例以第一人稱敘述的句子可以看得更清楚：

（12）ŋai2 han2 tu5 kai2 kʰon5 ʂu1, ten3 ʒit7 ha6 tʂaŋ5 ʂit8.

　　　　我還 TU5 KAI2 看書，等一下正食。

　　　　我還在看書，等一下再吃。

（13）tso1 am5 pu1 ʂit8 kai5 tsiu3 toŋ1 ȵiam2, ŋai2 to5 lia3 ha6 han2

　　　　tu5 kai2 tsui5.

　　　　昨暗晡食个酒當釅，我到這下還 TU5 KAI2 醉。

　　　　昨天晚上喝的酒很烈，我到現在還是醉的。

　　例（12）、（13）以第一人稱敘述，說話者與聽話者是面對面交談的，動作或狀態發生的處所相對於第一人稱的主語「我」，應屬近指，但此處卻可以用表遠指的「KAI2」，[10] 可見這兩例的「TU5 KAI2」表示的分別是說話時「看書」這個動作還在進行以及「醉」這個狀態仍持續著，「TU5 KAI2」已是時間的概念而非空間的概念。

　　由此可見，海陸客家話的「TU5」雖不能像共通語一樣直接加在動詞前面表達動作進行或狀態持續，但與虛指的遠指方位代詞結合所形成的「TU5 KAI2」，也可以表達動作進行或狀態持續。漢語共通語時體副詞「在」的形成有眾多說法，其中一說即為由「在＋處所詞＋VP」省略非實指的處所詞而成（趙元任 1980[1968]；伊原大策 1986；高增霞 2005；石毓智 2006 等），例如趙元任（1980[1968]：383）就指出北京話「他在玩儿吶。」是省略了「在」的賓語

---

10 此兩句有的發音人也可以用表近指的〔lia〕。

「那儿」。[11] 漢語南方方言相當於「在」的成分，其處所詞大多不能省略，吳語、閩語、粵語、湘語等都有這個現象，海陸客家話也是如此。然而處所詞雖不能省略，由處所介詞與遠指方位代詞結合所形成的相當於共通語「在那兒」的成分，仍然進行了語法化，遠指方位代詞產生了非實指的用法，並進而產生表達動作進行或狀態持續的時體副詞的用法，展現由處所到時間的語法化。

　　海陸客家話動詞前的「TU5 KAI2」除仍帶部分處所義外，也兼表動作進行和階段狀態的持續，而進行和持續還可以用動詞後的〔ten3〕來表示。[12] 海陸客家話動詞前的「TU5 KAI2」和動詞後的「TEN3」也可以共現，前述例（12）（13）可以分別改成「TU5 KAI2 看 TEN3 書」和「TU5 KAI2 醉 TEN3」，此外還有：

（14）a6 tsʰin1 kui1 ka1 n̥in2 tu5 tso5 ha1 ʂoŋ1 ʂoŋ1 ʂap8 ʂap8 tu5 kai2 tʰo1 lun6 nen3.

阿清鱟家人 TU5 灶下 <u>商商涉涉</u> TU5 KAI2 討論 TEN3。（《海陸》二、3）

阿清全家人在廚房交頭接耳小聲地討論著。

（15）tu5 mo2 kit8 ʒan3 kai5 vui6 so3 pʰu6 si6 si3 tu5 kai2 ten6 nen3

TU5 沒幾遠介位所仆死死 TU5 KAI2 等 TEN3。（《海陸》二、16）

在不遠的地方伏低身體等著。

---

11 事實上，道地的北京話表動作進行並不用「在」，見劉一之（2001：88）。承審查人指出，北京話用「在（那兒）」表示動作進行是西南官話、江淮官話和吳語等方言的用法滲進共同語的。

12 海陸客家話表進行和持續的〔ten3〕經常弱化為〔nen3〕，《海陸》的語料已全部記為〔nen3〕，漢字作「寧」，為音近替代字，本文以下於漢字行皆改為「TEN3」。

（16）ʒit8 tʰai5 kʰiun2 kai5 voŋ2 ʒong2 han2 ʒit8 pʰien3 tu5 kai2 n̩i6

　　　hiak8 hiak7 ə6 sui2 ʂi2 tʂu6 ʒi5 nen3

　　　一大群介黃羊還一片 TU5 KAI2 <u>耳卻</u>卻仔隨時注意 TEN3。

　　　（《海陸》二、16）

　　　一大群的黃羊還一邊豎起耳朵隨時注意著。

這裡值得注意的是，（14）、（15）兩例都另有「TU5+ 處所」構成處所詞語，因此這兩句中的「TU5 KAI2」表達時體的意味更加明顯。此外，例（14）、（15）的「TU5 KAI2」都出現於動詞之前、修飾動詞的副詞組之後，「TU5 KAI2」與動詞的關係更為密切，相較於例（16）中沒有其他處所詞組，且「TU5 KAI2」出現於動詞修飾語之前，（14）、（15）兩例的「TU5 KAI2」其處所義已相對微弱，而主要是表達時體意義。

2. 表所從／所經

「TU5+L+VP」格式的第二種語意是作為來源標記，表示一個位移事件發生的起點，如：

（17）tu3 tu3 tʂaŋ5 tu5 tsʰin1 tsʰit7 kai2 tʂon3 loi2.

　　　堵堵正 TU5 親戚 KAI2 轉來。（《海陸》三、1）

　　　剛剛才從親戚那兒回來。

（18）lau1 kiam5 tu5 to1 siau5 nen1 paŋ1 a6 tʂʰut7 loi2.

　　　摎劍 TU5 刀鞘<u>寧拔</u>下 [13] 出來。（《海陸》三、1）

　　　把劍從刀鞘裡拔出來。

---

13 原文作「啊」，據江敏華（2013）其本字應為「下」。

由位移發生的起點也引伸出表示經過的路線或場所。如：

（19）hi5 kia2 vuk7 ha1 oi5 tu5 nai6 tʰiau2 lu6 ko5?

去<u>厥</u>屋下愛 TU5 哪條路過？

去他的家要經過哪條路呢？

如果「TU5」後面接的是時間，則表示動作開始的時間，如：

（20）tʰeu6 ȥan2 pau5 tu5 ṣip8 ȥit7 ŋiet8 fa5 ȥan2 fa5 to5 tʰi6 ŋi6 ŋien2
ŋi6 ŋiet8.

賣延豹 TU5 十一月化緣化到第二年二月。（《海陸》三、1）

賣延豹從十一月化緣化到第二年二月。

《海陸》中「TU5」表動作或事件之所從的用例共 187 個，其中 179 個為
處所來源，8 個為時間之起始。在全部用例中，「TU5+L」後面的 VP 絕大多
數與位移事件有關，其分布如下：

表所從的「TU5+L+VP」中 VP 的類型	出現次數
1. 動詞與趨向詞或複合趨向詞所組成的動趨結構	134
2. 趨向動詞或複合趨向動詞	7
3. 來、去動詞	23
4. 動詞「到」	5
5. VO⋯（V 到）	5
6. 出發	1
7. 向⋯V	1

表所從的「TU5+L+VP」中 VP 的類型	出現次數
8. 開始	5
9. 畢業	2
10. 知得	3
11. 變成	1
合計	187

　　由上表可知，前面七類很明顯與位移事件有關，共 176 例，占全部用例的
94%，第八類的「開始」表示時間的起始點，可視為時間的位移動詞；第九類
「畢業」隱含事件的結束，形成一個新的起點；第十類「知得」表示資訊的來源；
第十一類「變成」則表示狀態的變化，動詞本身隱含變化的起點與終點。因此，
表所從的「TU5+L+VP」格式幾乎都可以從 VP 中發現其隱含事件發生起點的
語意，其中尤以位移事件為大宗。本文認為，「TU5+L」在動詞前的核心語法
功能就是引介動詞組的發生處所，「TU5」本身並沒有「從」的詞彙語意，此
由「TU5 親戚 KAI2」只有「在親戚那兒」，並沒有「從親戚那兒」的語意可知。
「TU5」作為來源標記表所從的用法，只有在「TU5+L+VP」格式中才會產生，
且格式中的 VP 必須為位移事件，或隱含發生起點的事件。因此，「TU5+L+
位移事件」正符合「構式語法」（construction grammar）所提出的，是一個「形
式－意義」的組合（form-meaning pairing），這個組合中表所從／所經的語意，
是整個格式所賦予的，而非格式中個別詞彙所能賦予的。「TU5+L+ 位移事件」
可視為具有「從 +L+ 位移事件」的構式義（construction meaning）。

　　用引介處所、相當於「在」的成分來表達「從」的語意的現象，在漢語當
中並不罕見。古代漢語引進動作發生處所的介詞「於」也可以引進動作發生的
起點，如：[14]

（21）青，取之於藍而青於藍。（《荀子》一）

（22）鑄陽燧取飛火於日，作方諸取水於月。（《論衡》四十七）

（23）恒懷存想，發於吟咏。（《世說新語》九二一）

（24）恒熱鐵針，從頂上入，於足下出。（《賢愚經》三六八）

（25）要廣利一切眾生，出於苦海。（《敦煌變文集》一八七）

在現代漢語方言中，儘管各方言用來引介處所的介詞各不相同，但這些介詞也不乏同時用於引介動作發生起點的現象。以客家話而言，如前言所述，四縣客家話最常用來引介處所的介詞是「到」〔to5〕，而「到」〔to5〕也有表達所從或所經的用法，羅肇錦（1988：182-183）就曾舉出「泉水到山項流下來」（泉水從山上流下來）與「你逐日讀書到哪過？」（你每天去讀書時經過什麼地方？）的例句。同為客家話，連城方言的「著」〔te7〕也有「著NP+VP」相當於「從」的用法，如（例句取自項夢冰2000：190）：

（26）著那角來。（從哪兒來。）

（27）著楊坊開始緊落雨已。（從楊家坊開始就下雨了。）

此外，根據我們對漢語方言的了解，這種方言還有吳語蘇州方言的「勒」〔lə ʔ8〕，如（石汝杰2000）：

（28）是我拿俚勒河裡拉起來个。（是我把他從河裡拉起來的）

（29）勒抽屜裡拿書勒筆儕拿出來。（從抽屜裡把書和筆都拿出來。）

---

14 以下古漢語例句皆引自張赬（2002）。

上海方言的「辣」，如（錢乃榮 2000）：

（30）我辣書架浪抽下一本書來。（我從書架上抽下一本書來。）

閩語平和方言的「佇」〔ti6〕（莊初升 2000）：

（31）汝佇上海來抑是佇福州來？（你是從上海來還是從福州來？）

（32）伊佇我即位借三本冊去。（他從我這兒借走了三本書。）

　　上述這些古漢語、客語、吳語、閩語介詞引介動作發生起點的例句中，介詞的語音形式都不相同，來源也不一，但介詞組所修飾的動詞組中都具有隱含事件發生起點的語意，可見這種「從」語意的產生與介詞本身的成分不一定有關。[15]

（四）動詞後的「V+TU5+L」格式

1. 動態用法

　　「TU5」在動詞後出現的格式為「V+TU5+L」，這個格式也具有兩種意義，一種是動態的，也就是「V+TU5+L」中的動詞涉及位移事件，透過動詞所傳達的動作，位移的主體或客體移動到 L 所代表的處所，L 為位移的終結點。這種格式的「TU5」相當於「到」義，表達的是一種有界（telic）的事件，如：

---

15 事實上，漢語方言還有另一種相反的類型，即「從」、「往」、「到」等詞彙本身具有方向或趨向性的介詞組在動詞前產生了位置介詞「在」的用法（以上承審查人指出），那麼，在動詞前的介詞組的語意，或許還有其他更普遍的象似性原因。本文暫時僅就位置介詞產生「從」語意的現象提出解釋，其他漢語方言的現象有待進行更週遍性的比較後提出更為一致的解釋。

（33）tʂuŋ3 ʒiu1 ʒit8 ȵit7 ŋai2 voi6 lau1 tʰeu6 ʒan2 pau5 kai5 tʰeu2 na2
khuan6 tʂon3 loi2, pioŋ5 tu5 ʒa2 oi1 kai5 fuŋ1 ʂui3 mien5 tsʰien2
nen1 loi2.

總有一日我會摎寶延豹个頭<u>林</u>攎轉來，放 TU5 爺哀个風水面
前<u>寧</u>來。（《海陸》三、1）

總有一天我會把寶延豹的頭提回來，放到父母的墳前。

（34）ʒiu1 ȵin2 lau1 ŋai2 koŋ6 ȵia2 me1 tʰu6 nen6 ȵi2 tu5 tʂam1 fa5
nen1.

有人摎我講<u>若</u>姆渡 TEN3 你 TU5 瞻化<u>寧</u>。（《海陸》三、3）

有人跟我說，你媽帶著你到瞻化那裡。

例（33）「V+TU5+L」的動詞「放」為放置義動詞，雖有動態與靜態兩種意義，
不過「放 TU5 L」的前句有「摎」字句（相當於「把」字句）並搭配動趨式，
因此整句描述的是一個動態的位移事件，位移事件的主體「寶延豹个頭林」由
他處被「放到」「爺哀个風水面前寧」。例（34）的動詞「渡」為位移方式動
詞，「V+TU5+L」中的 L 為位移的終結點，因此也是動態的用法。[16]

　　海陸客家話也有「到」字，根據我們的調查，例（33）、（34）「V+TU5+L」
中的「TU5」也可替換成「到」〔to5〕。《海陸》語料中也有「V+ 到 +L」
的例子，表達動態的用法。如：

---

[16] 其中一位審查人指出，例（34）中的動詞「渡」帶持續體標記 TEN3，與例（33）
　　的情形不同，而更像一個連謂結構。不過如果將本句視為連謂結構，就必須將 TU5
　　分析為一個「到」義動詞，但海陸客語的「TU5」並沒有單獨作為「到」義動詞
　　的用法，如第（一）節所言，「TU5」作動詞都是表「在」義。故本例仍分析為
　　「V+(O)+TU5+L」的處所格式。

（35）tʂaŋ5 ʒiu1 fap8 tʰu6 kʰiet8 to5 na ŋ 6 ŋoi6 ʒit8 pʰien3 hi5.

正有法度蹶到另外一片去。（《海陸》三、1）

才有辦法爬到另外一邊去。

（36）n̠i2 teu1 ʒit8 sa2……ʒit8 sa2 suŋ5 ŋai2 to5 ʂaŋ2 tu3 nen1 po5 kon1.

你兜一儕……，一儕送我到城肚寧報官。（《海陸》三、1）

你們一個人……，一個人送我到城裡報案。

然而，動態用法的「V+TU5+L」與「V+ 到 +L」也並非完全沒有差別，我們從《海陸》中所整理的語料發現，「V+TU5+L」中的 L 更傾向於帶有方位後綴「NEN1」，後面通常不會帶有指示（deictic）作用的趨向詞「來」或「去」，而「V+ 到 +L」則傾向於再接「來」或「去」，形成「V+ 到 +L+ 來」或「V+到 +L+ 去」的格式。「TU5」與「到」這種用法上的差異與其來源有關，下文第三節會討論到帶方位後綴的「TU5」在歷史上的來源。

　2. 靜態用法

　　「V+TU5+L」所產生的另一種意義則是靜態的，也就是「TU5」僅表示前面動詞所傳達的動作發生的處所，並一定涉及位移事件。這種「V+TU5+L」所表達的是一種無界的（atelic）、均質（homogeneous）的狀態。如：

（37）ki2 tiam1 tiam1 ə2 tan1 ko2 n̠in2 tsho1 tu5 ʒit8 theu2 lo6 tshiuŋ6 ʂu6 kai5 ʂu6 kin1 taŋ3.

佢恬恬仔單個人坐 TU5 一頭老松樹个樹根頂。（《海陸》三、3）

他靜靜地一個人坐在一顆老松樹的樹根上

（38）ki2 li2 ha6 ts^hï6 ʒiu2 ts^hï6 tshai6 khi1 tu5 tʂak7 mo2 tʂa1 mo2

　　 lan2 kai5 so6 ts^hai6 nen1 le1.

佢這下自由自在企 TU5 隻沒遮沒攔个所在寧咧。（《海陸》

三、4）

他現在自由自在地站在一個無拘無束的地方了。

　　例（37）、（38）兩例中「恬恬仔」（靜靜地）與「自由自在」都清楚標示出
句中的「坐 TU5」、「企 TU5」描述的是主語處在「TU5」後面的處所，呈現
一種靜態的、沒有動作終結點的狀態，「TU5」大體相當於共通語「在」的意
義。這種用法尤其出現在動詞為「住、坐、躺、蹲、站」等居住及姿勢類動詞
中，用在這類動詞中的「TU5+L」不論出現在動詞前或動詞後，其意義基本
上不變，屬於 Tai （1985）所提出的「時間順序原則」或「臨摹原則」的例外
（參柯理思 2003）。海陸客家話中，這兩句都不能替換成明顯具有動態意義
的「到」字。[17]

　　在《海陸》中，「V+TU5+L」格式共出現 239 例，其中有 23 例是明顯只
能理解為第 1. 節所指出的動態用法，其他 216 例由於動詞性質及前後文語境
的緣故，動態、靜態用法不易區分而有歧義，一般容易理解為靜態用法。如此，
海陸客語「V+TU5+L」靜態的用法雖明顯多於動態，但動態用法實際上應比
23 例為多。

　　現代漢語中，動詞後的處所介詞「在」在沒有特殊語境限定的時候，一般
便是理解為這種靜態的用法，如「坐在沙發上」通常指的是某人在說話者說

---

17 但在臺灣四縣客家話中，由於「到」即相當於「在」的用法，具靜態意義，此兩句
　 可以替換為「到」。此為四縣客家話與海陸客家話的重要區別。

話時，便已經在沙發上呈現坐姿，而不是指某人從站姿變成在沙發上呈現坐姿這個變化。然而，現代漢語的處所介詞「在」事實上也有動態和靜態兩種用法，[18] 試比較下列兩句：

（39）他一屁股坐在沙發上。──動態
（40）他昨天整天都躺在床上。──靜態

　　柯理思（2003）指出，「V 在 L」格式在南方方言容易包含靜態的用法，但在不少北方方言中，如冀州、山西晉方言（長治、定襄）、山西南部中原官話方言（聞喜、河津）、河南晉方言（林縣）、陝西關中方言（永壽）、山東的冀魯官話方言（平邑）等，「在 L」只能放在動詞前，不能放在動詞後；動詞後要引介處所時，以冀州為例，使用的是另一個不能放在動詞前且與本方言完成體標記「了₁」同形的成分「嘮」，並且此「V 嘮 L」格式只有動態用法，表達動作的終結點。因此，這些方言要表達例（40）這種靜態用法時，不能用動詞後的「在」字詞組來表達，而必須用「他昨天整天都在床上躺著呢」這種動詞前的介詞組來表示。柯理思（2003）認為這種「V X L」[19] 格式限於表達動態位移事件的現象在北方方言中應該是相當普遍的現象，共通語中能夠表達靜態義是南方官話影響的結果。

　　柯理思（2003）的觀察指出了「V X L」格式在漢語南、北方言用法中的重大差異，可惜她並沒有進一步指出南方方言裡何以能夠產生靜態的用法。南

---

18 許多學者都曾提及這個現象，參范繼淹（1982）、陳平（1988）、趙金銘（1995）、戴耀晶（1997）、劉月華（2001）、柯理思（2003）等。
19 由於相當於共通語「V 在 L」格式中的「在」各地成分有所不同，因此稱為「V X L」格式。柯理思（2003）更進一步認為「V X L」本身是一種結果句式，表達有界的事件，這種句式意與 X 的成分是什麼無關。

方方言一般認為較保守，保留了古代漢語的若干現象，則南方方言「ＶＸＬ」表靜態義應前有所承。而北方方言如何丟失此靜態義、發展成專門表達有界事件的結果事件，有待進一步探討。不過，柯理思（2003）所舉只能表達動態義的「ＶＸＬ」格式，其Ｘ成分多與存在動詞「在」無關，而是相當於該方言中體標記或動相補語的成分，則這些成分只能出現於動詞後、表達動態意義的現象，與其來源多少還是有關的。如果專就與存在動詞有關的成分來比較，那麼問題的癥結在於：南方方言「Ｖ在Ｌ」中相當於「在Ｌ」的成分可以出現於動詞前，也可以出現於動詞後，而像冀州等北方方言的「在Ｌ」卻只能出現於動詞前，何以致此？我們從其他漢語方言的演變可以發現，許多方言的持續體是從動詞後的處所詞組演變而來的，那麼，冀州類型的北方方言，其動詞後的「在Ｌ」是否已語法化為表示動態進行或靜態持續的體標記，成為黏附於動詞後的虛詞，以至於表面上看來無法直接出現於動詞後呢？這也是相當值得深入探究的問題。

三、「TU5」的來源

本節探討海陸客家話「TU5」的來源。探討方言語詞的來源，除了基本的音、義對應等原則外，如果所要探討的方言詞語是一個語法詞，也就是在句中起著多種語法功用的語詞，除了語音和語義的對應外，更重要的是其語法功能和用法也能在歷史文獻中找到相同或相近的用法。「V+TU5+L」格式同時具有動態與靜態用法的現象，應當與其來源有關。本文認為，海陸客家話用來引介處所的「TU5」，其本字就是「著」字，與魏晉南北朝時期常見的「動詞＋著＋處所詞」中的「著」字相當。以下分語音對應和語義對應說明。「著」在《廣韻》中有五個反切，分別是：

　　直魚切，澄母，平聲魚韻——爾雅云：太歲在戊曰著。

　　丁呂切，知母，上聲語韻——著任。

　　陟慮切，知母，去聲御韻——明也，處也，立也，補也，成也，定
也

　　張略切，知母，入聲藥韻——服衣於身。

　　直略切，澄母，入聲藥韻——附也。

　　就語音的對應而言，海陸客家話的「TU5」明顯對應於「陟慮切」一讀。知母讀 t- 符合客家話部分端知不分的讀法，魚韻讀 -u 是客家話的主流讀音，聲母為去聲也不成問題。比較需要解釋的反而是「陟慮切」的詞義。引介處所的「著」一般認為來自附著義（呂叔湘 1984 [1955]，太田辰夫 1987 [1958]，王力 1980 [1958]，趙金銘 1979 等），依《廣韻》註解應讀為「直略切」，海陸客家話若來源於去聲陟慮切，應如何解釋呢？事實上，韻書中對於語義的註解大多轉錄自經典傳注，而往往忽略了虛詞的用法；《廣韻》對於五種讀音「著」的語義解釋都沒有提到處所介詞的用法，然而「著」作為處所介詞在歷史語法和現代漢語方言中卻俯拾即是。透過漢語史的研究可以明確知道處所介詞來源於附著義動詞，而語義的演變往往也伴隨著語音的演變和弱化，因此，當「直略切」的附著義「著」演變為處所介詞時，它的讀音不必然仍讀為「直略切」。從現代方言來看，處所介詞「著」或由此演變而來的持續體或完成體標記，在方言中的讀音往往反映為陰聲韻來源，如閩南話的處所介詞「ti6」便來自魚部陰聲韻（楊秀芳 1992：363）；吳語與「在」相當的介詞多為「著」，讀《廣韻》中的丁呂切（潘悟雲 2000：55），吳語上海、蘇州、嘉興、昆山的完成貌和持續貌詞尾讀音也相當於魚韻字，梅祖麟（2000 [1988]：162）認為其來源就是「著」字。

　　比語音對應和韻書詞義更重要的是，在語義上，「TU5」的用法完全符合文獻上「著」後接處所詞的用法。研究漢語史的學者都指出，魏晉南北朝時期出現了大量的「V+(O)+ 著 +L」的格式（趙金銘 1979；梅祖麟 2000[1988]；楊秀芳 1992；曹廣順 1995；張賴 2000；蔣紹愚 2006 等），如：

（41）長文尚小，載箸車中。…文若亦小，坐箸郤前。（《世說新語》德行篇 6）

（42）藍田愛念文度，雖長大猶抱著膝上。（《世說新語》方正篇 58）

（43）有一白氈手巾，挂著池邊，遇天風起吹王殿前。（求那跋陀羅譯《佛說樹提伽經》）

（44）王有不平色，語信云：「可擲箸門外。」（《世說新語‧方正》）

（45）負米一斛，送著寺中。（《六度集經》4）

　　例（41）-（45）的共同特點就是「著」置於動詞後面，「著」後都接處所詞，與方位詞「中」、「前」、「外」、「邊」等共現。[20] 此時的「著」不論分析為動詞後的補語（王力 1987[1958]；吳福祥 2004；蔣紹愚 2006 等），或分析為方位介詞（梅祖麟 2000[1988]），事實上只是虛化程度的不同，它們都是由表「附著」義的動詞，透過置於動詞後形成連動式的第二成分而虛化來的。

　　例（41）-（45）還有兩件事值得注意。首先，太田辰夫（1987：211）、梅祖麟（2000[1988]）、楊秀芳（1992）、蔣紹愚（2006：113）等學者早已

---

20 王力（1980 [1958]）就曾指出南北朝時期的「著」字常常和「前」、「後」、「上」、「下」、「中」、「邊」等字相照應。

注意到，魏晉南北朝「V+著+L」的用法有靜態的、無界的，相當於現代漢語「在」的用法，如例（41）-（43），也有動態的、有界的，相當於現代漢語的「到」的用法，如例（44）、（45）。前面提到海陸客家話「V+TU5+L」同時具有動態與靜態的用法，便與中古時期「V著L」格式動、靜態皆具的現象完全平行。其次，《世說新語》的用例中，有的寫作艸頭的「著」，有的寫作竹頭的「箸」，「著」與「箸」在文獻同一用法中可以互通是由於字形相近所造成的混淆，值得注意的是其中透露出的語音訊息。「箸」字在韻書中有兩個反切，一為遲倨切，釋義為「匙箸」，即作為筷子義的讀音，是「箸」的本音本義。另一反切則為「陟慮切」，釋義「與『著』同」。如果文獻中用來引介處所的「箸」與「著」可互通，而與「著」互通的「箸」在韻書中作「陟慮切」，則正好證明了從「附著」義演變而來的引介處所的「著」字在當時就是讀為「陟慮切」而不是入聲的「直略切」。[21] 海陸客家話引介處所與時間的「TU5」符合陟慮切的讀音，正活生生地印證了「著／箸」混用所透露出的語音訊息。

由海陸客家話「TU5」與「著／箸，陟慮切」的語音對應，以及「V+TU5+L」與魏晉南北朝「V+(O)+著／箸+L」格式用法上的對應，可以證明海陸客家話的「TU5」就是「著」字。引介處所的「著／箸」所出現的「V+(O)+著+L」格式大約流行在東漢到晚唐，就地域來說，南、北兩地的文獻都曾出現，它可能曾是通語的虛詞（梅祖麟 2002：3），後來大約在唐末五代時，北方主流漢語在靜態動詞後被「在」所取代，在動態動詞後面則改用

---

21 《世說新語》中「著」與「箸」的混淆除了「V+著+L」格式外，作「穿著」義的動詞也是「著」與「箸」並用，這主要是字型的混淆。由於韻書中對於「與『著』同」的「陟慮切」一讀並沒有進一步解釋其詞義，我們無從得知穿著義的「著」是否也音變為「陟慮切」。不過，以現代方言來看，穿著義的「著」在方言中多仍保留入聲，而用來引介處所詞的「著」在方言中多讀為陰聲，我們認為韻書中對於「箸，陟慮切」的讀音標註，主要是針對當時大量出現的「V+著+L」而言。

「到」（楊秀芳 1992：362）。海陸客語在這個現象上則是保留了唐末五代以前的用法，雖然在動態動詞後海陸客語也可以用「到」，但基本上「V+TU5+L」格式同時具有動態與靜態兩種用法。[22]

　　海陸客家話「TU5」的其他用法在漢語史文獻上也可見到。「著」在先秦到東漢原本是一個附著義動詞，但東漢時則有由動態的附著義演變為表示靜態的存在的用法。如東漢譯經：

（46）八十種蟲生身中，二種髮根生，三種著頭，一種著腦，二種
　　　著中腦，三種在額，二種著眼根，……二種在齒，二種在齒
　　　根，一種在舌，一種著舌根……如是八十種蟲著身中，日夜
　　　食身……（安世高譯《道地經》）[23]

例（46）中「著」與「在」經常互文見義，可知「著」就是「存在某處」的意思，「著」後引介主語所存在的處所。這種「著」作動詞引介處所的用法是從「著」的「附著」義來的，這便可以解釋海陸客家話的「TU5」何以必須及

---

22 一位審查人指出，在討論動詞前的「TU5」具有表靜態位置和表示起點義時，本文
　利用「構式義」來解釋，但討論動詞後的「TU5」具動態、靜態兩種意義時，卻以
　標記的來源來解釋，是否可思考更一致性的解釋？我們認為，動詞前、後的「TU5」
　的差別在於：「TU5」意義在動詞前可由 VP 本身判別其為「在」意或「從」意，
　故其意義是由「TU5」與其後的 VP 互動而產生的。但「TU5」在動詞後無法由 VP
　本身來判別其為「在」意或「到」意（「放 TU5 桌仔頂」既可解釋為「放到桌子上」
　亦可解釋為「放在桌子上」），必須由「V+TU5+ 處所詞」以外的成分來判斷，因
　此不認為動詞後的「到」意是構式所賦予的。我們也曾思考是否能如柯理思（2009：
　167）處理北方方言「V+X+ 處所詞」的方式，將位置變化義視為構式的核心意義，
　而把變化後的狀態持續義視為擴張義。不過，這種分析立足於許多北方方言此格式
　只有動態意義的基礎上，對於在沒有特殊語境下，「V+TU5+L」通常理解為靜態意
　義的海陸客家話，還是較難接受的。
23 此例轉引自楊秀芳（1992：359）。

物。Hopper（1991：28-30）提出的語法化特徵中的「持續」（persistence）原則指出，語法化後的語法詞與原來的實詞之間可能有意義和功能的過渡階段（intermediate stages），語法詞仍保有原來實詞的若干意義和功能。由表附著義的及物動詞「著」發展而來的存在動詞，仍然保有原來的及物特性，正是語法化特徵中「持續」（persistence）原則的展現。

　　至於「著」用於動詞前的用法，就漢語史的演變來看，是比較晚期的用法，至少並不見於魏晉六朝的文獻中，唐末敦煌變文中則有此用法：

（47）著街衢見端正之人，便言前境修來。（《盧山遠公話》）[24]

這種例子並不多見，本文也不認為海陸客家話動詞前的「著+L」就是直承敦煌變文的用法而來。就漢語方言常見的情況推論，海陸客家話的「著」由動詞後的補語發展成真正的處所介詞後，其出現位置也就脫離動詞後，而可以自由運用了。再加上漢語方言抽象的語法規則兼容並蓄，[25]一旦「著」成為本方言中最常用的處所介詞後，將「著」用在其他強勢語言「在」可以出現的句式，就會形成「著+L+VP」的動詞前用法。

　　「著」用來引介處所的用法在晚唐以前廣泛出現，如梅祖麟（2002：3）所言可能具有通語的地位，它在現代漢語方言中也多有遺留，因此臺灣海陸客語並不是唯一用「著」作為存在動詞及方位介詞引介處所的方言。羅自群（2007：12）指出「著＋處所詞」在現代漢語方言中分布的範圍非常廣泛，從南到北、從東到西，從官話到晉語、湘語、吳語、閩語等都可見到蹤跡，具體如連城客家話的〔te7〕（項夢冰2000：185），吳語溫州〔ʐ4〕、東陽〔dʑ4〕、

---

24 此例轉引自楊秀芳（1992：362）。
25 見李如龍、張雙慶主編《介詞》一書的前言。

青田〔tsɿ3〕、麗水〔ti3〕等（潘悟雲 2000），以及閩語福州〔tuok8〕（陳澤平 2000：106）、惠安〔tioʔ8〕（李如龍 2000：124）等。

　　目前所能見到的臺灣海陸客語引介處所或時間的介詞，如前言所提的「坐」〔tsho1〕、〔tshok7〕、〔tʃhok7〕等，大多能在臺灣以外的客家話中見到相同的形式，如〔tsho1〕見於荷蘭人 Schaank（1897）所記錄的印尼加里曼丹的陸豐方言，〔tshok7〕見於法籍神父 Charles Rey（雷卻利）所編的《客家社會生活對話》（Rey 1937）及廣東豐順方言（黃婷婷 2012），〔tʃhok7〕見於廣東海豐黃羌、西口（張為閔 2008：203）。唯獨新竹海陸客家話的「TU5」或「TI5」尚未能在臺灣以外的客家話中找到，有賴未來的努力。而這也不禁讓人疑惑，「TI5」的語音形式與臺灣閩南語作存在動詞及方位介詞的〔ti6〕相當接近，那麼「TI5」或「TU5」是否可能由臺灣閩南語直接移借而來呢？本文對此的看法是，海陸客家話的「TI5」或「TU5」不能完全排除閩南語的影響，但海陸客家話在原鄉受到閩南語影響遠比臺灣深刻，「TI5」或「TU5」縱使由閩南語移借而來，也並非在臺灣發生，以下再詳細說明之。

　　臺灣海陸客語與閩南語有較臺灣四縣客語為多的共同詞彙，然而海陸客家話與臺灣閩南語並沒有大規模的因族群聚居而發生的接觸。海陸客家話與閩南語相同的詞彙較典型的「枵 iau1」（肚子餓）、「悿 thiam3」（疲累）、「糜 moi2」（稀飯）、「餡 a1」（餡料）、「耳空」（耳朵）、「鼻空」（鼻子）、「遭彩 tshin3 tshai3」（隨便）、「攏總 luŋ3 tsuŋ3」（全部）、「恬恬 tiam1 tiam1」（安靜）等，都已證實在原鄉客家話已有這些用法。[26] 就客家話在臺灣發生的語言接觸而言，海陸客與四縣客的接觸遠比閩南語多，因而有「四海話」的名稱，以及許多四縣與海陸話接觸的研究。除了都會地區的客語母語者外，在海陸客

---

26 以上語料來自李＆張（1992）、張為閔（2008）、MacIver（1926）及吳中杰（2009）等。

語為強勢方言的地區，並無特別與閩南語有較多接觸的機會，無法解釋何以海陸客語與閩南語的共同詞彙遠比四縣客語為多。且專以處所介詞的詞形而言，臺灣閩南語的主流形式為〔ti6〕，與新竹海陸客語的「TU5」語音並不相同，絕非直接移借而來。

　　反觀海陸客語在原鄉就已由閩南語包圍，呈現雙語（雙方言）、甚至有語言轉移等明確的語言接觸現象。據潘家懿（2000：93），客家話在海陸豐本土並沒有因其使用人口較少而減弱交際作用和地位，在一些閩語區的集鎮中，能夠形成雙語交際的情形，閩、客地位平等，且語言成分互相影響、互相滲透。據吳中杰（2012）蒐集臺灣各地說海陸話的主要家族之族譜，臺灣海陸客語的原鄉語言包括廣東陸河縣河田片、五華縣南部、揭西縣西部、普寧市西部、惠來縣西北隅、陸豐市北部、海豐縣東北部及西部、紫金縣東南角等，這些地方除五華與紫金外，均非純客住縣。其中揭西、普寧、惠來均在潮汕話的包圍中，陸豐客語區與偏漳腔閩南語或海豐腔閩南語為鄰，海豐縣則客語區外主要通行海豐腔閩南語。陸豐縣與海豐縣的閩、客語言接觸十分密切，並有閩轉客及閩、客雙語的現象。例如陸豐縣的大安鎮說偏漳腔閩南語，其居民與內山客語區往來頻繁，許多人能聽懂或說一些客語。大安鎮居民移民來臺者居住於桃園楊梅、觀音、新屋及苗栗頭份等地，說海陸客語，楊梅鄭姓（楊梅壢的墾拓首領）甚至對內說閩南語、對外說海陸話（吳中杰 2012）。可見部分海陸客家話具有閩南語底層。陸豐縣的西南鎮，海豐縣的平東鎮、公平鎮、赤石、圓墩、鵝埠等地，居民多同時能通海豐腔閩南語及陸河新田片客語或惠東客語。可見，這些臺灣海陸客家話原鄉的語言早已是閩、客雙語，甚至有閩南語底層，海陸客家話在原鄉與閩南語的接觸遠比來臺以後密切，它與閩南語的共同詞彙當在原鄉就已形成。

　　以上只是大致說明臺灣海陸客語與閩南語有較多共同詞彙的原因，並不能

直接說明海陸客語的「TU5」就是來自原鄉的閩南語。因為我們目前還沒有找到原鄉閩南語直接用「TU5」作處所介詞的證據。如上所述,與海陸原鄉有所接觸的閩南語為偏漳腔閩南語、潮汕閩語及海、陸豐閩南語。除偏漳腔閩南語用〔ti6〕與桃園海陸客語的「TI5」詞形相近,且桃園鄭姓來自由閩轉客的陸豐縣大安鎮,二者可以有所連結外,潮汕閩語及海、陸豐閩南語的處所介詞均與「TU5」差異甚遠,就我們能掌握的材料來看,潮汕閩語主要用「在」〔to³⁵〕、□〔na³¹〕和「放」〔paŋ²¹³〕(施其生 2000:164),陸豐和海豐閩南語都用直略切的「著」,陸豐讀〔tioʔ⁵〕(陳筱琪 2008:189),海豐讀〔tioʔ⁴²〕(楊必勝、潘家懿、陳建民 1996)。海陸客家話的來源並非單一地點,目前我們對其原鄉揭西、普寧、陸豐、海豐、陸河等地客家話的了解還不夠全面,在相關問題尚未釐清前,不能逕指海陸客家話的處所介詞「TU5」由閩南語移借而來。

四、客家話持續體標記 [27] 「TEN3」的來源

(一)客家話的持續體標記

　　前文提到,海陸客家話的處所詞組「TU5 KAI2」可以放在動詞組前表示動作進行或狀態持續,亦即作為時體副詞使用。事實上,客家話也與許多漢語方言一樣,用附著於動詞後的體標記來表達動作進行和狀態持續,臺灣客家話的動詞後體標記是「TEN3」,海陸客家話經常弱化為〔nen3〕,臺灣客家話語料多寫作「等」字。

---

27 動詞後的非完整體可以區分為動態進行和靜態持續是大部分學者都同意的,但所用的名稱則相當分歧。有的學者將前者稱為進行體,後者稱為持續體。有的學者將兩者都稱為持續體,動態和靜態分別為持續體下的次類,而次類的名稱也相當分歧。本文將「TEN3」視為廣義的持續體標記,其中包含部分動態情狀。

　　在客家話中，「TEN3」表達動態進行時，動詞後的「TEN3」可以替換為動詞前的時體副詞「TU5 KAI2」而沒有意義上的分別。此外，動詞前的時體副詞和動詞後的體標記還可以並用，因此例（48）有以下三種說法：[28]

（48）a. ki2 kʰon5 ten3 ʂu1, m2 ho3 hi5 tʂʰau3 ki2.

　　　　佢看 TEN3 書，毋好去吵佢。

　　　b. ki2 tu5 kai2 kʰon5 ʂu1, m2 ho3 hi5 tʂʰau3 ki2.

　　　　佢 TU5 KAI2 看書，毋好去吵佢。

　　　c. ki2 tu5 kai2 kʰon5 ten3 ʂu1, m2 ho3 hi5 tʂʰau3 ki2.

　　　　佢 TU5 KAI2 看 TEN3 書，毋好去吵佢。

　　　　他在看書，不要去吵他。

　　動詞後的「TEN3」表示動作行為所形成的狀態的持續，如例（49）的存現句，這種句式不可用動詞前的「TU5 KAI2」：

（49）lu6 ʂun2 tsʰap7 ten3 ʒit7 ki1 ki1 kai5 kʰi2 ə2.

　　　　路脣插 TEN3 一支支个旗仔。

　　　　路上插著一支支的旗子。

只能用「TEN3」不能用「TU5 KAI2」的句式還包括連動式的第一謂語，用來陳述主要事件的背景：

---

28 單以此句而言，三個用法的語意和使用頻率幾乎是相同的，沒有哪一式特別突出，但 a 式通常只與單音節動詞結合，雙音節動詞必須以 b 或 c 式出現。因此，可以想見，「TEN3」表達動態進行的用法將逐漸被 b 或 c 式取代。若以語法層次的概念來看，「TEN3」可視為表達動態進行較早期的層次，而「TU5 KAI2」則是較晚近的層次。

（50）tai5 ten3 muk7 kiaŋ5 ts^{h}im2 muk7 kiaŋ5.

戴 TEN3 目鏡尋目鏡。

戴著眼鏡找眼鏡。

「TEN3」是客家話中最典型的持續體標記，因為它是一個虛化程度很高的動後成分，一般提到臺灣客家話的持續體標記也多以「TEN3」為代表。「TEN3」也見於以梅縣為中心的部分客家話，不過，與處所介詞在客家話中的表現相當分歧一樣，動詞後的持續體標記並不是各地一致的，就目前所知，客家話的持續體標記有以下形式：[29]

進行／持續體標記	方言點
等	梅縣、臺灣、賀州
倒	豐順、秀篆、寧化、寧都、三都、贛縣、大余
穩／穩定	連城、河源、武平、長汀、陸川、新豐、連平、全南、定南、銅鼓、上猶、于都、修水、贛縣、三都
緊	翁源、連南、清溪、揭西、西河、香港、海豐西坑、臺灣東勢、陸豐、石城（龍崗）、于都、大余、龍南、鄢縣、新豐
在嗰／走嗰	豐順

除梅縣和臺灣客家話的「等」（即「TEN3」）外，「倒」、「穩定」、「緊」和「在嗰」都可以在其他漢語方言中找到或有明確的語源，「倒」廣見於長江中、下游，「緊」常見於廣東粵語，「穩定」和「穩」目前所知只見於

29 本表語料來源包括：Schaank（1897）、李如龍、張雙慶（1992）、江敏華（1998）、劉綸鑫（1999、2001）、羅自群（2006）、張為閔（2008）、黃婷婷（2012）等。

客家話，但與其語法化途徑類似的來源於穩、緊義形容詞的還有吳語蘇州、溫州話的「牢」、香港粵語的「實」與廣東信宜、懷集粵語的「緊」（楊永龍2005），「在嗰／走嗰」則來自南方漢語方言常見的處所詞語，相當於「在那裡」。唯獨「TEN3」作持續體標記並不見於其他漢語方言，其來源也一直沒有十分理想的解釋。李詩敏、賴惠玲（2010）從詞彙語意與構式互動的觀點提出客語表完成的「TO3」與表持續的「TEN3」都來源於「著」，是目前唯一對臺灣客語表持續的「TEN3」提出看法的文獻，不過該文主要是從語意的發展著眼，對於探討語源時相當重要的語音對應卻完全沒有討論到。漢語方言固然有完成貌與持續貌使用相同標記的方言，如吳語、湘語等，但客家話的特點是靜態持續與動作進行使用相同標記，卻絕少完成與持續同形，即使是臺灣客語的「TO3」與「TEN3」，其語音形式也不相同。此外，「TEN3」若來源於「著」，在語音上如何解釋，也是一大難題。因此，客家話持續體標記「TEN3」的來源，還有進一步探討的空間。本文認為，海陸客家話引介處所的「TU5」對於客家話持續體「TEN3」的來源可以有所啟發。本文打算從處所結構在漢語方言持續體的形成過程中所扮演的角色，論述客家話持續體「TEN3」的來源。

（二）漢語方言持續體的來源

讓我們先鳥瞰一下漢語方言持續體標記的大致情況。北方方言多用來自附著義動詞的「著」。關於持續體標記「著」的來源，主要有兩種說法，一種認為魏晉南北朝時期「動詞＋著＋處所詞」格式中，當動詞為靜態動詞時，「著」後來即發展為現代漢語北方話中的持續貌詞尾，太田辰夫（1987）、王力（1980[1958]）、趙金銘（1979）、梅祖麟（2000[1988]）、楊秀芳（1992）等都持這種看法。另一種說法則認為與唐代所出現的「V+著+O」中表示結果或狀態實現的補語「著」有關，如曹廣順（1995），張赬（2000），吳福祥

（2001、2002、2004），蔣紹愚（2006）龍國富、孫朝奮（2013）等。由於「V+著+O」在唐、五代用例極多，時代上更接近持續貌詞尾產生的時間，語法表現或語義發展也都有跡可循，因此，表示結果或狀態實現的動相補語必然在持續體標記產生的過程中發揮過推波助瀾的效果，二者的關係不容否認。不過，「著」與處所介詞的關係在現代北方方言中也留下不少痕跡。今山西晉語的持續體標記「的」（讀為〔təʔ〕／〔eiʔ〕／〔tiaʔ〕／〔tieʔ〕等）來源於「著」，並且仍保存虛詞「著」的介詞義（郭校珍 2008：97）。如太原話「的」用於持續體「她哭的哭的就笑起來，瘋咧」，也用於「放的桌子上」[30]中的介詞用法。此外，據羅自群（2006：220），山東濰坊、陝西西安、青海西寧、甘肅蘭州、寧夏銀川、中寧等地的方位介詞與持續體標記同形，據語音形式也都可斷定為「著」。

　　南方漢語方言的持續體標記有較大的分歧，其來源大抵不出結果補語、趨向補語或處所詞語（劉丹青 1996）。來源於結果補語的如粵語的「住」或「緊」（楊永龍 2005），客語連城、河源、武平、長汀、陸川及江西客家話的「穩定」或「穩」（李如龍、張雙慶 1992；劉綸鑫 1999、2001）等；來源於趨向補語的如西南官話和湘語的「起」（Yue 2003：93）以及廣泛分布於湘、贛語的「到（倒）」[31]等。至於來源於處所詞語的，則以吳、閩語為大宗，粵語中也可零星見到，如四邑方言的〔ɔ³³ neiŋ³⁵〕（相當於「在那裡」）（Yue 2003：93），以及廉江方言「在幾、走幾」（在這兒）、「在呢、走呢」（在那兒）（林

---

30 太原話「放的桌子上」同時具有動態與靜態用法，亦即具有「放到桌子上」與「放在桌子上」兩種意義。

31 「倒」非本字，但各方言發音縱有差異，均與「倒」字發音相同。其本字應為「到」字，但亦有部分學者認為是「著」。「到」在南方漢語方言中往往具有和趨向補語相同的句法行為，此處暫時將「到」歸為趨向補語類。

華勇 2011）。此外，廣泛分布於湘語的「得」和「tɑ」[32] 除作為持續體標記外，都同時用作結果補語和完成體標記，並且也作為引介處所賓語的介詞（Wu 2005：231）；湘、贛語的「到（倒）」在部分方言中也有引介處所賓語的用法。

　　由上可知，漢語方言的持續體標記多數都與處所介詞直接或間接有關，除了廣大北方的「著」外，長江中游的「得」、「tɑ」、「到（倒）」等也都與處所介詞有關，而更典型來源於處所詞語的，則是在南方方言中影響力很大的吳語，以及僻處東南方的閩語。劉丹青（1996：26）指出，吳、閩方言表示進行體和持續體的基本形式分別是由兩個成分構成，一個是可以單用的處所動詞兼介詞 A，與「在」同義，一個是不能單用的方位後綴 B，相當於「這裡、那裡、房間裡、心裡、地上、本子上」中的「裡」或「上」。這種由 AB 構成的結構在動詞前構成吳閩方言的進行體，在動詞後則構成吳閩方言的持續體。其中的 B 成分，除了相當於表示泛指處所的「裡」或「上」外，有些還具有方位指代義，前者如蘇州方言「<u>勒海</u>」、「<u>勒浪</u>」中的「<u>海</u>」（裡）和「<u>浪</u>」（上），後者如溫州方言「<u>著夠</u>」、「<u>著吼</u>」中的「<u>夠</u>」（近指）和「<u>吼</u>」（遠指）。也就是說，吳閩方言的持續體是由相當於普通話「在裡」、「在上」或「在這裡」、「在那裡」的成分演變而來的。據潘悟雲、陶寰（1999：26-31），大多數吳語方言表處所的語素（即 B 成分）具有指示功能，不具指示功能的是其距離指示義消失的結果。吳瑞文（2011：618）也指出，閩東方言持續體標記中的處所詞包含遠指成分「許」，而不僅只是方位後綴「裡」。

　　以相當於「在這裡」或「在那裡」的形式語法化為持續體標記的方言[33] 除

---

32 「tɑ」的語源還不完全明朗，梅祖麟（2000[1988]）認為即是「著」字，伍雲姬（2009：157）則認為可能來自「取得、獲得」義的「得」字。

33 本段語料來源包括黃伯榮（1996）、汪國勝（1999）、黃曉雪（2007）以及羅自群（2006）等。

吳語外，長江中游湖北、湖南、安徽等地的江淮官話、西南官話及湘、贛方言中也經常見到。據目前所知，湖北宜都、武漢、荊門、蒲圻、長陽，安徽巢縣、合肥、霍丘、襄樊，湖南辰溪、衡山等方言都有用句末的「在」表達進行體或持續體的形式。湖北英山方言可以用句末的「在里」表達進行，如「他吃在里，你就莫說了。」（汪國勝 1999：106），類似現象的方言還有湖北天門方言及湖南安仁方言分別用動詞後的「在的」（在裡）及「到固里」（在那裡）表達持續體。

綜上所述，漢語方言的持續體標記，除了少數由「穩」、「緊」、「牢」、「實」義語法化而來（參楊永龍 1995）的以外，絕大多數與處所介詞直接或間接相關，而直接由「在那裡」或「在里」、「在上」演變而來的方言更遍及官話、吳語、閩語、湘語、贛語及客語、粵語。就跨語言的角度來看，處所表達結構也是世界語言中十分常見的持續體標記的來源（Bybee et al 1994, Heine and Kuteva 2002）。

（三）「TEN3」來源於處所詞語的思考

在漢語方言眾多持續體標記中，唯獨以梅縣為中心的客家話所用的「TEN3」其來源還缺乏令人信服的說法。雖然客家話已知語源的持續體標記似以穩緊義來源者為主，但如果從更宏觀的角度來思考，漢語方言持續體標記來源最廣的是處所詞語，那麼，「TEN3」是否可能從處所詞語演變而來呢？從語音上來說，四縣客語常用的相當於「在」義的「到」〔to5〕與海陸客語的「TU5」可以說明「TEN3」的聲母，但韻母中的陽聲韻尾的來源以及聲調的變化必須有合理的解釋。此外還必須注意，漢語的處所結構中，除了處所介詞外，方位詞也是一個不可或缺的成分，英語「on the table」這樣的處所詞語，漢語不能直接說「＊在桌子」，而必須使用「在桌子上」這樣的帶方位詞的結構。也就是說，方位詞「上」、「下」、「前」、「後」、「裡」、「外」等

具有將普通名詞轉換成處所詞的功能，例如共通語「報紙」、「商店」是一般普通名詞，必須改成「報紙上」、「商店裡」等加上方位詞的說法，才能成為處所詞，與「在」連用。前面提到的吳閩方言作為持續體標記的成分由 AB 兩個成分組成，其中的 B 成分便是一個具有將普通名詞轉換成處所名詞的方位後綴。那麼，客家話中，如果以「到」〔to5〕或「TU5」作為處所詞語中的 A 成分，是否能找到一個具有方位詞功能的 B 成分呢？

　　方位詞用來表示事物的相對位置或方向，客家話的方位詞根據不同的方位，有「頂」、「項」、「上」、「底」、「下」、「頭」、「背」、「尾」、「肚」、「外」、「脣」、「邊」、旁」，以及「頂項」、「底項」、「頭項」、「肚項」、「下背」、「上背」、「裡背」「頂背」、「後背」、「頂高」、「裡肚」、「底下」、「背尾」、「邊脣」、「側角」等合成方位詞。然而，正由於漢語處所結構中方位詞存在的必然性，當普通名詞所表達的方位不太明確，只是為了形成處所詞、滿足「在＋處所詞」形式上的條件而加上方位詞時，客家話往往使用一個能產性高、表達的方位十分廣泛的方位詞。四縣客家話中，「項」〔hoŋ5〕便是這樣一個為人熟知的「泛向」方位詞。而海陸客家話除了「項」之外，[34] 還有一個非常發達的方位詞〔nen1〕或〔ten1〕，[35] 也具有泛向方位詞的作用，文獻上有時寫作「寧」或「甯」，此為音近借用，並非本字，以下寫作「TEN1」。本文發現，海陸客家話動詞後帶處所詞語的「V+TU5+L」格式中，處所詞 L 幾乎總是帶著「TEN 1」。「TEN 1」可以說就是一個具有方位詞功能的 B 成分。

---

34 海陸客家話的「項」相對於四縣客家話而言較不發達。

35 新竹海陸客語幾已一律讀為〔nen1〕，〔ten1〕我們只在臺東縣關山鎮的劉姓海陸客家人口中調查到。這個詞的本音應為〔ten1〕，由下文傳教士文獻的證據中可知。海陸 ten1＞nen1 與其持續體標記 ten3＞nen3 的現象平行。

海陸客家話「TEN 1」的使用範圍非常廣，本文以《海陸客語故事集》中出現的方位詞「TEN 1」用例來考察，[36] 大致可分為以下七類，並與四縣客家話的「項」作比較：

1. 地名 + TEN 1

此類共 11 例。地名大至國家，如「土耳其 TEN 1」，小至地方上的小地名，如「九芎林 TEN 1」都有，均作為「到」或處所介詞「TU5」的賓語。四縣客家話的地名後一般不會帶方位詞「項」。

2. 普通名詞 + TEN 1

這一類數量最多，除了包括語義上本就屬於地方名詞的詞語，如「街路TEN1」、「山谷 TEN1」、「餐廳 TEN1」，任何普通名詞要形成處所詞、作為「TU5」的賓語時，也都必須加上「TEN1」，如「手 TEN1」、「腳TEN1」、「盤仔 TEN1」等。

3. [名詞 + 方位詞]_{地方名詞} + TEN1

客家話有些地方名詞本身就帶有方位詞，以「下」為多，如廳下_{客廳}、屋下_{家裡}、灶下_{廚房}、伯公下_{土地公}、地泥下_{地上}、稈棚下_{稻草堆邊}等，這些地方名詞四縣話一般不再加「項」，但海陸客家話還是經常在這類名詞後加「TEN1」以組成處所詞語，如廳下 TEN1、屋下 TEN1、地泥下 TEN1 等。

4. 名詞 + 單純方位詞 + TEN1

這類例子如「眠床頂 TEN1」、「禾埕尾 TEN1」、「屋肚 TEN1」、「河壩脣 TEN1」、「深山肚 TEN1」，其中「單純方位詞 +TEN1」的組合大略相當於四縣客家話的「單純方位詞 + 項」，也就是前文所列舉的合成方位詞「X項」。但是像「湖邊 TEN1」、「街路个中央 TEN1」、「眼前 TEN1」等處

---

36 《海陸》中此成分漢字作「寧」，標音為〔nen1〕。

的「TEN1」，四縣客家話一般不會用「項」。

5. 合成方位詞＋TEN1

海陸客家話的合成方位詞後還可以再加「TEN1」，如「後背 TEN1」、「頭前 TEN1」、「脣頭 TEN1」、「脣邊 TEN1」、「對面 TEN1」、「包尾 TEN1」、「前面 TEN1」、「外位 TEN1」、「北部 TEN1」、「海外 TEN1」、「頂高 TEN1」，這種現象在四縣客家話中一般不會用「項」。

6. 處所修飾語＋TEN1

這一類只有兩例，都是「遠遠 TEN1」，意指「遠遠的地方」。

7. 指示／疑問代名詞＋TEN1

這一類如「這 TEN1」、「那 TEN1」、「哪 TEN1」，以及「這位 TEN1」、「那位 TEN1」、「那片 TEN1」、「哪位 TEN1」等。四縣客家話基本上不用「這項」、「那項」。[37]

由海陸客家話「TEN1」不同於四縣客家話「項」的幾個用法中，可知它除了具有將普通名詞轉換為處所詞之外，還具有「那裡」、「某處」的意思，例如用法 3. 至 5. 本身已帶方位詞，但仍可再加「TEN1」，此時「TEN1」所表示的方位並不明確，而僅僅表示在所指處所的某處，用法 1.、6. 和 7. 也都具有「那裡」或「某處」之意。據發音人表示，已帶方位詞的處所成分再加上「TEN1」，有將所指範圍限制在那個地方的意味。本文認為，「TEN1」的本意就是「那裡」。[38] 現代漢語共通語的處所結構中，表示處所的指示代詞與方

---

37 臺中東勢客家話可以用「這項」、「那項」與「哪項」。

38 廣東四邑方言的台山、開平、新會、恩平等地的遠指代詞「那」為〔nen11〕或〔neŋ11〕，開平話〔nen11〕（那）語法變調為〔nen115〕後表示「那裡」（甘于恩 2010：61）。四邑方言表「那裡」的〔nen115〕與客家話「TEN1」是否為同源詞，有待未來進一步考證。

位詞有時可以構成聚合關係（paradigmatic relation），例如「在桌子上」也可以用指示代詞「這兒」、「那兒」替換其中的方位詞「上」構成處所結構。本意為「那裡」的「TEN1」就是在這樣的語境中語法化為可廣泛使用的方位詞。

　　19 世紀客語傳教士文獻中可以見到一個寫作「噔」，讀音為〔ten1〕的處所標記，也是「TEN1」的同源成分。「噔」〔ten1〕出現於《聖經書節擇要》、《啟蒙淺學》與《使徒行傳》，共五十六次，如：[39]

（51）Yu1 nyit7 ki2 tseu3 tau5 hi5-p^{h}ang2 ten1 k^{h}on5 hi5
　　　有日佢走到戲棚噔看戲。（《啟蒙淺學》175 講）
　　　有一天，他走到戲棚那兒看戲。

（52）ngai2 woi5 ta3fat7 ngi2 hi5 yen3yen3 kai5 yi5pang1nyin2 ten1
　　　厓噲打發禹去遠遠嘅異邦人噔。（《使徒行傳》第 22 章）
　　　我會打發你去遠遠的異邦人那裡。

「噔」〔ten1〕主要用於名詞及代名詞後，名詞如例（52）、（53），代名詞例則有：「雅[40]噔」〔nga1 ten1〕（我這裡）、「噓噔」〔nya1 ten1〕（你那裡）、「禹噔」〔ngi2 ten1〕（你那裡）、「喀噔」〔kya1 ten1〕（他那裡）、「佢噔」〔ki2 ten1〕（他那裡）、「厓兜噔」〔ngai2 teu1 ten1〕（我們這裡）、「雅兜噔」〔nga1 teu1 ten1〕（我們這裡）、「禹兜噔」〔ngi2 teu1 ten1〕（你們那裡）等。傳教士文獻中這些帶「噔」的詞組，均作為「到」、「去」或「在」的賓語，意為「…那裡」、「…處」，「噔」也具有將名詞轉為處所詞語的作

---

39 以下傳教士文獻的羅馬字拼音及聲調經過本文轉寫，例如「ng」原為「ṅ」，聲調則由附加符號轉寫為數字調類符號。

40 原文从口从雅，下同。

用。然而與臺灣客語「TEN1」的用法相比，「噔」的用法較為有限，此因「噔」所用的就是它的本意「…處」，尚未語法化為方位詞。

　　「TEN1」在其他客家方言中雖少見報導，但它並非海陸客家話所獨有。據客委會「客語能力認證基本詞彙中級、中高級暨語料選粹」中的例句顯示，臺灣饒平客家話也有一個讀為〔ten1〕，書寫作「丁」的處所成分，如「運動坪丁」（運動場上）、「飯糰肚丁」（飯糰裡）、「門丁」（門口）、「田丁」（田裡）、「酒桌丁」（酒桌上）等。饒平的「丁」相當於四縣客家話的「項」，作為方位詞其所指的方位包含「上」或「裡」等，並且也可與其他方位詞結合成「X丁」的合成方位詞。由客語傳教士文獻和現代饒平、海陸客家話的對應，可知〔ten1〕是一個不能獨用、本意為「那裡」的名詞後處所成分，由於名詞後處所成分與方位詞具有聚合關係，在這樣的語境中便發展成具有將普通名詞轉換為處所詞的方位詞或方位後綴。

　　海陸客語在動詞後經常出現的「TU5…TEN1」格式的處所結構，與吳、閩方言構成持續體標記的「在…裡」或「在…上」的結構完全平行；吳、閩方言的持續體中的第二成分（即上文的 B 成分）往往兼具方位後綴與處所指代詞的作用，此與客家話「TEN1」來源於處所指代詞，而後發展為方位後綴的現象也如出一轍，「TU5…TEN1」或許便是客家話持續體標記的來源。就語音來說，持續體標記「TEN3」可以是「TU5…TEN1」的緊縮式或合音。合音造成聲調的變化，無論在四縣或海陸客語中都是十分合理的，海陸「$tu^{11}+ten^{53} > ten^{24}$」，四縣「$to^{55}+ten^{24} > ten^{31}$」。[41] 甚至我們也不排除「TEN1」聲調發生

---

41 四縣客家話的方位後綴「TEN1」雖不如海陸客家話發達，甚至在許多人口中已經消失，文獻上也少見紀錄，但徐兆泉（2009：886）收錄相當於此方位後綴的「寗」〔nen1〕詞條時，四縣、海陸讀音並列，並未指出此為海陸獨有，因此四縣客語原應是有方位後綴「TEN1」一詞的。

變化後直接演變成持續體標記的可能性，在吳、閩方言的進行體或持續體標記中，不乏直接由 AB 成分中的 B 成分直接充當體標記的，如溫州、湯溪等（劉丹青 1996：28），又如福州方言的〔lɛ〕在動詞前表示進行，在動詞後表示持續，而〔lɛ〕還有第三個語法功能，即作為「方位助詞…附著在名詞性成分後面，將名詞變為處所詞」（陳澤平 1996：233），可見持續體助詞和處所方位成分關係十分密切。客家話引介處所的介詞各地表現相當分歧，而方位後綴「TEN1」卻可以在不同方言之間找到，「TEN1」直接演變為部分客家話的持續體助詞「TEN3」也是極有可能的。

五、結語

本文探討臺灣海陸客家話引介處所的「TU5」，分析它作為存在動詞與作為引介處所的介詞時的句法行為與語法功能。根據本文的分析，「TU5」可以作為後接處所的及物動詞使用，也可以與處所詞形成「TU+L」的介詞組，放在動詞前或動詞後使用。在動詞前所形成的「TU+ L +VP」可以產生兩種意義，一是可以表示動作發生的處所，相當於共通語的「在 +L+VP」。當格式中的處所詞用遠指方位代詞「KAI2」來虛指時，「TU5+KAI2」具有相當於時體副詞「在」的用法，表達動作進行或狀態持續。另一種意義則是表示位移事件發生的起點或動作開始的時間，相當於共通語的「從 +L+VP」。本文透過表所從用例中 VP 的性質分析，指出「TU5」相當於「從」的用法，是當「TU+L+VP」格式中的 VP 為位移事件，或隱含發生起點的事件時所帶出來的特殊語意，「TU5」本身並不具有「從」的詞彙語意，它是「TU5」與其後的動詞組互動而產生的語意，可視為一種構式義（construction meaning）。

「TU+L」介詞組在動詞後也可以產生兩種意義，一種是動態的，相當於「到」，表達有界的事件，一種則是靜態的，「V+TU+L」表達一種無界的、

均質的狀態。漢語北方方言「V+ 在 +L」或其類似格式多以動態意義為主，非北方方言則多包含靜態意義，甚或以理解為靜態意義為常。典型的南方方言如閩語和粵語甚少見到具動態意義的記載，海陸客家話動態、靜態意義皆有，在無特殊語境時以理解為靜態意義為主。漢語方言動詞後帶典型處所介詞所形成的「V+ 在 +L」格式，其動態、靜態意義的地理分布，相當值得做進一步的深入探討。

　　根據本文從方言比較和歷史語法觀點的探討，我們認為海陸客家話的「TU5」就是來源於魏晉南北朝大量用於「V+(O)+ 著 L」格式中的「著」字，讀為魚韻去聲「陟慮切」。用「著」作為處所介詞在北方方言、吳語、閩語中都可以見到，客家話的形式較為分歧，但連城的〔te7〕項夢冰（2000：185）已考證為「著」字，用法也與海陸客家話多所相符。據項夢冰，連城客家話的〔te7〕除了作動詞外，也作介詞置於動詞前或動詞後，它在動詞前也有相當於「從」的用法，而在動詞後表達動態有界事件、相當於「到」的用法更加豐富。連城方言有「VP+ 著 +L+ 去」的用法，但這種處所詞後再加「來」、「去」的用法海陸客家話多用「到」而少用「著」。客家話引介處所的介詞，其形式和用法都還有待進一步的比較研究。

　　此外，本文也從漢語方言宏觀性的類型比較中，提出以梅縣為中心的客家話持續體「TEN3」來源於處所詞語，與來源於處所指代詞、後演變為方位詞或方位後綴的「TEN1」有關的看法。漢語方言的持續體標記，可以從很多方面來觀察和討論，包括語法化程度、語法化來源及與其他體標記之間的關係等。客家話持續體各地虛化程度不一，來源也較為分歧，包括由穩緊義形容詞演變而來的結果補語類，以及吳、閩類型的處所詞語類，顯示出較接近南方方言的特色。在與其他體標記的關係方面，共通語及北方方言常用虛化程度較高的體標記「著」表示持續，但完成體和持續體則鮮少同形。吳語、湘語、贛語

等中部方言常見動詞後持續體標記與完成體同形，但持續體標記僅限於靜態持續，不表示動作進行。客家話的持續體標記不論是本文討論的「TEN3」，或其他常見的「緊」、「穩」、「穩定」等，共同的特色是兼表靜態持續與動態進行，但並不表完成，在類型上顯示出它的特色。

參考文獻

太田辰夫，1987 [1958]，《中國語歷史文法》，蔣紹愚、徐昌華譯。北京：北京大學出版社。

王　力，1980 [1958]，《漢語史稿》。北京：中華書局。

甘于恩，2010，《廣東四邑方言語法研究》。廣州：暨南大學出版社。

石汝杰，2000，〈蘇州方言的介詞體系〉，李如龍、張雙慶主編《介詞》。廣州：暨南大學出版社。

石毓智，2006，〈論漢語的進行體範疇〉。《漢語學習》3：14-24。

伊原大策，1986，〈表示進行時態的"在"〉。《河北大學學報》（哲學社會科學版）3：90-98。

伍雲姬編，2009 [1996]，《湖南方言的動態助詞》（修訂本）。長沙：湖南師範大學出版社。

江敏華，1998，《臺中縣東勢客語音韻研究》。國立臺灣大學碩士論文。

_____，2013，〈臺灣客家話的短時貌「下」：從動量詞到狀態／程度補語標記〉。《臺大中文學報》43：177-210。

吳中杰，2009，國科會計畫「廣東陸河客家話與其週邊方言關係研究」（NSC98-2410-H-017-012-）成果報告。

_____，2012，〈臺灣海陸客家話的起源與形成〉。《歷史語言學研究》5。

吳瑞文，2011，〈閩東方言「進行／持續」體標記的來源與發展〉。《語言暨語言學》12（3）：595-626。

吳福祥，2001，〈南方方言幾個狀態補語標記的來源（一）〉。《方言》4：344-354。又載吳福祥編（2006）《語法化與漢語歷史語法研究》，頁278-318。合肥：安徽教育出版社。

_____，2002，〈南方方言幾個狀態補語標記的來源（二）〉。《方言》1：24-34。

_____，2004，〈也談持續體標記"著"的來源〉。《漢語史學報》4：17-26。上海：上海教育出版社。

呂叔湘，1984 [1955]，〈釋景德傳燈錄中「在」「著」二助詞〉，《漢語語法論文集》。北京：商務印書館。

李如龍、張雙慶，1992，《客贛方言調查報告》。廈門：廈門大學出版社。

李如龍，2000，〈閩南方言的介詞〉，李如龍、張雙慶主編《介詞》，頁122-138。廣州：暨南大學出版社。

李詩敏、賴惠玲，2011，〈臺灣客語表完成貌與持續貌「著」之探討：詞彙語意與構式互動的觀點〉。《漢學研究》29（3）：191-228。

汪國勝，1999，〈湖北方言的"在"和"在裡"〉。《方言》2：104-111。

林華勇，2011，〈廉江粵語的"在"、"走"及相關持續體貌形式〉。《中國語言學集刊》4（2）：305-324。

施其生，2000，〈汕頭方言的介詞〉，李如龍、張雙慶主編《介詞》。廣州：暨南大學出版社。

柯理思，Lamarre, Christine，2003，〈從河北冀州方言對現代漢語 [V 在＋處所詞] 格式的再探討〉，戴昭銘編《漢語方言語法研究和探索：首屆國際漢語方言語法學術研討會論文集》，頁144-154。哈爾濱：黑龍江大學出版社。

＿＿＿＿＿，2009，〈論北方方言中位移終點標記的語法化和句位義的作用〉，《語法化與語法研究（四）》，頁145-187。北京：商務印書館。

范繼淹，1982，〈論介詞短語"在＋處所"〉，《語言研究》，頁71-86。

徐兆泉，2009，《臺灣四縣腔海陸腔客家話辭典》。臺北：南天書局。

高增霞，2005，〈處所動詞、處所介詞和未完成體標記：體標記"在"和"著"語法化的類型學研究〉。《中國社會科學院研究生院學報》4：68-73。

張為閔，2008，《臺海兩岸海豐客語之變異及其研究》。國立新竹教育大學臺灣語言與語文教育研究所碩士論文。

張　頠，2000，〈魏晉南北朝時期「著」字的用法〉。《中文學刊》2：121-138。

曹廣順，1995，《近代漢語助詞》。北京：語文出版社。

梅祖麟，2000 [1988]，〈漢語方言裡虛詞「著」字三種用法的來源〉，《梅祖麟語言學論文集》。北京：商務印書館。原載《中國語言學報》3：193-216。

＿＿＿＿＿，2002，〈幾個閩語虛詞在文獻上和方言中出現的年代〉，何大安主編《第三屆國際漢學會議論文集：南北是非：漢語方言的差異與變化》，頁1-21。臺北：中央研究院語言學研究所。

莊初升，2000，〈閩語平和方言的介詞〉，李如龍、張雙慶主編《介詞》。廣州：暨南大學出版社。

郭校珍，2008，《山西晉語語法專題研究》。上海：華東師範大學出版社。

陳　平，1988，〈論現代漢語時間系統的三元結構〉。《中國語文》6：401-422。

陳筱琪，2008，《廣東陸豐閩南方言音韻研究》。國立臺灣大學中國文學系碩士論文。

陳澤平，1996，〈福州方言動詞的體和貌〉，張雙慶主編《動詞的體》。香港：香港中文大學中國文化研究所吳多泰中國語文研究中心。

＿＿＿＿＿，2000，〈福州方言的介詞〉，李如龍、張雙慶主編《介詞》，頁101-121。廣州：暨南大學出版社。

項夢冰，2000，〈連城方言的介詞“著”〉，李如龍、張雙慶主編《介詞》，頁185-204。廣州：暨南大學出版社。

黃伯榮編，1996，《漢語方言語法類編》。青島：青島出版社。

黃婷婷，2012，〈豐順客家方言的持續體標記“在嗰”及其相關成分〉，第十屆客家方言國際學術研討會，2012年9月19-20日。成都：成都資訊工程學院文化藝術學院。

黃曉雪，2007，〈說句末助詞“在”〉。《方言》3：232-237。

楊必勝、潘家懿、陳建民，1996，《廣東海豐方言研究》。北京：語文出版社。

楊永龍，2005，〈從穩緊義形容詞到持續體助詞：試說“定”、“穩定”、“實”、“牢”、“穩”、“緊”的語法化〉。《中國語文》5。

楊秀芳，1992，〈從歷史語法的觀點論閩南語「著」及持續貌〉。《漢學研究》10（1）：349-394.

詹益雲編，2006，《海陸客語短篇故事選集》。新竹：新竹縣海陸客家語文協會。

趙元任，1980 [1968]，《中國話的文法》，丁邦新譯。香港：中文大學出版社。

趙金銘，1979，〈敦煌變文中所見的「了」和「著」〉。《中國語文》1：65-69。

＿＿＿＿＿，1995，〈現代漢語補語位置上的“在”和“到”及其弱化形式〉。《中國語言學報》7：1-14。

劉一之，2001，《北京話中的“著（·zhe）”字新探》。北京：北京大學出版社。

劉丹青，1996，〈東南方言的體貌標記〉，張雙慶主編《動詞的體》。香港：香港中文大學中國文化研究所吳多泰中國語文研究中心。

劉月華、潘文娛、故韡，2005 [2001]，《實用現代漢語語法》（增訂本）。北京：商務印書館。

劉綸鑫，1999，《客贛方言比較研究》。北京：中國社會科學出版社。

——，2001，《江西客家方言研究》。南昌：江西人民出版社。

潘悟雲，2000，〈溫州方言的介詞〉，李如龍、張雙慶主編《介詞》，頁 49-59。廣州：暨南大學出版社。

潘家懿，2000，〈海陸豐客家話與臺灣"海陸客"〉。《汕頭大學學報（人文科學版）》16（2）：86-93。

蔣紹愚，2006，〈動態助詞"著"的形成過程〉。《周口師範學院學報》23（1）：113-117。

錢乃榮，2000，〈上海方言中的介詞〉，李如龍、張雙慶主編《介詞》。廣州：暨南大學出版社。

龍國富、孫朝奮，2013，〈關於漢語史和吳方言史中體標記「著」語法化問題的探討〉，*Journal of Chinese Linguistics* 41（2）：392-417。

戴耀晶，1997，《現代漢語時體系統研究》。杭州：浙江教育出版社。

羅自群，2002，〈從"坐著吃比站著吃好"談起：漢語方言中持續意義的幾種表現形式〉。《語文研究》82。

——，2006，《現代漢語方言持續標記的比較研究》。北京：中央民族大學出版社。

——，2007，〈"著（着）＋處所詞"在共時平面中的兩種句法位置〉。《漢語學習》5。

羅肇錦，1988，《客語語法》。臺北：學生書局。

Xiao, Richard, and Tony McEnery, 2004, *Aspect in Mandarin Chinese: A Corpus-Based Study*. Amsterdam and Philadelphia: John Benjamins.

Bybee, Joan, Revere Perkins, and William Pagliuca, 1994, *The Evolution of Grammar: Tense, Aspect and Modality in the Languages of the World.* Chicago: University of Chicago Press.

Heine, Bernd, and Tania Kuteva, 2002, *World Lexicon of Grammaticalization*. Cambridge and New York: Cambridge University Press.

Hopper, Paul J., 1991, "On some principles of grammaticalization". *Approaches to Grammaticalization, Vol. 1: Focus on Theoretical and Methodological Issues*, ed. by Elizabeth C. Traugott and Bernd Heine, 17-35. Amsterdam and Philadelphia: John Benjamins.

MacIver, Donald, 1926 [1991], *A Chinese-English Dictionary: Hakka-Dialect as Spoken in Kwang-Tung Province*, 2nd ed. Rivised by M.C. MacKenzie. Shanghai: Presbyterian Mission Press. Reprinted by Southern Materials Center, Taipei.

Rey, Charles, 雷卻利, 1937 [1973], *Conversations chinoises prises sur le vif avec notes grammaticales: Langage Hac-Ka*《客家社會生活對話》. Asian Folklore and Social Life Monographs Vols. 47 & 48. Taipei: Orient Cultural Service.

Schaank, S. H., 1979 [1897], *The Lu-Feng Dialect of Hakka*. Writing and Language Reference Materials 5. Tokyo: Institute for the Study of Languages and Cultures of Asia and Africa.

Tai, James H-Y, 戴浩一, 1985, "Temporal sequence and Chinese word order". *Iconicity in Syntax*, ed. by John Haiman, 49-72. Amsterdam: John Benjamins.

Wu, Yunji. 2005. *A Synchronic and Diachronic Study of the Grammar of the Chinese Xiang Dialects*. Berlin and New York: Mouton de Gruyter.

Yue, Anne, 2003, "Chinese dialects: Grammar". *The Sino-Tibetan Languages*, ed. by Graham Thurgood and Randy J. LaPolla, 84-125. London and New York: Routledge.

國家圖書館出版品預行編目 (CIP) 資料

客家話的源起與通變 / 羅肇錦 , 陳秀琪主編 .
-- 初版 . -- 新竹市 : 交大出版社 , 民 108.01
　　面 ;　　公分 . -- (臺灣客家研究論文選輯 ; 9)
ISBN 978-986-97198-7-2(平裝)

1. 客語　2. 文集

802.523807　　　　　　　　107021112

臺灣客家研究論文選輯 9

客家話的源起與通變

主　　　編：羅肇錦、陳秀琪
叢書總主編：張維安
執 行 編 輯：陳韻婷、程惠芳
封 面 設 計：萬亞雰
內 頁 美 編：黃春香

出 版 者：國立交通大學出版社
發 行 人：陳信宏
社　　 長：盧鴻興
執 行 長：陳永昇
執行主編：程惠芳
編務行政：陳建安、劉柏廷
地　　 址：新竹市大學路 1001 號
讀者服務：03-5736308、03-5131542　（週一至週五上午 8:30 至下午 5:00）
傳　　 眞：03-5731764
網　　 址：http://press.nctu.edu.tw
e - m a i l：press@nctu.edu.tw
出版日期：108 年 1 月初版一刷、109 年 7 月二刷
定　　 價：450 元
I S B N：978-986-97198-7-2
G P N：1010800020

展售門市查詢：

　交通大學出版社 http://press.nctu.edu.tw
　三民書局（臺北市重慶南路一段 61 號））
　網址：http://www.sanmin.com.tw　電話：02-23617511
或洽政府出版品集中展售門市：
　國家書店（臺北市松江路 209 號 1 樓）
　網址：http://www.govbooks.com.tw 電話：02-25180207
　五南文化廣場臺中總店（臺中市中山路 6 號）
　網址：http://www.wunanbooks.com.tw　電話：04-22260330